JN408812

明末淸初 天主敎 예수회선교사의 天主敎中文小說과 索隱派 文獻 硏究

오순방 저

明末淸初 天主敎 예수회선교사의 天主敎中文小說과 索隱派 文獻 硏究

발 행 2019. 02. 15

지은이 오순방

펴낸이 황준성

펴낸곳 숭실대학교 지식정보처 중앙도서관

등 록 제14-2호(1982.1.25)

서울 동작구 상도로 369

TEL. 02-820-0772

FAX. 02-817-5297

http://press.ssu.ac.kr

인 쇄 열린문화

전 화 02-2278-1791

값 19,000원

ISBN 978-89-7450-389-5 93820

이 저서는 2016년도 정부재원(교육부)으로 한국연구재단 저술출판지원사업의 지원을 받아 연구되었음 (NRF-2016S1A6A4A01020355)

明末清初 天主教 예수회선교사의 天主教中文小說과 索隱派 文獻 研究

오순방 저

CONTENTS

작자서문

본서는 10장, 38만자의 편폭으로《明末清初 천주교 예수회선교사의 天主教中文小說과 索隱派 文獻 研究》라는 주제에 대해 저술하였다. 明末清初에 천주교 예수회선교사들이 번역 창작한 漢譯傳記小說《聖요세파傳記》, 天主教寓言小說《夢美土記》, 章回體天主教小說《儒交信》,《이솝우언》選譯本《況義》,《況義》의 모방작《物感》, 예수회 索隱派의 천주교문서《天學本義》, 聖經中譯本《聖經直解》와 가장 많이 번역된 영성수련서《輕世金書》, 聖人傳記小說《聖母淨配 聖요셉傳》,《舊約聖經》中譯本《訓慰神編》등 10 여권의 예수회선교사의 저역서를 연구하여 明末清代에 來華하여 중국선교에 매진했던 천주교 예수회선교사들의 선구적인 天主教中文小說의 번역과 창작에 대한 업적을 고찰해 보았다.

천주교예수회의 漢譯西學 著譯事業은 明末부터 괄목할만한 성과를 거두었는데, 미켈레 루제리부터 시작하여 마테오 리치, 니콜라스 롱고바르디, 니콜라 트리고는 비록 선교노선이 일치하지 않았지만 모두 여러 권의 천주교문헌을 간행하였는데, 그들은 모두 小說文體로 천주교중문소설을 번역하여 후세에 기독교 문서선교사업의 모델을 제시하였다는 공통점을 가지고 있다.

롱고바르디는 라틴어《聖傳金庫》本을 저본으로《발람과 요세파》를 중국어로 번역하여 최초로 서구의 聖人傳記小說을 중국인에게 소개하였다. 이 작품은 淸代에 들어와 앙리 프레메어와 자비에프 당트르콜이 계승 발전시켜 각각《聖母淨配 聖요셉傳》과《訓慰神編》을 譯述, 箋註하여 간행하였다. 두 작품은 성모 마리아의 淨配者 성요셉과 이스라엘의 니느웨 포로 성토빗의 전기를 소설양식으로 편찬한 성인전기소설이다.

또 다른 작품은 니콜라 트리고가 번역한 최초의 이솝우언 選譯本《況義》를 들 수 있으니,《況義》는 서양에서 널리 애독되던《이솝우언》을 중국어로 번역한 최초의 漢譯選譯本으로 그전에 간행된 마테오 리치의《畸人十篇》등에 나오는《이솝우언》들을 편집 개역한 작품집이기도 하다. 이렇게 간행된《況義》는 明末부터 널리 애독되었고 明末淸初의 福建省 文人 李世雄은《況義》를 모방하여《物感》을 저술 출간하였다.《物感》은 이솝우언체가 중국에서 널리 유행하였다는 반증이기도 하다. 한편 寓言體는 다시 앙리 프레메어의 손에 의해 夢境寓言小說《夢美土記》가 저술되었으니《시경》,《서경》,《역경》의 典故와 儒家經典體로 기술된 이 작품은 예수회 색은파의 사상경향을 그대로 보여주는 索隱派의 걸작 우언소설이라 하겠다.

한편, 앙리 프레메어는 1720년대에《儒交信》을 저술하여 19세기부터 시작한 章回體 基督敎小說의 創作을 선도하였다. 이 작품은 천주교의 適應主義 선교전략을 그대로 반영한 補儒論의 論旨를 구현한 口語體 中文小說이다. 기독교의 교리사상을 章回口語體로 표현하고 있는데 중국인 주인공들이 등장하여 줄거리를 엮어나간다는 점에서 완전히 中國本土化를 구현한 章回小說이라 하겠다. 이렇게 앙리 프레메어는 세 가지 다른 유형의 중문소설을 창작 번역하여 19세기 기독교중문소설이 흥성 발전할 수 있는 기틀을 다져놓았다.

索隱派 예수회선교사들은 儒家經典을 섭렵하고 《불경》을 연구하여 천주교 《聖經》의 사실성을 입증하고자 하였는데, 조아생 부베는 강희황제에게 서양의 대수학을 가르치면서 황제의 총애를 받아 궁정에서 봉직하며 易經研究를 수행하여 천지창조부터 최후의 심판까지 인류의 역사를 수학으로 분석한 바 있다. 그가 강희제의 명령을 받들어 진행한 易經研究는 西學中源說의 근거로 사용되기도 하였는데, 제4장에서는 부베의 《天學本義》와 《易經釋義》를 집중적으로 조명하여 천주교와 儒家의 대화, 천주교와 불교의 분쟁에 대한 고찰을 통해 명말 청대에 있었던 종교 간의 대화와 차용관계에 대해 탐구해 보았고, 중국을 기독교계의 세계사 범주 안에 두고자 했던 부베의 색은파 사상을 고찰해 보았다.

1762년 映嬪 李氏가 기술한 〈中國小說繪模本小序〉에는 2권의 천주교서적 《聖經直解》와 《七克》이 언급되었는데, 이는 18세기 중엽에 이미 《성경》과 천주교 교리서가 조선 왕궁에 유입되었다는 사실을 말해주고 있다. 《聖經直解》는 임마누엘 디아스가 처음으로 中譯한 성경축약본이고, 그는 토마스 캠피스의 *Imitatione christis*를 《輕世金書》란 제명으로 번역하였다. 본서에서는 제5장에서 임마누엘 디아스의 《輕世金書》와 《聖經直解》를 집중적으로 연구하여 천주교의 영성수련서가 明末부터 중국에 번역 유입 전파된 상황을 고찰해 보았다.

제6장에서는 앙리 프레메어의 《夢美土記》와 《儒交信》, 《聖母淨配 聖요셉傳》을 종합적으로 연구하였다. 그는 夢境寓言小說과 章回小說을 창작하였고, 성모마리아의 배우자인 성요셉의 傳記小說을 번역하여 후세에 기독교소설의 창작과 번역에 선구적인 모델을 제시하였다. 그리고 자비에르 당트르콜은 1730년 북경에서 최초의 舊約聖經 中譯本 《訓慰神編》을 譯注하였는데, 바로 구약성경 《토빗기》를 儒家經書體로 翻譯하고 箋注를 달아 출간한 것이다. 이들 작품들은

모두가 서구기독교경전의 번역본이거나 改作한 譯述本인데, 원본과 이들 작품을 대조 분석하고 내용과 형식의 변용과 독창성에 대해 고찰해 보고자 한다.

제8장에서는 《聖經直解》와 《七克》을 포함해서, 마테오 리치의 《天主實義》, 롱고바르디의 《靈魂道體說》 등의 漢籍들이 조선에 전래되어 수용된 사례를 조사 연구하였다. 또한 '耶儒會通'論과 '孔子加耶穌'論의 분석을 통해 明末淸初의 천주교선교사와 淸末의 개신교선교사가 가지고 있던 선교전략과 儒家觀을 고찰해 보았다. 마지막으로 천주교 예수회선교사의 기독교문헌들은 어떤 문체로 기술되었으며 천주교 索隱派宣敎士들은 어떤 선교정책을 가지고 儒家經典과 佛經의 文體을 차용하여 이들 문헌을 著譯 출간하게 되었는지 고찰해 보고자 한다.

본서의 저술 분석과정에서 종전에 학계에서 발견하지 못한 중요한 사실은 《성경》을 중국어로 번역하면서 《聖經直解》와 《輕世金書》는 《尙書》의 謨誥體로 번역되었고, 《訓慰神編》은 詩經體를 포함한 儒家經書體로 번역되었다는 것이다. 이런 경향은 《夢美土記》에서도 확연하게 드러나 《詩經》과 《尙書》의 典故와 文體로 기술되었다는 사실을 분석과정에서 확인하게 되었다. 《聖요세파傳記》와 《況義》가 《佛經》의 譬喩體를 많이 차용한 것과 비교해보면, 이들 천주교중문소설은 경전으로 인정받기 위해 동양에서 지존의 권위를 가지고 있던 儒家와 佛敎의 經典體를 활용하여 번역 기술되었다는 사실을 알게 되었다.

본서의 제2장 〈明末 天主敎와 佛敎의 종교 분쟁과 최초의 西歐小說中譯本 《聖요세파傳記》〉는 同名의 제목으로 《韓中言語文化硏究》 第37輯(韓國現代中國硏究會, 2015.2)에 게재되었고, 제3장 〈李世熊의 《物感》〉은 〈明末首部漢譯伊索寓言集 ≪況義≫ 之仿作李世熊

≪物感≫ 硏究〉라는 제목으로《中國文學》第92輯(韓國中國語文學會, 2017.8)에 발표하였으며, 제4장〈淸代 初期 예수회신부 조아생 부베의 索隱派思想과《易經》硏究〉는 同名의 제목으로《中國小說論叢》第31輯(韓國中國小說學會, 2012.7)에 게재되었다.

제5장〈임마누엘 디아스의 譯書《輕世金書》와《聖經直解》〉는〈明末 천주교 예수회선교사 임마누엘 디아스의 문서선교와 번역-《輕世金書》와《聖經直解》를 중심으로〉라는 제목으로《中國語文論譯叢刊》第43輯(中國語文論譯學會, 2018.7)에, 제6장 중의 죠세프 앙리 프레메어의 두 권의 天主敎小說《夢美土記》와《儒交信》은《夢美土記》는〈죠세프 앙리 프레메어의 淸代 初期 中文基督敎小說 硏究〉란 제목으로《中國小說論叢》第35輯(韓國中國小說學會, 2011.12)에, 제7장〈프랑스와 자비에르 당트르콜의 聖人傳記小說《訓慰神編》〉는 同名의 제목으로《中國語文學誌》第64輯(中國語文學會, 2018.9)에, 제9장〈'耶儒會通'論과 '孔子加耶穌'論: 明淸代 基督敎宣敎士의 儒家觀 探究〉는 동명의 제목으로《中國語文論譯叢刊》第15輯(中國語文論譯學會, 2005.7)에 게재되었다.

時順에 따르면 2005년부터 시작하여 2018년까지 모두 7편의 논문을 발표하였는데, 본서의 목차 순서와는 다르게 이 주제에 관하여 어느덧 14년 이상을 연구하게 되었다. 하지만 본격적인 연구는 2007년 李奭學교수를 만나고 부터 시작되었다고 할 수 있다. 2006년 12월부터 타이완 中央硏究院 中國文哲硏究所를 방문하는 기간에 李奭學교수는《발람과 요세파》에 관한 여러 가지 원전자료와 자신이 발표한 논문을 제공해주었고, 다시 그의 연구는 나를 2003년 嘉義大學에서 개최된 제2회 中國小說戲曲국제학술회의에서 陳慶浩교수를 만났던 시기로 거슬러 올라가게 하였다.

陳慶浩교수는 회의기간에 淸代에 저술된 세 권의 基督敎小說에 대해 논문을 발표하고서 나에게 이 작품들을 연구해 볼 것을 권유하였고 그는 프랑스로 돌아가 앙리 프레메어의《儒交信》을 비롯한 세 권의 파리국가도서관 소장본 원전작품을 내게 보내주었다. 이 문헌은 나의 기독교소설연구를 촉발시킨 계기를 부여하였으니, 그가 보내준 기독교소설의 韓譯本이 숭실대 한국기독교박물관에 소장되어 있다는 사실을 발견하게 되었기 때문이다.

19세기 마지막 10여 년부터 시작된 한국개신교 선교사업 중에 서양개신교선교사가 한글로 번역한 이들 기독교소설 韓譯本은 한국의 개신교 초기의 선교사업에서 매우 중요한 역할을 하였는데, 이 한역본들은 대부분 중국에서 출간된 基督教中文小說을 미국선교사들이 한글로 번역한 譯書라는 사실을 알게 되었다. 진교수가 보내준 자료 중에는 중국 최초의 章回體 기독교소설《儒交信》이 있었고 이를 계기로 앙리 프레메어의 천주교소설을 본격적으로 연구하게 되었는데, 그가 중국예수회의 대표적인 索隱派선교사라는 사실을 알게 된 뒤로는 색은파선교사의 천주교문헌에 대해서 연구를 시작하게 되었다.

그 후 2010년부터 시작된 타이완의 蔣經國國際漢學研究事業〈清代基督宗教中文小說選編〉은 내게 처음으로 연구가 되지 않은 천주교문헌을 접할 수 있는 기회를 갖게 해 주었다. 중앙연구원의 李奭學 교수, 홍콩中文大學의 黎子鵬교수와 필자 三人이 진행하는 이 연구사업과정에서 李奭學교수는 천주교소설 부분을 책임지게 되었는데, 가장 권위 있고 학계에서 처음으로 연구되거나 혹은 가장 널리 전파된 청대의 중문소설을 선별하는 작업 중에 李奭學교수는 바티칸 교황청도서관을 비롯한 유럽에 소장된 천주교소설의 희귀 자료들을 제공해 주었다. 앙리 프레메어의《聖母淨配 聖요셉傳》과 자비에르 당트르콜의《訓慰神編》은 이렇게 처음 대면하게 되었고, 李奭學교수가 注釋을 가한 譯註本과 原典을 모두 제공받았기에 이 자리를 빌려 깊은 감사의 인사를 올린다. 그는 2012년 홍콩중문대학출판사에서《譯述: 明末耶穌會翻譯文學論》을 출판하였는데, 본서의 제2장은《譯述: 明末耶穌會翻譯文學論》의 제3장 〈翻譯·政治·教爭: 龍華民譯《聖若撒法始末》〉을, 제5장 〈임마누엘 디아스의 譯書《輕世金書》〉는 전게서의 제9장 〈瘳心之藥 · 靈病之神劑: 陽瑪諾譯《輕世金書》〉를 참고하여 저술한 것이다. 또한 그는《晚明天主教翻譯文學箋注》全4卷(李奭學/林熙强 主編, 中央研究院 中國文哲研究所, 2014.12)을 간행하였는데, 본서에서 연구한《聖若撒法始末》와《況義》,《夢美土記》는 그의 역주본을 참고하여 기술하였음을 이 자리를 빌려 밝히는 바이다. 만일 李奭學교수의 선행연구와 자료 제공이 없었다면 아마 본서의 집필은 불가능했으리라 생각한다. 그의 아낌없는 지도와 자료 제공에 다시 한 번 심심한 감사의 인사를 올린다.

제3장〈니콜라 트리고의 이솝우언 選譯本《況義》와 李世熊의《物感》〉은 제자 高飛선생과 함께 共著한 부분으로 그의 박사논문의 일부이기도 하다. 高飛先生은 明末의《況義》부터 淸末의《海國妙喩》까지《이솝우언》의 中譯史를 전공한 寓言文學의 전문가인데, 본서의 한 장을 高博士와 함께 공저하게 된 것을 매우 기쁘게 생각한다.

정년 퇴임 전의 마지막 겨울방학에 이렇게 원고뭉치와 씨름하며 지나가고 설날명절을 교정하면서 보내는 이 시간이 나에게는 무척이나 소중하고 소중하다. 마치 박사반 기말레포트를 쓰지 못해 설날 아침까지 날밤을 새던 1984년 겨울이 생각난다. 이 책을 탈고하면서 나는 마테오 리치, 롱고바르디, 트리고, 임마누엘 디아스, 조아생 부베, 앙리 프레메어, 자비에르 당트르콜 한 분 한 분 그 이름을 불러본다. 자신의 삶을 하나님의 선교사업에 헌신하고 젊은 나이(마테오 리치는 30세에 마카오에 도착하여 28년을 중국에서 선교하고 중국땅에 묻혔다)에 중국에 來華하여 시간의 차이는 있지만 모두 중국선교를 위해 일생을 헌신하고 중국에서 생을 마감하였다. 그들은 새로운 선교지를 개척하였고 다른 문명세계인 중국에 복음을 전파하기 위해 새로운 선교전략을 수립했으며 이를 위해 일생을 헌신하였다. 중국 예수회의 선교노선은 마테오 리치가 서거한 뒤, 롱고바르디에 의해 부정되었고, 嘉定會議 후에 심지어 트리고는 울분을 참지 못해 자결하였다고 한다. 하지만 리치, 롱고바르디, 트리고, 디아스, 프레메어, 당트르콜은 모두 여러 권의 천주교문헌을 저술하여 중국과 동양인에 대한 문서선교사업을 진행하였다. 이승훈이 북경에서 가져온《聖經直解》,《天主實義》,《七克》등의 천주교 교리서는 대부분 이들 예수회선교사들이 역술한 문헌으로 초창기 사제 없는 조선교회의 신앙지침서가 되었다. 예수회선교사가 뿌려놓은 신앙의 씨앗은 동양의 도처에서 결실을 맺었고, 雍正帝 이후 비록 천주교가 禁教되었지만 하나님은 여전히 당트르콜 같은 능력 있는 선교사를 북경에 파견하여 중국의 믿는 자들을 격려시켜 주셨다. 일생을 중국과 동양의 선교사업을 위해 헌신한 이들 예수회선교사들에게 머리 숙여 경의를 표한다.

그들의 학문은 천문을 관측하고 지진을 예측하며 육지와 해상을 측량하여 세계지도를 만들 수 있는 당대 최고의 과학자이자 천문지리학자였다. 중국 경내에 유럽풍의 교회를 건축할 수 있고, 서양의 수금과 비파를 켤 수 있으며 자명종과 과학기기를 조정할 수 있는 지식인이었다. 하지만 그들은 본업인 중국선교를 소홀히 하지 않았고 자신이 사목하는 벽지에 교회를 세우고 많은 사람을 전도하였다. 420여년 전의 리치나 롱고바르디와 조우하게 해주시고, 300 여년 전의 프레메어, 당트르콜과 만나게 하여 그들을 한국에 소개할 수 있게 해주신 하나님께 감사드린다.

중국어문을 전공한 지 벌써 45년이 지났다. 하지만 나는 리치나 부베, 프레메어처럼 유가경전을 두루 섭렵하고 동서양의 전적에 통달했던 공력에 탄사를 발하며 단지 발 끝을 따라갈 뿐이다. 그들은 신앙의 기초 아래 중국의 儒佛道 藏經을 독파하였으며 라틴어나 유럽어 전적을 경서체로 번역하였다. 아직도 내가 면학해야 할 이유인 것이다. 리치나 프레메어와 같이 중국을 연구하기 위해 經史子集의 書海 속으로 들어가야 할 것 같다. 그들은 이미 길을 닦아 놓았고, 나는 색은파의 연구방법과 예수회선교사의 문서선교사업의 길을 따라 "帝廷天堂"으로 출발해야겠다. 그들은 중국어를 독학하기 위해 《西儒耳目資》를 기술했고 《漢語劄記》를 편찬하였다. 그들은 400 여년 전에 언문일치의 언어교육을 시작하였고, 중국어의 기술방법을 바꾸기 시작하였다. 廣東, 江西, 江蘇, 福建 등지에서 민중을 계몽하여 전도하였고, 백성들은 民智가 향상되어 삶이 바뀌었다. 20세기 중국의 현대화 계몽운동이 그들부터 시작되었다면 과언일까? 명말청초의 예수회 선교사들은 이렇게 중국을 바꾸었고 동양을 변화시키기 시작하였다. 나는 내가 연구하는 명말청초의 예수회선교사들을 존경한다. 漢學研究의 선배로써, 신앙의 롤모델로써 그 뒤를 따라갈 수 있기를 바랄뿐이다. 이렇게 길을 열어주신 하나님께 정말 감사한다. 유럽에서 구만리 먼 길을 떠나와 이역만리 중국에서 일생 동안 선교와 학문의 열정을 바쳤던 그분들을 나는 점점 더 존경하고 흠모하게 되었다.

한국에 소장된 천주교문헌과 韓譯本《성경직해》를 비롯한 천주교의 성경번역에 대해 자상하게 자문해주시고 관련 자료를 흔쾌히 제공해 주신 교회사연구소의 조한건 신부님께 이 자리를 빌어 심심한 감사의 인사를 올린다.

유럽어로 표기된 인명, 지명, 고유명사의 한글 표기에 대해서는 프랑스어를 비롯한 라틴어 계통 유럽어는 숭실대 불문과의 이재룡교수에게, 독일어 계통 유럽어는 독문과의 이재호교수에게, 그리고 스페인어 포르투갈어에 대해서는 대구가톨릭대학의 김우중교수에게 지도를 받았기에 이 자리를 빌어 머리 숙여 감사의 인사를 올린다.

어려운 출판환경 속에서 장문의 원고뭉치를 잘 갈무리하여 좋은 책으로 출판하게 해주신 숭실대 출판부의 김영화선생과 열린문화의 서재봉 대표에게 감사의 인사를 드린다. 본서에 사용한 사진과 서적의 그림파일을 흔쾌히 제공해 주신 한국기독교박물관의 황민호 관장과 한명근 박사께 진심으로 감사의 인사를 드린다. 본서의 출판작업 중에 자료를 수집해주고 정리하는데 도움을 준 水原大의 袁明嶸교수와 崇實大 박사반의 王長江학우, 그리고 교정원고를 며칠 동안 밤샘하며 세심하게 비평하고 가다듬어 준 박경실 교수에게 새봄을 알리는 산수유와 매화꽃 한 다발 선물해야겠다. 삼사백년의 시공을 초월한 천주교선교사와의 조우와 그들에 대한 부족한 연구가 이 분야에 함께 가기를 원하는 동료 연구자들에게 조금이나마 도움이 될 수 있기를 바란다.

2019 己亥年 2월 설날 梅花書屋에서
저자 吳淳邦 씀

제1장 天主教中文小說의 탄생과 예수회선교사 작가

제1절 天主教 예수회선교사와 中國文書宣教
제2절 西學을 中國에 소개한 예수회선교사
제3절 索隱派 예수회선교사와 中國 硏究
제4절 基督教中文小說의 定義와 天主教中文小說

《燕行圖》 제6폭 〈望海亭〉, 한국기독교박물관 소장

天主教中文小說의 탄생과 예수회선교사 작가

제1절 天主教 예수회선교사와 中國文書宣教

1814년 8월 7일 천주교 예수회가 다시 시작된 지 4개월 뒤인 1814년 12월에 파리 프랑스西學院에 〈漢滿言語와 文學講座(Chaire de langue et litérature chinoises et tartare-mandchoue)〉가 개설되었고 쟝 피에르 아벨 레뮈사(Jean Pierre Abel Rémusat, 雷慕沙, 1788-1832)가 首席教授로 취임하였다. 다음 해, 레뮈사는 中國祭禮 논쟁 때문에 마카오로 추방되었던 조세프 앙리 드 프레메어(Joseph Henri de Prémare, 馬若瑟, 1666-1736)가 저술한《漢語劄記》(*Notitia linguae sinicae*, 1729)[1] 원고를 토대로 하여《漢文啓蒙》(*Élémens de la grammaire chinoise*, 1822)을 편집 기술하여 출판하였고, 아울러 西學院에서 학생을 모집하여 강의를 개설함으로써 프랑스에서 공개적으로 중국어를 연구하

---

1 프랑스국가도서관 소장본, 編號 FRBNF31148292. 육필원고는 1729년에 완성되었고 1831년에 말래카(麻六甲)의 英華書院(Malaccae: sumptibus collegii anglo-sinici)에서 출판되었다. 1832년 *The Chinese Repository*에서 이 책을 소개하였다. 尹文涓, 〈《中國叢報》與19世紀西方漢學研究〉,《漢學研究通訊》22.2(2003), 30쪽.

는 선구자가 되었다. 현재 학계에서는 프랑스의 대학에서 레뮈사가 강좌를 개설한 사건을 유럽의 大學에서 漢學(중국학) 연구가 시작된 출발점으로 간주하고 있다. 《漢文啓蒙》은 咸豊 丁巳年(1857)에 재판되었는데 책의 표지에는 중국어-프랑스어 書名이 병기되어 있고, 中文書名 아래에는 프랑스어 서명이 있으며 이 책에서 논의하는 文法은 중국의 '國文(Kou-wen)'과 '官話(Kouan-hoa)'라고 명기되어 있다.[2] 1832년 세계에서 최초의 英文漢學專門雜誌로 발간되었다고 평가받는 *The Chinese Repository* (《中國叢報》, 1832-1851)가 中國 廣州에서 창간되었다. 이 잡지는 東西洋에서 漢學硏究의 교량 역할을 하였는데, 17세기에서 18세기까지 저술된 천주교 예수회선교사들의 저작을 광범위하게 소개하였다. 창간되던 1832년에 영국선교사 로버트 모리슨이 1831년 말래카에서 출판했던 조세프 앙리 프레메어가 저술한 《漢語劄記》의 라틴어판을 소개하였다.[3] 그 후 1837년과 1839년에는 短文으로 프레메어를 소개하였고, 1841년에는 7쪽의 長文으로 레뮈사의 *Nouveau Mélanges Asiatiques*에서 일부를 적출하여 프레메어의 生平을 번역 게재하면서[4], 중국어를 배우고자 하는 사람이나 漢語의 전문가가 되기를 바라는 사람들은 누구나 프레메어의 《漢語劄記》를 이용해야 한다고 추천하였다.[5] 1847년 《漢語劄記》는 미국선교사 브리드그맨(Elijah C. Bridgman, 裨治文) 목사가 영어로 번역하여 출판하였고, 그해에 《中國

2 이 책의 프랑스어 서명은 다음과 같이 표기되었다. "*Elémens de la grammaire chinoise*, ou Principes généraux du KOU-WEN...et du KOUAN-HOA", 臺灣中央硏究院 傅斯年圖書館 西文善本室 所藏本.

3 *The Chinese Repository*, vol.XVI(1847), p.266. 澳門利氏學社 所藏本.

4 Rémusat, *Nouveau Mélanges Asiatiques*, S. R. Among이 기술한 "Biographical Notice of P. Prémare"에서 일부를 번역하였다. *The Chinese Repository*, vol.X (1841), p.668-675.

5 *The Chinese Repository*, vol.XVI(1847), p.268.

叢報》에서 2쪽의 편폭으로 이 책을 소개하였다.[6] 16세기에 유럽에 漢學을 소개했던 천주교 예수회는 1773년 해산되었지만, 유럽의 대학에 漢學이 흥성하기 직전에 다시 회생하였으니, 예수회선교사들이 남겨 놓은 방대한 漢學 著譯書로 말미암아 다시 漢學 發展의 중요한 역할을 담당하게 되었다. 18세기 예수회 신부 죠세프 앙리 프레메어와 19세기 프랑스 漢學者 레뮈사는 미국선교사 브리드그맨이 창간한《中國叢報》의 紙面을 통해 중국 廣州에서 서로 遭遇하였는데, 이런 백 몇 십 년에 걸친 時空을 초월한 만남은 처음부터 천주교 예수회와 긴밀하게 연결되어 있어서 當代 유럽의 學院式 漢學의 시발점이 되었던 것이다.

17세기에서 18세기에 걸친 유럽에서는 예수회신부들이 대량으로 중국경전을 번역하고 책을 저술하여 중국문화를 소개하였기 때문에 유럽의 수많은 뛰어난 학자들이 중국문화를 연구하게 되었다고 미국의 저명한 漢學者 뭉겔로(D. E. Mungello, 孟德衛)가 지적한 적이 있었다.[7] 뭉겔로는 그의 책에서 계몽시기의 前期에 나온 몇 권의 중요한 漢學 著作을 時順에 따라 개론식으로 소개하였다. 그는 여기서 19세기 유럽의 漢學 硏究는 천주교 예수회가 중국에서 전개한 선교사업에 뿌리를 두고 있다고 주장하였다. 그는 예수회가 중국에서 전개한 적응주의 선교전략이 유럽에서 學院式 漢學의 발전에 선구적인 역할을 할 수 있었던 이유는 17세기 유럽 내부에 가득 차 있었던 신비한 중국(혹은 전체 아시아이거나 東方)에 대한 강력한 호기심과 더 깊이 알고 싶어하는 지적인 갈망에서 비롯되었다고 주장하였다.[8] 게다가 이런 "강력한 호기심"은 깊이 없이 얕은 好奇心 수준에 머무르지 않

---

6 *The Chinese Repository*, vol. Ⅰ(1832), p.152; vol. Ⅹ(1841), p.668-675; vol. ⅩⅥ(1847), p.266-268.

7 D. E. Mungello, *Curious Land: Jesuit Accommodation and the Origins of Sinology*, University of Hawaii Press, 1985.

8 각주 7, 13-14쪽 참조.

고 신지식, 신세계, 신사회에 대해 알고자 하는 실천 행동력을 구비한 호기심이었다고 설명하였다. 뭉겔로는 이런 내재적 환경요인 때문에 예수회 신부들의 중국에서의 활동과 중국문화에 대한 연구가 유럽에 전파 소개된 일은 계몽시기 초기 유럽의 아마추어 漢學家들, 예를 들면 라이프니치, 울프, 볼테르 등 중국문화의 열렬한 애호가인 계몽사상가(the Enlightenment Sinophilies)들에게 필요한 지식을 제공해주었고,[9] 이 때문에 예수회 선교사들은 '漢學硏究의 선구자(the forerunner of Sinologue)'로 간주되었다. 그러나 뭉겔로의 연구는 완전히 서구인의 관점에서 진행되었기 때문에 유럽 漢學의 기원이 어떻게 예수회에서 시작되었는지, 천주교 예수회가 중국에 西學을 전한 전말과 중국본토의 漢學 발전과는 어떠한 관계를 맺었는가 하는 문제에 대해서는 전혀 논의를 하지 않았다. 뭉겔로는 비록 미국학자이지만 그의 연구방향은 그의 저서에서 논의된 계몽시대 유럽학자들의 중국연구와 마찬가지로 유럽중심의 연구방법을 사용하였다. 근래에 中文學界에서는 國際漢學에 대한 백과사전식 연구가 획기적으로 발전하여 國際漢學家와 漢學에 대한 연구현황을 대량으로 소개하고 있으며 성과도 괄목할 만하다. 하지만 유럽한학의 기원과 관련된 연구는 아직 뭉겔로의 연구수준을 뛰어넘지 못하고 있다. 본문에서는 천주교 예수회선교사들이 중국 초기에 전개한 연구활동에 대해 집중적으로 논의해 봄으로써, '西學'의 전파를 위해 古代 儒家經經을 연구하게 된 상황과 이런 연구가 어떻게 "중국에서 진행된 예수회의 漢學硏究"로 발전하게 되었는지를 논의해 보고자 한다.

아울러 중국의 禮儀論爭 때문에 이런 예수회의 漢學硏究 成果가

9 D. E. Mungello, "Confucianism in the Enlightenment: Antagonism and Collaboration between the Jesuits and the Philosophes", in Thomas H. C. Lee, ed., *China and Europe: Images and Influences in Sixteenth to Eighteenth Centuries*(Hong Kong: The Chinese University Press, 1991), p.119-120.

유럽에 소개 전파되게 되었고 결국은 유럽학계에 중국의 언어 문화 경전에 대한 연구를 촉발시키게 되었으며, 유럽의 대학에서는 이를 받아들여 "유럽의 漢學"으로 발전시켜 나갔다. 明淸 交替期에 예수회선교사들은 天學이란 이름으로 西學을 중국에 소개하고 유입시켰는데, 그 방법은 古代儒家와 결합하여 宋明理學을 공격하고 理學의 佛敎色彩를 부각시킴으로써 순수한 古代의 儒家經典으로 돌아가야 한다는 취지를 주창하였다.

마테오 리치 이래로 중국경전에 대한 연구는 淸初에 이르러 점차 형성된 索隱派(Figurist, 符象派, 尊經派, 易經派라고도 부름)가 서양 聖經解釋學의 관점에서 중국의 儒學을 연구하기 시작하였는데, 이런 시도는 명청대의 문인들로 하여금 理學에 대한 색은파 선교사들의 비평을 통해 공감을 형성하게 되었다.[10] 그리고 예수회 신부들의 중국에 대한 선교정책은 예수회의 일부 신부들과 다른 수도회의 불만을 초래하여 여러 해 동안 계속된 中國의 禮儀論爭으로 발전해 버렸으며 중국전통에 대해 서로 다른 해석을 내놓게 되었다. 이런 상황에서 예수회는 明末부터 중국에서 진행된 자신의 선교사업을 변호하기 위해 여러 차례 예수회신부를 유럽으로 파견하여 유럽에 대량으로 중국문화를 소개하였고 많은 자료를 제공해 주었으며, 중국의 고전문헌을 유럽어로 번역하여 이를 구체적인 증거로 제시함에 따라 漢學이 유럽에 전파되는 촉매 역할을 하게 되었다. 그리고 예수회가 유럽에서 가지고 온 西學은 그들이 진행한 儒家經典 연구의 발전과 중국문인들의 학술기풍의 변화로 말미암아 조정을 받게 되었다. 이러한 연유 때문에 유럽 漢學의 기원문제와 중국에서 진행된 예수회의 경전연구라는 두 가지 문제의 연관성에 대해 구체적인 해석이 필요한 실정이다. 유럽과 明淸代

10 Pan, Feng Chuan, "The Burgeoning of a Third Option: Re-Reading the Jesuit Mission in China from a Glocal Perspective," Leiden: PhD dissertation of Leiden University, 2006.

에 일어났던 漢學 熱風의 원류와 추진자들을 회고해 봄으로써 중국과 유럽 양쪽에서 천주교 예수회선교사들이 쌍방을 바늘귀에 실을 꿰듯이 연결시킨 뒤에 일어났던 양쪽 지역의 학술변화를 고찰해 봄으로써 '西學'으로부터 '漢學'까지의 전환과 변천과정을 탐구해 보고자 한다.

제2절 西學을 中國에 소개한 예수회선교사

중국의 祭禮論爭 때문에 천주교 예수회선교사들은 자신들의 선교정책을 변호하기 위해 유럽에 적극적으로 알렸던 중국에 관한 소식은 주로 人類의 起源時間과 共通言語라는 두 가지 문제에 집중되었다. 실제로 이런 연구는 康熙年間에 궁정에 근무했던 예수회 索隱派에 의해 연구가 최고조에 달하였다. 適應主義란 예수회 선교전략의 한 부분이다. 유럽의 저명한 漢學者 에릭 취르허(Erik Zürcher, 許理和)의 연구에 의거하면, 예수회의 선교전략은 주로 세 가지 방식으로 요약할 수 있다. 첫째는 위에서 아래로 진행한다(由上而下). 그들은 지식인을 주요 선교대상으로 삼았는데, 목표는 중국의 황제를 천주교인으로 귀화시켜 기독교의 선교를 합법화 시키려는 목표를 가지고 있다. 두 번째는 적응주의(Accommodation)를 채택한 것인데, 外來人의 입장에서 서로 다른 두 문화가 접촉할 때에 생기는 문제에 관해서 논의하였는데, 명말 예수회선교사의 적응대상은 儒家였다. 세 번째는 간접적으로 선교하는 방법으로, 유럽의 과학, 지리학, 기술을 중국의 지식인들과 서로 교류하는 매개체로 삼았다.[11] 그들은 자칭 '西儒', '西士'라 하였고, 심지어는 '西來孔子'라는 尊稱으로 불리기도 하였는

11 Erik Zürcher, "The Jesuit Mission in Late Ming Times: Levels of Response," in E. B. Vermeer, ed., *Development and Decline of Fukien Province in the 17th and 18th Centuries*, Leiden: E. J. Brill, 1990, p.417.

데, 그들이 전하는 학문은 西學, 天學, 窮理學이라 불렸다. 기본적으로 예수회에서 소개한 학문은 "格物窮理"의 學이란 명의로 진행되었으니, 그들은 宋明 儒學의 어휘를 빌려다 쓴 것이며 그 목적은 "格物窮理"를 진일보시켜 "知天"이란 목표까지 끌어올릴 수 있기를 희망하였기 때문이었다.[12]

예수회선교사의 입장에서 말한다면 소위 "天"이란 그들이 전도하려는 天主를 지칭하는 것이다. '西學'은 동시에 '天學'이란 명칭으로 알려졌다. 그 당시 트리고는 유럽에서 서적 7千卷을 가지고 왔으며 예수회선교사들은 이에 근거하여 저술을 하거나 번역작업을 통해 중국에서 광범위하게 西學을 소개하였다.[13] 明淸交替期에 예수회신부들이 중국에 유입시킨 西學은 당시의 분류방식에 따라 理編과 器編으로 나눈다.[14] 형이상학적인 것은 "理編"이라 하며 지금의 神學과 哲學에 해당된다. 형이하학적인 것은 "器編"이라 하며 지금의 科學과 技術의 학문에 해당한다. 李之藻가 편찬한 《天學初函》(1628)은 모두 20종의 서적을 수록하였는데 "理編"과 "器編"이 각각 절반을 차지하였으며 "理編"에는 마테오 리치의 《天主實義》와 알레니의 세계지리를 기술한 《職方外紀》 등이 포함되어 있다. "器編"은 《泰西水法》, 《同文算指》, 《幾何原本》과 徐光啓의 《勾股義》 등이 포함되었다. 器編書籍은明淸교체기 中國社會에서의 實學的 수요에 부합하였기 때문에 《四庫全書》에 많이 수록되었지만, 理編書籍은 세계지리를 소개한

---

12 니콜라 스탕다레르(Nicholas Standarert, 鐘鳴旦)는 明淸시기 예수회신부들의 窮理學은 실제로는 "格物窮理以知天(天을 알기 위해 格物窮理한다)"고 그 목적을 명시한 바 있다. 鐘鳴旦, 〈「格物窮理」: 17世紀西方耶穌會士與中國學者間的討論〉, 《哲學與文化》18.7, 1991, p.604-616.

13 方豪, 〈明季西書七千部流入中國考〉, 《方豪六十自定稿》, 臺北: 作者自印, 1969, 第2册, 39-53쪽.

14 李之藻, 《天學初函》, 臺北: 臺灣學生書局, 1965.

《職方外紀》만이 수록되었다.[15] 吳伯婭의 통계에 따르면《四庫全書總目》에는 모두 37部의 明末淸初 천주교선교사와 중국인 공동저자의 저작이 평가 소개되었다. 이 저작 중에 23종이《四庫全書》에 수록되었고, 14종은 목록에만 著錄되었다.《四庫全書》에 수록된 西學著作은 대체로 天文曆算類, 機械類, 農業水利類, 地理類로 분류한다. 地理類의〈廣異聞〉을 제외하고는《四庫全書總目》의 서방과학서적에 대한 평가는 비교적 높은 편이다. 하지만 理編書籍에 대한 평가는 상당히 엄격하였다.[16] 다시 명청시기 중국 藏書家의 書目을 통해 살펴보면, 통계에 근거할 때 江南과 福建의 藏書家 예를 들면 錢謙益, 董其昌, 徐㶿, 陳第 등 약 10명의 所藏書目에는 적어도 예수회신부가 저술한 1종 이상의 저작이 포함되어 있는데, 그 총수는 약 138종에 이른다. 그중 약 70%에 달하는 저작이 科學분야에 속하며, 그중의 대부분은 李之藻가 編印한《天學初函》(1629) 중에 수록되어 있다.《四庫全書總目》이 評注를 가한 西學書籍 중에 22종이《天學初函》에 수록되어 있다.[17]

마테오 리치(Matteo Ricci, 利瑪竇, 1552-1610)가 經典을 인용하여 儒家의 古經으로 宋儒를 비판한 선교책략은 明末時期 식견이 있는 문인들 사이에 광범위하게 존재하는 宋學에 대한 당시의 비판적 環境과 관련이 있다. 리치는 古儒로 宋儒를 공격하고, 그런 연후에 한 걸음 더 나아가 西儒(西學)로 古儒를 공격하였다. 마테오 리치가 중국 古經을 연구하게 된 이유는 西學(天學)이 儒家에 비해 한층 수준

15 《職方外紀》의 원고 來源은 마테오 리치와 판도하(Diego de Pantoja, 龐迪我, 1571-1618)에게서 나왔고, 나중에 알레니가 增補하여 완성하였다.《四庫全書》와 西學의 관계는 計文德,《從四庫全書探究明淸間輸入之西學》, 대북 · 뉴욕 · 로스앤젤리스: 漢美圖書公司, 1991, 354-403쪽 참고.

16 吳伯婭,〈《四庫全書總目》對西學的評價〉,《首都博物館叢刊》, 2002.

17 鐘鳴旦 · 杜鼎克 著/孫尙揚 譯,〈簡論明末淸初耶穌會著作在中國的流傳〉,《史林》1999:2, 58-62쪽.

높은 指導原則을 가지고 있다는 주장을 제기하기 위한 것이다. 그는 중국 고대 유가경전의 원본에는 기독교 체계가 포괄되어 있으며 上帝, 天主의 교리와 가르침이 기재되어 있었는데, 후세의 중국인들(특별히 宋明의 儒家)은 경전 텍스트의 원래 의미를 완전히 잊어버렸다고 생각하였다. 때문에 예수회신부들이 儒家經典 중의 眞意를 다시 새롭게 해석해야 한다고 주장하였다.[18]

이런 예수회선교사들의 경전 연구는 거꾸로 중국사대부가 자신들의 전통에 대해 더욱 진일보 고찰하도록 하는 주요 동력이 되었다. 西學과 서로 교류한 후의 중국학계는 中國과 西學의 논쟁으로부터 중국 본토의 宋學과 漢學의 논쟁으로 轉化되거나 强化되어 버렸다. 마테오 리치의 宋儒와 古儒를 나누는 책략은 중국학술사에 확실하게 그 영향력을 발휘하였다. 大學士 徐光啓 등 적지 않은 학자들이 西學을 格物窮理學이라 불렀는데 이는 中學과 西學을 융합시키려는 의도를 가지고 있었기 때문이었다. 그러나 西學에 反擊을 가하거나 혹은 西學을 지원하는 학자들은 儒家經典으로 回歸하여 經典의 原意를 고찰하는 것이 각자 논변의 중요한 근거가 되어 버렸다.

만일 당시 유럽의 學科 분류에 근거하면 현재 基礎科學으로 분류하는 학문은 원래는 哲學類에 속한다. 《天學初函》 理編에는 지우리오 알레니(Giulio Aleni, 艾儒略, 1582-1649)가 출판한 《西學凡》(1623)이 수록되었는데, 이 책에는 당시 유럽(특히 예수회의 學院)의 교육제도는 일반적으로 세 가지 단계로 나누어서 완성된다고 소개하고 있다. 그중에 물리와 수학은 제2 단계의 철학훈련에 속한다.[19] 《四庫全

---

18 마테오 리치의 주장은 그의 저술 《天主實義》 참조. 李之藻 編, 《天學初函》, 臺北: 臺灣學生書局, 1965.

19 潘鳳娟, 《西來孔子艾儒略: 更新變化的宗教會遇》, 新店: 基督教橄欖文化事業基金會, 2002, 344-345쪽 참조. 徐光台, 〈明末西方教育的傳入及歷史反思〉, 《臺灣東亞文明硏究學刊》 1.2(2004), 77-104쪽 참조.

書》에 비록《西學凡》이 수록되지는 않았지만,《四庫全書總目提要》에서는 이 책을 子部 雜家類에 귀속시켜서 西學도 지식이라는 사실을 인정하고 있다.《四庫全書》에 수록된《職方外紀》의 작자 알레니는 이 책의〈自序〉에서 그가 세계지리와 西學을 소개하는 목적은 사람들로 하여금 "흐름을 거슬러 올라가 근원을 찾고 末로부터 本을 구하기(溯流窮源, 尋末求本) 위한 것이며, 만물을 창조한 主宰者를 경배하고 믿게 하기 위한 것인데, 이 주재자가 바로 그가 소개하는 "天主"이시고 萬物의 眞原이라 하였다. 완벽한 우주의 관찰을 통해 조물주의 實存하심을 증명할 수 있는데, 이런 방법과 宋明理學(특히 程朱一派)의 萬事萬物에 대한 洞察을 통하여 宇宙萬物의 공통된 원칙을 窮究한다는 이런 사고와 방식을 가지고 논한다면 兩者가 유사한 것이라 하였다. 張永堂은 明末淸初에 科學과 經學이 흥성하게 된 것은 思想史的인 측면에서 본다면 朱子學의 格物觀의 연속이라고 주장하였다. 宋明理學이 淸代 經學으로 전환되는 과정 중에 예수회선교사들은 서방과학을 중국에 유입 소개시켜 주었다. 그러나 그들은 創造主의 지위를 天主의 위상으로 귀속시켜 버렸다. 비록 마테오 리치는 古儒를 들어 宋儒를 비판하였지만 방법론적으로는 宋明理學을 부정해 버렸다. 하지만 예수회선교사들이 중국에 과학을 소개한 것과 程朱의 格物窮理는 서로 부합되는 측면이 있었기 때문에 明淸交替期에 중국 과학의 발전을 촉진시키는 결과를 가져왔다.[20] 마테오 리치가 불교에 적용했던 전략을 儒家에 적응하는 방식으로 전략을 바꾸어 사대부 문인들과 교류를 하고자 했을 때, 士大夫 文人階層의 지지를 얻기 위해서 儒家經典에 대한 연구는 분명 필수조건이었다. 때문에 예수회선교사들은 來華한 初期부터 儒家經典에 대한 연구를 시작하였다.

---

20 張永堂,《明末淸初理學與科學關係再論》, 臺北: 臺灣學生書局, 1994, 4쪽, 第4章〈明末淸初西學派對格物窮理觀念的新解釋〉과 第5章〈明末淸初耶穌會士的理數觀及其影響〉참조.

(1) 古儒를 인정하여 宋儒를 비판한 마테오 리치의 經典 硏究

비록 예수회가 처음 중국에 來華한 뒤 對應한 대상은 불교였고 자칭 "天竺僧"이라 부르기도 하였지만 마테오 리치가 儒家로 對應對象을 바꾸고 난 뒤에는 儒家를 들어 佛教를 비판 배척하였다. 리치는 《天主實義》를 기술할 때에 宋明理學이 불교의 영향을 받았다는 사실을 전제로 삼아 자주 古儒를 가지고 宋明理學을 비판하였다. 마테오 리치는 "中士"와 "西士"의 대화방식으로 全書를 서술하고 있다. 리치가 古典經書를 인용한 頻度를 따져 본다면 《四書》와 《書經》이 비교적 중시를 받았다는 사실을 알 수 있다. 그리고 康熙 연간에 주목을 끌었던 《易經》은 이 시기에는 그다지 주의를 끌지 못했다.[21] 《天主實義》 중의 대화를 몇 단락 추출하여 마테오 리치가 古儒와 宋明儒家를 구별하고 古儒로 宋明儒家를 批評 論駁한 부분을 살펴보도록 하자.

> 서양 선비(西士)가 이르기를: "……우리 天主님은 바로 (중국의) 옛 경전에서 말하는 하나님(上帝)입니다. 《中庸》에서는 孔子의 말을 인용하여 '郊社의 禮는 上帝를 섬기는 것이다' 라고 말하였습니다. 주자(朱熹)의 주해에서는 '(上帝 다음에) 후토(后土)를 말하지 않은 것은 문장을 생략한 것'이라고 말했습니다. 그러나 孔子께서는 하나이지 둘이 될 수 없음을 밝히신 것이라고 저는 생각됩니다. 어찌 유독 문장이 거기만 생략된 것이겠습니까? ……옛날 경전을 두루 살펴보면 하나님(上帝)과 天主는 단지 이름만 다를 뿐임을 알 수 있습니다."
> 중국선비(中士)가 말했다. "세상 사람들이 옛 것을 좋아한다지만 오직 옛날의 기기(機器)들이나 옛 글만을 애호하는 것이니, 어찌 선생께서 옛날의 도리(古理)에 의거하여 말씀하시는 것만 하겠습니까?

21 古偉瀛,〈明末清初耶穌會士對中國經典的詮釋及其演變〉,《臺大歷史學報》25(2000), p.91.

선생께서는 훌륭한 가르침으로 사람들을 이끌어서 옛날의 도리로 되돌아가도록 하십니다. 그러나 저는 아직도 분명하게 알지 못하는 것들이 있습니다."[22]

상기한 대화를 통해 보면 마테오 리치는 천주교의 'Deus'를 중국의 古代經典 중에 있는 '上帝'로 대체하고 고대 儒家經典을 가지고 宋儒의 註疏를 비판하려는 의도가 있었다는 것이 분명하다. 고대 경전으로 宋明儒學을 비판하려는 주요 목적은 '萬物一體' 관념 때문이다. 《天主實義》 제4편 〈귀신과 사람의 혼에 관한 異論을 분석하고 천하 만물은 한 몸(一體)이라고 말할 수 없음을 풀이함〉[23] 전편에 걸쳐 이 개념을 옛 경전(古經)을 빌려 비판하고 있다.

서양 선비가 말했다. "…… 周公과 孔子의 말씀이나 선비님 나라의 옛 經書에 하나님(后帝)을 업신여기고, 그와 더불어 '하나'가 된다는 것이 어디에 있습니까? 만약 보통 백성 중에서 한 사나이가 스스로 天子와 동등하게 존귀하다고 말한다면 그는 황제를 모독한 죄를 면할 수 있겠습니까? 땅위의 백성들도 망령되게 땅위의 임금과 견줄 수 없는데 (그들이) 하늘의 '하나님'과 같다고 할 수 있겠습니까? 사람이 (다른) 사람을 부를 때, '너는 너이고, 나는 나이다' 라고 말할 수 있습니다. 그러나 이제 무릇 도랑이나 개울에 사는 (미물인) 벌레가 (만유의 지존이신) '하나님'에게 '너는 나(와 같은 존재)이고, 나도 너(와 같은 존재)이다' 라고 말한다면 어찌 지극히 도전적이고 (도리에) 크게 어긋나는 일이 아니겠습니까?"[24]

---

22 마테오 리치, 《天主實義》上卷, 20b-21a. 마테오 리치 저/송영배외 역, 《천주실의》 상권, 서울대학교 출판부, 2006년 초판 제6쇄, 99-103쪽의 번역문을 인용 참조.

23 《天主實義》 제4편 〈辯釋鬼神及人魂異論, 而解天下萬物不可謂之一體〉.

24 마테오 리치 저/송영배외 역, 《천주실의》 상권, 192-193쪽.

그러나 문제는 예수회 신부들이 전파한 내용이 중국 경전에 기재된 적이 없다는 사실이다. 이에 대해 그는 경서가 流傳되어 내려온 과정을 비판하였는데, 혹은 삭제되거나 增添을 통해 문헌이 완전하게 流傳되어 내려오지 못했기 때문이라고 지적하였다.

> 서양 선비가 말했다. "저는 큰 나라(大邦, 중국)의 옛날 경서를 두루 살펴보았는데 귀신에게 제사지내는 것을 천자와 제후의 중요한 일로 삼지 않음이 없었습니다. 그러므로 그들은 귀신이 마치 그들 위에 있는 듯이, 마치 그들 좌우에 있는 듯이 공경하였습니다. 어찌 그런 일이 없었는데도 일부러 이런 것들을 거짓으로 꾸며서 속였겠습니까?"[25]

第6편의 다른 대화를 살펴보면 마테오 리치의 논증방식을 이해할 수 있다.

> 중국 선비가 말했다. "유교의 선비들은 聖人으로써 으뜸을 삼고 성인은 경전으로써 가르침을 주셨습니다. 우리의 경전들을 두루 살펴보아도 천당과 지옥의 설은 없으니 어찌 성인이 이런 이치에 통달하지 못하였겠습니까? 어떻게 숨기고서 드러내지 않았겠습니까?" 서양 선비가 대답했다. "성인이 가르침을 전할 때는 이 세상 사람들이 감당할 수 있는 지를 살핍니다. 그러므로 여러 번 전하여도 다 전하지 못하는 것이 있고, 또 혹시 대면하여 이야기했어도 모두 책에 기록되지 못한 것도 있습니다. 혹 이미 기록은 되었으나 나중에 인멸된 것도 있고, 혹은 나중에 어리석은 史官이 믿지 않아서 삭제하여 없애 버린 것도 있습니다. 하물며 사건이나 사물을 기록한 문장들은 때때로 변하여 바뀌니, 그 기록이 없기 때문에 바로 '그 사실은 없는 것이

---

25 마테오 리치 저/송영배 외 역, 《천주실의》 상권, 154-155쪽.

다.' 라고 말할 수는 없습니다. 오늘날의 선비가 옛날 책을 잘못 연구함은 이루 다 헤아릴 수가 없습니다. 문자의 풀이에 급급하여 의미에는 소홀하게 되지요. 따라서 지금의 문장은 비록 융성하나, 지금의 '행동'(行)은 실로 빈약합니다."[26]

마테오 리치의 논증방식은 기본적으로 옛 중국 경전에서 증거를 찾는데, 만일 옛 경전에는 없지만 宋明儒家의 註疏에서 발견되면 이것이 그가 宋明儒家를 공격하는 포인트가 되는 것인데, 예를 들면 '太極'이란 어휘가 바로 그 일례라고 할 수 있다. 《天主實義》 제2편 〈世人이 천주를 잘못 알았다 世人錯認天主〉에서 다음과 같이 논술하였다. 서양 선비가 말하기를 "제가 비록 나이 들어 중국에 왔지만 저는 옛 경서 읽기를 게을리 하지 않았습니다. 그러나 저는 고대 중국의 옛날 군자들이 天地의 하나님을 공경했다는 말은 들었으나 太極을 높이 받들었다는 말은 듣지 못했습니다. 만약 太極이 하나님이요, 천지만물의 시조라면 옛 성인들이 무엇 때문에 그런 이론을 숨겨 두고 말하지 않겠습니까?"[27] 마테오 리치는 자신이 고대 경전을 精讀했다는 사실을 여러 차례 강조하였는데, 그 까닭은 명말 사대부 문인들 사이에는 당시 儒家에 대한 의혹과 불만이 보편적으로 만연되어 있었기 때문이다. 리치는 이러한 학술분위기 속에서 틈새를 파고 들어가 서양 선비의 입장에서 중국의 옛 경전을 두루 섭렵하고 새롭게 해석을 가하여 宋明儒家를 공격하는 근거로 삼았던 것이다.

---

26 마테오 리치, 《天主實義》 下卷, 30b-31a. 마테오 리치 저/송영배외 역, 《천주실의》 하권, 320-321쪽.

27 마테오 리치, 《天主實義》上卷, 14b. 마테오 리치 저/송영배외 역, 《천주실의》 상권, 81-81쪽.

(2) 宋儒로 古儒를 공격하고 나아가 전체를 부정했던 롱고바르디

마테오 리치는 중국의 옛 경서에 나오는 '上帝'를 천주교의 Deus와 동일시하였고, 古儒와 宋明儒家를 구별하였으며, 古儒로 후자를 논박 배척하였지만 같은 예수회의 모든 신부들에게 지지를 받지는 못했다. 그의 후계자 니콜라스 롱고바르디(Nicolas Longobardi, 龍華民, 1565-1655)는 중국 경전에 대한 태도가 그와는 상당히 달랐다. 그는 古代 儒家나 宋明儒家를 막론하고 모두가 "無神論者(Athées)"라고 생각하여,[28] 전반적으로 儒家를 배척하였다. 롱고바르디는 마테오 리치가 세상을 떠난 후에 古儒에 대한 適應主義와 유가경전 중의 '上帝'를 천주교의 Deus와 동일시하는 주장에 대해 반대하기 시작하였으며, 중국의 종교문제에 대해 토론하는 한 편의 육필원고를 완성하였다.[29] 1700년 소르본느神學院(Sorbonne, 索邦神學院)의 신학자들은 마테오 리치派 예수회신부들에 대해 심의를 진행하였고 중국의 도덕, 풍속 그리고 上帝에 대한 인식 등 여러 방면에 대한 관점을 견책하였다. 그들의 관점은 "신성한 기독교에 대해 말하자면 거짓되고 허망하며 비방과 잘못, 모욕을 주는 것"[30]이라고 평가하였다. 소르본느 神學院의 심사가 있은 후에 롱고바르디가 기술한 중국종교에 관한 원고는 프랑스 파리외방선교회 신부 샹 피옹 드 시세(Champion de Cicé, 1648-1737)가 프랑스어로 번역하였는데 標題를《중국종교의 몇 가지 문제

28 Nicolò Longobardo, "Traité sur quelques points de la religion des Chinois,"2:14, in Wenchao Li & Hans Poser, eds., G. W. Leibniz, *Discours sur la théologie naturelle des Chinois*(Frankfurt am Main: Klostermann, 2002), p.84.

29 Reposta breve sobre las controversias do xamty, tien xin, lim hoên, e outros nomes e termos sincos; par se determinar quaes delles podem ou não podem uzarse nesta xrandade.(포르투갈어 원문) The Spanish tranlation is *Tratados historicos, politicos, ethicos y religiosos de la monarchia de China. Lugar y fecha*(Madrid, 1676).

30 "Censure de la sacrée Faculté de Théologie de Paris", in Li Wenchao, *Die christliche China-Mission im 17. Jahrhundert*(Stuttgart: Steiner, 2000), p.344-345.

에 대하여 논함 論中國宗教的幾個問題》(*Traité sur quelques points de la religion des Chinois*) (1701, 다음부터는 Traité 이라 약칭)이라 하여 소르본느 神學院의 심사를 지지해 주었다. 소르본느 神學院의 평가는 로마교황청의 1704년 결정을 미리 드러낸 것이고 결국 예수회의 적응주의 책략과 중국 기독교의 몇 가지 儀禮에 관한 실천은 금지를 당하게 되었다.

Traité 중에서 롱고바르디는 네 가지로 기본 論證을 진행하였다. 첫째, 유가의 '理'는 第一物質(元質)이다. 둘째, 모든 사물은 모두 다른 정도의 物質實體(material substance)이다. 셋째, 중국인은 靈에 속하는 實體의 存在를 알지 못한다. 넷째, 중국인은 天地創造(創世)의 오묘함을 알지 못한다. 고대 중국이나 當代(明代)의 중국 철학(Philosophes anciens & modenes)은 모두 無神論에 속한다. 롱고바르디의 해석의 출발점은 유가의 '理'와 經院哲學의 第一物質을 같은 것으로 보았다. 이런 동등성을 통하여 그는 중국철학 전통을 하나의 물질 실체에 종속시키려고 하였고, 이 物質 實體가 儒家의 '萬物一體'에 대한 그의 공격을 지탱해주고 있다. 공격이란 원리를 통해서 롱고바르디는 중국인들이 유럽 기독교가 가르치는 靈性 實體에 대해 無知하다는 사실을 입증하고자 하였는데, 이 개념은 그로 하여금 중국 전통은 전체가 無神論이라는 결론을 도출해내게 하였던 것이다.[31] 마테오 리치와 다른 점은 롱고바르디가 참고한 서적은《性理大全》(1415)을 위주로 하였고 아울러 많은 중국학자들과 면담을 나누었다는 점이다. 롱고바르디는 전적의 참뜻은 마땅히 나중에 나온 註疏(les Interpretes)의 기초 위에서 이해해야 한다고 생각하였다. 이 때문에 宋明의 註疏는 물질주의의 특질을 드러낸다고 생각하였고 이런 唯物論思想은 그로 인

31 Longobardo, *Traité*, 16:84. 상기한 네 가지 단계의 論證은 潘鳳娟, 〈無神論乎? 自然神學乎? 中國禮儀之爭期間龍華民與萊布尼茲有關中國哲學的詮釋與再詮釋〉, 《道風: 基督教文化評論》27(2007): 51-77 참조.

해 無神論的이라고 평가 되었던 것이다. 古代 전적의 참뜻(眞義)은 이러한 주석가들이 밝혀내는 것인데, 그렇기 때문에 古代思想도 마찬가지로 無神論이라고 생각하게 되었다.[32] 마테오 리치와 롱고바르디의 宋明儒家의 註疏에 대한 다른 태도는 중국전통 특별히 중국고대의 전통해석에 있어 충돌을 불러 일으켰다. 롱고바르디가 예수회의 중국수장이 된 뒤에 니콜라 트리고(Nicolas Trigault, 1577-1629)를 유럽으로 파견하여 七千卷의 유럽전적을 중국으로 가져온 사건은 明末 중국과 유럽의 문명교류사에 일대 쾌사가 되었다. 트리고가 중국을 떠날 때에 롱고바르디는 교황에게서 책을 기증받아 중국에 유럽과 비견할만한 도서관을 지을 계획이며 동시에 대규모의 번역사업을 계획하고 있다고 트리고에게 지시하였다.[33] 60여 년 전 徐宗澤은《明清間耶穌會士譯著提要》를 출판하여 당시 트리고가 유럽서적을 중국에 유입 번역한 문서선교가 대단히 괄목할만한 성과를 거두었다는 사실을 알게 해주었다.[34]

(3) 古儒와 宋儒를 조정 융합시킨 알레니

현재 학계에서는 누구나 다 알레니가 마테오 리치 이후에 중국어 수준이 가장 뛰어난 예수회 선교사 중의 한 명이라고 평가하고 있고, 그를 마테오 리치의 계승자로 간주하고 있는데, 이는 그들 두 사람의 선교방식이 비슷하다는 것을 암시해 주기도 한다. 그러나 리치와 롱고바르디가 중국경전의 해석에 있어 서로 충돌했던 당시의 상황에 있었던 알레니는 두 사람의 견해를 절충하였는데, 程朱儒學을

---

32 Longobardo, *Traité*, 2:14.

33 方豪,〈明季西書七千部流入中國考, 39-53쪽; 方豪,〈17、18世紀來華西人對我國經籍之研究〉,《方豪六十自定稿》(臺北: 臺灣學生書局, 1969), 上册, 185-202쪽.

34 徐宗澤,《明清間耶穌會士譯著提要》, 臺北: 臺灣中華書局, 1958.

적응대상으로 선택하여 옛 경전의 해석문제를 회피해 버렸다. 롱고바르디와 마찬가지로 그는 대부분《性理大全》과 동시기에 서로 교류했던 중국사대부들이 그에게 해준 해석에 근거하였다. 롱고바르디가 대규모로 서양서적을 번역하던 시기에 알레니 자신도 여러 권의 중문 번역서를 출간하였다. 알레니의 현존하는 22종의 중문서적 중에서 여러 작품이 서양서적을 底本으로 하여 改寫한 것이다.《萬物眞原》(1628)과《性學觕述》(1624)을 예로 들어보면, 전자는 토마스 아퀴나스의 다섯 가지 변증법에 의거하여 창조주의 존재를 논증하였고,[35] 후자의 저본은 아리스토텔레스의《論魂》(*De anima, Coimbre*, 1598)과《自然諸短篇》(*Parva naturalia, Lisbonne*, 1593) 두 책이다.[36] 이외에 李奭學의 최근 力作에 근거하면, 알레니의《聖夢歌》(1637)는 첫번째로 中譯된 英詩라고 하는데, 그 저본은《적막한 겨울밤》(*Noctis sub Silencio Tempore Brumali*)[37]이다. 그리고 알레니의《天主降生言行紀畧》(1635)은 니콜라 스탕다레르(Nicholas Standarert, 鐘鳴旦)의 고증에 따르면 중세기의 은거수도승 뤼돌피스 드 사소니아(Ludolphus de Saxonia, 1300-1378)가 저술한《그리스도의 생애 基督生平》(*Vita Christi*, 1474)의 簡本을 번역해 낸 책이라고 한다.[38]

롱고바르디와 다른 것은 알레니는 古儒와 今儒의 구별을 회피하기 위해 程朱學을 적응대상으로 선택하였다. 이렇게 한 까닭은 그가 처한 환경 때문인데, 알레니는 중국에서 40년 동안 거주하면서 25년

35 潘鳳娟,《西來孔子艾儒略: 更新變化的宗教會遇》, 新店: 基督教橄欖文化事業基金會, 2002, 130-135쪽.

36 Henri Bernard, “Les adaptations chinoises d’ ouvrages européens: Bibliographie chronologique,” *Monumenta Serica* 10(1945) p. 337, 341.

37 李奭學,〈中譯第一首「英」詩-艾儒略《聖夢歌》初探〉,《中國文哲研究集刊》30(2007): 87-142쪽.

38 鐘鳴旦,〈聖經在17世紀的中國〉, 26-27쪽. 潘鳳娟,〈述而不譯? 艾儒略《天主降生言行紀略》的跨語言敍事初探〉, 中硏院文哲所〈記傳、記遊與記事–明淸敍事理論與敍事文學國際學術硏討會〉, 南港: 中央硏究院, 2007年 8月30-31日.

을 福建에서 선교하였다. 福建省은 南宋 이래로 講學의 기풍이 왕성한 지역으로 明代에는 吳越地區를 제외하면 시인 문인과 진사가 집중적으로 배출된 지역이자 출판업도 상당히 발달한 문화수준이 높은 지역이었다. 알레니는 福建에서 선교할 때에 많은 전적을 출판하여 선교도구로 삼았다.

게다가 朱子學은 閩學(복건성의 별칭은 '閩'이다)이라고도 불리는데, 福建 사상계에 대한 영향이 오랫동안 至大하였다. 明末 江南地域에 反朱子學인 陽明心學이 성행했을 때, 福建의 주자학이 유일하게 陽明學과 비견할 수 있는 학파이기도 하다.[39] 그러나 그가 비록 漢學과 宋學의 논쟁을 피하기는 하였지만 그는 도리어 陸王派 학자들로부터 공격을 받게 되었다. 이점은 알레니에 반대하는 批評으로부터 증명할 수 있다. 알레니가 거주하던 福建지역은 1635년 이후 천주교의 다른 수도회가 중국에 들어오는 첫 번째 거점이었고 또한 禮儀論爭의 주요 戰場이었는데, 알레니는 이곳에서 적응주의 선교책략을 사용하지 않고 직접 유럽 천주교의 전례를 중국에 전파하려는 다른 수도회의 선교사들을 상대해야만 했다. 바로 이 시기부터 예수회선교사들은 적극적으로 중국에서 그들이 진행한 경전연구를 유럽으로 전파하기 시작하였다.

중국경전에 대한 예수회 내부의 다른 입장은 사실 중국학술계의 漢宋之爭을 반영한 것이다. 예수회선교사가 거주하는 지역의 학술분위기는 지역에 따라 경전에 대한 그들의 해석에 영향을 미쳤다. 예수회선교사들은 西學을 중국에 傳入시키기 위해서 중국경전에 관심을 가졌다가 점차 순수하게 漢學연구에 몰두하게 되었고 이 시기가 전환의 관건이 된 때였다. 왜냐하면 다른 수도회선교사들이 유럽으로 돌아가 예수회선교사들의 선교전략은 교회 신앙에 위배된다고 제

39 潘鳳娟,《西來孔子艾儒略: 更新變化的宗教會遇》, 第3-5章 참조.

소하였기 때문에 마르티노 마르티니(M. Martini, 衛匡國, 1607-1661)는 유럽으로 돌아가 이에 대해 적극적으로 변호하였고, 아울러 책을 기술하여 중국의 고대역사를 소개하였다(*Sinicae historiae deca prima*, 1658). 예수회는 중국에서 前期에는 적극적으로 西學을 들여왔고 트리고를 파견하여 유럽에서 7천권의 서양서적을 가져와서 중국어로 번역 소개하고자 하였다. 그런데 중국의 禮儀之爭 때문에 예수회선교사들은 적극적으로 漢學을 유럽에 전파하기 시작하였는데, 그중에 가장 중요한 《論語》, 《大學》, 《中庸》의 라틴어 역본 *Confucius sinarum philosophus*가 1687년에 완성되었다. 대략 이와 비슷한 시기인 1685년에 프랑스의 루이 14세는 국왕의 수학자들을 중국으로 파견하여 康熙朝에서 근무하게 하였고 《易經》에 대한 그들의 연구는 후대 학자들이 말하는 索隱論이 되었던 것이다.

제3절 索隱派 예수회선교사와 中國 研究

索隱派의 대표적인 선교사는 조아셍 부베(Joachim Bouvet, 白晉, 1656-1730)이다. 그는 라이프니치에게 직접적인 영향을 주었고, 울프와 볼테르에게 간접적으로 영향을 미쳤는데, 이는 학계에 널리 알려진 사실이다. 그런데 그의 제자 索隱派 예수회선교사 죠세프 앙리 마리 드 프레메어(Joseph H. D. de Prémare, 1666-1735)는 근대 學院式 漢學의 발흥에 직접적인 영향을 주었다. 여기서는 그가 예수회의 경학연구 발전과정과 적응주의 신교정책에 있어 어떠한 역할을 담당하였으며 어떻게 當代 漢學으로 발전하는 교량 역할을 맡게 되었는지를 설명하고자 한다. 근래에 祝平一이 발표한 〈經傳衆說: 馬若瑟的中國經學史〉는 프레메어의 手抄本 《經傳衆說》을 통해 프레메어가 索隱

論으로 中國經學의 연구내용을 새롭게 해석하였다고 주장하였다.《經傳衆說》을 '信眞經', '經不明', '漢儒', '宋儒'의 네 부분으로 나누어서 본다면, 실제로 프레메어는 "中國儒者"의 입장에서 漢宋의 논쟁에 참여했던 것이다.[40]

《儒教實義》에서 프레메어는 孔子를 "우리 중국의 先師이시고 儒教의 宗主이시며", "《書經》에 서문을 쓰고,《詩經》을 刪除하였으며,《禮記》를 정하셨고,《樂》을 바르게 하여 先王의 法道를 밝히셨다. 그리하여 百世에 堯, 舜, 禹, 湯, 文, 武王의 진짜 傳授者를 얻게 된 것은 모두가 우리 孔子께서 經典을 修正하신 큰 功勞 때문이다"[41]라고 평가하였다. 그러나 공자가 돌아가신 뒤 眞道가 갈수록 쇠퇴해져서 공자의 뒤로 비록 歷代에 儒學者가 있었지만 여러 儒家의 말은 한 가지만의 견해이거나 혹은 衆說이 분분할 뿐이어서, "후대의 학자들은 혹은 道理를 논하고 文章을 논하지 않거나, 明儒가 宋儒를 보는 것이 宋儒가 漢儒를 보는 것과 다르지 않아 시비가 끝이 없었다"[42]고 하였다. 인간은 부모에게서 육신을 받고 태어나 스승에게 가르침을 받아 성장하는데, 일단 세상에는 오랫동안 스승이 없었다. 그리하여 유일하게 믿을 수 있는 것은 오직 經典 뿐이었다.[43] 때문에 그는 歐陽修의 말을 인용하여 "經에 쓰인 것을 나는 믿는다. 經에서 말하지 않는 것을 나는 믿지 않는다" 고 술회하였다. 또 속담을 인용하여 "經을 믿고 傳을 믿지 않으며 聖人의 말을 경외하고 後人의 허탄한 말을 의심한다."고 하였다.[44]

---

40 祝平一,〈經傳衆說: 馬若瑟的中國經學史〉,《中央研究院歷史語言研究所集刊》78.3(2007), 435-472쪽.

41 馬若瑟,《儒教實義》, 吳相湘 編,《天主教東傳文獻續編》第3册, 1390쪽과 1397쪽.

42 각주 41)의 전게서, 1400-1401쪽.

43 전게서, 1393, 1397-1398쪽.

44 전게서, 1398쪽.

중국학계에 수많은 계파가 있어 학설이 분분한 것에 대해 프레메어는 자신의 견해를 가지고 있었다. 그는 중국의 모든 경전이 다《易經》에서 나온 것이라고 생각하였다.[45] 프레메어는 학설이 분분한 중국학계의 백가쟁명 현상을 해결하는 방법을 다음과 같이 제기하였다. "이러한 연고로 好學者들은 六書[46]를 鼻祖로 삼고, 六經을 宗으로 삼으며, 孔子를 스승으로 삼고, 諸儒를 친구로 삼아야 합니다. …… 때문에 말하기를 智者는 經을 사사하여 믿어야 하며, 儒者를 친구로 삼아 절충해야 합니다."[47] 실제로 프레메어는 자신의 연구목적을 명확하게 천명하였다. "내가 모든 것을 바쳐서 이 注解를 저술하려는 최종의 목적은 만일 내가 가능할 수만 있다면 세상 사람들로 하여금 천주교와 인류 역사가 똑같이 유구한 것이며, 상형문자를 창조하고 경전을 편찬한 중국인들이 사람으로 오신 天主(God-man)에 대해 가장 똑똑하게 인식하게 하도록 하려는 것입니다. 나의 사랑하는 친구들이여! 이것이 바로 30여 년 동안 줄곧 내가 연구하도록 나를 지지해주고 나를 격려해준 유일한 동기이며, 이것을 빼면 아무런 다른 이유가 없는 것이지요."[48] 프레메어가 볼 때에 文字와 經典, 義理는 三位一體의 관계이며 相輔相成하는 유기적인 관계라고 생각하였다. 그가 생

45 《易經》이 天主教의 주의를 끌게 된 것은 중국인 신자 邵輔忠부터 시작된 것이다. 하지만 索隱派 예수회선교사들 때문에 획기적인 발전을 하게 되었다. 현재 바티칸 교황청도서관에는 10여 종의《易經》抄本이 소장되어 있고,《易經》을 연구한 자료는 이보다 훨씬 많다. Albert Chan, *Chinese Books and Documents(Japonica-Sinica I -IV) in the Jesuit Archives in Rome: A Descriptive Catalogue(M. E. Sharpe, 2001)*, p.6, 15-20, 36, 278, 518 534, 550-553. 方豪,〈影印大學說序〉, 吳相湘 主編,《天主教東傳文獻續編》第1册, 1쪽. 古偉瀛,〈明末清初耶穌會士對中國經典的詮釋及其演變〉,《臺大歷史學報》25(2000): p.105.

46 六書는 象形, 指事, 形聲, 會意, 轉注, 假借를 지칭한다.

47 각주 41)의 전게서, 1404-1405쪽.

48 *The Chinese Repository*, vol.Ⅹ(1841), p.670. 프레메어가 말하는 注解는《漢語劄記》와 다른 몇 권의 著作을 가리킨다.

전에 편찬한《漢語劄記》는 결코 일반적인 문법서가 아니고, 유럽인들이 漢語를 통해 중국경전을 연구하는 입문서이며, 그 목적은 경전 연구에 있고 경전 중에 숨겨져 있는 眞理를 찾아내기 위한 것이다. 그의〈經典議論自序〉를 통해 字學과 經學, 理學의 三位一體의 관계를 살펴볼 수 있는데, 그는 "理學이란 經學으로 말미암아 성립된 것이다. 經學이란 반드시 字學에 의해서만 통달할 수 있다. 經學을 버리면 理學이 잘못되고, 字學을 버리면 經學이 답답해진다. 물론 六經을 생각하는 사람이 응당 六書를 만든 것이고, 六書가 밝아져야 六經이 빛을 발하게 된다."[49]고 하였다. 하지만 프레메어의 漢學 연구는 로마교황청으로부터 인정을 받지 못했고, 그의 저작들은 정식으로 간행되지 못했다. 당시 프랑스 선교회는 索隱派 예수회선교사들의 經學硏究에 대해 상당한 反感을 갖고 있었는데 그들이 "《易經》 귀신에 홀렸다"[50]고 비판하였다. 중국 禮儀論爭 기간에 索隱派의《易經》硏究는 압력을 받아 더 이상 지속되지 못한 채 종결되고 말았다.

중국에서 예수회선교사들의 경학연구과정을 종합적으로 고찰해 본 후, 潘鳳娟은 대단히 상징적인 의미의 발전이 있었다는 사실을 발견하였는데, 바로 예수회가 중국에서 저술한 저작은 마테오 리치의《天主實義》로부터 프레메어의《儒教實義》까지 약 1세기의 변화과정을 겪었다는 것이다. 연구 주체는 '天主'로부터 '儒教'로, '天學'으로부터 '漢學'으로 바뀌었고, 古經을 天學에 부속시키는 것에서 古經과 漢學 중에서 天主의 흔적을 찾는 것으로 바뀌었다는 사실이다. 게다가 비록《儒教實義》에서 채용하는 방식과 마테오 리치의 문답체가 유사하기는 하지만 다른 점은 '中士'와 '西士'의 對話는 '遠生'이 질의하고 '醇儒'가 답변하고 난

49 "理學也, 故由經學而立; 而經學也, 必由字學而通。捨經斯理謬, 捨字斯經鬱矣。固凡思之六經者, 當造乎六書, 六書明而六經彬彬。" 馬若瑟,〈經傳議論自序〉, 프랑스 국가도서관 Courant 7164, 2쪽.

50 Albert Chan, 전게서, p.534.

후에 '溫古子'가 筆述하는 방식으로 바뀌었다. 질문에 대답하는 인물은 '西士'에서 '醇儒'로 바뀌었고 學而時習하는 '溫古子'를 출현시켜 문답내용을 기록하고 있다. 물론 이 '遠生', '醇儒'와 '溫古子'는 모두 프레메어 본인의 化身이다. 이런 상징적인 발전은 비록 완전히 세부적인 사항을 개괄할 수는 없지만 거시적인 관점에서 본다면 이것은 예수회의 中國漢學에 있어서의 발전방향을 확연히 보여주고 있는 것이다.

명청교체기에 예수회선교사들과 교류했던 중국 사대부 문인들은 상당히 많았는데, 方以智와 戴震은 모두《天主實義》,《天學初函》등 西學書籍을 읽은 적이 있고, 黃宗羲는 北京에서 아담 샬 폰 벨(Jean Adam Schall Von Bell, 湯若望, 1591-1666)과 만나서 유럽의 天文曆法을 학습한 적이 있다.[51] 예수회가 전파한 西學은 명청 교체기에 지식인들에게 확실히 지대한 영향을 미쳤으니, 徐宗澤은 梁啓超의 평론을 인용하여 다음과 같이 말하였다.

> 명대는 八股文으로 관리를 선발하였기에 일반 문인들은 永樂皇帝가 제정한《性理大全》이외에는 거의 다른 책을 읽지 않았다. 학술계 자체도 본래 빈혈증에 걸린 사람처럼 아주 불쌍할 정도로 쇠약해져 있었다. ……마테오 리치……롱고바르디……알레니, 아담 샬 등이 明 萬曆 말년부터 天啓 崇禎 연간에 전후로 중국에 들어왔는데 徐文定과 李涼菴 등의 중국학자들이 모두 그들과 왕래하였으며 각종 학문에 대해 모두 精深한 연구를 하였다. ……이런 새로운 환경 속에서 학계의 분위기는 당연히 바뀌었다. 그 뒤의 청대 학자들은 曆法과 算學에 대해 모두 흥미를 가지게 되었고 게다가 經世致用의 학문 탐구

51 夏瑰奇, 〈黃宗羲與西學關係之探討〉,《黃梨洲三百年祭》, 北京: 當代中國出版社, 1997, 171쪽. 張曉琳,《天主實義與中國學統》, 南京: 學林出版社, 2005, 303-309쪽. 張永堂,《明末清初理學與科學關係再論》, 1-2, 215-238쪽. 黃一農,《兩頭蛇-明末清初第一代天主教徒》, 上海: 上海古籍出版社, 2006, 215-221, 312-347 참조.

를 가장 좋아하였으니 아마도 마테오 리치와 徐光啓 등 여러 사람의 영향을 적지 않게 받았던 것 같다.[52]

과학기술 방면의 영향을 제외하고 예수회 선교사들의 중국경전에 대한 연구는 대대로 지속된 경전 해석과 註疏의 衆說이 분분한 상황으로 말미암아 經典 原義가 거꾸로 여러 가지 해석 속에 함몰되어서 유실되는 困境에 처해 있음을 지적하였고, 宋明 이래로 사대부 문인들이 專心해서 心性을 연구하고 經世致用의 實學에 힘쓰지 않는 學風에 대해서 새로운 변수를 가져다 주었다고 梁啓超는 지적하고 있다. 徐宗澤은 胡適이 輔仁大學에서 강연한 〈考證學 方法의 유래〉를 인용하여 淸代 考證學의 대가 顧亭林과 閻若璩의 방법은 來華 예수회 선교사들의 영향을 받았고 考證學은 당시 서양의 天文曆算學의 영향을 받았다고 직접 설명하였다.

林慶彰의 연구에 의거하면 明代가 유가경전 연구에 있어 가장 몰락한 시대로 간주되는데, 이런 상황은 명대 중엽 이후에 바뀌게 되었다고 한다. 黃宗羲와 顧炎武 등의 학자들은 漢學으로 理學의 義理를 증명 보충해야 한다고 주장하였는데,[53] 康熙 연간에 이르러 학자들은 오직 宋學만을 추종하는 論學方式에 반대하여 漢宋을 함께 취해야 한다고 주장하였다. 그들은 宋人 注解의 신빙성과 經書 중에서 僞經의 권위에 대해 의문을 갖기 시작하였다. 그들은 경학 연구는 마땅히 字學으로부터 시작해야 한다고 생각하였기 때문에 '小學'과 《說文解字》 등의 서적을 연구하기 시작하였다. 게다가 經書는 秦始皇의 분

52 徐宗澤, 《明淸間耶穌會士譯著提要》, 4쪽. 原文은 梁啓超, 《中國近三百年學術史》, 臺北: 臺灣中華書局, 1989, 3, 8-9쪽에 수록.

53 皮錫瑞(1850-1908)는 "國初(筆者案: 淸初)에 漢學이 막 싹트기 시작한 것은 모두가 宋學을 근거로 하여 門戶를 가리지 않고 각각 잘하는 것을 취하였는데, 이것은 漢學과 宋學을 함께 취한 것이다."라고 하였다. 皮錫瑞, 《經文歷史》, 北京: 中華書局, 1989.

서갱유의 수난을 겪은 뒤에 있었던 傳抄作業過程에 오류가 대단히 많았기 때문에 고증을 거쳐야만 비로소 비교적 믿을만한 텍스트를 얻을 수 있었다. 이러한 경학연구는 宋學의 義理를 위주로 하는 治學方法과는 대단히 다른 것이고, 漢儒의 治學精神에 더욱 가까운 것이다.[54] 江藩(1761-1831)이 1818년에 출간한《漢學師承記》를 통해 개략적으로 알 수 있는 것은 淸代 중엽 이후 漢學 硏究는 상승 국면을 타고 있었다는 사실이다.[55] 그리고 張壽安은 漢學과 宋學의 논쟁 초점은 '禮'와 '理' 두 개의 개념이라고 생각하였다. 청대 중엽에 이르러 凌廷堪은 "禮로 理를 대신한다(以禮代理)"는 주장을 제기하여, 禮學이 정식으로 완비되었고 理學이 정식으로 끝을 맺게 되었다.[56] 바꿔 말하면 예수회의 경학연구는 몇 단계를 거친 후에 직접 경전 원문을 탐구하게 되었는데, 古籍으로 회귀하려는 예수회의 연구 경향은 明淸代에 막 발흥하기 시작한 漢學派에게는 아주 큰 도움이 되었으니 淸代에 考證學이 성행하게 된 이면에는 예수회선교사들이 확실히 상당한 영향력을 미쳤다는 것이다.

제4절 基督敎中文小說의 定義와 天主敎中文小說

基督敎中文小說이란 中國古典小說이나 中國文學樣式을 모방하

54 林慶彰,〈明代的漢宋學問題〉,〈明末淸初經學硏究回歸原典運動〉, 두 문장은《明代經學硏究論集》, 臺北: 文史哲出版社, 1994에 수록. 1, 79, 132-134, 238쪽 참조.

55 江藩/方東樹 著,《《漢學師承記》外二種》, 홍콩: 三聯書店, 1998, 참조. 朱維錚,〈漢學與反漢學—江藩的《漢學師承記》、《宋學淵源記》和方東樹的《漢學商兌》〉,《求索眞文明》, 上海: 上海古籍出版社, 1997, 13-43쪽 참조.

56 張壽安,《以禮代理: 凌廷堪與淸中葉儒學思想之轉變》, 臺北: 中央硏究院近代史硏究所, 1994. 張壽安,〈禮、理爭議〉, 中硏院文哲所 主編,《淸代經學國際硏討會論文集》, 291-322쪽 참조.

여 기독교의 교리 선양이나 《聖經》 내용을 중국어로 기술한 종교소설을 지칭한다. 최초의 개신교선교사 로버트 모리슨이 중국에 渡來했던 1807년부터 清朝가 멸망한 1911년까지, 서양선교사와 중국인 작가는 중국과 동남아지역에서 수 천 권에 달하는 기독교 중국어 문서를 간행하였는데, 그중에서 적지 않은 작품들이 中國傳統小說의 형식으로 기독교의 교리와 내용을 서술 표현하고 있다. 이러한 기독교문서는 분명하게 소설문학의 여러 가지 양식과 서사내용을 갖추고 있는데, 전통 중국소설작품과는 상이한 東西洋의 문학 특성을 두루 겸비한 종교소설이라 하겠다.

19세기 이후의 기독교중문소설 연구는 21세기에 들어와 본격적인 연구가 시작되었는데, 하버드대의 패트릭 하난(Patrick Hanan)(2004)과 필자(2005, 2008, 2013, 2015), 프랑스 사회과학원의 陳慶浩(2006), 上海師大의 宋莉華(2010), 홍콩中文大學의 黎子鵬교수가 관련된 연구논저를 발표하여 이 분야의 연구에 상당한 성과를 거두게 되었다. 하지만 연구대상 작품의 발굴과 조사가 완비되지 못했고, 명칭도 제각기 차이를 보이고 있는데, 예를 들면 패트릭 하난교수는 清末의 기독교소설을 "宣教士小說"이라 지칭하였고, 宋莉華교수는 "宣教士漢文小說"이라 불렀으며, 陳慶浩교수는 "基督教漢文小說"이라 하였고, 黎子鵬교수는 "基督教中文小說"이라 불렀다. 그런데 필자는 19세기에 저술 번역된 중문기독교소설이 비록 서양선교사가 주도적인 역할을 담당하였지만 대부분 중국인 助手(문인)와 공동작업을 통해 집필 윤색되어 간행되었고, 19세기 후기부터는 중국인 작가 단독으로, 혹은 중국인 작가가 주도적으로 집필한 작품도 나왔기 때문에 宣教士小說이나 宣教士漢文小說은 이 시기의 기독교소설을 통칭하기 어렵다고 생각하였다. 또한 漢文小說이란 명칭은 통상적으로 口語가 아닌 書面語로써의 文言小說을 지칭하므로 文言과 白話, 혹은 중국 각지의 方言을 모두 포괄할 수 있는 "中文"이란 통칭을 선택하였고, 이를 결합시켜 "基督教中文小說"이라 지칭하고자 한다.[57] 晩淸 시기의 기독교중문소설을 모두 5개의 단락으로 나누어 작품과 작자, 淵源, 範疇, 類型에 대해 고찰해 보도록 하겠다.

공개적으로 간행된 첫 번째 基督教中文小說은 영국 런던선교회의 선교사 윌리엄 밀레(William Milne, 米憐, 1785-1822)[58]가 지은 《張遠兩友相論》이다. 이 작품은 1819년 동남아의 말래카에서 출판된 이후, 싱가포르 등 남양지역과 홍콩, 중국본토의 통상항구에서 백 년 이상 지속적으로 출판 간행되었으며 현재 42종 이상의 판본과 上海語, 寧波語, 廣東語, 福建語, 漢口語, 官話 등의 중국방언본과 한국어, 일본어의 번역본이 출판되어 적어도 400만권 이상이 출간, 유통된 가장

57 원래 필자는 '중문기독교소설'이란 명칭을 사용해 왔는데, 將經國國際漢學研究事業《淸代基督宗教中文小說選編》출판과정에서 三人의 執筆人이 '基督教中文小說'로 명칭을 통일하기로 결정하였다.

58 윌리엄 밀네는 스코틀랜드사람으로 1809년 런던선교회에 가입하여 수학한 후, 1812년에 목사 안수를 받고서 중국에 파견되어 최초의 개신교 중국선교사인 로버트 모리슨목사를 도와《성경》의 中譯作業과 교육, 문서선교의 초석을 다진 선구자이다. 그는 1813년 7월에 마카오에 도착한 지 얼마 후에, 廣州에 가서 중국어를 공부하였고, 복음서 낱장과 소책자를 중국인에게 배포해 주는 작업과《성경》의 中譯作業을 하다가, 1815년 봄 刻字工 梁發을 데리고 말래카에 가서 인쇄소를 설립하여 기독교 전단과 서적을 인쇄한 후, 중국으로 가져와 배포하였다. 1815년 8월에는 세계에서 최초로 중국어 정기간행지《察世俗每月統記傳》(The Indo-Chinese Gleaner)을 창간하였고, 1818년에는 모리슨과 함께 英華書院(Anglo-Chinese College)을 창립하여 교장으로 취임하였으나, 1822년 갑자기 病死하였다. 그와 모리슨이 공동으로 번역한《신구약성경》은 1824년에 출판되었다.《선교사 회상록》에 의하면 밀네의 저작은 그가 주관해서 편집한《察世俗每月統記傳》을 포함하여 모두 24종인데, 그중에서 영문저작은 3종이고 나머지는 모두 중국어 저술이다. 밀네의 저작 중에서 가장 널리 전해지고 잘 알려진 작품이 바로《張遠兩友相論》이다. 밀네의 생평과 저작은 윌리 알렉산더(Wylie Alexander, 1815-1887)의 *Memorials of Protestant Missionaries to the Chinese: Giving A List of Their Publications, and Obituary Notices of the Deceased with Copious Indexes*《在中 개신교선교사 回想錄》(이하《선교사回想錄》이라 약칭), Original Edition Published by Shanghae: American Presbyterian Mission Press, 1867. Reprinted by Ch'eng-wen Publishing Company, Taipei Taiwan, 1967, 12-21쪽 참고.

대표적인 중문기독교 창작소설이다.[59] 이 때문에 晩淸시기의 基督教中文小說은 1819년부터 淸朝가 멸망한 1911년까지 출간된 소설작품을 그 대상으로 한다.

基督教中文小說의 淵源은 明末淸初 예수회선교사의 천주교문헌에서 찾을 수 있는데, 그중에는 죠세프 앙리 마리 드 프레메어(Joseph Henry Marie de Prémare, 馬若瑟, 1666-1736)[60]가 저술한《儒交信》(約

59《張遠兩友相論》의 初版은 1819년 말레이시아의 말래카(Malaca: 중국명 馬六甲)에서 출간되었는데 총 20面이다. 1831년 말래카에서 42面으로 재판되었고, 1836년에는 역시 42면으로 싱가포르에서 재판되었으며, 1844년 홍콩에서 수정본이 출간되었다. 그리고 후에 上海와 寧波 등지에서 수정본이 나왔는데, 서명은《張遠兩友相論》,《長遠兩友相論》,《張袁兩友相論》,《張遠辯道記》,《甲乙兩友相論》,《二友相論》,《兩友相論》등으로 다양하게 사용되었다. 高田時雄 編《映日書屋所藏 閩南語教會로마자文獻目錄》에 수록된 알파벳표기 閩南語宗教書目 중에는《Tie^{n}Uân Liang-iú Siang-lun, ék-tsò Tie-chiu Péh-uè》이란 書名의 부록 1條가 실려 있는데, 실은 알파벳 표기방식으로 1886년 번역 출판된 潮州話版《張遠兩友相論》이다. 이 작품은 20세기 초반까지 중국 전역에서 많은 판본이 간행되었고, 한국 일본 등지에서는 번역본이 여러 차례에 걸쳐 간행되는 등 출간된 이래 가장 널리 유통되고 번역된 기독교중문소설 최대의 베스트셀러이자 19세기부터 1세기 동안 판매부수가 가장 많은 중문소설이기도 하다. 여러 가지 통계에 의하면 적어도 1세기 동안 350만부 이상이 출간 유통되었다고 추정된다. 현존하는 가장 오래된 판본은 道光 16년(1836) 孟秋에 重版된 "(싱가포르) 堅夏書院藏板"이며, 현재 하버드대 옌칭도서관과 파리 漢學院 IHEC도서관에 소장되어 있는데, 모두 12回에 半面은 8行이고 1행은 20字이며, 총 42面 13,440자이다. 拙著,〈19세기 동아시아의 최대 베스트셀러《張遠兩友相論》연구〉,《中國語文論譯叢刊》第24輯, 中國語文論譯學會, 2009년 1월, 271-293쪽 참조.

60 조세프 앙리 프레메어는 프랑스 예수회신부이다. 1698년 루이 14세의 칙령을 받고 조아셍 부베(Joachim Bouvet, 1656-1730)를 따라 중국에 와서 천주교의 선교사업에 종사하다가 30여년 뒤 마카오에서 서거하였다. 그는 元人 紀君祥의《趙氏孤兒》를 프랑스어로 번역하였는데, 프랑스의 문호 볼테르가 이를《中國孤兒》라는 제명으로 개편 출간하여 영국, 이태리, 러시아에까지 두루 영향을 미쳤다. 프레메어는 또한《中國古典 속의 基督教要理考察》(*Selecta quaedum vestigial praecipuorum religionis christianae dogmatum ex antiquis Sinarum libris eruta*)이란 책을 저술하였고, 조아셍 부베(Joachim Bouvet, 白晉, 1656-1730), 장 프랑스와즈 푸케(Jean Françoise Foucquet, 傅聖澤, 1665-1741)와 함께 예수회"索隱派"를 창립하여 淸代 초기 中國經學에 기독교 신앙의 색채를 더하였다. 그는 中國文字와 詩歌를 전문적으로 연구하였으며, 基督教中文小說《夢美土記》와《儒交信》을 창작하여 청말 기독교소설의 초석을 다지기도 하였다. 앙리 프레메어의 생평사적은 루이 피스테르(Louis Pfister), *Notices biographiques et bibliographiques sur les Jesuites de L'ancienne mission de China, 1552-1773*, 2vols(Shanghai: Imprimerie de la Mission Catholique, 1932-1934), 1: 517-529 참조.

1720~1730)[61]이란 중문소설이 있다. 이 작품은 章回體의 小說形式으로 擧人 李光이 천주교에 귀의하는 과정을 서술한 6回의 중편소설이다. 하지만 이 작품은 정식으로 출판되지 못했고 단지 손으로 베껴 쓴 手抄本의 형태로 유전되었고, 지금은 바디칸 교황청도서관과 프랑스 파리도서관에 소장되어 있다.

앙리 프레메어의 또 다른 夢境寓言作品《夢美土記》(1709)는 3,000자가 되지 않는 文言小說로 기독교 신앙과 中國人의 천국에 대한 幻象을 결합시켜 예수회 索隱派의 천국낙원에 대한 이상세계를 상세하게 서술하고 있다. 이 작품은 동서문학의 여러 전통이 융합되어 있는 작품으로 기독교의 낙원세계를 儒家經典의 意象을 빌어 중국어로 구현해 놓았다. 작자 프레메어는 서양의 전형적인 寓言手法을 운용하여 서술자 "여행자(旅人)"가 꿈속에서 인도자의 안내를 받아 美土勝景에 들어갔다가 마지막에는 천주교의 帝廷天堂에 올라가 인간세계에서는 맛볼 수 없는 천상낙원의 평화롭고 고요한 정취를 느끼게 된다는 이야기를 제1인칭으로 서술하고 있다. 이 작품의 夢境寓言的인 특성을 놓고 본다면 비록 19세기에 윌리엄 번즈(William Chalmers Burns, 賓爲霖, 1815-1868)가 번역한《天路歷程》(1851)과 그리휘트 존(Griffith John, 楊格非, 1832-1912)이 번역한《紅侏儒傳》(1882) 등의 西方寓言小說과는 같은 유형에 속한다. 하지만《夢美土記》는 作者의 創作小說

61 原本은 현재 프랑스 國家圖書館에 소장되어 있으며, 모리스 쿠랑(Maurice Courant)編目 7166이다. 이외에 上海 徐家匯天主堂 藏書樓 抄本과 河北獻縣張莊天主堂 印書館 1942年 刊本이 있다. 手抄本은 "无名先生述"이라 표기되어 있고, 앞부분에 라틴어〈提要〉5葉이 있으며 이어서 正文 63葉, 全書 六回에 모두 135面이고 총 2만 5천 字이다. 그러나 鄭安德(《明末清初耶穌會思想文獻彙編》第45册, 北京大學 宗教硏究所, 2000年,〈儒交信題解〉,1쪽)과 陳慶浩(〈新發現的天主教基督教古本漢文小說〉,《第二屆中國小說戲曲國際學術研討會論文集》, 臺北: 里仁書局, 2006年, 469-470쪽), 李奭學教授는 모두 이 소설의 작가는 프랑스선교사 앙리 프레메어(Joseph Henry Marie de Prémare, 馬若瑟)라고 주장하였고, 陳慶浩教授는 이 작품의 저술시기를 대략 1720년에서 1730年 사이로 추정하였다.

이어서 翻譯小說인 뒤의 두 작품과 비교해보면 상당히 각별한 의미를 갖고 있는데, 古代《詩經》, 《書經》, 《易經》의 典故와 文體를 사용하여 기독교의 이상세계를 서술한 최초의 夢境寓言小說이다.

基督教中文小說의 淵源은 明末淸初 예수회신부들의 天主教 文獻에서 찾을 수 있기 때문에 基督教中文小說이 간행된 上限線은 明朝 末年에서 淸朝 初期까지로 거슬러 올라가게 된다. 明末 廣東에서 선교하던 예수회의 이탈리아선교사 니콜라스 롱고바르디(Nicolas Longobardi, 龍華民, 1559-1654)[62]는 현지 불교도들과 분쟁이 일어나자 천주교의 선교를 위해 라틴어 聖人傳記小說을 처음으로 중국어로 번역하여 廣東 韶州에서《聖요세파傳記 聖若撒法始末》(1602)[63]를 출간하였다. 이 中譯本《聖요세파傳記》는 1602년에 발간 전파되어 대단한 영향을 미쳤는데, 현존하는 가장 오래된 隆武 元年(1645) 譯本은 明末의 저명한 天主教文人 張賡이 修訂 潤文하였다.

明末 天啓 5년(1625) 예수회의 벨기에선교사 니콜라 트리고(Nicolas Trigault, 金尼閣, 1577-1628)가 口述하고 張賡이 필록한《況義》가 西安에서 판각되었다.《況義》는 22편의 이솝우언을 처음으로 중국어로 번역한《이솝우언》의 選譯本이자 천주교 예수회에서 중국에 처음 소개한 "西洋古典型 證道故事集"(Collection of Classical Type of Exempla)이다.

---

62 예수회신부, 이탈리아 시실리주의 귀족출신으로 모시나수도원에서 7년 동안 교육을 받고 1597년 중국에 와서 58년 동안 廣東 韶州를 비롯하여 北京, 山東 등 남북 여러 지역에서 선교를 하였고, 북경에서 전쟁과 천문역법과 관련된 관직을 수행한 적도 있었는데 山東에서 향년 95세로 타계하였다. 그는 천주교와 중국문화 역사에 관한 약 20여종의 저술을 남겼다. 費賴之 著/憑承鈞 譯,《在華耶穌會士列傳及書目》, 中華書局, 1995년 11월, 64-71쪽 참조.

63 聖人 요세파의 일대기를 서술한 전기소설작품으로, 롱고바르디가 1602년 韶州에서 판각하였다. 성인 요세파는 불교의 창시자 싯달타를 비유한 인물로 이 전기작품은 싯달타의 출생에서 출가 득도하는 과정이 그대로 요세파라는 인물에 투영되어 묘사되었다. 費賴之 著/憑承鈞 譯, 전게서, 69쪽의 著錄 참조.

《況義》가 발간된 이후 明末清初 중국의 動物寓言은 表現技法에 있어 虛構性과 擬人化技法이 진일보 발전하였으니, 바로 清初 福建의 隱逸文人 李世熊이 은거하고 관직에 나아가지 않았던 隱逸時期(1644-1686)에 창작한《物感》이 세상에 나온 것이다.《物感》1卷은 모두 20편의 우언이 수록되어 있는데, 작품 전체는 모두 동물배역을 출현시켜 인간, 사물, 사회현실을 비유 풍자하고 있는데, 작자 李世熊이 物(人, 事, 社會)에 대해 느낀 것을 비유 풍자한 動物寓言故事이자 중국에서 西洋寓言手法을 받아 들여 창작된 첫 번째 寓言故事集이다.

앙리 프레메어는 雍正 3년(1725) 聖人傳記小說《聖母淨配 聖요셉傳 聖母淨配聖若瑟》을 간행하였다. 프레메어의 이 傳記作品은 비록 清代 初期에 간행되었지만, 임마누엘 디아스가 明代 末葉에 기술한《聖諾瑟行實》의 傳記體를 직접 계승하였고, 내용의 구성면에서는 "解釋"에 있어서나 "評論"과 "並比"에 있어서 디아스의 明刊本《聖諾瑟行實》을 "수정" 보완한 것이라 할 수 있다.《聖母淨配 聖요셉傳》에서 기술하고 있는 요셉의 행적은《성경》正典 중의 스토리와는 많이 다르다. 하지만 이런 것 이외에도 프레메어의 서술 중에는 때때로 복음서의 성경구절이 많이 나오는데《야고보전서》나 혹은《外經》중의《야고보 아기예수 福音書》,《마리아복음서》의 주요 구절이 많이 나온다. 프레메어의 서술을 거쳐 요셉은 몇 차례 聖化되었는데 그런 논술에 있어서 프레메어가 디아스보다 더 뛰어난 점은《聖요셉傳》을 위해《좌전》처럼 "傳注"를 달았을 뿐만 아니라, 디아스가 간략하게 기술한 것을 세밀하게 묘사하였고, 동시에 심혈을 기울여 "성요셉론"에 해당하는 個人神學을 구축해냄으로써 "聖母論(Mariology)", "基督論(Christology)과 병립하는 세 가지 신학론을 완성했다는 것이다.

1762년 映嬪 李氏가 기술한〈中國小說繪模本小序〉에는 2권의 천주교서적《聖經直解》와《七克》이 언급되었는데, 이는 18세기 중엽에 이미《성경》과 천주교 교리서가 조선 왕궁에 유입되었다는 사실을 말해주고 있다.《聖經直解》(1636)는 예수회의 포르트갈신부 임마누엘 디아스(Emmanuel Diaz Junior, 陽瑪諾, 1574-1659)가 처음으로 中譯한 聖經縮約本으로 北京에서 간행되었다. 디아스는 명말 선교사 중에서 문필력이 가장 뛰어난 번역가로 알려져 있는데 그는 토마스 캠피스(Thomas à Kempis, 1380-1471)의 *Imitatione christis*를《輕世金書》란 제명으로 1640년 북경에서 번역 출간하였다. 그가 번역한《聖經直解》와《輕世金書》는 기독교 선교를 위한 가장 기초적이고도 핵심적인 전적으로 천주교를 포함한 기독교인과 학자들에게 지대한 영향을 미쳤다. 이 두 역서의 역자 임마누엘 디아스는 독특한 번역책략을 운용하여 儒家의 經書體로 이를 漢譯하여 두 譯書를 經典의 반열에 올려 놓았고, 이로 인해 두 역서는 東洋에서 수 세기 동안 널리 유통되었다.

예수회선교사 프랑스와 자비에르 당트르콜은 청나라 雍正8년(1730) 北京 慈母堂에서 최초의 구약성경 中譯本《訓慰神編》을 출간하였다. 이 책은 聖經中譯史에서 임마누엘 디아스의《聖經直解》와 장 바세의《四史攸編》의 뒤를 이은 세 번째 中譯聖經이자, 全文이 중국어로 번역된 첫 번째《舊約聖經》이란 의의를 가지고 있다. 1728년 로마교황청에서는 각국에서 해당 언어로《聖經》번역하는 것을 엄격히 금지하는 칙령을 선포하여,《聖經》을 읽고자 하는 사람은 반드시 라틴어로 읽도록 하였다.《訓慰神編》은 1730년에 中譯되었는데, 1728년부터 콘스탄틴 교황은 줄곧 프랑스 예수회를 탄압하였고 중국의 예수회 역시 탄압을 피할 수 없었다. 1730년 청나라 雍正皇帝는 독실한 불교신자로써 천주교에 대한 금교령을 선포하여 천주교의 선교를 엄격히 금지시켰다. 로마교황청과 청나라 조정의 내외 협공이 가중되는 시기에 자비에르 당트르콜은 중국 예수회의 首長으로써 천주교의 선교와 교회를 보위해야하는 重責을 맡고 있었으니, 마치 앗수르 제국의 니느웨성에 포로로 잡혀온 유태인 포로 토빗과 같은 처지여서, 반드시 굳건하게 천주교를 보위하고 또 사랑으로 선교사업에 헌신해야만 하였다. 비록 천주교에서는 聖經翻譯事業을 금지시켰지만 중국인의 선교를 위해 당트르콜은 결연히 中譯作業을 진행하여 결실을 본 것이 바로《토빗기》였다. 역자 당트르콜은 유태인 포로 토빗의 일생사적을 기술한 성인전기소설《訓慰神編》에 한 편으로는 翻譯하고 한 편으로는 자신의 설명과 비평을 가하여 夾述하였는데,《聖經》譯文에 箋注와 評論을 함께 달아 중국소설 양식으로 편집한 단행본으로 출간하였다.《訓慰神編》은 聖經中譯史에 있어서나 基督教翻譯小說史에 있어 그 意義가 남다른 천주교의 聖人傳記小說인데, 자비에르 당트르콜은 구약성경《토빗기》를 儒家經書體로 翻譯 箋註를 달아 출간한 것이다.

天主教中文小說은 모두 세 가지 유형으로 나눌 수 있다. 먼저 聖人傳記小說 類型으로, 니콜라스 롱고바르디의《聖요세파전기 聖若撒法始末》와 앙리 프레메어의《聖母淨配 聖요셉傳 聖母淨配聖若瑟》, 자비에르 당트르콜의《訓慰神編》이 이에 속하며 명말(1602)부터 청대 옹정연간(1730)에 이르기까지 지속적으로 출간되었다. 이들은 라틴어 저본에서 번역되었거나 혹은 中譯本과 라틴어 저본을 참고하여 번역 전주된 역주본이다.

두 번째 유형은 寓言故事集으로 니콜라 트리고가 口述하고 張賡이 필록한《況義》(1625)와 清初 福建의 隱逸文人 李世熊이 창작한《物感》이 있다. 그리고 앙리 프레메어의 夢境寓言小說《夢美土記》(1709)가 이에 속한다. 이들 寓言故事類는《이솝우언》을 번역한《況義》와 같은 選譯本도 있지만 청대 隱逸文人 李世熊이 이를 모방 창작한《物感》과 같은 작품집이 있고, 완전히 동서양의 寓言技法을 활용하여 儒家經書體로 새롭게 창작한《夢美土記》와 같은 작품도 출현하였다.

첫 번째 유형은 편폭이 비교적 장편에 속하고 佛經 譬喩體나 儒家經書體로 기술된 文言體 傳記小說이다. 두 번째 유형은 편폭이 짧은 短篇寓言體(《況義》와《物感》)이거나 편폭이 3천자 정도인 儒家經書體의 文言體寓言小說이다. 하지만 세 번째 유형은 明淸章回體 小說樣式으로 서술된 口語體小說로써, 앙리 프레메어의 六回本 章回小說《儒交信》(約1720~1730)이 이에 속하는데,《儒交信》은 口語體 章回小說樣式으로 창작된 최초의 기독교소설로써 19세기 개신교선교사들에 의해 대량으로 번역 창작된 基督教章回小說의 선구적인 모델이 되었다.

본서에서는 제5장에서 임마누엘 디아스의《輕世金書》와《聖經直解》를 집중적으로 연구하였는데, 그는 동양 최초의 聖經中譯本《聖經直解》와《聖經》에 버금가는 영향력을 가진 靈性修練書《輕世金書》를 번역하였고, 또한 천주교의 대표적인 聖人傳記《聖諾瑟行實》을 간행하여 천주교 문서선교의 초석을 다져놓았다. 디아스의 번역사업은 基督教中文小說의 개척자인 앙리 프레메어에게 직접적인 영향을 미쳤으니, 그는 명말 예수회선교사의 두 가지 소설유형 양식을 계승하였고,《天主實義》와 교리문답서 등 천주교문헌의 口語對話體 양식을 활용한 基督教章回小說 양식을 새롭게 개척하여 세 가지 다른 유형의 기독교소설《夢美土記》와《儒交信》,《聖母淨配 聖요셉傳》을 창작 번역하였다. 그는 夢境寓言小說과 章回體小說을 창작하였고, 성모마리아의 배우자인 성요셉의 傳記小說을 翻譯 傳注하여 후세에 기독교소설의 창작과 번역에 선구적인 모델을 제시하였다.

제2장

明末 天主教와 佛敎의 종교분쟁과 최초의 西歐小說 中譯本《聖요세파傳記》

極西龍精華先生譯

聖若撒法始末

勅建閩中 天主教堂梓

《聖요세파傳記》 표지, 1645년 閩中天主堂刊本

明末 天主敎와 佛敎의 종교 분쟁과 최초의 西歐小說 中譯本《聖요세파傳記》

제1절 明末 天主敎와 佛敎의 종교분쟁과 聖人傳記小說《聖요세파傳記》

聖若撒法始末述畧
遠西耶穌會士龍華民譯
晉江景教後學張賡訂
粤自　天主降生爲人。以受難贖世罪。以眞福引
世趨。以異能動衆信。而太西諸國。先得見聞。維時
躬承聖教者。遵命分傳四遠。且　天主寵授以非
常之權能。令人翕然信從。於是東至小西洋。亦先
聞其風而興焉。小西洋之國。名應帝亞。效太西奉
教。多棄家而野修。得道者。每有神異眞福。時國君

《聖요세파傳記》 본문1면

천주교 예수회의 이탈리아신부 니콜라스 롱고바르디(Nicholas Longobardi, 龍華民, 1559-1654)는 1600년경 중국 廣東의 韶州에서 선교하면서 천주교 교리를 강술하였다. 그 지역의 중국 불교도들은 천주교와 줄곧 사이가 좋지 않아서 그의 傳道事業에 대해 강한 반감을 드러내었다. 특히 당시 천주교에서 몇 권의 교리문답서에 의존하는 것을 보고는 천주교는 "저속하고 문화 수준이 낮다(粗鄙不文)"고 비판하였다. 이에 롱고바르디는 천주교에 대한 오해를 불식시키고 불교도들의 공세에 대처하기 위해 천주교 신자들의 요청에 따라 천주교의 聖人傳記 한 권을 중국어로 번역하였는데, 이 책이 바로《聖요세파傳記 聖若撒法始末》[1]이다. 이 사실은 마테오 리치(Mathieu Ricci, 利瑪竇, 1552-1610)가 그의《中國宣教史》에서 직접 언급하였다.[2]

《聖요세파傳記》의 이야기는 오랫동안 유전되고 널리 전파되어 다양한 텍스트가 전해져 온다. 그중에서 희랍어 텍스트는 7~8세기 경에 다마스커스의 聖요한(St. John Damascene, 676-749년)이 저술하였다고 하며 書名을《발람과 요세파 *Barlaam and Ioasaph*》라고 부른다. 聖요한의《발람과 요세파》는 히브리어 판본에 근거하여 기술한 것이라고 전해지는데 학자들의 연구에 따르면 히브리어 판본의 저본은 6세기 경에 古代 조어지아어(Georgian)로 쓰여진《바라바리아니 *The Balavariani*》[3]라고 한다. 천주교계에서는《바라바리아니》가 아마도《聖요세파傳記》의 가장 이른 판본일 것이라고 추측하고 있는데, 11세기에 아토스의 성 유티미우스(St. Euthymius of Athos, 955-1028)가 라틴어로 번역하였다고 한다.[4]《발람과 요세파》는 유럽의 中古時期에 간행된 다른 聖人傳記와는 비교할 수 없을 정도로 널리 유전되었다. 그리고 번역도 활발하게 진행되어 라틴어 역본 이외에 여러 가지

1 《聖요세파傳記》의 中譯本 原題는 1645년 隆武刊本에《聖若撒法始末》이라 표기되었다. "若撒法"는 이 작품의 주인공이며 우리말로 "요세파"라고 번역되는데 原題에는 傳記小說이란 의미의 일생사적을 지칭하는 "始末"이란 명칭을 부기하였기 때문에, 필자는 이후로 이 작품을《聖요세파傳記》라는 한글 譯名으로 지칭하고자 한다. 다만 中譯本을 지칭할 때에는《聖若撒法始末》이란 原名을 사용하겠다.

2 이 작품의 출판 전말과 天主教와 佛教의 종교 분쟁은 마테오 리치의《中國傳教史》에 나온다. 利瑪竇 著,《中國傳教史》, 劉俊余·王玉川 譯,《利瑪竇全集》4册, 輔仁大學與光啓出版社, 1986, 第2册 396-397쪽.

3 이 작품은 데이비드 랑이 번역한 영역본이 있다. David Marshall Lang Trans., *The Balavariani: A Tale from the Christian East Translated from the Old Georgian*, Berkeley and Los Angeles: Univ. of California Press, 1966. 李奭學,〈飜譯的政治一龍華民譯《聖若撒法始末》析論〉,《文學研究的新進路一傳播與接受》, 臺北: 聯經出版社, 2001, 412쪽 참조.

4 李奭學,《譯述: 明末耶穌會翻譯文學論》, 홍콩: 中文大學出版社, 2012, 61-62쪽 참조.

방언으로 번역되었고 散文體에서 詩歌體 傳記로도 번역되어 각국에 전파되었다. 13세기에 쟈코비 보라진(Jacobi a Voragine, 1229-1298)이 산문체의 라틴어 簡本으로 바꾸어《聖傳金庫 *Legenda Aurea*》에 수록하였다. 롱고바르디는 주로 이《聖傳金庫》本을 저본으로《聖若撒法始末》을 번역하였다.[5]

보라진이 번역한《발람과 요세파》의 라틴어 簡本《聖傳金庫》本은 동양에 가장 일찍 전래된 天主教 聖人傳記인데, 1591년에 스페인어譯本《聖傳金庫》를 일본에 거주하던 예수회선교사가 日語로 번역하여 알파벳본의 聖人傳記集《サントスの御作業 聖人의 作業》에 수록하여 당시 일본 천주교의 발전에 상당한 공헌을 하였다고 한다.[6] 롱고바르디가 번역한 韶州譯本은 1602년에 출간되어, 비록 日譯本보다는 11년 정도 늦었지만 중국에서는 가장 먼저 번역된 천주교의 聖人傳記이다. 천주교의 傳記作品《天主聖教聖人行實》(1629년),《聖母行實》(1629년) 등이 韶州譯本보다 27년 후에 출간되었다.[7] 롱고바르디의 1602년 韶州刊本은 원래 上海 徐家匯 藏書樓에 소장되어 있다가 지금은 上海圖書館에 귀속되었다고 하는데,[8] 지금은 봉쇄되어 소장 여부를 파악할 수가 없게 되었다. 현존하는 가장 오래된 판본은 張賡이 手訂한 南明 隆武 원년(1645) 閩中天主堂에서 판각한 것으로, 현

---

5 李奭學,〈飜譯的政治—龍華民譯《聖若撒法始末》析論〉, 412-413쪽.

6 福島邦道,《サントスの御作業翻字 · 研究篇》, 東京: 勉誠社, 1979, 129-145, 377-387쪽 참조. Keiko Ikegami(池上惠子), *Barlaam and Josaphat: A Transcription of MS Egerton 876 with Notes, Glossary, and Comparative Study of the Middle English and Japanese Versions,* New York: AMS Press, 1999, p.31-57.

7 高一志 譯,《天主聖教聖人行實》7册, 로마 바티칸도서관 소장 明刊本, 編號: Borgia Cinese 325. 高一志 譯,《聖母行實》, 吳相湘編,《天主教東傳文獻三編》第3册, 臺北: 臺灣學生書局, 1273-1552. 陽瑪諾 述,《聖若瑟行實》, 雲間敬一堂刊本, 中央研究院 傅斯年圖書館 所藏本, 編號: A FT081R.

8 徐宗澤,《明清間耶穌會士譯著提要》, 臺北: 中華書局, 1958, 48쪽.

재 프랑스 파리국가도서관에 소장되어 있다.[9]

제2절 中譯本《聖若撒法始末》의 간행과 原典 탐구

張賡이 手訂한 隆武 元年本의 표지에는 "極西 龍精華先生 譯, 勑建 閩中天主堂 梓"라고 표기되어 있는데, 張賡 手訂本은 南明 隆武 元年(1645년) 閩中(지금의 福建省 閩候縣) 천주당에서 출간된 것이다. 精華는 롱고바르드의 字인데, 표지에 분명하게 "龍精華"라고 표기되었으며 이 작품의 성격을 "譯"이라 明記하고 있다. 초간본 韶州譯本이 출간된 지 43년이 지났지만 롱고바르디는 여전히 건재하였고, 隆武刊本의 시작부분에는 "遠西耶穌會士 龍華民 譯, 晉江景教後學 張賡 訂"이라고 표기되어 있다.

예수회신부 롱고바르디는 이탈리아 시실리주의 귀족 출신으로 모시나수도원에서 7년 동안 교육을 받고 1597년(萬曆 25년) 중국에 와서 廣東 韶州에서 선교를 하다가 1609년에 北京에 입경하였다. 당시 마테오 리치가 중국 예수회 총회장을 맡고 있었는데 다음해인 1610년 마테오 리치가 세상을 떠나기 전에 롱고바르디를 자신의 후계자로 임명하였다. 1630년 조정의 修曆作業에 참여한 적이 있으며 1636년 이전에는 주로 北京에서 선교활동을 하다가 1636년부터는 山東의 濟南, 泰安, 青州 등지에서 전도활동을 하였다. 1655년 북경에서 향년 90세로 사망하였으며 중국에서 58년을 거주하였고, 예수회 총회장을 오랫동안 역임한, 明末清初에 가장 영향력 있는 천주교선교사라고 할 수 있다. 그

9 龍華民 譯,《聖若撒法始末》, 파리국가도서관(Bibliotheque nationale de France) 소장본, 編號 Chinois 6857. 이 역본은 Nicolas Standaert(鐘鳴旦)等 編,《法國國家圖書館 明清天主教文獻》第15册 (臺北利氏學社, 2009)에 수록되어 있음. 본 논문은 이 판본을 근거로 하였다.

는 1603년 廣東 靖村에 중국 최초의 천주교당을 건립하였고,《聖敎日課》,《念珠黙想規程》,《聖人禱文》,《聖母德敍禱文》등 중국교인들이 사용하는 천주교리서를 審定 編刊하였으며, 聖人傳記小說《聖若撒法始末》(1602)과 地震解說書《地震解》(1624)를 譯述 간행하였다.[10]

隆武刊本에 "晉江 景敎後學 張賡"이라고 修訂者로 표기된 張賡은 福建省 晉江縣 사람으로 1597년 과거에 급제한 進士 출신이다. 楊廷筠이 천주교에 입교한 후에 文人 學士들이 천주교로 대거 개종하였는데, 杭州 敎諭로 있던 張賡도 그의 전도를 받고 入敎하여 "마태"라는 세례명을 받았다. 그는 字를 夏詹, 또는 明皐라고 하는데, 楊廷筠과 더불어 예수회신부들이 서구의 經傳을 중국어로 번역하는데 筆述者로써 상당한 공헌을 하였다.[11] 초간본 韶州譯本이 간행되었을 때, 그는 아직 입교하지 않았었고, 1645년에 발간된 隆武刊本의 수정 윤문작업에 참가하였는데, 그가 "修訂"한《聖요세파傳記》는 문장이 精潔하고 流麗하여 당시 발간된 우수한 明人傳記와 비견할 수 있는 뛰어난 작품이다. 그는 예수회의 프랑스선교사 니콜라 트리고(Nicholas Trigault, 金尼閣, 1577-1628)가 口述한 중국 최초의 이솝우화 번역본《況義》(1625년, 西安刻本)를 筆錄하는[12] 등 명말청초 천주교 전적의 中譯作業에 상당한 업적을 남겼다. 특히 1602년 초간본 韶州譯本은 현재 유실되어 볼 수가 없는데, 1645년의 隆武刊本이 널리 전파되어 張賡의 필술능력은 한층 빛을 발하게 되었다.

《聖요세파傳記》는 원래 천주교의 문학작품이 아니고《佛經》의 故

---

10 [法]費賴之 著/馮承鈞 譯,《在華耶穌會士列傳及書目》上, 中華書局, 1995, 64-69쪽. 方豪 著,《中國天主敎人物傳》上册, 中華書局, 1988, 96-98쪽 참조.

11 《天主敎傳行中國考》卷4에 수록된 문장을 方豪 著, 전게서, 261-262쪽에서 인용 참조하였다.

12 《在華耶穌會士列傳及書目》上, 122쪽과 졸저,《中國 近代의 小說翻譯과 中韓小說의 雙方向 翻譯 硏究》, 숭실대학교출판부, 2008, 20쪽 참조.

事이며, 불교의 창시자 석가모니의 일생 행적을 천주교화한 聖人傳記小說이다. 13세기 중국 元나라를 여행했던 이탈리아인 마르코 폴로(Marco Polo, 1254-1324)는 그의 《東方見聞錄 *The Travels of Marco Polo*》에서 이미 이 이야기를 알고 있었다. 그가 지금의 스리랑카에 도착했을 때, 그곳의 "소고몽 발칸(釋加夢 · 薄加, Sogomon Barchan)"이라는 승려의 무덤에 대한 이야기를 들었다. 그는 원래 인도 어느 왕국의 왕자였는데 궁궐을 떠나 출가 수행하여 得道하고 부처가 되었다고 한다. 마르코 폴로는 동양인들이 우상숭배를 하게 된 발단으로써 이 일을 관찰하였지만 사라신사람(撒拉辛人)들은 이 "소고몽 발칸"을 원래 "선지자 아담(the Prophet Adam)"이라고 생각하였고 그를 유태교, 천주교, 이슬람교의 三教가 함께 숭배하는 조상신화와 합쳐서 말하였다고 한다. 이 "釋加夢(Sogomon)"이 지칭하는 말은 분명 "釋迦牟尼"이고, 게다가 "발칸 薄加"이 만일 "佛祖(Buddha)"의 變音이 아니라면 바로 "바가반(薄伽梵, Bhagavân)"의 轉聲일 것이니, 분명 불교신앙의 最高者를 지칭한 것이다. 이러한 사례를 통해 마르코 폴로는 佛傳과 천주교의 聖人傳記가 결합되었다고 생각하였다. 대략 300년 후에 포르투갈인 여행가 디에고 드 코우토(Diego do Couto, 1542-1616)는 스리랑카에서 마르코 폴로의 《東方見聞錄》에서 기술한 부분을 가지고 현지인들과 대화를 나눈 뒤에 요세파 이야기를 다시 한 번 상세히 서술하였다. 이런 설명은 적어도 17세기까지 이어졌고 서방에서는 몇몇 사람이 佛傳과 《발람과 요세파》가 중첩되는 부분이 있음을 조목조목 지적한 적도 있었다.[13]

비록 상세한 논증이 있었지만 이를 아는 사람은 결코 많지 않아서 서방세계에서는 여전히 《발람과 요세파》를 천주교의 聖人傳記로 간

13 Diego do Couto, *Decada Quinta da 'Asia'*(Goa: n.p., 1597), Part ii, Liv. VI. Cap. ii. p.13-17. 이 부분은 李奭學, 《譯述: 明末耶穌會翻譯文學論》, 64-65쪽에서 인용.

주하였다. 1602년 롱고바르디는 분명 이를 잘 모르고 있었고, 유럽학계에서 진상이 다시 밝혀진 것은 19세기 후반에 이르러서였다. 1859년 독일인 테오도르 벤화이(Theodor Benfey, 1809-1881)는 같은 해 스타니라스 쥐리앙(Stanilas Julien, 1799-1873)이 출판한 3권의 거작 프랑스어 譯本 佛教《譬喻故事集 *Les Avadanâs*》 중에서 《발람과 요세파》가 《佛經》에서 나왔다는 것을 밝혀내어 세상에 공표하였다. 그 후 1900년까지 프랑스와 독일의 여러 학자들이 분분히 논증의 대열에 합류하여 진상이 완전히 밝혀지게 되었다.[14] 하지만 徐宗澤이 1940년 《聖요세파傳記》의 개요를 약술할 때에도 이를 명확하게 언급하지 않았고 롱고바르디의 선교 열정과 당시 중국선교의 어려운 환경에 대해 구체적으로 알려진 것은 최근 벨기에의 니콜라 스탕다레르(Nicholas Standaert, 鐘鳴旦)의 언급을 기다려야만 했다. 그러나 스탕다레르는 《聖요세파傳記》와 불교의 연원 관계를 알고는 있었지만 연구는 초보적인 수준에 머물렀고 21세기에 들어와 타이완 中央研究院의 李奭學교수가 이 분야의 연구를 완성하였다.

롱고바르디가 中譯한 《聖요세파傳記》의 원류가 불교에서 기독교로 바뀌는 과정에 대한 연구는 6세기 전의 景教와 마니교(摩尼教)의 전환에 대한 소개가 관건이라 하겠다. 景教는 《불경》 중에 기독교 신앙을 가미시켜 《발람과 요세파》시리아 譯本의 "번역"을 촉발시켰다. 그런데 마니교는 상고시대 말기에 이미 세계적으로 유행하는 普世信仰이 되었는데, 景教가 유럽과 동양문화를 소통시킨 것과 같이 《普曜經 *Lalita Vistara*》 등의 산스크리스트어《佛經》은 마니교를 통해 서양에 전파되었다. 《普曜經》에서 강조하는 것은 대부분 "證道得悟" 나 혹은 "出家精修" 등의 종교주제인데, 이런 주제는 一神論을 주장하는

---

14 E. A. Wallis *Budge, trans. Baralâm and Yĕwâsef, Being the Ethiopic Version of a Christianized Recension of the Buddhist Legend of the Buddha and the Bodhisattva*, Cambridge: Cambridge University Press, 1923, p.xxxvi-xxxviii.

天主教도 예외는 아니며 여러 聖人傳記에서 쉽게 찾아 볼 수 있는 주제라고 하겠다. 불교와 기독교가 종교문학으로 함께 합류하여 하나가 된 대표적인 작품이 바로 이《발람과 요세파》이다. 때문에 문학작품으로써《聖요세파傳記》는 당연히 "成長小說"이나 "啓蒙小說"의 반열에 포함시켜야 할 것이며 작품의 서술 중점은 주인공 요세파왕자가 "깨달음을 얻어 성인이 되는(悟道成聖)" 파란만장한 성장과정에 초점을 맞추고 있다.

제3절《聖요세파傳記》의 구성과 인물 분석

이 작품은 天主 降生後 330년 전후에 "應帝亞(인디아)"에서 태어난 요세파왕자의 일대기를 기록한 傳記小說이다. 작중에 작품의 시간과 공간이 명시되어 있으며, 서술인은 작품의 시작부분에서 이 작품의 종교적 배경을 서술하고 있다. 작품은 전체가 발단 부분에 해당하는 도입부(引子)와 本文 부분 그리고 結尾의 세 부분으로 구성되어 있다. 롱고바르디는 불교도들의 비판에 대항하기 위하여 이 작품을 번역 소개하여 대중을 교화하고 나아가 종교 교리를 전파하고자 하였다. 여기서 말하는 교리는《聖요세파傳記》의 原本이 가지고 있는 불교 교리가 아니고 서양에서 중국으로 전파된 천주교 교리를 지칭한다. 그런데 역자는 천주교와 불교가 물과 기름처럼 서로 융합될 수 없다는 점을 부각시키기 위해 작품의 시작부터 성요한의 원작을 변형시켰다.

> 이르기를 천주가 사람으로 강생하시어 수난을 받고 세상 죄를 대속하시고 난 뒤에 眞福으로 세상을 인도하셨으며, 異能으로 무리가

믿도록 감화시켰다. 그런데 서양의 여러 나라들에 먼저 이 소식이 전해졌다. 그 때에 聖教(천주교)를 믿는 사람들이 하나님의 명령을 받아 각각 세상의 먼 지방으로 흩어져 전도하였다. 그러나 천주께서 사랑을 베푸사 비상한 권능으로 사람들이 흔쾌히 믿고 따르게 하셨다. 그리하여 동으로 小西洋까지 이르렀는데 그 소식을 듣고 천주교가 흥성하였다. 小西洋의 나라 이름은 [인디아]인데 천주교를 신봉하는 서양을 본받아 많은 사람이 집을 떠나 들판에서 수련하였다. 득도한 사람들은 매번 신기한 眞福을 얻었다.[15]

中譯本은 敍述人이 예수 그리스도의 강생과 십자가의 수난으로 인류의 죄를 대속한 천주교의 교리를 서술하면서 시작하는데, 이는 롱고바르디가 《聖傳金庫》本을 저본으로 하여 번역하였기 때문이다. 《聖傳金庫》本에서는 요세파왕자의 이야기가 시작되기 전에 보라진이 성요한이 전하는 말을 서술하고 있다. 비록 롱고바르디가 中譯本을 번역할 때, 주로 *Barlaam and Ioasaph*를 저본으로 삼긴 하였지만 위의 中譯本 시작부분은 *Barlaam and Ioasaph*에는 보이지 않고 《聖傳金庫》本에만 있는 것으로 보라진이 성요한이 전하는 말이라고 밝힌 부분이다. 역자는 불교를 비판하고 대중을 계몽하기 위해 원전를 변형하여 번역하였던 것이다.

1) 《聖요세파傳記》의 발단부분과 佛教徒 국왕 아우니르

《聖요세파傳記》에서 본문의 시작은 인디아 국왕 아우니르

---

15 "粵自 天主降生爲人, 以受難贖世罪, 以眞福引世趨, 以異能動衆信。而太西諸國先得見聞。維時躬承聖教者, 遵命分傳四遠。且 天主寵授以非菅之權能, 令人翕然信從。於是東至小西洋, 亦先聞其風而興焉。小西洋之國, 名[應帝亞], 效太西奉教, 多棄家而野修。得道者, 每有神異眞福。"《聖若撒法始末》, 《法國國家圖書館明清天主教文獻》(이후로 "《法圖文獻》"이라 약칭), 제15권, 臺北: 利氏學社, 219쪽.

(Auennir, 亞物尼耳)에 대한 기술로 시작된다. 국왕 아우니르는 지략과 용모가 출중하고 무공이 뛰어나 전쟁에서 항상 승리를 거두어서 세상의 부귀영화를 모두 누리는 아주 다복한 군주이지만 후사를 이을 자식이 없었다. 그는 평생 불교를 신봉하였는데 그때에 경건한 천주교도들은 일심으로 天主만을 믿었기 때문에 국왕은 대단히 분노하여 천주교를 금지시킨다는 칙령을 공포하였고 새롭게 酷刑을 만들어 놓고는 천주교 신자를 색출하여 박해를 가하였다.[16] 롱고바르디는 여기서 아우니르왕을 철저하게 불교를 신봉하는 불교도로 묘사하였고, 불교를 "異端"이라 부르고 천주교는 "聖教"라고 지칭하여 번역자의 종교관을 투영시켰다.

《聖傳金庫》本에서 보라진은 천주교의 경쟁상대가 누구인지 상술하지 않았는데, 단지 "異端"이나 혹은 "諸神"이라고 불렀다. 그런데 *Barlaam and Ioasaph*에서는 훨씬 구체적으로 기술하였으니, 성요한은 국왕 아우니르가 "희랍의 道(Greek Way)"를 따르고 "우상숭배(idol worship)"를 하였으며 제우스신의 가족들 간에 있었던 惡報輪廻에 대해 세세하게 서술하였다. 이 책에서는 서기 2~3세기에 있었던 천주교와 그리스 로마 종교 사이의 분쟁을 반영하였다. 그런데 롱고바르디는 시간과 공간 배경을 모두 바꾸어 천주교의 적수를 "희랍의 도"를 숭상하는 우상 숭배자에서 인도의 "불교도"로 완전히 바꾸어 버렸다. 롱고바르디는 "諸神"을 "諸佛"로 바꾸어서, 이 작품 속에서 "인도"가 차지하는 위상을 분명하게 부각시켜 놓았다. 왜냐하면 불교는 확실히 "인도"에서 나왔으며 明末의 중국인들도 불교가 "인디아(應帝亞)"

16 "時國君亞物尼耳, 富强多智謀, 攻戰輙克。其人軀幹長大, 面貌奇偉, 威儀可畏, 蓋塵世榮樂事, 洵足自矜, 獨恨乏嗣, 未滿世間願耳。乃其生平信嚮, 則惟佛家諸異端。而爾時虔從聖教者, 一心昭事, 至死不變。凡縉紳巨室, 咸掛冠抛產, 相與隱遯修眞。國君憤甚, 出令禁諭, 且新造嚴刑, 遍行訪察。"《聖若撒法始末》,《法圖文獻》, 제15권, 220쪽.

에서 시작됐다는 사실을 알고 있었기 때문이다.

2) 요세파왕자와 수도승 빠라앙 그리고 호칭상의 佛教色彩

《聖요세파傳記》의 주인공 요세파는 인디아의 국왕 아우니르의 독생자인데, 그가 출생한 뒤 점술가가 예언하기를 나중에 반드시 출가하여 天主를 위해 修道할 것이라고 하였다. 아우니르왕은 태자가 신앙 때문에 변고가 일어날 것을 두려워하여 태자를 어려서부터 궁궐 안에서 바깥세상과 단절시킨 채 양육하였고 타인의 접근을 금지시켰다. 하지만 요세파는 성장한 뒤에 부왕에게 간청하여 궁궐을 나와 세상을 구경하게 되었는데, 길가에서 맹인과 장애인 그리고 늙어서 "주름진 얼굴에 이가 빠졌으며 백발에 고개가 비뚤어진"[17] 노인을 보고서 마음에 깊은 근심과 걱정을 하게 되었다.

요세파왕자가 출유하여 生老病死의 人生四苦를 알고서 근심에 빠졌을 때, 천주께서는 태자를 계도하기 위해 북아프리카의 선나야(睽納亞)에 거주하던 빠라앙의 꿈에 현몽하시어 그가 산에서 내려와 배를 타고 인디아로 가도록 하셨다. 빠라앙은 商人으로 가장하고 태자의 궁궐에 가서 세상의 至寶를 보여준다며 태자를 알현하였다. 요세파는 "하나님의 인도하심" 때문에 빠라앙이라는 고행승을 만났고 은밀히 가르침을 받아 천주교를 알게 되었는데, 결국은 점술가의 예언대로 궁중의 부귀영화를 버리고 출가하여 수도에 정진하였다. 이러한 구도과정은 전형적인 傳記小說의 서술방식을 사용하고 있지만 이런 주제는 전통적인 천주교의 聖人傳記와는 다른 점이 있으니 요세파왕자가 聖人으로 입증을 받은 것은 일반적인 "殉教", "苦行", "異蹟"의 출현과 같은 조건에 의한 것이 아니고, 허구적인 희극성이 매우

---

17 "面皺齒落, 髮白頸偏"《聖若撒法始末》,《法圖文獻》, 제15권, 234쪽.

현저하게 나타나는 소위 中古時代 天主教界에서 일컫는 "靈悟傳奇"에 속하는 작품이라 하겠다. 이 작품의 핵심 역시 "傳主" 요세파왕자가 여러 가지 고난을 겪으면서 깨달음을 얻는다는 종교적인 靈性修練主題를 표현하고 있다.

이 작품의 주인공은 물론 빠라앙과 요세파이다. 바로《발람과 요세파》의 書名에 나타난 두 인물인데, 주인공 요세파란 이름은 "菩薩"이나 혹은 "菩提薩埵(Bodhisattva)"를 抄寫하다가 잘못 쓴 것이거나 소리가 轉音됐다는 것이 현재 학계에서 공인된 정설이다. 학자들은 中古時代 페르시아어와 아랍어 抄本에 근거하면 "菩"字의 聲母 "b"는 前述한 두 언어에서는 모두 "約(y/i/j)"의 音으로 바뀌는 것으로 알고 있다. 왜냐하면 원문은 단지 輕重音을 표시하는 "한 點"의 차이밖에 없으며, "提(dh)"와 "埵(ttva)"의 音은 두 개 모두 유실되었고 후미의 "薩(sa)"音은 페르시아어가 덧붙어 "撒法" 두 音 중 앞뒤의 母音과 子音(af)으로 바뀌어 버렸다. 이 때문에 희랍어 譯者들은 "菩提薩埵"란 이름을 "約阿撒法(Iôasaph)"로 바꾸었는데,《성경》의 인명에 익숙한 역자들은 산스크리스트어와 천주교의 성명이 합치되지 않기 때문에《舊約 · 列王記上》의 "여호사밧(約荷撒法特 Jehoshaphat)"이란 이름을 略化시켜서 "요세파(約撒法 Josaphat)"라는 이름으로 고쳐버렸다. 그런데 롱고바르디의 역본에서는 이를 다시 바꾸어서 廣東方言이 섞인 "若撒法"라고 하였다.

"뤄사파 若撒法"란 이름은 쉽게 해석할 수 있지만 "발람 巴蘭"이란 이름의 연원을 추적하는 것은 매우 어려운 일이다. 산스크리스트어《불경》중에는 이를 "釋迦牟尼"로 판단할 어떤 근거도 없다. 그런데 영국인 왈리스 버지(E. A. Wallis Budge)가 1920년대에 *Barlaam and Ioasaph*의 이디오피아어 譯本을 영어로 번역한 후에 서문에서 "발람"이 바로 "요세파" 자신의 투영(refection)이라고 주장하였다. "발람"은 역사에 실존하는 인물인데 "발라하(Barlâhâ)"라고도 부르며 로마황제 디오크레티아누스 재위시의 천주교 순교자이다. 그의 사적에 대해 《발람과 요세파 *Barlaam and Ioasaph*》를 지어낸 서아시아의 저자는 분명 잘 알고 있었을 것이라고 버지는 추측하였다. 다만 "발람"이란 아마도 저자가 잠시 빌려 쓴 이름인데, 아랍어 텍스트 중에 나오는, 요세파에게 귀의할 것을 권면했던 隱士 "빌라우하(Bilauhar)"을 지칭한 것이라고 한다. 어떤 학자들은 한 걸음 더나아가 "빌라우하(Bilauhar)"는 조지아어 텍스트의 "바라바니(Balavari)"이며 원래의 발음은 "바라와리(Balavhari)"이거나 "바라바리(Balahvari)여야 한다고 한다. 버지는 다른 학자의 견해를 빌려서 "빌라우하(Bilauhar)"를 보러바이(Bolevhai)나 중고 페르시아어로 바꾸면 바로 "바가반(薄伽梵, Bhagavân)"이란 발음으로 바뀌는데, 남아시아 학자 미트라(Rájendralâla Mitra)는 "薄伽梵(Bhagavân)"은 다름이 아니라 佛祖 "菩薩"을 지칭하는 것으로 싯달타에 대한 가장 합당한 호칭이며, 《吠陀頌 *the Vedas*》에 이미 나와 있다고 주장하였다.[18] 南西아시아와 중동언어를 연구하는 역사학자들의 주장대로라면 "발람"은 "菩薩"이고 《발람과 요세파》 중의 "요세파"나 《聖요세파傳記》 중의 "若撒法" 자신의 다른 化身인 것이다. 中譯本과 라틴어 역본 중의 "菩薩"은 사실 모두 "佛祖"를 말하는 것이다.

이런 주장에 의거하여 살펴보면 "約撒法"나 "若撒法"은 발음이 변한 데에다 "발람"의 이름을 차용하여 自我敎化를 진행한 것이니, 이것은 佛祖 싯달타가 보리수 아래에서 스스로 깨달음을 얻어 득도한 사실을 소설로 서술하고 희극화시킨 것이라 하겠다. 《普曜經》 속 싯달타의 이야기가 서쪽으로 전파되어 천주교의 聖人傳記로 바뀌었으며 전체 스토리는 허구화된 敍事文學의 외투를 입고 소설화되었다.

---

18 E. A. Wallis Budge, 전게서, p.xl-xli.

주인공 요세파와 그의 다른 자아 "빠라앙"을 각각 등장인물로 출현시켜 "反身覺悟(자신을 돌이켜보고서 깨닫는 것)"나 "自我頓悟(스스로 깨우치는 것)"의 종교적 주제를 소설로 형상화시킨 것이다.

제4절《聖요세파傳記》중의 譬喻故事와 작품 주제 "眞僞之辨"

1) 두 신하(寵臣과 侍臣)와 빠라앙의 譬喻故事 및 작품주제 "眞僞之辨"

中譯本《聖若撒法始末》은 끊임없이 두 가지 사건을 부각시키고 있는데, 첫 번째 寵臣의 이야기에서 역자는 寵臣이 천주를 신봉한 후에, "나의 눈이 열려 美醜를 분별하게 되었다"[19]는 점을 강조하고 있다. 상대적으로 국왕 아우니르는 佛教에 빠져서 心眼이 어두워져 사물의 美醜와 眞僞를 제대로 판별할 수 없었다. 두 번째 故事는 독실한 천주교신자 權臣이 이미 "언어의 醫術"이란 秘法을 얻었지만 국왕 아우니르는 간신의 讒言을 가볍게 받아들였기 때문에 신앙면에서 "천주의 은총을 잃은 지" 이미 오래되었음을 강조하고 있다.

이 두 개의 고사는 작품의 전개상 끊어지지 않고 순차적으로 전개되어 나오는데, 中譯本의 작품구조 속에서는 상당히 중요한 역할을 맡고 있으니, 그것은 바로 "耳目"에 의해 형성된 이 작품의 주제 때문이다. 작중에서는 눈과 귀의 중요성을 끊임없이 강조하고 있는데 요세파왕자의 傳記故事는 연이어 양자와 평행하여 전개되고 있다. 요세파는 궁중에서 단지 "美色"만을 보았고 "美聲"만을 듣게 된다. 그런데 궁궐을 나가서 목도하게 된 것은 "맹인(瞽)"이 아니면 "벙어리(聾)"였다. 이것은 총신이나 권신의 처지와는 상반된 것이고, 국왕과

19 "開我目, 辨別好醜"《聖若撒法始末》,《法圖文獻》, 제15권, 224쪽.

는 비슷한 처지이다. 이러한 서술구도는 대체로 불교의 本緣에서 비롯된 것이다. 불교의 四苦는 이 때문에 分身하여 다시 변환되었지만 천주교 텍스트에서는 世人들이 무지몽매하여 참 하나님 眞主를 알아보지 못해 眞假를 분별할 수 없는 "맹인(瞽)"과 "벙어리(聾)"의 상태에 놓이게 되었다는 것이다.

본문의 후반부는 모두 세 가지의 이야기로 구성되어 있다. 먼저 빠라앙이 등장하여 태자에게 여섯 가지 비유를 말해주면서 태자에게 천주교의 복음을 전한다. 후에 이 사실을 알게 된 국왕은 태자의 앞날에 대해 상심하게 되는데 侍臣 아라치스(亞臘基, Arachis)가 묘책을 내어 거짓 隱士 나코르(納歌耳, Nachor)를 빠라앙으로 가장시켜 태자를 설득시키고자 하였다. 하지만 天主의 도움으로 나코르가 천주교에 귀의하게 됨으로써 아라치스의 계책은 완전히 실패하고 만다. 세 번째 이야기는 요술사 데오다스가 色計를 꾸며 태자를 유혹하고자 한다. 태자의 시종들을 모두 미인으로 바꾸어 女色으로 태자를 유혹하였고 남편이 죽은 지 얼마 되지 않는 미모의 王女를 파견하여 태자와 동침하게 하였지만 결국 色計는 실패하고 데오다스는 태자의 전도에 감화를 받아 천주교에 귀의하였다.

天主를 알지 못해 무지몽매한 상태에 있던 요세파왕자에게 천주는 수도승 빠라앙을 보내어 요세파를 찾아가게 한다. 빠라앙은 상인으로 위장하고 왕궁으로 찾아가 태자에게 "세상에서 둘도 없이 값진 보물(至寶)"을 보여주고 싶어 찾아왔다고 말한다. 빠라앙은 至寶가 "知者의 빛을 계도하고, 맹인의 눈을 뜨게 하며, 귀머거리의 귀를 잘 들리게 하고, 벙어리가 소리를 내게 한다"[20]는 인류를 구원하는 용도를 가지고 있다고 강조하였다. 사람이 "귀가 밝고 눈이 잘 보이면" 세

20 "牖知之光, 開瞽之明, 達聾之聰, 發啞之聲。"《聖若撒法始末》,《法圖文獻》, 제15권, 237쪽.

상의 眞僞를 분별할 수 있어 누가 참주인지를 알 수 있게 된다. 예수가 행한 奇事異蹟 중의 하나가 바로 맹인의 눈을 고쳐 다시 광명을 찾게 해주고 벙어리를 고쳐 말하게 한 일이다.[21] 빠라앙은 천주의 계시를 받아 요세파왕자의 靈的인 "눈을 뜨게 하고 귀를 듣게" 하기 위해서 그를 찾아간 것이다.

그는 태자에게 모두 여섯 가지 비유를 말해주었다. 첫 번째 이야기는 바로 〈씨 뿌리는 비유〉이다. 《新約聖經》에 여러 번 나오는 이 비유[22]는 예수께서 직접 말씀하신 것으로 중국에 선교하러 온 서양의 예수회신부들은 예수와 같이 자신들이 중국에서 복음을 전파하는 씨 뿌리는 전도자가 되어 많은 수확을 거둘 수 있기를 기대하였다.

이어서 빠라앙은 요세파왕자에게 〈死神의 호루라기〉[23]를 들려주는데, 이 이야기는 마테오 리치가 1608년에 간행한 《畸人十篇》에도 소개한 적이 있다. 유럽의 중세시기에 널리 유행했던 일명 〈死神의 나팔소리(The Trumpet of Death)〉라는 證道故事는 당시 널리 읽혀졌던 證道文集 《로마인의 事蹟 *Gesta Romanorum*》과 《常譚集 *Sermones Vulgares*》 중에 수록되었고, 중세기 영국의 문호 존 고우월의 《애인의 참회》에도 나온다. 하지만 이들 작품집에 수록된 것은 대부분 성요한의 《발람과 요세파》나 보라진의 라틴어 簡本 중에서 발췌해온 것이다. 〈死神의 나팔소리〉의 가장 이른 출전을 학계에서는 산스크리스트어 《佛經》이라고 주장하였다. 이 이야기는 바로 《阿育王經》[24]에 나

21 《신약성경 · 마태복음》 9장 27-34절, 예수가 두 맹인과 귀신들려 벙어리 된 자를 고쳐주었다.

22 씨 뿌리는 비유는 《신약성경》의 《마태복음》13:3-8,《마가복음》4:3-9,《누가복음》8:4-8에 나온다. 《신약성경》의 씨 뿌리는 비유는 중국에서는 《聖若撒法始末》에서 처음으로 번역 소개되었다. 《聖若撒法始末》, 《法圖文獻》, 제15권, 238-239쪽.

23 《聖若撒法始末》, 《法圖文獻》, 제15권, 239-241쪽.

24 高楠順次郎 · 渡邊海旭 主編, 《大正新脩大藏經》, 東京: 大正一切經刊行會, 1934, 50卷, 142-143쪽.

오는데, 故事에 나오는 國王은 아들 마힌다(Mahinda)를 스리랑카에 파견하여 佛法을 전했던 불교의 護法大王 "阿恕伽王"(阿育王을 지칭)이며, 故事 중의 "王弟"는 阿育王의 동생인 역사의 실존인물 비타소카왕자(毘陀索卡, Vitasoka)이다.

《阿育王經》에 나오는 이야기는 時空이 바뀌면서 轉述되어졌는데, 서방에 전해진 이야기는 내용이 변형되어 더 이상 《불경》 중의 원래 모습이 아니었다. 국왕이 거리에서 만난 두 사람은 대부분의 요세파故事에서는 "은거한 修道士"로 번역되었다. 천주교계의 상황에 비추어 말한다면 이런 사람들은 실제로 북아프리카의 "沙漠聖父"와 같은 수행자를 지칭한다. 그들은 "경건한 기독교도로써 국왕의 분노를 두려워하지 않을 뿐만 아니라 동시에 천주를 위해 기꺼이 순교하기를 갈망하였다." 그들은 "예수의 이름을 頌揚하고", "인간세상이 虛幻됨과 사후의 영원한 세상의 영광과 은총"을 世人들에게 전해주고 싶었다. 이런 연유 때문에 이런 수도사들은 천주의 寵信을 받고 있는데 〈死神의 나팔소리〉에서 "大能國王"은 그들을 "천주의 명령을 전하는 전령"으로 인식하였다.

大能國王은 全知全能한 "大能"의 군주인데, 그는 신하들의 질문에 대해 충분히 응답할 지혜를 가지고 있었고 마르고 나약한 瘦弱者를 응대하는 태도와 마찬가지로 타인의 상상을 초월하는 지혜롭고 덕망 있는 군주이다. 《로마인의 사적》에서 이 국왕은 두 명의 瘦弱者들을 포옹해준 이후로 王弟를 계도할 때에, 《阿育王經》에서 아소카왕이 한 것과 같이 솔선수범하는 방식으로 王弟를 警覺시켰다. 그런데 롱고바르디의 譯述은 훨씬 직접적이어서 《阿育王經》의 내용을 삭제했을 뿐만 아니라 심지어 《聖傳金庫》본의 故事도 다시 재단하여 "死神"의 경고를 王弟가 직접 받고서 새벽에 달려가 궁궐 앞에 부복하고서 국왕에게 용서를 구하는 이야기로 바꾸어 버렸다. 그리고 마지막에

大能國王이 사건의 전말을 天主의 경고로 해석하고서 王弟에게 질문을 한다. "그대는 전도되었는가? 착란을 일으켰는가?(爾顚倒哉? 錯亂哉?)" 中譯本《聖若撒法始末》에서 던진 이 질문은 《聖傳金庫》本에서는 단지 하나의 감탄사로 처리하여 王弟가 "더욱 우매해졌다"고 개탄했을 뿐이다.[25] 그러나 롱고바르디는 번역을 하면서 어조를 강화하고 의미를 부각시켜 "顚倒"와 "錯亂"을 의문문으로 만들어서 이를 통해 작품 전체와 이 "故事"의 주제를 표현해 내고 있다. 대개 俗人이 세상을 보는 것은 모두가 "顚倒된" 것이거나 혹은 "錯亂을 일으킨" 것이니, 국왕의 동생이 바로 그런 전형적인 실례이며 이 작품의 주인공 요세파왕자의 父王 아우니르 역시 마찬가지 경우이다. 그리고 天主가 전혀 안중에 없었던 廣東 韶州의 불교승려 역시 전도되고 착란을 일으킨 世人의 대표적인 사례라고 무언중에 지적하고 있는 것이다.

2) 세 가지 譬喻故事와 《聖요세파傳記》 전체의 주제 "眞僞之辨"

롱고바르디가 〈사신의 나팔소리〉를 번역한 것은 내심으로 "언어의 醫術"을 통해 독자들이 天主의 眞理를 듣고서 세상의 실상을 깨우칠 수 있기를 희망했기 때문이다. 그가 〈네 상자의 비유 巾箱傳奇〉를 번역한 것도 전체 《聖요세파傳記》의 시종을 관통하는 "聾瞽"의 啓示를 통해 俗人들이 眞僞를 판별할 수 있는 능력을 얻을 수 있게 하기 위함이었다. 이 고사 중에 나오는 "金玉"이나 "死骨"과 같은 어휘에 주목해야 하는데 이러한 어휘는 알폰세 바그노니(Alphonse Vagnoni, 高一志, 1566-1640)의 《勵學古言》에서 말하는 "外潔內穢, 外芳內臭"[26]를 연상시키는 것 이외에 그 사이에 있는 차별되는 욕망을 살펴

25 Jacobi à Voragine. *Legenda Aurea*, Edited by Johann Georg Theodor Graesse. Vratislaviae; Apud Guilemum Koebnner, 1890, p.814.

26 高一志, 《勵學古言》, 《法圖文獻》, 제4권, 23쪽.

보아야 하겠다. 〈네 상자의 비유〉는 직접적으로 "目視能力"을 지적하고 있는데, 바로 國王의 "外目"과 "內目"의 차이를 말하고 있다. "外目"은 凡人의 俗眼이라 眞僞를 판별하기 어렵고 "內目"은 종교적 慧眼이라서 金玉에 대한 환상을 꿰뚫어볼 수 있어 상자 속에 있는 死骨과 汚物의 실상을 직시할 수 있다. 이런 慧眼을 가지고 있으면 당연히 허름한 옷을 입은 사람의 내면에 있는 "德望"을 알아볼 수 있어 "실상을 파악하고 허상을 버릴 수 있으며(發實祛虛)", 사악한 것을 깨버리고 바른 것을 드러낼(破邪顯正)" 수 있게 된다. 〈死神의 나팔소리〉는 물론 "聽覺能力"을 중시하지만 그러나 大能國王은《발람과 요세파》에서 중시하는 "內目(the inner eyes)"의 혜안을 가지고 있었다. 때문에 이런 慧眼으로 남루한 옷을 입고 있는 寠人의 眞身을 알아볼 수 있었다. 이런 혜안이 없는 동생에게 〈네 상자의 비유〉를 말해주는데, 두 부류의 상자의 內外가 완전히 다른 상태를 해석해 준 다음에 "내가 전날에 공경했던 寠人과 유사한 것이요."[27]라고 설명해 주었다. 〈死神의 나팔소리〉와 〈네 상자의 비유〉는《聖요세파傳記》 작품 전체와 같이 모두 동일한 주제를 전달하고 있는 것이다.

빠라앙이 요세파왕자에게 들려준 세 번째 譬喻故事는 바로 중세기 프랑스인들이 〈小鳥之歌(Le lai de l'oiselet)〉라고 부르는 〈작은 새의 비유〉[28]이다.《聖요세파傳記》 중에서 〈작은 새의 비유〉는 〈死神

---

27 "君曰:'此廂與我前日所敬寠人相似, 外雖衣惡, 而內充道德, 實馨香可人也。'"《聖若撒法始末》,《法圖文獻》, 제15권, 242쪽.

28 有人善射, 獲一小鳥, 名畵眉。其鳥作人言曰: "君子致我於死, 何益於君? 供君之膳, 不足充饑。若其釋我, 我教爾以三訓。爾受之, 必有大益。"……鳥曰: "三訓無它, 其一曰: '勿求得所不能得。' 其二曰: '已失之物, 不得返者, 不必憂悶。' 其三曰: '勿聽信所不可信。' 守此三者, 嘗嘗得福。" 射者以爲有理, 遂放之去。此鳥得放, 欲試彼人能行三訓否, 乃自半空飛鳴曰: "君子可憐! 可嘆! 爾今失一大窖。我腹中有一寶, 其大過於啊瑪旦。"……鳥曰: "我已明知爾性顚狂, 纔聞三訓, 旋棄不能用矣。我初言勿求得所不能得, 勿復望得既失之物, 勿信所不可信。爾今信我腹中有寶, 大過啊瑪旦, 獨不觀我之全身, 尚無雞旦之大。又既失我, 不可復得。以此苦心, 費力圖謀, 求復得我而不可得。爾又無翼, 不能如我之飛。"繇此觀之, 信望佛者, 其

의 호루라기〉나 〈네 상자의 비유〉와는 큰 차이가 있는데, 이 비유고사는 어떤 漢譯佛典이나 팔리어佛經에도 보이지 않는다. 池上惠子의 연구에 의하면, 이 故事는 인도에서 생겨난 것으로 산스크리스트어 경전 《五卷書》에서 그 연원을 찾을 수 있다고 한다.[29] 《五卷書》는 서기 2세기경에 지어졌으며 현존하는 판본은 상당히 복잡해서 아마도 〈작은 새의 비유〉는 어떤 판본의 한 고사를 직역해서 생긴 것은 아니고 《五卷書》의 제2권 첫 번째 故事를 부연 서술하여 만들어진 것이라 추측하고 있다. 《五卷書》의 고사는 많은 비둘기가 사냥꾼에게 잡혔는데, 후에 비둘기왕(鴿王)의 지략으로 모두 풀려나게 된다는 이야기이다.[30] 위의 이야기에 나오는 "뱃속에 보물이 있다(腹中有寶)"는 말은 《五卷書》의 14번째 고사에 나오는 것으로 어떤 새가 똥을 쌌는데, 그 속에 "금덩어리" 한 개가 있었다는 故事에서 유래된 것이라고 한다.[31] 이렇게 혼합해서 편집하였기 때문에 〈작은 새의 비유〉는 편자의 주관적인 선택을 피할 수가 없는데, 가장 현저한 사례는 《五卷書》에서는 佛敎의 宿命思想을 취하였으니, 작은 새 "畵眉"가 사냥꾼에게 가르쳐준 "세 가지 교훈(三訓)" 중에서 그 일면을 볼 수 있다. 예를 들면 "얻을 수 없는 것을 얻으려고 하지 마라(勿求得所不能得)"라는 교훈의 《五卷書》의 원래 스토리는 다음과 같다. "당신이 가져서는 안 되는 물건은 설사 이미 당신의 수중에 있다 할지라도 스스로 빠져나갈 수도 있는 것이다."[32] 《五卷書》 중 이 고사의 "話者"는 작은 새 "畵眉"가 아니고 새를 잡았던 "사냥꾼"이다. 그런데 〈작은 새의 비유〉에서

顚狂自欺, 亦如射鳥之人。《聖若撒法始末》, 《法圖文獻》, 제15권, 243-245쪽.

29 Keiko Ikegami, *Barlaam and Josaphat*, p.16.

30 季羨林 譯, 《五卷書》, 北京: 人民文學出版社, 1981, 174-188쪽 참조.

31 季羨林 譯, 《五卷書》, 302-303쪽.

32 "不應該你有的東西, 卽使是已經落到你的手心裏, 自己也會溜掉。" 季羨林 譯, 《五卷書》, 175쪽.

는 話者를 "畵眉"로 바꾸어 譯者의 번역 목적을 달성하였다.

中譯本 중에서 畵眉가 사냥꾼에게 말한 "나는 이미 그대의 성격이 올바르지 못하고 미친 것을 알고 있소(我已明知爾性顚狂)"란 문구는 〈작은 새의 비유〉가 앞의 두 가지 다른 비유나 작품 전체의 주제와 유기적인 상관관계를 갖고 있음을 보여주고 있다. 《聖傳金庫》本의 이 故事에는 "爾性"의 "性"字가 빠져 있다. 또한 사냥꾼은 私心이 강해서 자신의 이익을 위해 새를 놓아주었다가 다시 잡으려 하였으므로 畵眉는 사냥꾼이 "愚昧하다"고 생각했지만,[33] 語氣는 롱고바르디가 말한 "顚狂"처럼 그렇게 강력하지는 않았다.

좁은 의미에서 본다면 롱고바르디의 번역은 정확한 것은 아니며 상당한 주관성이 개입되어 있다. 하지만 "顚狂"이란 어휘는 역자의 주제 표현에 있어서 매우 관건이 되는 핵심 포인트이다. "顚"자는 "上을 뒤집어 下가 되게 한다"는 의미가 있고 引申하면 "거짓을 뒤집어 사실이 되게 한다(倒假爲眞)"는 뜻을 가지고 있다. 만일 "狂"자와 연결을 시킨다면 "狂"은 理性을 상실한 것이니 바로 "顚"의 원인이 된다. 때문에 "顚狂"이라 번역한 것은 사냥꾼의 "우매함"의 본질이 무엇인지를 보충 설명한 것이니 이런 우매함도 "顚狂"에서 비롯된 것이라 하겠다.

롱고바르디는 中譯本에서 《聖傳金庫》本의 "우매함"의 원뜻을 따르지 않고 도리어 이를 "顚狂"으로 바꾸어서 그의 심중에 다른 번역 의도가 있음을 드러내었으니, 사냥꾼이 세상을 보는 관점은 正道나 眞理를 따른 것이 아니라 畵眉의 거짓말을 진리로 간주해 버렸다는 것이다. 이것은 "총명을 잃어버린 상태" 라고 할 수 있으니 〈작은 새의 비유〉를 앞의 두 譬喩故事 〈死神의 나팔소리〉와 〈네 상자의 비유〉

33 Jacobi à Voragine. *Legenda Aurea*, p.81; 李奭學, 《譯述: 明末耶穌會翻譯文學論》, 87쪽에서 인용.

와 대조해 보면 훨씬 더 명확해진다. 앞의 두 고사는 "귀가 먹고 눈이 먼(耳聾目瞽)" 상태를 지칭하고 있는데, 〈작은 새의 비유〉 중의 "顚狂"은 귀는 "소리가 잘 들리지 않고(不聽)," 눈은 "잘 보이 않는 상태(不明)"인 것이다. 때문에 번역 측면에서 문장을 이해한다면, 롱고바르디는 일련의 譬喩故事에서 동일한 주제를 전달하기 위해 原本의 어휘와 문자를 일관되게 바꾸어 버렸다. 만일 이러한 改譯이 없었다면 〈작은 새의 비유〉는 종교 분쟁의 도구로 사용되지 못했을 것이며, 작품의 주제도 이에 따라 바뀌지는 않았을 것이다.

빠라앙이 강술한 〈작은 새의 비유〉가 비판하는 대상은 반드시 "사냥꾼 "만은 아니며, 바로 韶州 백성들이 신봉하는 佛教를 공박한 것이다. 때문에 빠라앙은 "이로부터 볼 때에 불교를 신봉하는 사람들은 顚倒되고 미쳐서 스스로를 기만하는 것이 새사냥꾼과 같다"고 하였다. 그런데 "信望佛者" 이하의 57자에 달하는 불교를 攻駁한 문장은 유럽어의 여러 판본 중 어디에서도 찾아볼 수가 없다. 바로 "顚狂自欺"란 말을 첨부한 것은 문장 상에서 "爾性顚狂"한 "사냥꾼"을 비판했을 뿐만 아니라 불교에 대한 간접적인 비판의도를 드러낸 것이기도 하다.

롱고바르디가 첨가한 이 부분은 "침묵"의 번역행위를 통한 텍스트의 改編에 해당한다. 원래 《聖傳金庫》 본이나 《발람과 요세파》에서 공격했던 희랍종교를 여기서는 중국의 불교로 바꾸었으니, 불교신자는 中譯本에서는 조롱의 표적이 되어 버렸다. 그들은 "인간이 조각하고 그린 우상을 숭배하였고", 게다가 자신도 구제할 수 없는 자가 남을 구할 수 있다고 잘못 믿었으며, 복이 없는 자가 복이 있다고 잘못 알았고, 심지어는 마귀를 眞主로 잘못 믿었던 것이다. 불교가 유행하는 것 자체가 이미 "웃기는 일(戲)"인데, 불교가 지금 또 세상을 미혹시키고 있다는 것이다. 거짓을 참이라 생각하니, 귀가 이미 잘 들리지 않고, 눈은 침침해서 제대로 보지 못하게 되었으니 당연히 〈작은 새의 비유〉 중의 "성격이 顚狂"한 사냥꾼은 자신을 속이고 있는 것이다.

요세파왕자는 빠라앙의 비유 설법을 듣고 天主에 대한 信心이 생겨 그를 따라가고자 하였지만 빠라앙은 한사코 거절하고서 혼자 가 버렸다. 태자가 천주교에 심취해 버릴까봐 노심초사하고 있는 아우니르왕에게 侍臣 아라치스(亞臘基, Arachis)가 계책을 올렸다. "늙은 산사람(老山人)"을 빠라앙으로 가장시켜 천주교를 공격하게 함으로써 태자의 생각을 바꾸려고 하였다. 바로 사람의 "眞假之辨"을 천주교에 대한 "眞假之辯"으로 만들려는 것이니, 言辭와 機智로 천주교를 논박해서 천주교의 예기를 꺾어 태자가 원래의 상태로 돌아오게 하자는 것이다. 그리하여 "老山人"이자 거짓 隱士인 나코르를 빠라앙으로 假裝시켜 천주교의 옹호자의 입장에서 국왕과 설전을 벌여 패하게 함으로써 요세파를 다시 원상으로 되돌리고자 하였다.

그런데 天主께서는 전지전능하여 이 일을 일찍부터 알고 계셨기 때문에 태자에게 現夢하시어 아라치스가 올린 계책의 "속임수(詭情)"를 태자에게 미리 알려 주었다. 이야기는 계책대로 전개되어 완전히 희극화 되어 버렸는데, 가짜 隱士 나코르는 요세파왕자의 준엄한 훈계를 받고서 거꾸로 아우니르왕을 離反하고는 全心으로 천주교를 옹호하였다. 天主는 이 부분에서 두 번이나 현신하여 나코르가 위장한 거짓 隱士에서 원래 山人의 모습으로 돌아가 "佛門 山人"의 입으로 천주교 신앙의 "眞言"을 전달하도록 하였다.

바꿔 말하면 나코르는 이때에 하나님의 啓示를 받아 빠라앙의 眞身으로 변하여 "진리의 원수가 진리를 위해 싸우는"[34] 천주교의 진정한 호법사로 바뀌어 버렸다. 여기서 말하는 "진리의 원수(眞之仇)"는 당연히 "가짜(假)"이니, 나코르의 출현도 이 때문에 "眞假之辨"의 주제를 표현하고 있는 것이다. 그래서 우리는 세 차례나 〈작은 새의 비

---

34 《聖若撒法始末》, 《法圖文獻》, 제15권, 255쪽.

유〉의 핵심 주제를 접하게 되었다. 번역의 측면에서 본다면 나코르의 천주교 護教場面은 사실 "번역 속의 번역"인 것이다. 왜냐하면 이 장면은 산스크리스트 佛典에 나오는 것이 아니고 《바라바리아니》 중에 나오는 희랍어 문장 〈아리스티데스의 변호(The Apology of Aristides)〉를 베낀 것인데 나중에 《발람과 요세파》를 거쳐 번역된 것이라고 학자들이 지적한 바 있다.[35] 비록 원본이 있긴 하지만 中譯本 중의 〈나코르의 변호〉는 상당히 단순한 편이며 《聖傳金庫》本을 번역한 것이다.

나코르가 말하길 "온 천하에 天主의 도를 듣지 못한 자들은 모두 그가 天主라고 생각하는 것을 각각 세웠는데, 혹은 日月을 主라고 여기고, 혹은 五行을 주라고 생각하며, 혹은 山川을, 혹은 仙佛을 주라고 여겼으니 잘못된 바가 심히 크고도 심히 분명하였다. 천주를 따르는 자들은 만물의 주를 주님이라 여겼는데 대개 천주께서 친히 하늘에서 내려 오사 복음을 전하시고 세상을 구원하셨으니 바로 참주이시다. 그 사리가 지극히 바르고 지극히 공정하여 한 사람 한 집의 사사로운 주님이 아니시다."[36]

《聖傳金庫》本 중에서 나코르가 말한 "天主의 도를 듣지 못한 자들"은 원래는 바벨론인과 그리이스인과 이집트인의 세 민족을 특별히 지칭한 것이며,[37] 그들은 모두 泛神論者들이다. 中譯本을 다른 판본과 비교해 보면, 번역양상을 더욱 명확하게 이해할 수 있는데, 그리이스인

---

35 Robert Lee Wolff, The Apology of Aristides—A Re-examination, *Harvard Theological Review* 30, No.4(1937), p.233-247.

36 "納歌耳曰: '普天下, 未聞天主道者, 皆各自立其所爲主, 或以日月爲主, 或以五行爲主, 或以山川爲主, 或以仙佛爲主, 其所誤甚大甚明。從天主者, 以萬物之主爲主, 蓋天主親自天降, 傳道救世, 乃是眞主。其事理至正至公, 非一人一家私主也。'" 《聖若撒法始末》, 《法圖文獻》, 제15권, 254쪽.

37 Jacobi à Voragine. *Legenda Aurea*, p.820.

에 관해서,《聖傳金庫》본은《발람과 요세파》를 그대로 따라서 사투른(Saturn) 일족의 효시로부터 비너스(Venus)의 출생까지를 서술하였다.[38] 日譯本도 같은 순서로 상세하게 그 神話故事를 서술하였는데, "사투르노(Saturno)"가 올림프스산의 主神이 되기 전부터 주피터(Jupiter)가 主神이 된 것과 비너스의 通姦사건에 이르는 그리스신화를 상세하게 서술하였다. 이집트인들이 "짐승을 正神으로 받드는데", 이는 바빌론사람들이 사람을 신으로 받드는 것과 마찬가지로 황당하고 가소로운 일이라고 하였다. 만일 예수가 강생하여 천주교를 전파하여 세상을 구원하지 않았다면 세상은 도처가 다 더렵혀졌을 것이라고 하였다.[39]

하지만 中譯本 중에 나오는 나코르의 설법은 완전히 달라져 있으니, 그리이스의 神話는 완전히 사라져 버렸고 역자 롱고바르디는 日月과 山川으로 시작하여 중국의 전통종교 도교의 "仙"과 "佛"教를 병칭하고 있다.《聖傳金庫》본에도 "五行"說이 나오긴 하지만, 본래 지칭한 것은 바벨론인들의 전통적인 四元素였는데, 롱고바르디는 "四元素"를 "五行說"로 바꾸었고 게다가 서방과 中東의 상고시대를 모두 鄒衍의 陰陽學에 결부시켜서 董仲舒의 五德始終說과 상통하도록 만들어 버렸다.

비록 日譯本에서 원전에 부합되게 충실히 直譯했다고는 하지만, 롱고바르디가 中譯本에서 가장 관심이 있는 대목은 마지막에 언급한 "佛"자였다. 中譯本 중에서 아우니르왕이 철저하게 신봉했던 개인 신앙은 바로 佛教였다. 그런데 역자 롱고바르디가 볼 때에 佛門은 바로 천주교의 존망에 있어 최대의 위협적인 존재였다. 때문에 그는 원전에 충실한 번역을 한 것이 아니라 역자의 특권으로 주관적인 목적을 가지고 새롭게 "改譯"해 버렸던 것이다. 역자는 나코르의 입을 빌려 서방

38 福島邦道,《サントスの御作業翻字 · 硏究篇》, 142쪽 참조.

39 주38)과 같음.

범신론에 대한 비판을 佛門에 대한 공격으로 바꾸어 버렸던 것이다.

이상의 분석을 종합해 보면, 나코르가 천주교를 옹호하는 장면을 서술한 의도는 롱고바르디가 원전의 일반론적인 汎神論 비판을 완전히 특정 대상인 불교에 집중시켜 자신이 신봉하고 있는 천주교의 교리를 정면으로 표출시킨 것이니, 바로 中譯本의 핵심 주제는 "天主는 만물의 주"라는 사실을 선양하려는 것이다. "천주는 만물의 주이며 우주의 창조주"라는 명제는 천주교 모든 교리의 근본이 되는데, 이를 통해 본다면, 나코르의 변호는 천주교와 불교에 대한 "眞僞의 辯"에 속하며 우주만물의 진리를 총괄적으로 논의한 것이다. 그가 천주교를 분명하게 변론하였기 때문에 롱고바르디는 이에 대해 "각 부분에 대해 논지를 가지고 있었는데 논리적이고 思辨的이었다(持論各端, 理勝詞辨)"고 평하였다. 나코르의 강론은 그 자리에 있었던 국왕과 불교도들의 입장을 궁색하게 만들었고 천주교에 대한 태자의 신앙은 더욱 공고해졌다.

〈네 상자의 비유〉가 전달하는 주제는 "內目"과 "外目"을 구별할 수 있어야 한다는 것이니, 韶州사람이나 독자들이 "外樣이 金玉으로 치장되었더라도 內面에 金玉이 있는 것은 아니며 쓸모없는 쓰레기더미가 들어있는 경우"를 분명하게 파악할 수 있어야 된다는 것이다. 〈사신의 나팔소리〉의 주제도 대체로 이와 비슷한데, 眞相은 항상 평범한 것 가운데 있음을 말해주고 있다. 〈작은 새의 비유〉는 眞僞의 변론을 더욱 선명하게 부각시켜 "사냥꾼(射者)"이나 "사냥꾼"이 투영된 "불교도"들의 우매함을 강력하게 비판하고 있다. 사냥꾼이 眞僞를 판별하지 못하는 이유는 본성이 "顚狂"할 뿐만 아니라 재물에 대한 유혹을 떨쳐버리지 못했기 때문이다. 中譯本《聖若撒法始末》은 욕망을 떨쳐버려야 한다는 점을 대단히 강조하였으니, 마지막으로 요술사 데오다스(得阿達斯, Theodas)를 등장시켜 마술을 부려 요세파왕자를

"女色으로 유혹(色誘)하는" 色計를 쓰게 된다.

제5절 色慾의 극복과 證道成聖: 佛教故事를 天主教化시킨 改譯筆法

아우니르왕은 나코르를 이용한 계책이 실패하자, 이번에는 요술사 데오다스의 건의를 받아들여 요술로 태자를 천주교에서 떠나게 할 계략을 꾸민다. 데오다스는 요술을 부려 마귀로 하여금 요세파왕자가 미색에 빠지도록 유도하고, 태자에게 시중을 드는 종복들을 모두 미녀들로 바꾸어 시중을 들게 하였다. 분위기가 무르익어 갈 때에 미모의 新寡王女가 "盛粧을 하고" 태자의 침실에 들어가 자신과 "하룻밤만 동침하면" 부부의 인연을 맺고 자신도 불교를 버리고 천주교인이 되겠노라고 간청하였다. 中譯本과《聖傳金庫》본은 다소 차이가 있는데,《聖傳金庫》본에서는 王女가 "新寡"가 아니라 "부모의 상을 당했으며", 그녀가 背教하겠다는 대상은 中譯本에서 지칭한 "佛教"가 아니라 "희랍인들의 우상(ydolorum)"[40]이었다. 게다가 中譯本에서는 色計와 요술을 동시에 병행하여 데오다스가 마귀를 시켜 태자의 마음을 직접 공략하게 하였다. 이런 서술방식은《普曜經》에 나오는 스토리와 유사할 뿐만 아니라 현실과 心界의 正邪 交戰樣相으로 왕녀의 유혹이 얼마나 강력하고 효과적인가를 보여주고 있다. 때문에 中譯本에서는 "그때에 마귀가 공격하여" 요세파로 하여금 "억지로 왕녀를 껴안게 하였다." 태자는 확실히 유혹에 빠져서 자신의 수양이 거의 무너져 버릴 지경이었다. 하지만 태자는 깊은 수양을 쌓았기 때문에 이런 여색의 유혹에 직면하자 "무릎을 꿇고 천주께 기도를 드려 곤경

---

40 Jacobi à Voragine. *Legenda Aurea*, p.822.

에서 벗어나게 천주의 도움을 요청하였다."[41] 이 단락은 태자의 신앙이 매우 굳건해서 그가 "證道成聖"할 것임을 간접적으로 암시해주고 있다.

그런데 마귀의 시험을 거쳐 證道成聖하는 고사의 골격은 불교의 《普曜經》에서 찾아볼 수 있다. 바로 《普曜經》 淨飯王의 "太子"가 "證道成佛"하는 이야기인데, 이 佛典에서 太子는 "降魔"한 후에 이미 "無上正覺"을 證道하여 肉身에서 成佛하였다. 상술한 요세파의 色計 試驗의 원류는 바로 《普曜經 · 降魔品》에서 찾을 수 있다. 《普曜經 · 四出觀品》 중에는 태자가 생명의 四苦를 보고서 출가할 마음을 갖게 되었는데, 淨飯王이 그때 가장 시급하게 한 일은 "여러 伎樂을 울려 그의 마음을 즐겁게 해주어" 태자가 출가할 마음을 버리게 하는 것이었다. 바로 "귀로 듣는(耳聆)" 소리의 즐거움(聲樂)에 빠지게 만드는 것이다. 하지만 〈六年勤苦行品〉의 시작부분에서 釋迦는 이미 속세를 떠나 보리수 아래에서 가부좌를 틀고 앉아 수행에 전념하였으므로 色慾은 전혀 그의 "眼目"을 끌지 못했다. 그는 하늘을 우러러 보며 "내 몸이 망가지고 肌骨이 말라버리며 몸이 썩고 전부 부서져 가루가 될지언정 佛道를 이루지 못하면 끝내 일어나지 않겠다."[42]고 서원하였다. 석가가 이 말을 마치자마자 "魔宮"에 즉시 광채가 두루 비쳤다. 이 때에 魔王 波洵은 이 광경을 보고 깜짝 놀라 꿈에서 깨어났다. 그는 석가가 成佛을 하면 "반드시 나의 魔界를 비게 만들(必空我界)" 것을 크게 두려워하여 "많은 魔兵을 이끌고 가서 그를 제압하고"자 하였다.[43]

〈六年勤苦行品〉의 "많은 魔兵"은 실제로는 기술되지 않았고, 〈降魔品〉에서 魔王 波洵이 석가모니를 공격하는 주력군은 魔軍이 아니

41 《聖若撒法始末》, 《法圖文獻》, 제15권, 257-258쪽.

42 "使吾身壞, 肌骨枯, 腐身碎盡, 不成佛道, 終不起也。" 《大正藏經》, 第3卷 515쪽.

43 《大正藏經》, 第3卷 517쪽.

고 바로 그의 네 딸이었다. 그들은 요염하고 상냥해서 "아름다운 말과 사랑스런 자태"로 석가에게 다가가 "여색으로 미혹하는 방법을 써서 석가의 正道를 망가뜨리고자 하였다." 바로 이 때에 네 딸이 시험하는 방법은 데오다스 이야기 중의 "王女"고사와 비슷하다. 마왕의 네 딸은 먼저 싯달타에게 좋은 말로 권유하였다. "당신께서는 인덕이 지극히 높으셔서 諸天들의 존경을 받으시니 마땅히 공양을 받으셔야 합니다. 때문에 하늘에서 저를 보내셨습니다." 그리고는 여색으로 유혹하기를 "저희들은 꽃다운 나이에 성장을 하면 天女 중에 단정하고 수려한 미모는 저희들보다 나은 자가 없습니다. 새벽부터 잠자리에 들 때까지 좌우에서 시중들기를 원하나이다."[44] 中譯本 중의 요세파왕자는 《普曜經》 중의 "태자" 싯달타와 마찬가지로 마음을 굳게 잡고 왕녀를 "가죽포대의 惡臭 덩어리(革囊盛臭)"로 생각하며 女色을 거절하였다. 태자에 대한 色計의 시험은 〈死神의 나팔소리〉와 마찬가지로 《佛經》과 천주교의 聖人傳記가 대체로 유사하다. 하지만 아이러니컬하게도 佛經故事를 轉用해서 쓴 中譯本 《聖若撒法始末》에서는 도리어 이를 가지고 불교를 배척하고 공격하였다. 그리하여 요술사 데오다스가 나코르의 뒤를 이어 완전히 참회한 후, 불교를 버리고 천주의 道를 따라 "종신토록 천주를 신봉하였다." 나코르와 데오다스의 改宗은 中譯本에서는 아우니르왕의 신앙이 변화될 전조라고 할 수 있다.

나코르와 데오다스는 이 작품의 주인공은 아니며 신앙의 개종이 결코 스토리 전개의 결정적인 관건이 되지는 못한다. 그러나 아우니르왕은 그렇지 않은데, 그는 독실한 불교신자이고 발단부터 그를 무용과 지략을 겸비한 뛰어난 통치자로 묘사된 이 작품의 주인공이다. 하지만 그런 그가 천주교와 벌이는 智力과 謀略의 대결에서 연이어

44 "[汝]仁德至重, 諸天所敬, 應有供養, 故天遣我。……我等既好年壯盛時, 天女端政, 優鉢華色, 莫喩我者。願得晨起夜寐, 供事左右。"《大正藏經》, 第3卷 519쪽.

실패를 거듭하는 것은 明末 천주교와 불교의 분쟁 중에 천주교의 바램을 반영한 것이다. 이는 현실적으로는 明末 韶州에서 불교도들과 분쟁이 일어났을 때, 롱고바르디는 자신들이 결국 이길 것이며 전체 韶州를 天主敎化할 수 있다는 소망을 가지고 있었다. 나코르에서 아우니르까지의 일련의 천주교 개종은 문학적인 관점에서 보면, 모두가 계몽의 스토리이며 계몽소설 속의 계몽소설이고 靈性傳奇 중의 靈性傳奇라고 할 수 있다. 때문에 中譯本《聖若撒法始末》에 표출된 譯者의 정치적인 번역 의도는 더욱 빛을 발하였고 그의 改編과 변형에 의한 中譯本의 獨自性과 文學性은 그 어떤 원본보다도 더 뛰어나다는 호평을 받게 되었다.

《발람과 요세파》나《聖傳金庫》본에는 없고《聖요세파傳記》에만 있는 내용은 바로 국왕 아우니르가 계속해서 실패한 후에 결국 천주교를 받아들이게 되는 일이다. 그는 "태자의 敎化"에 감화를 받아 나중에는 "천주교를 신봉하고" 기독교인으로 바뀌게 된다. 그런데《불경》중의 淨飯王은 임종 전에 더 이상 불교를 배척하지 않고 불교를 신봉하여 正果를 이룬다.《聖요세파傳記》의 아우니르왕에 대한 서술은 완전히 상반된 것인데, 바로 국왕의 신앙이 불교에서 천주교로 바뀌었고 불교에 대해 철저하게 공격 비판하였다. 적군의 창을 빼앗아 적군을 무찌르듯이 불교의 故事를 빌려다 불교를 공격한 것이다.

요세파왕자가 색계의 유혹을 이겨낸 것은 그의 정신수양 때문만은 아니었다. 바로 왕녀가 품에 안기는 순간 요세파왕자는 싯달타가 실신했을 때와 마찬가지로 꿈을 꾸는데, 이 꿈 때문에 여색의 유혹에서 벗어나게 된다. 왕녀가 품에 안기는 순간, 요세파는 무릎을 꿇고 천주님께 기도를 드린다.

이에 문득 누우니 꿈속에 한 평원이 보이는데, 거기에는 아름다운

芳草에서 향기가 나고 기화요초가 푸르름을 뽐내고 있으며 나무에는 과실이 주렁주렁 열려있는데 침대와 의자 등의 가구는 모두 金玉으로 꾸며져 있었다. 게다가 천사들이 노래를 부르는데 마음을 편안하게 해주니 대단히 복된 곳이더라.[45]

이 부분을 《聖傳金庫》본과 비교해 보면, 롱고바르디의 서술은 비교적 간략하여 천주교의 天堂觀에서 가장 중요한 "金剛石城"이란 천성의 이미지를 상당부분 생략해버렸다. 그런데 日譯本에서는 요세파가 꿈속에서 본 天堂이 상세하게 묘사되었다. 요세파가 天堂에 들어가니 "비할 수 없이 화려한 金殿樓閣이 늘어서 있었고 주옥과 금은으로 번쩍번쩍 빛나게 장식되어 있었다. 金殿 뒤에는 천사들이 천천히 날아다니며 함께 여러 聖人들에게 분향을 하면서 仙樂을 같이 연주하고 있었다.[46] 하지만 中譯本에서는 요세파왕자의 최후의 안식처를 화려한 金剛石城과는 다르게 묘사하였다.

그는 색욕을 물리치고 마법을 이겨낸 뒤에 국왕의 부탁을 받아들여 국가의 절반을 천주교 왕국으로 바꾸어놓았으며, 정치가 안정되자 요세파는 父王이 자신에게 물려준 나라 전체를 王族 바라지야스에게 물려주고 자신은 산속에 은거하여 수행에 전념하였다. 마지막으로 "교외에서 길을 가다가(行于郊)" 가난한 사람을 만나자 자신의 錦衣를 벗어주고 貧者의 布衣로 갈아입고서 "입산하여" 스승 빠라앙을 찾아갔다.

中譯本 중의 "行于郊"는 롱고바르디가 改述한 것이니, 《聖傳金庫》본의 "沙漠(dezeruto)"을 "郊"로 바꾼 것이다. 빠라앙의 "萬世之期"

---

45 "乃倏臥, 夢見一平原中, 雅多芳趣, 花草交靑, 木菓甚繁, 床椅盡飾金玉, 且有天神歌唱, 俾人神怡, 大爲受福之處。"《聖若撒法始末》, 《法圖文獻》, 제15권, 258-259쪽.

46 福島邦道, 《サントスの御作業翻字 · 研究篇》, 143-144쪽.

는 "天主降生後三百八十年"이었고, 요세파는 25세부터 35년 동안 수도를 한 후에 승천하였다. 中譯本의 이 結尾부분은 다른 원전에는 전혀 찾아볼 수 없는, 역자가 첨가한 부분이다. 국왕 바라지야스는 그들을 首都에 함께 합장하였는데, "얼마 후 묘지에서 기적이 상당히 많이 일어났는데 대부분 천주를 선양하고 천주교 여러 聖人의 사적을 찬미하는 일이었다." 그들의 묘지에서 기적이 일어났다는 기술을 통해 그들이 "하나님의 은총을 입어" 이미 聖人이 되어 천국으로 승천했다는 사실을 은연중에 강조하고 있는 것이다.

《聖요세파傳記》는 초간본이 간행된 후 43년이 지나서 張賡의 교정을 거쳐 再刊된 것을 보면 明末清初에도 적지 않은 독자가 있었을 것이다. 그 후 청대 중엽에 筆寫한 手抄本《衫松行實》이란 전적에서 《聖요세파傳記》의 줄거리를 간략하게 略述한 470여자의 이야기가 나온다. 이 故事는 隆武本 중의 人名을 약간 바꾸고 요세파와 빠라앙의 스토리만을 약술하였다. 여기서 隆武本 중의 "天文士"와 예언방법은 모두 중국식으로 토착화하여 "점쟁이(算命的)"와 "八字와 觀相"으로 바뀌었고, 빠라앙은 "빠라양(罷辣羊)"으로 발음이 약간 바뀌었을 뿐이다.[47] 아마도 요세파 故事가 口傳되는 과정에서 간략화된 것인데, 이《衫松行實》의 簡本을 통해 明末에서 乾隆年間까지 요세파故事가 중국인들 사이에 이미 널리 流傳되었다는 사실을 알 수 있겠다.

《聖요세파傳記》의 후반부에는 빠라앙이 요세파왕자에게 들려준 여섯 가지 비유고사가 서술되었다. 본 논문에서는 네 개의 故事를 소

47 "小西洋有一個王, 獨生一個兒子, 名若撒法。替他算一命, 那算命先生看了八字, 又看了相說: '皇太子日後, 奉得天主教。' 皇帝十分信菩薩, 故那一句甚傷了心。便想百計, 禁兒子認天主。……那地方有一位修道人, 名罷辣羊。天主差他上朝, 見若撒法, 未得進去, 脫了納襖, 裝賣玉客。果然人不疑惑那計策, 乘機會見了若撒法, 私下從頭到尾, 講明白天主道理。若撒法無不信, 暗地領了洗, 只瞞過父親不知。等他亡了, 然後明拜天主, 奉天主教, 又傳教。還棄皇帝位, 辭普天下, 入山做修道。"《衫松行實》,《法圖文獻》, 제13권, 581-584쪽.

개 분석하였는데, 언급하지 않은 두 가지 故事 〈坎穴의 비유 坎穴喩〉와 〈세 명의 친구 三友〉는 다른 논문에서 이미 상세히 논의되었기[48] 때문에 여기서는 생략하였다. 그런데 이들 여섯 편의 비유고사는 모두 동서고금의 宗教寓言集에 수록되었던 이야기들이며, 〈세 명의 친구〉는 중국에 처음으로 번역 소개된 《이솝우화》의 選譯本인 《況義》에도 수록되었다. 프랑스 예수회선교사 니콜라 트리고가 1625년 西安에서 《況義》를 처음 간행하였는데, 中譯本 《聖若撒法始末》의 번역 시기는 이보다 23년이 빠른 것이다. 게다가 17세기 초기에 번역된 천주교의 聖人傳記集 《天主聖教聖人行實》(1629), 《聖母行實》(1629), 《聖若瑟行實》(1640?)보다도 27년 이상 먼저 번역되었다.

만일 중국 근대에 번역된 서구의 소설작품과 비교한다면 中譯本 《聖若撒法始末》의 서구문학번역사에 있어서의 위상은 더욱 명확해질 것이다. 서구소설의 번역작업은 19세기 중반에 시작되었으니, 일반적인 소설작품의 번역 사례로는 1873년부터 1875년까지 上海의 잡지 《瀛寰瑣記》에 연재된 《昕夕閑談》을 첫 번째 작품으로 꼽는다. 하지만 기독교소설의 번역작업은 이보다 앞서서 1842년 《金屋型儀》가 출판되었지만 역자 미상이고, 선교사 페르디난드 제나르(Ferdinand Genahr, 葉納淸, ?-1864)가 中譯한 《金屋型儀》는 1852년에 간행되었다. 이 시기 가장 주목을 끌었던 번역작품은 바로 윌리엄 번즈(William C. Burns, 賓, 1815-1868)가 文言으로 번역한 존 번연의 《天路歷程》이었다. 번즈는 1853년 이 작품을 文言으로 번역하였고 이어서 1865년에 文言譯本을 다시 北京官話로 번역하여서 번즈의 中譯本

48 〈明淸時期 基督教宣教士의 宗教寓言故事 敍述 特性 研究—마테오 리치에서 윌리엄 마틴까지〉의 제3절 〈롱고바르디의 〈坎穴喩)〉와 《佛經》의 譬喩故事〉와 제4절 〈유럽의 證道故事 〈三友〉의 전통적 서술방식〉에서 두 故事의 연원과 流傳 및 내용 분석을 상세하게 하였다. 졸저, 위의 논문, 韓國中國語文學會, 《中國文學》 제67집, 2011.5, 88-100쪽.

《天路歷程》은 동아시아 전역에 널리 유전되었다.[49]

19세기 중반에 시작된 중국 근대의 서구소설번역사와 비교해 보면 中譯本《聖若撒法始末》의 선구적인 의의는 더욱 명확하게 드러난다. 또한 이 작품은 기독교 聖人傳記小說의 효시가 되어 19세기 중반부터는 개신교선교사들에 의해서《聖經》을 근거로 한 聖人傳記小說이 대량으로 편집 개작 출판되는데, 직접적인 모델이 되었으니 영국선교사 제임스 레기(James Legge, 理雅各, 1815-1897)의《요셉略傳 約瑟記略》(1852)과《아브라함略傳 亞伯拉罕記略》(1857), 영국선교사 조지 피어시(George Piercy, 俾士, 1829-1913)의《엘리야略傳 以利亞記略》(1863) 등이 연이어 간행되었는데, 바로 롱고바르디의《聖요세파傳記》의 뒤를 이은 기독교의 聖人傳記小說들이다.[50] 19세기의 개신교선교사들은 明末 천주교선교사의 선례를 참조하여《성경》에 근거한 聖人傳記를 중국소설양식으로 개편하여 출간하였다. 롱고바르디가 번역한 최초의 西歐傳記小說의 中譯本《聖若撒法始末》는 중국의 외국소설번역사에 있어서나 基督敎 聖人傳記小說의 출간 측면에서 선구적인 의미를 갖는 작품이며, 종교문화적인 측면에서는 불교, 마니교, 景敎, 천주교 간의 종교 교류와 이집트 시리아 등의 중동지역과 그리스 로마, 프랑스 이탈리아 독일 등의 유럽지역 및 인도, 중국을 아우르는 동서양의 문화교류에 대해 서술한 각별한 상황을 작품 속에 담고 있는데, 본장에서는 이탈리아 예수회선교사 롱고바르디의 基督敎 聖人傳記 翻譯小說《聖若撒法始末》의 작품 분석을 통해 그 내용과 주제 및 선구적인 의미를 조명해 보았다.

---

49 19세기 중국 근대의 외국소설번역 사례에 대한 분석은 韓南 著/徐俠 譯,《中國近代小說的興起》, 上海敎育出版社, 2004, 90-92쪽 참조.

50 졸저, 〈晩淸 基督敎中文小說의 정의와 범주〉, 중국학연구회,《中國學硏究》제57집, 2011.9, 37-41쪽 참조.

니콜라 트리고의 이솝우언 選譯本《況義》와 李世熊의 《物感》

제1절 天主敎 예수회선교사 니콜라 트리고의 천주교 문서선교

제2절 明末 예수회선교사의 이솝우언 번역과 전파

제3절 《況義》의 번역방법과 내용 소개

제4절 《李世熊과 《況義》의 모방작 《物感》

제5절 《物感》의 中國土着化 再編作業: 《況義》로부터의 차용과 융합

況義

西方金尼閣 口授

南國張賡 筆傳

一曰形體交疑亂也相告語曰我何繁勞不休首主思慮察以目聽以耳論宣以舌嚼嚌以齒揮握奔走以手足如是各司形役但彼腹中脾肚受享晏如胡為乎宜遂相與誓盟勿再奉之絕其食飲不日肢体漸憊莫覺其故也首運目瞀耳聵舌槁齒搖手顫足躄於是腹乃吁曰慎勿乖哉謂予無用夫脾源也血脉泒流全軆一家抑脉庖也尒饔爾飡和合飽滿且咸寧矣

《況義》 본문 1면, 파리 프랑스국가도서관 소장 필사본

니콜라 트리고의 이솝우언 選譯本《況義》와 李世熊의《物感》

제1절 天主教 예수회선교사 니콜라 트리고의 천주교 문서선교

《況義》 본문 2면, 프랑스국가도서관 소장

《況義》一卷은 22편의 이솝우언을 처음으로 중국어로 번역한《이솝우언》의 選譯本이다. 明末의 來華 예수회선교사 니콜라 트리고(Nicolas Trigault, 金尼閣, 1577-1628)가 口述하고 천주교 신자 張賡(1570-약 1649)이 筆錄하였으며 卷末에는 鷺山 謝懋明(1629년 세례 받음)이 跋文을 썼는데, 天啓 5년(1625)에 西安에서 판각되었다.《況義》는 중국어로 번역된 첫 번째 이솝우언 選集이다. 또한 천주교 예수회에서 중국에 처음 소개하는 "西洋古典型 證道故事集"(collection of classical type of exempla)이다.

니콜라 트리고는 中國名을 金尼閣라 하고, 字를 四表라 하는 벨기에 사람이다. 1594년 11월 9일, 예수회에 가입하였고 1607년 인도의 고아에 도착했다. 1610년 가을 마카오에 도착하였고 1611년 金陵에 갔다. 1612년 마테오 리치의 파견을 받아 로마로 돌아가 중국에 선교사를 보내달라고 요청하였다. 그는 여로 중에 마테오 리치가 이탈리아어로 저술한 중국선교 육필원고를 라틴어로 번역하였고 마테오 리치가 서거한 이후의 상황을 增補하여《基督教遠征中國史》*De Christiana expeditione apud Sinas suscepta ab Societate Jesu*라는 제명으로 출판하였다. 何高濟, 王遵仲, 李申이 번역한 新版中譯本은《利瑪竇中國札記》(北京, 中華書局, 2010)이라 하였다. 트리고는 로마에 도착한 후, 교황 바오로 5세(Paul V, 1550-1621)에게 중국의 선교사업에 대해 보고하고 중국에서 신부들이 미사를 집행할 때 모자를 벗지 않도록 해 줄 것과 성경을 中國語로 번역하도록 윤허해 줄 것(1615년에 비준됨), 그리고 사제가 중국어로 聖禮를 드리고 日課를 낭송하는 것을 허락해 달라고 요청하였다. 이러한 특권은 모두 교황의 윤허를 받았다. 그 후에 비록 실행되지는 않았으나 트리고가 유럽에서 적극적으로 활동하였기 때문에 유럽에서 "中國 熱風"이 일어나는데 촉매역할을 하였다. 1618년 트리고가 유럽을 떠나올 때, 22명의 예수회선교사와 7천 여 권의 서적을 가지고 중국으로의 여로에 올랐으나, 해상의 열악한 기후와 풍랑으로 인해 여러 명의 선교사들이 세상을 떠났고, 몇 명은 인도의 고아에서 학업을 익히기 위해 머물게 되어 트리고를 따라 마카오에 도착한 선교사는 겨우 네 명뿐이었다. 트리고가 두 번째 來華한 후, 전후로 南昌, 建昌, 韶州, 杭州, 開封, 山西, 陝西 등지로 教務를 시찰하러 가서 福音을 전파하였다. 그 후에 그는 또 絳州, 西安, 杭州 등지에서 漢籍과 洋書를 번역하여 인쇄 간행하였다. 1628년 그는 "嘉定會議"에 출석하여 마테오 리치가 정한 선교방침과 그가 채택한 儀禮를 유지하기 위해 전력을 다했으나 "데우스(陡斯, Deus)"의 번역 명칭에 대해 마테오 리치의 견해를 따라 "上帝"로 번역해야 한다고 극력 주장하였으나 받아들여지지 않자 정신이 혼미해져 그해 11월에 杭州에서 울분을 품고 자결하였다.[1] 트리고가 번역 編述한 저작은 天啓 5년(1625) 西安에서 판각한《推曆年瞻禮法》1卷, 同年 西安에서 판각한《況義》1卷, 天啓 6년(1626) 항주에서 판각한《西儒耳目資》3卷,《宗徒禱文》등이 있다.[2] 지금 대부분 트리고를 프랑스 예수회신부라고 하는데 바로 그의 출생지가 지금의 프랑스 북쪽 지방 두에(Douai, 杜埃)로써 벨기에에 인접한 곳이기 때문이다. 두에는 중세기에는 프랜더스 백작(Counts of Flanders)의 領地였고, 트리고가 출생할 때에 그곳은 스페인 통치하에 있던 스페인령 네덜란드(Spanish Netherlands, 低地國)에 속해 있었으니, 바로 지금의 벨기에, 룩셈부르크와 북프랑스에 걸친 지역이다. 傳記에서 트리고는 자신을 벨기에 사람이라고 서명하였고 그가 수학했던 지역도 대부분 지금의 벨기에 경내에 있어 그를 벨기에 사람이라고 명기하였다.[3]

筆錄人 張賡은 字를 夏詹, 또는 明皋라고 하며 福建 晉江人이다. 萬曆 丁酉年 擧人이며, 平湖(지금의 浙江省 嘉興 경내)의 教諭를 제수받았다. 天啓 元年(1621) 전후에 세례를 받고 입교하였으며 教名은 마태이다. 후에 張賡은 河南과 廣東의 教諭, 縣令을 지냈고 벼슬을 마치고 귀향한 뒤에는 예수회 신부 지우리오 알레니(Giulio Aleni, 艾儒略, 1582-1649)를 도와 천주교의 선교사업에 전력을 다하였다.《天學證符》,《先天易議》등의 저작을 저술하였고, 아울러 알레니의《口鐸

---

1 Liam Mattew Brockey, *Journey to the East: The Jesuit Mission to China, 1579-1724*, Cambridge: Belknap Press of Harvard University Press, 2007, p.87.

2 費賴之 著/馮承鈞 譯,《在華耶穌會士列傳及書目》上, 北京: 中華書局, 1995, 111-120쪽. 徐宗澤,《明清間耶穌會士譯著提要》, 臺北: 臺灣中華書局, 1958, 282쪽 참조.

3 李奭學、林熙强 主編,《晚明天主教翻譯文學箋注》卷一(臺北: 中央研究院中國文哲研究所, 2014),《況義·小引》, 175쪽과 각주1) 참조.

日抄》,《五十言餘》,《聖夢歌》를 저술할 때 윤문을 해주고 서문을 지었다. 또한 장 몽테아오(Jean Monteiao, 孟儒望, 1603-1648)의 《天學略義》, 楊廷筠의 《天釋明辨》, 李九功의 《勵修一鑑》 등 예수회 선교사와 천주교인들이 저술한 여러 권의 천주교 서적을 위해 서문을 써준, 당시 사회적 지위와 명망이 높은 천주교 문인이다.[4]

謝懋明은 福建 晉江人이다. 鷺山은 泉州 鷺峰을 가리킨다. 《況義》의 跋文을 찬술한 것으로 보면 謝懋明은 張賡과는 서로의 家門間에 친분이 매우 돈독한 사이인 것 같다. 그에 관한 기록은 많지 않은데, 李九功의 《勵修一鑑》에 그의 傳記가 수록되어 있어 謝氏가 대략 崇禎 己巳年(1629)에 천주교에서 세례를 받았다는 기록이 있다.[5] 《熙朝崇正集》에도 〈淸源謝懋明〉 詩 한 수가 수록되어 있다.[6]

트리고가 《況義》를 번역하기 전에 마테오 리치(Matteo Ricci, 利瑪竇,1552-1610)는 萬曆 36년(1608)에 《畸人十篇》을 간행했는데, 그중에 몇 편의 이솝우언 故事가 번역되었으니 이 책이 바로 《이솝우언》을 중국에 소개한 최초의 서적이라 하겠다. 萬歷 42년(1614)에 디에고 데 판도하(Didacc de Pantoja, 1571-1618)는 《七克》을 찬술하여 천주교의 일곱 가지 죄를 극복하는 방법을 소개하면서 몇 편의 이솝 이야기를 번역하여 논술의 證道故事로 삼은 적이 있다. 마테오 리치가 中譯할 때에 일찌기 《이솝우언》을 인용한 것 외에도 《이솝우언》의 라틴어본을 明末의 유명한 藏書家 文人에게 증정한 적도 있었다.[7]

---

4 方豪, 《中國天主教史人物傳》上册, 홍콩: 公教眞理學會·臺中: 光啓出版社·北京: 中華書局, 1970, 259-263쪽; 陸芸, 〈艾儒略與張賡—明末清初天主教在福建的傳教策略〉, 《福建論壇·人文社科版》第3期, 2008, 77-79쪽; 邱詩雯, 〈張賡簡譜〉, 《中國文哲研究通訊》第22卷 第2期, 2012, 125-140쪽 참조.

5 鐘鳴旦(Nicholas Standaert) · 杜鼎克(Ad Dudink) · 蒙曦(Nathalie Monnet) 編, 《法國國家圖書館 明清天主教文獻》 第7卷, 臺北利氏學社, 2009, 234-236쪽 참조.

6 吳相湘 編, 《天主教東傳文獻三編》, 臺北：臺湾學生書局, 1972, 674쪽 참조.

7 戈寶權은 버나드 마이틀(Henri Bernard Maîtire, 裴化行, 1889-1975)의 《利瑪竇傳》에 있는 문장을 인용하여 리치가 어떤 관리에게 《이솝우언》을 증정하였음을

예수회신부 알바레 데 세메도(Alvare de Semedo, 曾德昭, 1585-1658)가 南京에서 라틴어본《이솝우언》을 본 적이 있다고 하였는데,[8] 아마도 트리고가《況義》를 번역할 때 참고했던 저본인 것 같다. 만력 38년(1610) 마테오 리치가 서거한 뒤, 니콜라스 롱고바르디가 예수회의 中國教區 會長을 계승하였고, 萬曆 40년(1612)에 트리고에게 유럽으로 돌아가 로마교황과 예수회 총회장에게 중국의 선교사업에 대해 보고하고 유럽에서 서적을 수집해 오도록 명하여 트리고는 모두 7천여 권의 서적을 가지고 중국으로 돌아왔다. 만력 48년(1620)에 트리고는 전적들을 가지고 유럽에서 돌아왔는데,《況義》를 번역할 때 사용한 底本은 아마도 트리고가 가지고 온 유럽의 전적들과 관련이 있을 것이다.

天啓 元年(1621) 張賡은 杭州에서 楊廷筠(1562-1627)의 소개로 천주교 教難 때문에 항주에 피신해 있던 트리고를 알게 되었는데,《況義》는 아마도 이 때에 번역된 것 같다. 天啓 3년 트리고는 開封에 가서 선교를 다시 시작하였다. 그 해에 張賡은 中州(開封) 教諭를 제수 받았는데 두 사람은 아마도 이 해에 다시 재회하여 함께《況義》를 공역했던 것 같다. 그리고 트리고는 나중에 원고를 西安으로 가지고 가서 선교용으로 사용하기 위해 판각 출판하였다.

《이솝우언》을 기독교의 선교에 사용한 사례는 기원전 4세기의 그

기술하였다. 戈宝权,《中外文學因缘--戈宝权比较文學论文集》, 北京出版社, 1992, 383쪽. 裴化行 著/王昌社 譯,〈利瑪竇司鐸和當代中國社會〉上册, 上海: 東方學藝社, 1943, 209쪽 참조.

8 알바레 데 세메도가 南京에 있을 때 라틴어본《이솝우언》을 본 적이 있다고 회고하였다. "이 책은 내가 南京省에서 본 적이 있는 그 라틴어본《이솝우언》과 매우 비슷한데, 서책의 裝幀도 우리들의 방식이었다." 曾德昭 著/何高濟 譯,《大中國誌》, 上海: 上海古籍出版社, 1998, 189쪽에서 인용. 內田慶市,〈談《遐邇貫珍》中的伊索寓言〉, 沈國威、內田慶市、松浦章 編著,《遐邇貫珍》, 上海: 上海辭書出版社, 2005, 67쪽에도 보임.

리스 웅변가까지 거슬러 올라갈 수 있다.[9] 천주교의 上古時代에 교부 성인들은 그리스 로마의 전통을 이어받았고, 중세시대에는 이솝형 우언이 널리 사람들에게 인용되어 천주교단의 證道故事로 바뀌어버렸다. 《구약》 중에 이솝우언고사가 나오고 《신약》에도 예수가 비유로 가르침을 전하는 장면이 나온다.[10] 유럽의 중고시대에 전해지는 이솝우언집은 2천 여 종이 넘는다. 때문에 《況義》의 저본으로 어떤 판본이 사용되었는지를 판단하는 것은 대단히 어려운 일이다. 하지만 연구결과에 근거하면 명말에 중국어로 번역한 《이솝우언》은 모두 고찰해 볼 수 있는 세 가지 유럽의 원본을 가지고 있다.

이솝은 고대 그리스인이라 전해지지만 그리스의 상고시대 이솝우언집은 지금 하나도 전해지는 것이 없이 완전히 유실되어 버렸고, 현재 전해지는 초기의 이솝우언집은 모두가 로마인들이 기원전 4세기 그리스학자 데메트리우스(Demetrius of Phalerum, 약 350 ~ 280 BC)의 《이솝우언》을 풀어써낸 것인데, 서기 1세기 패드루스(Phaedrus, 약 B.C. 15-A.D. 50)의 라틴어본 《이솝우언》 (*The Aesopic Fables of Phaedrus the Freedman of Augustus* [Phaedri Avgvsti Liberti Fabvlarvm Aesoptarvm])과 생평미상의 바브리우스(Babrius)가 지은 그리스 운문체 《이솝우언》(*Aesopic Fable of Babrius in Iambic Verse [Βαβριου Μυθιαμβοι Αισωπειοι]*)이 여기에 포함된다. 그 후 4세기경 아비아누스(Avianus)가 다시 라틴어 牧歌體로 바브리우스본을 다시 서술하였고, 패드루스본 역시 타인에 의해 재편성되어 한 때 세상을 풍미했던 로무루스본 《이솝우언》(*Romulus*)이 되었다. 위에서 기술한 여러 판본

9 李奭學, 《中國晚明與歐洲文學》, 臺北: 中央硏究院、聯經出版公司, 2005, 47쪽.

10 예를 들면 《신약·누가복음》 8장 10절에서 예수 그리스도는 다음과 같이 말씀하셨다. "너희에게는 천국의 비밀을 아는 것을 허락해 주셨다. 그러나 다른 사람들에게는 비유로 말하였으니, 그것은 '그들이 보아도 보지 못하고, 들어도 깨닫지 못하게 하려는 것'이다."

들은 후세 각종《이솝우언》의 祖本이 되었는데, 명말 중국에 來華했던 예수회 신부들이 유럽의 교육기관에서 학습했던《이솝우언》역시 이러한 祖本들로부터 演化하여 형성된 것이다.

세 번째 단서는 현대 학계에서 말하는 소위 아우구스트본《이솝우언》(Augustana)이다. 이 판본은 여러 번 그리스어 산문체로 쓰여져서 祖本이 무엇인지 고찰해내기가 쉽지 않은데 혹자는 2세기에 지어졌다고도 한다. 상술한《이솝우언》의 세 가지 원류는 서로 상통 교류하면서 중세기 동물우언 證道故事의 주요 원천이 되어버렸다.[11]

제2절 明末 예수회선교사의 이솝우언 번역과 전파

유럽의 천주교 사제들이 고대 그리스의 이교도 문학을 실례로 들어 설교를 할 때,《이솝우언》이 원래 가지고 있던 含意는 줄곧 변환되거나 改寫되곤 하였다. 이렇게 天主敎化한 寓言은 明末시기에 트리고와 張賡이 다시 한 번 改寫하면서 의도적으로《百喩經》類의 佛敎文學을 모방한 翻譯體 작품으로 바뀌어 버렸으며 여기에서 쓰여진 文言語彙와 寓言에 내포된 含意는 모두 중국문화와 전통에 적응하려는 예수회선교사들의 적응주의 선교전략을 충분히 구현해 내었다.

明末의 정치사회는 부패하였고 백성들은 도탄에 빠져 있었는데, 寓言文學은 해학 중에 장엄함이 담겨있었고, 이런 사회상에 대한 감회와 각성이란 사회적 기능과 도덕적 기능은 더욱 확연해졌다.《況義》는 중국우언의 전통적 기능을 계승하여 천주교 교리의 증명을 위한 선교목적에서 전통적인 道德敎化 층면으로 바뀌어갔다.《況義》의 첫 번째 작품〈形體交疑〉를 예로 들어보면,《이솝우언》중의〈위장

11 李奭學, 전게서, 49쪽 참조.

과 다리의 논쟁 胃與足之爭〉을 改寫한 것인데, 篇末에 "義曰"이란 평론을 달아 이 작품에서 전달하고자 하는 우언의 취지를 더욱 분명하게 설명해 주고 있다. "천하는 한 몸이니 군주가 머리이고 신하는 배이며 그 五臟과 四肢는 모두 백성이다. ……서로 돕고 서로 편안하게 하지 않으면서 각자가 따로 놀면 양쪽이 다 손상을 입게 되는데", 이러면 "신하가 없는 나라가 되고, 배가 없는 몸이 될 뿐이다."[12] 원본에서 강조하는 평등하게 합작해야 한다는 寓意 이외에 트리고는 이를 인용 확대하고 중국 토착화 번역전략을 구사하여 천주교의 계급관념과 결합시켜 버렸다.

《況義》의 전파 상황은 지금 쉽게 고찰할 수가 없다. 지금은 청초의 문인 李世熊(1602-1684)이 그의 우언집《物感》중에서《況義》에 나오는 우언 5편을 인용하였고 다시 이를 중국토착화 시켜 새로운 우언 작품을 記述해 내었다.

《況義》의 판각본은 지금까지 발견되지 않았는데, 프랑스 파리국가도서관에는 手抄本 2종이 소장되어 있다. 編號 Chinois 9268을 戈寶權은 第1抄本이라 불렀고, 編號 9269을 第2抄本이라 하였다. 두 가지 抄寫本은 판식이 대체로 같지만 그러나《物感》에 수록된 작품과 비교해 보면, 第1抄本은 최근의 西安刻本일 것으로 추정된다. 여기에는 모두 22條 故事가 수록되어 있는데 완전히 트리고의 "口述"이 아니라고 한다. 內田慶市는 벌써 몇 편의 우언은 실제로 마테오 리치의《畸人十篇》과 판도하의《七克》에서 베껴온 것이라고 지적했는데, 이것이 바로 證道故事集인《況義》가 드러내는 가장 분명한 特色이라 하겠다.

제2초본은 跋文 뒤에 다른 필치로 16편의 柳宗元(773-819)〈罷說〉등이 포함된 중국우언이 수록되어 있는데, 全書는 38편의 고사로

12 "天下一體: 君元首, 臣爲腹, 其五司四肢皆民也。……不思相養相安, 物各相酬, 不則兩傷。"則爲"無臣之國, 無腹之體而已。"

구성되어 있다.[13] 이외에 영국 옥스퍼드대학에는 청대 咸豊 同治 年間의 천주교신자 姚老楞의 抄本《況義》가 한 권 소장되어 있는데, 마찬가지로 우언 22편이 수록되어 있다. 그러나 파리 초본과 다른 것은 옥스퍼드 초본은 제8편 〈까마귀 고기를 빼앗아 먹은 여우 狐奪烏肉〉, 제16편 〈불상을 멘 당나귀 驢馱佛像〉, 제17편 〈요리사와 국을 먹어본 자 烹人與嘗羹者〉가 없고, 뒤에 〈길을 밝힌 반딧불 螢火蟲照路〉, 〈승려와 도사 寺僧與道士〉, 〈술꾼 酣酒之徒〉의 3편 우언이 별도로 수록되어 있다.[14]

부록에 수록된 원문에 대한 주석의 편집과 설계는 다음과 같다.

첫째, 파리도서관의 第2抄本을 저본으로 한다. 제1초본과 제2초본의 서로 다른 부분은 주석을 달아 별도로 설명한다. 옥스퍼드 초본은 차이가 비교적 커서 全文을 모두 수록하여 제2초본의 해당되는 우언의 뒤에 두어 독자가 비교하기 편리하게 하였다. 이상의 각종 초본은 모두 파리 프랑스국가도서관과 옥스퍼드대학 보드라이언도서관 소장본에 근거하였다. 주석 중의《況義》매편 寓言의 中文 篇名은 戈寶權 논문에 수록된 것을 참고하였다.

두 번째, 색인과 판본 대조를 편리하게 하기 위해 매편의 우언 앞에는 編號를 붙였다. 파리도서관 제2초본은 [Chinois 9269 #1-38], 옥스포드 手抄本은 [Oxford #1-22]이라 표시한다.

세 번째, 正文 뒤에는 부록 三種이 수록되었다. 〈부록1〉은 앞에서 언급했던 파리 제2초본에는 없고 옥스퍼드 초본에는 있는 3편의 우언을 編號 [Oxford #20-22]로 수록하였다. 〈부록2〉는 파리 제2초본 뒤에 쓰여 있는 16편의 우언을 編號 [Chinois 9269 #23-38]으로 수록하

13 프랑스 파리국가도서관에는 이외에 編號 9267의 手抄本이 소장되어 있는데 이 초본은 〈罷說〉을 시작으로 하는 16편의 중국우언이 수록되어 있다. 戈寶權, 전게서, 419쪽 참조.

14 옥스퍼드 초본의 寓言故事 篇名은 戈寶權, 전게서, 429쪽에서 인용하였다.

였다. 〈부록3〉은 《物感》에 수록되어 있는 《況義》에서 나온 5편의 寓言으로, 李世熊의 《史感 · 物感》(寧化 : 寧化縣志局重印, 1918)에서 인용하였다.

위에서 언급한 手抄本 이외에 트리고가 번역한 故事 原型을 아래에 주기하였으며 별도로 그리스어, 라틴어, 영어 《이솝우언》 故事集 5종을 참조하였고, 《況義》의 매편 우언의 첫 번째 註釋文에 각종 選集과 그와 상관된 寓言編號를 표기하였다. 이를 기술하면 다음과 같다.

((1) 에드윈 페리(Ben Edwin Perry, 1892-1968)가 편찬한 《이솝全書》(Aesopica, 1952) 第1冊. 이 책은 모두 일곱 부분으로 나누는데 첫 번째 부분이 네 가지 그리스어와 라틴어로 기술된 《이솝의 생평》(Vita Aesopi)이 수록된 것 이외에 가장 상세한 것은 다섯째 부분에 속하는 그리스어 《이솝우언》 故事集(Fabvlae Graecae)으로 編號#1-#471이라 표기하였다. 그리고 일곱째 부분의 라틴어 《이솝우언》 故事集(Fabvlae Latine Conscriptae Qvarvm Argvmenta Perpavcis Exceptis in Graecis Fabvlis Non Comparent)은 編號를 471에 이어서 #472-#725으로 편성하였다. 이후에 페리가 집역한 《이솝우언》 중의 우언을 인용할 때에는 대조와 찾아보기 쉽게 편호 앞에 "Perry"를 더하였다. 페이지수와 寓言編號을 구별하기 위해 寓言編號 앞에는 "#"을 덧붙였는데 예를 들면 《이솝全書》의 첫 번째 우언의 편호는 "Perry #1"이며 별도로 쪽수를 표기하지 않는다.

(2) 바브리우스(Babrius)가 지은 그리스 운문체 《이솝우언》(Aesopic Fable of Babrius in Iambic Verse). 洛布古典叢書(LCL 436)에 수록된 우언 역시 페리가 輯譯한 것으로 우언 143편이 수록되어 있으며 英譯文이 병기되었다. 《이솝全書》와 구별하기 위해 이후에는 바브리우스본 중의 우언은 "Babrius #1"이라 표기하고 별도로 주석을 더하지 않았다.

(3) 패드루스(Phaedrus, 약 15 BC~ 50 AD)가 지은 라틴어본《이솝우언》은 5卷으로 되어있는데, 매 권에 수록된 우언숫자는 일정치가 않고 권두에는 모두 〈前言〉이 있으며 모두 95편의 우언이 수록되어 있다. 패드루스본 우언편호는 매 권이 연관되어 있지 않기 때문에 "#" 앞에 별도로 권수를 더하였으니 예를 들면 제1권 제1편 우언은 "Phaedrus I#1"이라 표기하였다. 패드루스 우언 뒤에 페리는 별도로 장편의 목록을 만들었는데《이솝全書》의 編號에 따라 725편 우언에 영문 제요를 짓고 매 편의 우언에는 바브리우스본과 패드루스본의 編號를 부가하여 독자들이 대조해보기 편리하게 만들었다.

(4) 라우라 깁스(Laura Gibbs)의 新譯옥스포드版《이솝寓言》은 모두 寓言 600편이 수록되었다.[15] 編號와 引注方法은 앞과 같다. 깁스는 별도로《이솝大全》(Aesopica: Aesop's Fables in English, Latin and Greek)이란 사이트를 개설하여 각종 판본간의 대조, 특히 페리 목록과 대조하기 편리하도록, 자신이 번역한 寓言과 古今의 각종 그리스어, 라틴어 운문, 라틴어 산문, 영문, 프랑스어 판본을 연결시켜 놓았는데, 그 규모가 대단히 방대하다.

사이트 주소 : http://mythfolklore.net/aesopica/index. htm, 검색일시 2018年1月 2日.

(5) 템플부부(Olivia and Robert Temple)의 펭귄문고 英譯本은 모두 寓言 358편을 수록하고 있는데, 전부 에밀 샹브리(Émile Chambry, 凱伯雷, 1864-1938)가 프랑스에서 교주 편찬한 그리스어《이솝寓言》[16]에서 번역한 것이다. 에밀 샹브리의 編號와 그리어본 全文은 깁스의

---

15 Laura Gibbs, trans., *Aesop's Fables: A New Translation*, Oxford World's Classics (Oxford: Oxford University Press, 2008) 참조.

16 *Ésope Fables, Texte Établi et Traduit par Émile Chambry* (Paris: Les Belles Lettres, 1927) 참조. Robert Temple, "A Note on the Text," *The Complete Fables*, trans. Olivia and Robert Temple (New York: Penguin Classics, 1998), p.xxiv 참조.

《이솝大全》 사이트에서 볼 수 있다. 이외에 注解를 가할 때에는 黃美惠 譯, 《新伊索寓言》을 참고하였다. 編號와 引注方法은 앞과 같다.

제3절 《況義》의 번역방법과 내용 소개

《況義》가 刊刻 出版된 사실은 韓霖과 張賡의 《聖教信證》, 費賴之의 《在華耶穌會士列傳及書目》, 徐宗澤의 《明清間耶蘇會士譯著提要》에서 모두 이 책이 1625年에 출판되었다고 기술하였다. 現存하는 版本은 세 가지가 있다. 두 가지는 프랑스 國家圖書館 所藏编号 NO.9268과 NO.9269의 두 판본이다. 前者는 寓言 22편이 수록되었는데 문장부호가 달려있고 謝懋明의 跋文이 붙어있다. 後者는 正編과 補編으로 나누어져 있는데 正編에는 寓言 22편이 기재되어 있는데 內容이 NO.9268과 동일하지만 문장부호가 없다. 補編에는 寓言 16편이 수록되어 있는데 구조는 正編의 22편과 다소 다른 점이 있다. 또한 正編과 補編은 모두 손으로 베껴 쓴 手抄本이지만 글씨체가 다르다.[17] 세 번째는 英國의 手抄本인데, 咸豐 同治年間에 上海의 天主教徒 姚老楞이 손으로 베껴 쓴 것으로 1625年 版本보다 200여 년이 늦은 것으로 寓言 22편이 수록되어 있다. 跋文이 있지만 문장부호가 없는데 寓言 내용은 프랑스 抄本과는 약간 다른 편이다.[18] 본장에서 참고한 자료는 프랑스 國家圖書館 소장본 NO.9269이고 台北利氏學社에서 2009年에 出版한 《法國國家圖書館明清天主教文獻》第四册에 수록되어 있다.

17 戈寶權, 전게서, 42쪽.

18 戈寶權, 전게서, 43쪽.

1) 故事構造의 宗教證道的 特色

《況義》는 正編 22편, 補編 16편 모두 38편의 우언작품으로 구성되어 있다. 羅念生 中譯本《伊索寓言》과 李汝儀 譯本《伊索寓言全集》을 이 38편과 비교하여《況義》의 故事, 寓意와 구조의 특색을 분석해 보고자 한다. 李奭學은 明末의 예수회 선교사들이 번역 인용한 우언을 "證道故事"라고 불렀다. 그는 "나는 비록 예수회 신부들이 저술하거나 번역한 우언은 분명 證道故事集의 底本이 있겠지만 첫 번째 유럽의 中古時代에 이런 고사집은 2천 종이 넘어서 저본의 고증작업은 쉽지가 않은 것이고, 둘째는 證道故事의 傳統은 설교를 할 때 마음대로 개작하여 상황에 맞추어 사용하였기 때문에 번역의 측면에서 原文의 概念은 이미 神話가 되고 말았다. 때문에 억지로 원문을 고증하는 것은 별 의미가 없는 일이다"라고 지적하였다.[19] 여기서 强調하는 것은 底本을 고증해 낼 수는 없지만 그러나 "晩明의 예수회 선교사들이 譯述한《이솝우언》은 형식면에서는 원래 상태를 유지한 작품이 많지만 古典을 재해석한 작품도 적지는 않다"[20]고 말하기도 하였다. 비록 상황이 이렇다 할지라도《況義》는 中西文學이 융합된 作品으로 먼저 기독교의 사상체계에서 기독교의 전도자가 입에서 입으로 口傳한 작품이고 거기에 중국문화체계로 다시 새롭게 이해하고 흡수 해석하여 번역하고 전파시킨 것이다.《이솝우언》은 여러 차례의 理解—傳播—再理解—再傳播過程을 거쳐 비로소《況義》가 출간된 것이다. 때문에《況義》와 희랍어본을 저본으로 하여 번역한 中譯本《이솝우언》을 構造, 情節, 寓意의 세 가지 측면에서 비교해 보면 西方의 證道寓言이 中譯된 후에 나타나는 독특한 특색을 살펴볼 수 있을 것

19 李奭學,《中國晚明與區洲文學—明末耶穌會古典型證道故事考詮》, 北京：三聯出版社, 2010, 55쪽

20 李奭學, 前揭書, 59쪽.

이다.《況義》正編 22편, 補編 16편 총 38편의 편명은 다음과 같다.

正編：1.〈人体各部之爭〉 2.〈南風与北風〉 3.〈三友〉
4.〈嫠婦与母鷄〉 5.〈种圃者〉 6.〈貪犬失肉〉
7.〈駿馬与驢〉 8.〈病獅与狼和狐〉 9.〈狐奪鸦肉〉
10.〈主人、猉及驢〉 11.〈老翁与虎〉 12.〈屋鼠和野鼠〉
13.〈行人日暮〉 14.〈驢馱鹽〉 15.〈行人与尫羸者〉
16.〈神相者騎驢〉 17.〈烹人与嘗羹者〉 18.〈寫眞者〉
19.〈父子賣驢〉 20.〈群鳥相競爲王〉 21.〈雕者作二像〉
22.〈胆小之兔〉
補編：23.〈羆說〉 24.〈蝜蝂傳〉 25.〈鷹鸮說寓言警語〉
26.〈鷄孵蛇卵〉 27.〈農夫与鸛鳥〉 28.〈鸦鷹之争〉
29.〈飛禽戰走獸〉 30.〈二蛙〉 31.〈鷹与蛇〉
32.〈布谷鳥与鷹〉 33.〈青蛙与牛〉 34.〈行客与蛇〉
35.〈龜与鷹〉 36.〈蝇与蜜〉 37.〈打破神像的人〉
38.〈樟樹与芦荻〉

38편 중에서 제3, 제5, 제13, 제20, 제21, 제23, 제24, 제28, 제29, 제32편의 10편은《이솝우언》에는 나오지 않았다. 제23편과 제24편은 柳宗元의 우언작품이며, 나머지 28편은 羅念生 譯《이솝寓言》과 李汝儀 譯《이솝寓言全集》에서 상응하는 고사를 찾을 수 있다.《이솝우언》은 대부분의 寓言 뒤에 '教訓'이 첨가되어 있는 寓體 + 寓意의 구조로 이루어져 있다.[21] 현재 가장 권위 있는 中譯本인 羅念生의 譯本에서 寓意의 시작 어투는 "이 고사는 말하기를(這故事是說)……",

21 "所收的大多數寓言後面，都附有一个外加的'教訓'。" 羅念生等 譯,〈羅本序〉,《伊索寓言》, 北京: 人民文學出版社, 1981, 15쪽.

"마찬가지로(同樣)……", "이 고사는 警告하기를(這故事告誡)……", "이 고사는 ……에 적용된다(這故事适用于)", "이로부터……라는 것을 알 수 있다(由此可見)" 그리고 소수의 직접 寓意를 말하는 방식을 사용하고 있다. 羅念生의 언급에 따르면 그의 譯本은 로마작가총서《伊索寓言彙編》을 번역한 것으로 원서는 희랍어본이다. 희랍어본《이솝寓言》의 寓意 시작방식은 위에 열거한 예를 벗어나지 않는다. 그러나《況義》의 正編22편의 寓意는 모두 "義曰……"이라는 말로 시작되는데, "義"란 무엇을 의미하는가? 謝懋明이 기술한《況義》의 跋文을 살펴보도록 하자.〈跋況義後〉에서는 다음과 같이 기술하고 있다.

> 余既得讀張先生《況義》矣，問先生曰："況之爲況何取？"先生曰："蓋言比也。"……罕譬而喻，能使讀之者遷善遠罪，而不自知。……張先生憫世人之懵懵也，取西海金公口授之旨，而諷切之，後直指其意義所在，多方開陳之，顔之曰："況義。"所稱寬而密，罕譬而喻者則非耶。且夫義者宜也，義者意也。師其意矣，復知其宜。雖偶比一事，觸一物，皆可得悟。況于諷說之昭昭者乎？然則余之與先生，先生之與世人，其於所謂義一也。何必況義？何必不況義哉！後有讀者，取其意而悟之。其於先生立言之旨，思過半矣。鷲山謝懋明跋。[22]

앞에서 말한 것과 같이 이솝우언은 寓體로 故事를 講述하고 우의를 통해 어떤 哲理를 얻거나 한 마디 격언이나 警句로 독자에게 啓示와 警告를 준다. 때문에 "況義"라고 하였는데, 寓言의 寓體部分이 "況"에 해당되며 비유한다는 뜻을 가지고 있고, 寓意 가운데 천명되

22 鐘鳴旦、杜鼎克等編,《法國國家圖書館明淸天主教文獻》第四册, 台北：台北利氏學社, 2009, 325-328쪽

는 事理가 바로 "義"이니 佛經 譬喩의 "訓示"部分과 비슷하다. 寓體의 情節은 제멋대로 바꿀 수가 없고 게다가 "義"란 謝氏가 跋文에서 언급한 것과 마찬가지로 적절해야 하는 사물의 이치에 맞아야 하는 것이다. 이러한 이치, 진리는 비유를 통해 도리의 적합성을 더욱 쉽게 이해할 수 있고 이로부터 깨달음을 얻을 수 있는 것이다.《況義》에서의 "義"란 證道者가 독자로 하여금 우언을 통해서 충분히 기독교 교리를 이해하게 하려는 것인데,《이솝우언》은 "義曰"이란 시작어를 사용하여 민간에서 전해져오는 經驗故事를 뛰어넘어 장엄한 종교적 의의를 수반하는 證道故事로 바뀌어 버린 것이다.

寓體를 서술한 뒤에 "義曰"이란 固定用語를 써서 사리나 결론을 이끌어내는 서술방식은 佛敎譬喩故事와 유사한 점이 있으니《佛經》가운데 譬喩經典의 典型的인 形式 중의 하나이다. 예를 들면 "항상 故事 結尾에 '師曰'이란 말을 달아 앞에서 서술한 고사에 대해 부연설명하거나 교리에 대해 논평하고, 혹은 '師曰'을 더하지 않고 곧바로 평론하는 방식이다."[23]《大莊嚴論經》중의 앞부분 80편 譬喩故事의 結論은 "어떤 연고로 이 일을 말하는가(以何因緣故說是事耶)"라는 구절이나 혹은 "이러한 까닭으로(以故)"라는 말로 시작하여 간단하게 주제를 다시 한 차례 기술하고 있다.《舊雜譬喩經》(二卷, 康僧會譯) 故事 뒤의 結論은 항상 "師曰"이나 혹은 "佛曰"로 시작된다.《雜譬喩經》(一卷, 道略集)에서는 譬喩故事를 서술한 뒤에 불교 교리와 연접할 때에는 대부분 "此喩", "是故", "如", "喩"를 많이 사용하였다.[24] 佛敎譬喩文學作品에서 事理를 이끌어내는 引導語 방식은 몇 가지가 있지만 위의 사례와 같이 비교적 두 세 가지에 집중되어 있는데, 그러나 證道故事集으로써의《況義》에서는 寓意의 전달방식이 "義曰"이란 用語 한

---

23 丁敏,《佛教譬喻文學研究》, 台北：東初出版社, 1996, 534쪽.

24 丁敏, 전게서, 201、294、317쪽.

가지로 고정되어 있다.

《이솝우언》의 여러 가지 판본 중에서는 英國人 로걸 남작(Sir Roger L'Estrange)이 1692年에 編譯한《伊索寓言과 우의와 감상이 첨부된 걸출한 신화 *Fables of Aesop and other Eminent Mythologists with Morals and Reflexion*》만이 거의 매 편 우언 모두 故事와 道理(moral), rellexion의 세 부분으로 이루어져 있는데 寓意 앞에는 모두 "moral"이라 표기되어 있다. 게다가 正編 22편 寓言의 시작부분은 로걸譯《이솝우언》과 마찬가지로 배경이 전혀 설명되지 않고 고사의 주인공이 직접 출연하여 스토리를 진행한다. 예를 들면 "南北風……", "種圃者……", "一犬……", "愛駿馬者……", "烏栖枝啄肉……", "昔有嫠婦……"와 같은 우언들은 "《百喩經》에서는 매 편 고사의 시작부분에 고사의 주인공이 등장하여 스토리를 전개시키는데 예를 들면 "昔有愚人……"[25] 등의 서술방식과 같은 것이다.《況義》正編의 시작방식은《이솝우언》의 서술방식을 따른 결과이고 또한 佛敎譬喩故事와도 유사하다. 이를 종합해 보면《況義》正編寓言의 구조적 특징은 1) 시작부분에 故事의 주인공이 登場한다. 2) 매 편의 寓意는 "義曰"로 시작되는데 예수회선교사의 證道寓言에서 나오는 일관된 서술방식이라 하겠다.

하지만 證道寓言의 이러한 고정된 서술방식은《이솝우언》이 동양으로 전래되는 과정에서 거의 잠깐 나타났다가 없어져 버린 것 같다.《況義》의 뒤에 첨부된 補編의 16편 寓言이 쓰여진 구체적인 시간은 언제인지 모르지만 跋文의 뒤에 수록되었고 손으로 抄寫된 필적이 正編과는 다른 것으로 미루어 볼 때, 출현시간은 正編보다는 늦게 나왔다고 추측해 볼 수 있다. 補編의 16편 중에서 11편이《이솝우언》에서 나왔는데 서술구조는 더 이상 양식이 통일되지는 않았다. 이들을 비

25 丁敏, 전게서, 342쪽.

교해 보면 서술구조는 다음의 몇 가지가 있다.

1) 시작부분에 a. 故事의 주인공이 등장한다. 이런 작품은 柳宗元의 우언 2편을 제외하고 7편의 우언이 있다. 예를 들면 "닭이 들에 나와 모이를 찾는데(鷄出田野覓食)……", "농부는 보리가 익자(農夫麥熟)……"와 같다. b. 天時와 地理環境으로 시작하는 작품은 모두 5편이 있다. 예를 들면 "때에 마침 가뭄이 들어(時方旱)……", "바위돌에는 암컷 두꺼비가 살고 있는데(石岩有母癩蛙)……", "엄동설한에(隆冬風雪)……", "여름에 멀리 길을 떠나(夏日遠行)……". c. 事件背景으로 시작하는 작품은 모두 3편이 있다. 예를 들면 "鷹鸇과 鴟鴞가 연맹을 맺고는 ……", "飛鳥와 走獸가 서로 싸우는데……"같은 작품이다.

2) 寓意의 시작이 더 이상 단일하지 않다. a. 감탄사로 시작하는 작품은 2편이 있다. 예를 들면 "嗟乎!", "吁!"와 같이 中國의 전통우언 작품에서 寓意를 표현할 때 常用하는 方式과 유사하다. b. "故曰"로 시작하는 작품은 9편이 있다. 羅念生 譯本《이솝寓言》에서도 몇 편의 작품이 이런 방식을 사용하였고 이외에 佛經譬喩集《大莊嚴論經》의 80편 작품도 이런 서술방식을 사용하였다. c. 始作語가 없이 직접 寓意를 말하는 작품은 2편이 있다. 예를 들면 "요즘 사람은(今人)……"과 같이, 羅念生 譯本《이솝寓言》에서도 이런 서술방식을 채택하고 있는데, 그런 작품은 아주 적다.

補編으로부터《況義》의 正編에서 고수하던 證道寓言의 格式이 分化하고 瓦解되기 시작하였으니 寓體의 시작부분에서 環境에 대해 설명하는 방식은 이미《이솝우언》의 故事 風格과는 맞지 않는 것이며 또한 基督教의 證道 格式과도 부합되지 않는다. 補編의 寓意가 시작되는 부분이 통일된 證道格式 "義曰"에서 中國本土에서 常用하는 감탄사로 시작하는 방식으로 바뀐 것이나 혹은 佛經譬喩와《이솝우언》

에서 常用하는 因果關係로 시작하는 방식이나 中國 本土나《이솝우언》에 많이 나오지 않는 直入式으로 바꿔어 버렸다. 正編과 補編은 모두 證道寓言에 속하지만 서술방식이 엄격하게 통일된 "義曰"에서 비교적 개방적으로 변한 사례는《이솝寓言》의 中譯過程 가운데 나타난 中國化의 시작이라고 볼 수 있겠다.

2) 캐릭터形象의 中國寓言에 대한 보충

高飛선생은 羅念生 譯本《이솝寓言》307편의 등장인물을 크게 다섯 가지 유형으로 나누었고 작중에 출연한 회수를 아래와 같이 통계를 내었다.

〈羅念生 譯本《이솝寓言》의 배역 출연 統計表〉

分類	動物	人	神	非生物	植物	總計
出場回數	425	145	56	24	22	672

도표를 살펴보면 배역은 주로 動物이고, 인류가 그 다음인데 사람은 설사 출연했다 하더라도 왕왕 조연일 뿐이며 단지 몇 편만이 사람을 주인공으로 하고 있다.《況義》의 正編과 補編 38편 중에 12편만이 사람을 주인공으로 기술하였고 나머지는 모두 의인화된 동식물을 주인공으로 삼고 있다. 몇 편의 우언고사는 비록 플롯은 같지만 스토리 중의 배역이 바뀌었고 어떤 작품은 심지어 새로운 배역이 증가하였다. 예를 들면 正編의 第1篇〈人體各部之爭〉에서는 배역이 늘어났다.

一日形體交疑亂也。相告語曰："我何繁勞不休？首主思慮，察以目，聽以耳，論宣以舌，喫 虑以齒。揮握奔走以手足。如是，各司形役。但彼腹中脾肚，受享晏如，胡爲乎宜？遂相與誓盟，勿再奉之，絕其食飮。不日肢體漸憊，莫覺其故也。首運，目瞀，耳聵，舌槁，齒搖，手顫，足踬。于是腹乃吁曰："愼勿乖哉！謂予無用。夫脾，源也，血脉派流，全體一家。抑脉庖也，爾饔爾飧，和合飽滿，且咸寧矣。"[26]

《況義》第1篇에 出現하는 배역은 首一脾, 肚一目, 耳, 舌, 齒, 手, 足이며 배역의 배치는 금자탑형을 이루고 있다. 그런데 羅譯本〈胃와 脚〉의 출연배역은 단지 위와 다리 두 명뿐이다.

胃和脚爭論誰的力气大，脚說自己强大，能搬動整個肚子，胃回答說："但是，朋友，假如我不接受食物，你們就甚麼也搬不動了。"[27]

《이솝우언》 중에서 위장과 다리의 관계는 동등해서 작중에서는 "朋友"라고 불렀고 맡고 있는 직책이 같지는 않고 주제는 협조문제에 관한 것이다. 그런데《況義》에서는 배역이 9명으로 늘어났으니 肢體器官의 관계는 君主는 머리이고, 신하는 脾腹이며 나머지 五司四肢는 모두 백성이다. 때문에 천하는 一體라고 부르는 것이다. 君, 臣, 民의 階級은 위로부터 아래로 내려오는 것으로 臣民의 관계는 마음을 수고롭게 하는 者는 남을 다스리고, 힘을 쓰는 자는 남에게 다스림을 받는다는 것으로 각각의 계급에서는 각자가 본분을 지켜야 한다는 사실을 말하고 있다. 이런 원래 배역의 평등관계에서 상하의 계급관계로 바뀐 것은 중국의 실정에 맞추기 위해 나온 것으로 "서로 돕고 서로 편안하게 하며 사물이 각각 서로에 보답해야 하는데, 그렇지 않으면 양측이 다 손상을 입게 된다(相養相安，物各相酬，不則兩傷)"

26 鐘鳴旦、杜鼎克等編，前揭書，309-310쪽.

27 羅念生等，前揭書，63쪽.

는 寓意를 설명해주고 있는 것이다.

또한 우언고사의 주인공을 다른 배역으로 바꾼 작품도 있는데, 正編 第2篇〈남풍과 북풍 南風與北風〉에서는 주인공 太陽을 南風으로 고쳐버렸다. 南風은 "和風"이나 "凱風"이라 부르며 특별히 여름에 남쪽에서 북쪽으로 부는 따뜻한 바람을 가리킨다. 北風은 朔風이라고도 하는데 북쪽에서 불어오는 바람을 가리키며 일반적으로 寒風을 말한다. 南風과 北風은 中國의 古典文學作品에 同時에 나온 先例가 있어 중국인의 문학관념에 부합되며 一冷 一熱의 特性 또한 寓言故事의 情節에 부합된다. 그런데 太陽은 中國의 傳統관념에서는 陽이고 마땅히 '月'과 대비되어 一陰 一陽이라 말한다. 만일 中國의 전통관념에 따른다면《이솝우언》중의 太陽과 北風은 一陽 一冷이라 배역의 특성을 명확하게 드러내지 못한다. 때문에《況義》를 번역할 때, 우언의 배역을 바꾸어 버린 것이다. 이외에 中國의 傳統觀念에서는 일반적으로 南쪽을 존귀하게 여기고 北쪽을 천시하였다. 때문에 "황제가 천하를 통치하는데 반드시 예를 갖추어서 다스려야 한다(南面而君天下, 必以兼礼之)"[28]는 말이 있는 것이다. 바로 중국 언어의 운용과 전통관념에 있어 중국의 전통에 적응하기 위해《況義》에서는 배역을 南風으로 바꾼 것이다.

《況義》의 正編 第17편〈요리사와 시식자 烹人與嘗羹者〉에서는 작품의 주인공을 바꾸었고 배역을 증가시켰다.《況義》에서는《이솝寓言》의 배역 '人'과 '羊人'을 '烹人', '嘗羹者', '童子'의 세 배역으로 바꾸고 늘려놓았다.〈烹人與嘗羹者〉에서 트리고는 중국문화에 적응하도록 "조정작업"을 하여 羊人이란 배역을 없애고 이를 '사람(人)'으로 바꾸어 놓았다. 羊人은 희랍신화에서 두 가지 의미를 가지고 있는데, 하나는 숫양의 뿔을 달고 다리와 꼬리를 가진 半人半羊의 怪物로써

28 董仲舒 著,《春秋繁露》, 北京 : 中華書局, 1991, 71쪽.

性慾을 탐닉하며 천성적으로 쾌락을 즐기는 숲의 신(森林의 신)이다. 또 다른 형상은 농업과 수렵의 신인데, 그의 신체는 사람과 같고 다리와 발은 羊의 형상을 하고 있으며 머리에는 긴 뿔이 있고 산림 속에 살면서 牧畜者와 사냥꾼을 보호한다고 전해진다.[29] 이런 형상은 中國寓言 가운데서는 찾아볼 수 없는 캐릭터인데 사람과 양이 뒤섞인 외모는 완전히 괴물의 형상이지만 우언작품 속에서는 正面人物로 등장하는데, 외형적인 형상은 怪力亂神을 말하지 않는 儒家의 傳統觀念과 배치되므로 트리고는《況義》에서 '羊人'을 '사람'으로 적절하게 바꾸어 놓았던 것이다.

《況義》의 이런 전략적 加工은 우언작품 중에 '사람'의 배역을 늘려놓게 만들귀다. 예를 들면 〈탐욕스런 개가 고기를 잃다 貪犬失肉〉에서는 "여러 아이들이 이를 보고 박장대소하였다(群兒爲之撫掌大笑)"[30]는 장면에 "여러 아이들 群兒"을 집어넣었다. 〈소금을 짊어진 당나귀 驢馱鹽〉에서는 '당나귀 주인'이란 배역을 추가하였는데, 배역을 더 늘려놓았기 때문에 동물을 중심으로 서술된《이솝寓言》은 줄곧 '인물위주'의 중국우언에 익숙한 중국독자들에게는 갑작스런 느낌을 갖게 만들었고 동시에 證道寓言은 이를 통해 더욱 발전하게 되면서 일반백성들을 교화시키게 되었으니, "세상의 어린이를 교화시킨다는 막중한 책무를 짊어지고 그들의 俗見을 바르게 啓導할 수 있었다." [31]

이외에도《況義》에 나오는 動物 배역이 갖는 寓意와 中國傳統의 動物寓言에 나오는 배역이 갖는 寓意는 서로 구별이 된다. 陳蒲淸은《寓言文學理論·歷史與運用》에서《이솝寓言》중 動物의 출연은 비교적 여러 차례 나온다고 통계를 냈는데, 많은 회수부터 적은 회수까

29 魯剛等 編譯,《希腊羅馬神話詞典》, 北京：中國社會科學出版社, 1984, 201-202쪽.

30 鐘鳴旦、杜鼎克等編, 前揭書, 314쪽.

31 李奭學, 前揭書, 66쪽.

지 열거해보면 다음과 같다. 여우(狐), 사자(獅), 개(狗), 늑대(狼), 당나귀(驢), 양(羊), 사슴(鹿), 쥐(鼠), 매(鷹)이다.[32] 《況義》의 正編과 補編에 나오는 動物은 개(犬), 말(馬), 당나귀(驢), 사자(獅), 늑대(狼), 여우(狐), 호랑이(虎), 쥐(鼠), 까마귀(鴉), 비둘기(鳩), 봉황(凰), 매(鷹), 개구리(蛙), 소(牛), 뱀(蛇), 토끼(兎), 닭(鷄) 등이다. 中國의 動物寓言에도 마찬가지로 다음과 같은 배역이 있으니, 당나귀(驢), 여우(狐), 사자(獅), 호랑이(虎), 까마귀(鴉), 쥐(鼠), 개(犬), 말(馬), 매(鷹), 개구리(蛙), 소(牛), 뱀(蛇), 토끼(兎)이다.

《況義》와 羅氏譯本《이솝우언》을 비교해보면, 배역을 바꾸거나 혹은 동물배역을 중국인이 익히 알고 있는 사물이나 동물 혹은 인물로 바꿔 놓았다. 등장 배역을 증가시켰거나 혹은 같은 유형의 배역을 확충시켰고, 중간에 배역을 삽입시켜 스토리의 전개를 다양화시켰다. 이런 등장인물의 조정은 《況義》가 비록 《이솝우언》에서 나왔지만, 《이솝우언》과는 완전히 같지 않은 중국적인 독특한 特色을 갖게 되었으며 중국 독자의 인지습관과 부합되게 만들었다는 것이다. 動物寓言은 故事性과 諷刺性을 구비한 문학작품인데, 作者는 生動的인 動物故事를 통하여 정련된 언어문장으로 정치적 부패와 사회적 폐단, 사회의 혼란상, 민생의 疾苦에 대한 감회와 풍자 비판을 진행하고자 하였다. 바꿔 말하면 "諷刺"는 動物寓言의 神魂으로 動物의 形神과 動作을 묘사할 뿐만 아니라 動物의 情態와 心理, 神韻을 그려내어 動物을 擬人化, 人性化 시켜놓았는데, 동물우언고사는 사물을 빌려 인간을 풍자하는 藉物諷人의 풍자효과를 증가시켜 놓았다.

中國의 動物寓言 形象은 그 상징적 의미가 일맥상통하는데, 猛禽과 凶禽은 탐욕과 暴政을 상징하고, 가축과 弱禽, 小魚는 功臣과 百姓을 상징하며, 駿馬와 공중의 솔개, 龍凰은 才士와 賢人을 상징하였다.

---

32 陳蒲淸, 《寓言文學理論·歷史與應用》, 板橋：駱駝出版社, 1992, 259쪽.

《況義》에 등장하는 動物形象은 中國의 動物寓言形象의 가면화나 單一化한 傳統을 뛰어넘어 人性의 複雜性과 事物의 兩面性을 모두 구현해 낼 수 있었다.

3) 宣教와 教化機能의 中西 融合型 主題 表現

《況義》는 故事의 서술을 手段으로 삼아 진리를 밝히는 것을 목적으로 하는 證道寓言集이다. 바로 사물을 빌려 진리를 기탁하는 證道寓言이니, 動物과 植物, 人物故事를 통해서 基督教 教理를 설명하고 교훈을 전달하고 있다. 이 때문에 어떻게 재미있는 이야기를 엄숙한 종교적 교훈으로 옮겨 놓아 兩者 사이가 부자연스럽거나 연결이 돌출적이지 않게 하는 것이 풍자예술을 표현하는 중요한 지표가 되었다. 먼저 이야기를 서술하고 이어서 寓意를 引伸하고 표현하여 기독교 교리를 전파시키는 것이다. 먼저 고사를 서술하고 후에 事理를 전달하는 先事後理의 이런 結合方式이 바로《況義》의 가장 중요한 特徵이라 하겠다. 매 편의 우언 뒤에는 모두 寓意가 달려 있는데, 正編에서는 "義曰"로 寓意를 시작하고, 補編에서는 寓意의 표현방식이 비교적 자유로운 편이다. 라틴어에서 중국어로 번역하는 과정에서 寓意는 文法과 語意, 언어환경에 있어 중국과 서양의 차이가 있기 때문에 피할 수 없는 변화가 생겨났다. 이외에도 寓意의 변화는 번역언어의 환경의 차이 이외에, 천주교 예수회의 선교전략의 영향을 받았다는 종교적 요소가 더 있다. 이것이《況義》와 羅念生 譯本《이솝寓言》의 寓意가 서로 차이가 나는 가장 주요한 요인이다. 文學翻譯이란 어떤 語言文字를 다른 언어문자로 표현 전달하는 행위 이외에 또한 原文 內容의 忠實性이나 혹은 變異度와 관련이 있고, 譯本의 語言 流暢度와 번역언어와의 文化融合度를 추구해야 하며, 譯語文化에 대응하는 移植 程度 등 各種 翻譯主體와 客體, 作者, 譯者와 讀者 사이의 연관성을 추구해야만 한다. 譯者가 翻譯을 시작하기 전에 먼저 原文 言語(Source Language)의 文化規範에 포커스를 맞출 것인지 아니면 譯語(Target Language)의 문화규범에 치중할 것인지를 고려해야만 한다. 만일 原文의 言語와 文化規範에 충실한다면, 翻譯의 充分性(adequacy)을 확보할 수 있는데, 바로 원문 내용이 충분히 전달될 수 있기 때문이다. 만일 번역언어와 文化規範에 충실하다면, 독자에 의한 飜譯文의 수용 가능성(acceptability)을 확보할 수 있을 것이다.[33]

《況義》는 천주교신부 트리고가 라틴어 證道故事의 底本에 따라 口述한 것을 다시 張賡이 筆錄하고 潤色하여 완성한 일종의 口述文學을 書面文學으로 바꾼 번역작품이다. 때문에 이 책은 적어도 두 차례에 걸쳐 중국어로 번역되었다. 口譯者 트리고는 마테오 리치의 선교전략을 가장 강력하게 실천한 추종자로써 마테오 리치가 《天主實義》에서 정립해 놓은 基督教의 "儒家를 가져다 기독교에 流入시키고 佛老를 배척하는(援儒入耶, 排斥佛老) 解釋方式을 채택하여 대량으로 유가경전을 인용 분석하였고 이를 더욱 발양시켰는데 그는 儒家學者와 같은 태도로 儒學 용어를 사용하려고 노력한 예수회 선교사였다. 佛老를 비판하고 천주교 교리를 해석하는 바로 이 점이 마테오 리치의 천주교 문서선교전략의 가장 큰 특색인데, 중국 상류층 사대부의 지지를 얻기 위해서 마테오 리치는 基督教와 儒家思想의 접합점을 찾으려고 노력하였으니, 그의 저술 중에는 儒家經典인 《周易》, 《尙書》, 《詩經》, 《禮記》 등의 관련된 論述이 대량으로 인용되었다.[34] 가문의 학풍이 深厚하고 게다가 진사 급제자로 正統 儒學의 소양이 매우 뛰어난 학자가 제수받는 "教喩"의 직책을 가지고 있는 筆錄者

33 何紹斌, 《翻译与想象：晚清新教传教士译介史论》, 上海：三联书店, 2008, 123-150쪽.

34 鄒振環, 《晚明漢文西學經典：編譯、詮譯、流傳與影響》, 上海：復旦大學出版社, 2011, 111-112쪽.

張賡은 경건한 천주교도로써 적극적으로 예수회 신부들의 문서선교에 도움을 주기 위해 번역, 저술, 윤필, 서문 작성에 참여하여 여러 권의 선교서적을 함께 출간하였다.《况義》중에는 證道寓言으로써 先秦典籍의 문장과 사상관념을 차용하여 寓意를 附會하였고 동시에 儒家의 道德觀과 苦樂觀, 天帝觀 등을 차용하여 天主의 유일신 사상과 七罪 七德 등의 基督教 교리를 간접적으로 표현해 내었으며 耶蘇會 선교사들의 문서선교전적 중에 항상 내재되어 있는 "援儒入耶"의 宣教思想을 구현해 내었다.

《况義》는 서양신부가 口述하고 중국문인이 筆錄한 西述中錄의 基督教寓言集이다. 천주교 예수회의 合儒, 補儒, 超儒의 선교전략의 영향을 받아 文學特色과 故事構造, 출연캐릭터의 배역, 寓意의 哲理思想에 있어 中國寓言이 가지고 있는 固有의 特色을 가지고 있으면서 또한 서양 우언의 특징도 각인되어 있어 同化와 異化가 함께 진행된 작품집이다. 또한《이솝우언》은 원래 종교의 證道寓言이 아니었는데, 발전하는 과정에서 기독교가 이를 차용하여 선교전략에 사용하게 되었다. 때문에 중국에 전래된《이솝우언》의 한 支流가 證道寓言이 된 것이다. 이것이 바로 가장 먼저 중국독자 앞에 드러난《이솝우언》의 모습이었다. 그렇기 때문에 선교를 목적으로 하는《이솝우언》은 자신의 원래 특색과 종교적 특성을 함께 가지고 있는 것이다. 그래서《况義》의 文學藝術 特色 중 異化 측면을 분석할 때에는《이솝우언》자신과 證道를 나누어서 살펴보아야 하겠다. 즉 단순한 文學 異化와 宗教에서 필요로 하는 異化를 나누어서 토론해야 한다는 것이다. 이 두 가지 異化가 中國 本土寓言에 의해 흡수되는 과정 속에서 결국은 전면적으로 받아들였거나 선택적으로 받아들여졌을 것이고, 그렇지 않으면 완전히 배제시켰을 것이다. 이 점은《况義》의 영향을 받은 중국의 本土作品을 통하여 中國寓言에 의해 흡수되었거나 특히

動物寓言이 받아들여지는 程度을 분석해야 하겠다.

寓體에서 주인공이 直接 登場하는 것이 이솝우언 故事의 特色인데, 동시에 基督教의 證道寓言集에서도 이를 채택하였다. 明末文人 李世熊의 動物寓言集《物感》은 학계에서 줄곧《況義》의 影響을 받은 "西化된 中國의 새로운 寓言"[35]이라는 평가를 받았다. 위에서 언급한 특색은《物感》에서도 延用되었으니 작중의 20편 寓言 중에서 12편, 바로 60%의 寓言이 시작할 때 주인공이 직접 등장하여 스토리를 전개시킨다. 그러나 "義曰"로 시작하는 寓意 시작부분의 다른 특색은 지나치게 진부하여《物感》에서는 종적을 찾아볼 수가 없다. 20편의 寓言 중에 14편은 寓意가 없고 나머지 6편은 寓意를 가지고 있어 시작방식도 다양성을 보여주는데, "故曰", "古先王曰", "西士曰", 感嘆詞 "悲夫！"로 시작하거나 혹은 직접 寓意를 말하고 있다. 寓體에 寓意를 더한 것은《이솝우언》의 기본 서술방식인데 최초로 중국에 번역되어 들어올 때 證道寓言의 모습으로 중국 독자에게 나타난 것이다. 이러한 서술구조적 특징은 후세의 번역에서 그리고 중국문인이 영향을 받아 창작한 우언집 중에 결코 완전히 일치된 속작은 나오지 않았고, 선택적으로 받아들이거나 선택적으로 버리기도 하였다. 버린 사례를 구체적으로 말한다면 주제를 직접 표현하는《이솝우언》의 고사 서술방식은 받아들여졌고 모방되기도 하였다. 하지만 아주 분명한 것은 종교적 특징을 가지고 있는 寓意의 시작부분 "義曰"은 모두 버리고 사용하지 않았다는 것이다.

35 陳秋良,〈中國寓言的新枝-談晩明漢譯寓言在華的發展與影響〉,《東吳中文學報》第29期, 2015.5, 112쪽.

제4절 李世熊과《況義》의 모방작《物感》

명대의 동물우언이 이전 시기와 다른 특징은 바로 표현수법에 있어 "虛構性과 擬人化 기법이 진일보 발전하였다"[36]는 것인데, 이점은《이솝寓言》의 中譯本《況義》가 발간된 것과 매우 밀접한 관계를 맺고 있으며 그중에서 가장 크게 영향을 받은 작품이 바로 李世熊의《物感》이라 하겠다. 본절에서는《物感》의 제재내용과 작품구조, 인물 주제 등 몇 가지 측면에서《況義》의 전파와 明代 動物寓言의 창작에 미친《況義》의 영향관계에 대해 살펴보고자 한다.

李世熊(1602-1686)은 字를 元仲, 號를 寒支, 愧庵이라 하며, 明 萬歷 30년(1602년)에 태어나, 清 康熙 25년(1686)에 타계하였다. 본관은 福建省 寧化縣 泉上里 龍鄉이고《清史稿·列傳288》(遺逸二)에 李世熊의 生平이 기록되어 있다.[37]

---

36 颜瑞芳,《唐宋动物寓言研究》, 亞馬遜出版社, 2000, 286쪽.

37 李世熊, 字元仲, 寧化人。明諸生。少負奇气, 植大節, 更危險, 死生弗渝。篤交游, 敢任難事。生平喜讀異書, 博聞强記。年八十, 讀書恒至夜分始休。六經、諸子百家靡不貫究, 然獨好韓非、屈原、韓愈之書。其爲文, 沉深峭刻, 奥博离奇, 悲憤之音, 称其所遇。縱論古今興亡, 儒生出處, 及江南北利害, 備兵屯田水利諸大政, 輒慷慨欷歔, 涔涔泣下不止。年十六, 補弟子員, 旋中天啓元年副榜, 以興化司李佘昌祚得其文, 争元於主司弗得, 袖其卷去, 曰："須後作元也。"典閩試者, 争欲物色之爲重。甲申後, 自號寒支道人, 屏居不見客。徵書累下, 固谢却之。凡守、令、監司、鎭將至其門者, 罕能一識面。閩中擁唐王監國, 用大學士黄道周、禮部侍郎曹學佺、都察院何楷荐, 徵拜翰林博士, 辭不赴。嘗上書道周, 感憤時事。及道周殉節, 走福州請褒恤, 時恤問其孤嫠。則治初, 師入閩, 有齮龁於郡師者, 師遣某生移書, 逼入都, 且言："不出山, 禍不測。"世熊覆之曰："死生有命, 豈遂懸於要津之手？且某年四十八矣, 諸葛瘁躬之日, 付少一年；文山盡節之辰, 已多一歲。何能抑情違性, 重取羞辱哉！"時蜚語騰沸, 世熊矢死不爲動, 疑謗旋亦釋。世熊既以文章气節著一時, 名大震。辛卯、壬辰間, 建昌潰賊黄希孕剽掠過寧化, 有卒摘其園中二橘, 希孕立鞭之, 駐馬園側, 視卒盡過乃行。粤寇至, 燔民屋, 火及其園, 賊魁劉大胜遣卒扑救之, 曰："奈何坏李公居？"當時雖匹夫匹婦, 無不知有寒支子者。世熊積壘塊胸中, 每放浪山水, 以寫其牢騷不平之概。嘗詣西江, 交魏禧、魏禮、彭士望諸子, 相與泛彭蠡, 登廬山絶頂。追維闖賊横行時事, 痛悼如絶, 涙下如泉涌, 不能禁也。耿精忠反, 遣僞使敦聘, 世熊嚴拒之。自春徂冬, 堅臥不起, 乃得免。世熊山居四十餘年, 鄉人宗之, 争趨决事。有爲不善

李世熊의 85세 생애 중에 甲申國難을 분기점으로 두 단계로 나눌 수 있는데, 明末에 과거에 뜻을 두고 공부했으나 급제하지 못한 시기(1617-1644)와 청초에 은거하여 관직에 나아가지 않고 은거한 시기(1644-1686)이다. 때문에《淸史稿》에서는 그의 전기를 "隱逸"類에 귀속시켰다. 李世熊은 청소년 시기에 많은 전적을 두루 섭렵하였는데 "특별히 韓非子, 屈原, 韓愈의 책을 즐겨 읽었다"[38]고 한다. 先秦諸子書 중《韓非子》에는 우언이 300여 편이 실려있는데, 韓非子는 이 우언을 통해 자신의 정치이론을 제시하고 입증하였다. 그의 우언들은 문장이 꾸밈이 없이 소박하여 생활 속의 예시를 통해 사물의 이치를 설명하고 있다. 莊子의 우언이 환상이 넘치는 낭만주의식 문장이라면 韓非子의 우언은 현실주의에 가깝다고 하겠다. 한비자의 우언은 정치성이 매우 강한데, 때문에 司馬遷은《史記》에서 "韓非子는 墨子를 인용하였지만 그러나 사정에 대해서는 是非가 분명하였다"[39]라고 평가하였다. 이것이 바로 한비자의 정치우언이 가지고 있는 확실한 특징인 것이다. 韓愈가 한비자의 작품을 좋아하였는데 한유는 우언 작품을 많이 쓰지는 않지만 비유의 내용이 다양하게 드러나 있고 문장이 웅장 기묘하며 자유분방하여 선명한 풍격과 독특한 언어 특색을 갖추고 있어 새로운 양상을 보여주고 있는데, 이러한 우언들이 李世熊의 寓言創作에 상당한 영향을 미쳤다고 할 수 있다.

者, 曰："不使李公知也。"晩自號媿菴, 颜其齊曰"但月"。所著有寒支集、寧化縣志、本行錄、經正錄、狗馬史記等。年八十五, 卒於家。世熊有三弟, 早世, 遺子女, 撫育装遣之。餽遺其親戚終身。又獨建祖祠, 修祖墓, 編述九世以來宗譜。凡祭祀, 必亲必謹。父母忌日, 則减餐絶宴會。元旦, 展先人遺像, 則泣下沾襟, 拜伏不能起, 蓋其孝友出於天性云。【青】趙爾巽等撰, 〈遺逸〉二, 《青史稿》第17卷 列傳288, 北京：中華書局, 1977, 13861쪽.

38 陳衎, 〈福建高士傳—李世熊〉, 《福建通志列傳選》, 臺北; 臺湾銀行, 1964, 377쪽.

39 "韓子引繩墨, 且事情, 明是非。"【漢】司馬遷, 《史記》, 北京：中華書局, 1982, 2155쪽.

李世熊의 文章은 당시 학자들이 대단히 추앙하였으니 평론하여 이르기를 “깊이 가라앉은 듯 날카롭게 새겨져 있고, 웅위하면서도 처연 미려하며 심히 박학하면서도 기이하다.”[40]고 하였다. 문장이 기이하고 웅위하였지만 여러 차례 과거에 응시하였으나 낙방하였다. 하지만 그는 民生에 대단히 관심이 많은 당시 복건성내에서 명망이 있는 인사 중의 한 사람이었다. 명나라 隆武帝가 죽은 후 李世熊과 그의 친구 雷扶九는 泉上 陽遲山에 들어가 隱居하였다. 청나라 군사가 복건성에 들어 온 후, 만주 귀족의 포악한 통치에 굴하지 않고 바로 泉上 陽遲山에 은거한 뒤 전심으로 학업과 저술에 몰두하여 일생동안 상당히 많은 著作을 남겼으니《錢神志》,《狗馬史記》,《史感》,《物感》,《寒支集》,《寧化縣志》,《寇變紀》,《本行錄》,《經正錄》,《國變錄》등의 저술을 남겼다.

《物感》1卷은 모두 20篇의 우언이 수록되어 있는데, 전체 작품에 모두 동물배역을 출현시켜 인간, 사물, 사회현실을 비유 풍자한 것으로 작자가 物(人, 事, 社會)에 대해 느낀 것을 글로 지은 動物寓言이다. 이 20편 가운데 5편은《況義》의 작품을 참고하여 지은 것이고, 4篇은 中國의 古代寓言에서 나왔으며 나머지 11篇은 李世熊이 創作한 작품이다. 저술 시기로부터 본다면,《物感》은《況義》가 출간된 지 얼마 지나지 않아 저술되었고, 게다가 두 작품의 편목이 비슷한 것으로 미루어 볼 때, 적어도 李世雄은《況義》를 보았을 가능성이 매우 크다고 하겠다.《物感》의 文學史的 意義에 대해 중국우언연구의 대가 陳蒲清은 다음과 같이 평가하였다. “《物感》의 歷史的 地位는 바로 중국에서 서방우언수법을 받아들여, 지어진 첫 번째 寓言故事集으로,《物感》의 출현은 중국우언창작의 새로운 전환점에 해당한다고 하겠다. 후

40 “沈深峭刻, 雄偉凄麗, 奧博離奇”【清】藍鼎元,《國朝耆獻類徵初篇·右傳》, 臺北：明文出版社, 1985, 14115쪽.

에 吳趼人이《俏皮說》를 저술하여 중국과 서양이 함께 어우러진 中西合璧의 창작방식은 진일보 발전하게 되었다. 중국의 현대, 당대 우언창작은 여전히 이런 방식으로 발전해 나가고 있다."[41] 李富軒과 李燕은 "몇몇 학자들은《이솝우언》이 번역된 후 중국우언에 대해 어느 정도 영향을 미쳤다고 생각하는데, 明末 淸初에 나온 李世熊의 寓言集《物感》이 바로《이솝우언》을 학습하여 지어진 첫 번째 寓言集으로, 作者는 西方의 예술수법을 차용하여 동물고사로 인간을 의인화하여 작자의 창작의도를 기탁하였다."[42]고 주장하였다. 이런 전문가들의 평론으로부터《이솝우언》과《物感》의 淵源관계를 알 수 있으며《物感》이《이솝우언》으로 부터 영향을 받았다는 사실을 문학계에서 모두 공감하고 있음을 알 수 있다.

《物感》중의 5篇과《況義》의 內容이 비슷한 것을 비교해 보자.

《況義》第六篇

一犬噬肉而跑，緣木梁渡河，下顧中肉影，又復云："肉也。"急貪屬咬，口不能噤，而噬者倏墜，河上群兒爲之撫掌大笑。

義曰：其欲逐逐，喪所懷來。龐也，可使忘影哉！[43]

《物感》第九篇〈肉影〉

一犬銜肉而跑，緣木梁渡河，下顧水中肉影，又復云："肉也。"急欲啖之，口張而原銜者墜河矣。河上群兒撫掌大笑。

世之爲肉影而喪其所懷來者，豈但此龐哉？[44]

---

41 陳蒲淸,《中國古代寓言史》, 長沙：湖南教育出版社, 1982, 332쪽.

42 李富軒、李燕,《中國古代寓言史》, 台北：漢威出版社, 1998, 422쪽.

43 鐘鳴旦、杜鼎克等主編,《法國國家圖書館明淸天主教文獻》第四册, 臺北：利氏學社, 2009, 314쪽.

44【明】李世熊,《史感物感》重刻本, 寧化修志局, 1918, 5쪽.

《況義》는 천주교의 宣教用 證道故事集이라, 寓言의 기술에는 고정된 격식을 가지고 있으니 寓體의 뒤에 "義曰"이란 문장으로 寓意를 기술하고 있다. 그런데《物感》의 格式은 비교적 자유로워 "義曰"이란 글자를 쓰지 않았다. 주목해야 할 점은《況義》중에는 動物의 對話가 나오지 않는데, 이 편중에는 개가 "고기야(肉也)"라고 말하는 두 글자가 나와 개의 형상을 의인화 시켜 놓았고,《物感》에서는 이 우언을 인용할 때, 이 두 글자를 그대로 옮겨 놓았으니 이것은 李世熊이《況義》의 동물 의인화수법을 그대로 받아들였다는 증거라고 하겠다. 다른 작품을 보도록 하자.

《況義》第十篇

主人來歸，猉猝猋迎之，昂首矯足，蕩倚冲冒，主人狎而與嬉。驢見主人之憐猉也。異日，伺其歸，蕩倚冲冒亦復如是。主人以爲不詳，亟屠之。

義曰：等是公家之臣，昵主有分，妄冀以俳優容悅乎？[45]

《物感》第十篇〈效猉〉

主人來歸，猉猝猋迎之，昂首矯足，蕩倚冲冒，主人狎而與嬉。驢見主人之憐猉也。異日，伺其歸，蕩倚冲冒亦復如猉。主人以爲不詳，亟屠之。[46]

두 작품의 寓體 內容은 거의 똑같은데 다만《物感》에서는 "義曰" 부분을 생략해 버려서 寓意를 이해하는데 필요한 공간을 독자들에게 개방시켜 놓았다.《況義》의 "義曰"에서는 "公家之臣"이란 말이 나오는데, "公家"란 바로 朝廷과 國家를 가리킨다. 그리고 "昵主"의 "昵"란

45 鐘鳴旦、杜鼎克等 主編, 前揭書, 316쪽.

46【明】李世熊, 前揭書, 5-6쪽.

의미가 "近(가까운, 친한)"에 해당한다.[47]《孟子注疏》中 "正義"에서는 '臣'을 네 등급으로 나누어 놓았다.[48] 국가의 重臣은 전부터 지나치게 군주와 가까운 近臣과는 水火가 不容하듯이 서로 용납할 수 없는 사이여서 군주에게 간언하는 대간헌 청관들은 줄곧 입에 올리지 않는데,《況義》의 "義曰"에서 "公家之臣"과 "昵主"의 간신모리배들을 함께 거론한 것은 서방의 관념 중에 노새와 개의 역할이 다른 것과 같은 것이다. 그러나 中國 士大夫의 관념 가운데 이것은 역할이 다른 것이 아니고 우열의 구분을 말하는 것이니, 중국과 서방의 관념에 차이가 있음을 말해주는 것이다. 이러한 연고로 李世熊은 西方의 寓言을 인용하면서 평론을 달지 않고 공백으로 남겨두어 독자들이 스스로 판단하게 하였다. 다른 예를 다시 살펴보도록 하자.

《況義》第九篇

烏栖枝啄肉, 狐欲奪肉, 詭諛烏曰:"人言黑如烏, 乃濯濯如雪, 是堪爲百鳥王, 但未聞聲如何。"烏大喜, 啫然而鳴, 肉下墜, 狐遂得肉。義曰:人面諛己, 必有己也。匪受其諛, 實受其愚。[49]

《物感》第十一篇〈佞狐〉

烏栖枝啄肉, 狐欲奪肉, 詭諛烏曰:"人言黑如烏, 乃濯濯如雪, 是堪爲百烏王, 但未聞聲如何耳。"烏大喜, 啫然而鳴, 肉下墜, 狐遂得肉去。文雉遇狐而叱之曰:"反黑爲白, 割肉之賊。" 孔雀遇烏而笑曰:"飽人之諛, 味不自濡。"[50]

47《國語·晋语六》:"吾君將伐智而多力. 怠教而重斂. 大其私暱而益婦人田。" 鄔國義、胡果文等撰,《國語譯注》, 上海古籍出版社, 1994, 387쪽.

48 "言容悅凡臣, 社稷股肱, 天民行道, 大人正身。凡此四科, 優劣之差。"【漢】趙岐注,【宋】孫奭疏,《十三經注疏·孟子注疏》, 北京大學出版社, 1999, 361쪽.

49 鐘鳴旦、杜鼎克等主編, 前揭書, 315쪽.

50【明】李世熊, 前揭書, 6쪽.

《況義》의 "義曰"에서는 아첨을 받아들이는 자(까마귀 烏)의 우매함을 비판하고 있는데, 《物感》에서는 李世熊이 '文雉'와 '孔雀'이란 배역을 등장시켜 동물의 대화방식으로 아첨과 부추김을 받은 까마귀의 오만함과 어리석음을 비판하면서 한편으로는 여우의 교활 간사함도 비웃고 있다. 文雉가 여우를 훈계하는 말 가운데 "黑을 거꾸로 말해 白이 되게 하였다(反黑爲白)"는 구절은 이 故事의 플롯을 말한 것으로, "살을 자르는 도적(割肉之賊)"은 《漢書》에 기재된 東方朔의 "割肉"의 典故를 차용한 것이다.[51] 《漢書》 중의 東方朔이 스스로 살을 도려내었지만 부모에게 드리지 않은 잘못은 교언달변으로 '壯', '廉', '仁'을 미화시켰다는 이 典故를 가지고 말하자면, 東方朔은 확실히 黑白을 顚倒시켰다는 혐의를 받게 되는데, 寓言에 등장하는 여우의 "反黑爲白"과 유사하다고 하겠다. 여기에 李世熊의 尙實惡虛한 人生態度를 더하여 巧言令色하는 사람은 분명 안중에 두지 않았을 것이라고 생각한다. 때문에 여우와 東方朔의 무리들을 합쳐서 '도적'이라고 비웃었던 것이다. 이것 또한 동방의 典故를 서방의 우언에 對應시킨 하나의 시도라고 할 수 있겠다.

《況義》第十六篇

有壯嚴神相駕驢而逢人，人輒頂禮。驢不知，謂爲己也，俯而噴，仰而嘻。御者呼曰："騃驢子，頂禮個甚麼？"

義曰：德卑而憑尊位，衆共祗奉，彼以爲奉己也。夫誰之奉位也哉。[52]

51 【漢】班固著，【唐】顔師古注，《漢書·卷六十五·列傳三五·東方朔傳》，北京：中華書局，1962，2841쪽.

52 鐘鳴旦、杜鼎克等主編，前揭書，319-320쪽.

《物感》第十二篇〈禮驢〉

有壯嚴物象駕驢而行。逢人，人輒頂禮，驢不知，謂爲己也，俯而噴，仰而嘻。御者呼曰："騃驢子，誰頂禮汝？"古先王曰："頑劣而憑尊位，衆共祗奉，彼以爲奉己也，誰知其奉尊位哉。"[53]

두 편의 문장은 용어 문구가 거의 비슷하며 조금 다른 것이 있다면 李世熊은《況義》중의 "壯嚴神相"을 "壯嚴物象"으로 바꾼 것과 寓意가 시작되는 부분의 "義曰"을 "古先王曰"로 바꾼 것이다.《況義》는《이솝우언》을 차용하여 선교용으로 편찬한 '證道寓言集'이라고 언급한 적이 있는데, "排佛(불교를 배척하다)"관념을 표현한 문장 중의 중요한 점은 바로 불상에 경배를 드리지 않는다는 것으로 學者들이 지적한대로 "(李世熊)은 트위고의 '神相'이란 단어를 '物象'으로 바꿔버렸던 것이다. 그는 비록 자각하지 않고서《이솝우언》의 원래 면모를 환원시켜 놓긴 하였지만 그러나 자발적으로 트위고의 종교정치에 반항한 것이다."[54]《況義》의 每篇 寓意의 시작부분은 모두 "義曰"로 시작되는데, 이런 표현방식은 거의 證道故事의 서술방식이 되어버렸지만 李世熊이 가한 약간의 改寫는 작품으로 하여금 종교적인 골격을 벗어나, 우언이 전달하는 사회적 意義를 확실하게 체현해내고 있는 것이다.

《況義》第二十二篇

獸中兔胆最小。一日衆兔議曰："我等作獸特苦，人搏我，犬狼噬我，卽鷹鷙亦得攫我，無時可安，與其生而多懼，不若死，死而懼止矣。"相向往湖中將溺死。湖岸有蛙，見兔，駭亂入水。前遽柅衆

53【明】李世熊，前揭書，6쪽.

54 李奭學，《中國晚明與歐洲文學 – 明末耶穌會古典證道故事考詮》，北京：三聯書店，2010，81쪽.

兔曰："止! 止! 尙有怖過我者。"

義曰："有生者，天各有所制，毋自戚也。雖然，不憂不懼，豈爲能制人？"[55]

《物感》第十三篇〈蛙怖〉

獸中兔胆最小。一日衆兔議曰："我等作獸最苦，人搏我，犬狼噬我，卽鷹鷲亦得攫我，無時可安，與其生而多懼，不若死而懼止矣。"相向往湖中將溺死。湖岸有蛙，見兔，駭亂入水。前兔遽泥衆兔曰："止!止!尙有怖過我者。"

西士曰："有生者，夫各有所制，毋自戚也。雖然，不憂不懼，豈爲能制人？"[56]

두 편의 故事는 문장이 거의 비슷한데, 단지 李世熊은《況義》중 寓意 시작부분의 "義曰"을 "西士曰"로 바꾸어서 이 고사가 중국에서 지어진 것이 아니라는 것을 말해주고 있다. 그러나 李世熊이 이 고사를 수록한 목적은 결코 전도하기 위한 것이 아니며, "근심하지 않고 두려워 하지 않는(不憂不懼)", 내면으로 성찰하여 마음의 평정상태를 유지하라는 忍德의 수양상태를 강조하기 위해서 였다. 까닭 없이 걱정하고 두려워하는 토끼와 같은 언행을 경계하고 건전하게 내면적으로 성찰하는 소위 유가에서 말하는 군자가 기본적으로 갖추어야 할 행실을 설명하는 것으로 常言에서 말하는 "마음에 부끄러움이 없는(無愧于心)" 상태를 지칭하는 것이다. 그것은 바로《孟子注疏》중 "正義"에서 말하는 "天民行道"의 선비는 "도를 행하는데 뜻을 두고 있어 만일 세상사가 순탄하게 되어 지위를 가지게 되면 천하에 그 道를 펼칠 수 있고 그 연후에 자신이 도를 행하게 된다. 그가 만일 형통치 못

55 鐘鳴旦、杜鼎克等主編，前揭書，323-324쪽.

56【明】李世熊，前揭書，6-7쪽.

해 지위를 얻지 못하고 재야에 거하게 되면 그 도를 세상에 펼칠 수 없게 되니 또한 세상에 도를 펼친다는 뜻을 접고 더 이상 도를 행하지 않는다. 바로 세상사에 형통치 않는(窮) 것과 순탄한(達) 것은 모두 하늘에 달린 것이다."[57] 天命을 거스를 수 없는 상황에서 세상에서 통달하게 되면 천하를 구제하고 자신을 수양할 수 있게 되며, 형통치 못하면 자신만을 수양하게 된다는 일종의 "遺逸" 隱士의 思想을 말해주고 있는데, 李世熊은 이를 빌려다 西士의 입으로 자신이 明朝의 遺民으로 天命에 順應하여 자신의 일신만을 수양할 수밖에 없는 "어쩔 수 없는" 처지를 설명하고 있는 것이다.

이외에도《物感》에는 明代의 우언에서 제재를 빌려온 4편의 작품 제14편〈憑虎〉, 제15편〈鼉市蜃閣〉, 제16편〈老虫〉, 제17편〈佛猫〉가 있다.〈憑虎〉는 明 屠本畯《艾子外語》중의〈東蒙山中〉을 약간의 글자를 고쳐서 수록한 것이다. 제16편〈老虫〉은 江盈科《雪濤小說》중의〈鼠技虎名〉을 인용한 것으로, 이 작품의 일인칭을 허구인물인 "楚吏"로 바꾸어서 서술하였는데, 眞實性을 배제하고 허구적으로 표현한 이러한 서술기법은 허구를 배제하고 사실적으로 기술하는 中國 傳統寓言의 서술 특성과는 완전히 다른 것이다.

그리고〈縮蚓〉,〈蹇驢〉,〈曠猫〉,〈似鳳〉,〈名蠹〉,〈蝙蝠〉,〈效雕〉,〈噬人〉,〈乾兒〉,〈才狐〉,〈鼠辨〉등 11편의 작품은 대부분 몇 가지 소재가 섞여있고, 거기에 작자의 가공과 창작이 가미된 작품들이다. 그 중에서〈蹇驢〉와〈乾兒〉은 아주 분명하게《況義》의 영향을 받았음을 알 수 있다.

---

57 "(天民行道之士)志在于行道，然而既達而在位，可以行其道于天下，然後乃行之。以其若窮而在下，未可行其道，則亦止而不行矣。是其窮、達一歸于天而已。"【漢】趙岐注,【宋】孫奭疏，前揭書，361쪽.

《況義》第十四篇

驢服鹽甚重，心惡之。渡河中流，折膝。濡負遷延而後起。鹽湛潰殊快，又日，服鹽遇河便復爾。主人廉其情，更使服木綿倍重。又復爾許久，水漬棉益難勝。主人叱曰："畜生復敢爾？"

義曰：主命所加于爾，爾安承之，爾必以詐脫，主還將爾詐繩爾。[58]

《物感》第二篇〈蹇驢〉

跛羊在郊嚙水草，循佳陰坐起，惟意鞭呵不及，遇蹇驢負鹽車困甚，噗曰："阿驢勉努，果何如耶？"驢曰："造物者付我龐聲，人遂以爲力堪任重，卽欲罷不能矣。"羊曰："子何不善藏其用？"驢頷之，遂據地喀喀，譎狀瘏瘁。主人以爲饑疲也，飽飼之，仍貯斗粟俟之。驢故態復作，坐爭長鳴，轇轕往返甚勇。羊嘆曰："汝情貪纖賞，立見疲死矣。"

故曰：豢龍損靈，食虎損猛。[59]

두 편은 모두 소금을 짊어지고 가는 당나귀에 관한 우언이다.《況義》중의 당나귀는 소금을 짊어지고 가다 물에 잠기면 소금이 녹아 가벼워진다는 사실을 이용하여 주인을 속일 수 있다고 생각하고는, 물에서 소금을 녹여 가볍게 만들었는데, 결과적으로는 이를 알아챈 주인이 면화를 지고 가게 하여 전처럼 시내를 건너다 무게가 배가되어 무게를 견딜 수 없어 낭패를 본다는 이야기이다. 그런데《物感》중의〈蹇驢〉에 나오는 소금을 짊어진 당나귀는 양이 권면하는 말을 듣고 짐의 무게를 견디지 못하는 척 하다가 나중에 주인이 주는 먹이에 홀려 짐의 무게가 배가되고 만다. 주인을 속이는 것으로 시작했지만 짊어진 무게를 이기지 못하는 것으로 끝을 맺는다. 당나귀는 中外寓言

58 鐘鳴旦、杜鼎克等主編，前揭書，318-319쪽.

59【明】李世熊，前揭書，1-2쪽.

에 자주 등장하는 배역인데 모두 멍청하고 자신을 제대로 파악하지 못한다는 공통점을 가지고 있다. 李世熊의 寓言 역시 이런 당나귀의 성격을 연용하고 있다. 소금을 짊어진 〈蹇驢〉의 당나귀 이야기는 중국 우언에서는 처음으로 나오는데, 李世熊의 상기 寓言 속에는 지혜로운 智者를 대표하는 배역으로 羊이 출현하여 "善藏其用"이란 말을 대화 중에 사용하고 있다. 《朱子語類》 중에서는 "善藏其用"이란 道家의 사상 중에서 스스로 수양하고 세상에서 처세하는 방법을 가리키는 것이라고 하였다.[60] 李世熊은 이솝우언 속에 중국전통의 道家思想을 섞어 넣었으니, 寓言 중에 '羊'을 등장시켜 이런 "善藏其用"의 道家思想을 대변하는 전달자로 삼고 있다. 이외에 《況義》의 두 번째 手抄本 뒤에 수록되어 있는 16편의 우언 가운데 제4편을 보도록 하자.

《況義》附錄 16 條中의 第四篇

鷄出田野覓食，見傍有卵，似類己卵也。喜而伏之。燕見而嗟之曰："嘻！胡安處險地哉。此蛇卵也。出蜇爾，且毒爾子若孫，無遺類矣。"鷄不信，仍伏之。蛇至，鷄果爲所害。噫！知人甚難，施恩宜擇，苟用情不當，寧但不受其德報，尙取其怨報者矣。
故曰："澤不仁者，後必受制。"[61]

《物感》第二十篇〈乾兒〉

鷄抱鴨子，成鴨隨其類而去。鷄呼之不顧，以翼覆之。鴨躍入水。鷄無如何，詈之曰："負心奴，育汝猶兒，竟棄我不顧乎？"鴨曰："我非類也，乾兒耳。"鷄乃悟。[62]

---

60 "子房(張良)尙黃老……分明是得老子之術，期處己、謨人皆……邵子云：'智哉留侯！善藏其用.'"【宋】黎靖德 編，王星賢 點校，《朱子語類》，北京：中華書局，1988，3222쪽.

61 鐘鳴旦、杜鼎克等主編，前揭書，332-333쪽.

62 【明】李世熊，前揭書，11쪽.

이 두 편의 고사 가운데 前者는 이솝우언 중의《암탉과 제비 母鷄與燕子》인데 닭이 뱀알을 부화시켜 결국은 뱀에게 물린다는 이야기로《況義》의 두 번째 手抄本 뒤에 수록된 우언이다. 후자〈수양아들 乾兒〉에서는 닭이 오리알을 품어 부화시켜 길렀더니 자란 뒤에 닭을 버리고 가버렸다는 스토리이다. 닭이 뱀알을 품은 것과 닭이 오리알을 품었다는 스토리의 전개방식은 비슷하다. 中國의 詩文 중에 宋代의 詩〈鷄孵鶩〉,〈鷄雛吟〉나《莊子·庚桑楚》에도 이와 유사한 스토리가 나온다. 李世熊이《이솝우언》을 참조했는지 아니면 中國 古代詩歌를 참조했는지는 알 수 없지만 닭이 다른 알을 품어 키웠으나 버리고 가버렸다는 배은망덕한 내용은 모두 중국과 서양 우언이 즐겨 말하는 제재임을 알 수 있다.

제5절《物感》의 中國土着化 再編作業:《況義》로부터의 차용과 융합

《物感》의 작품구조는 두 가지 형식으로 나눌 수 있는데, 단지 寓體만 있고 寓意가 없는 작품과 앞에 寓體가 기술되고 뒤에 寓意가 첨부된 작품 등 두 종류가 있다.《物感》중에 寓意가 첨부되지 않은 작품은〈曠猫〉,〈似鳳〉,〈效猉〉의 세 편이 있다. 第五篇〈似鳳〉을 예로 들어보자.

> 南方有鳥曰“昭明”, 似鳳, 操戈而見于世。群鳥雲從, 赫然有聲, 顧不自持重, 常下菹澤取鰍鯆食之。鸚鵡謂其群曰：“吾聞鳳凰非梧桐不栖, 非竹實不食, 今所見, 殆其似耶？吾歸隴山不欲事之矣。”

〈似鳳〉에서는 이름에 걸맞지 않는 이야기를 敍述하고 있다. 작중에 나오는 "昭明"이라 부르는 새는 鳳凰처럼 생겼고 싸움을 잘해 유명해졌다. 여러 새들은 그의 외모와 용감무쌍한 전투력 때문에 앞다투어 그에게 충성을 맹서하였다. 그런데 昭明의 거동은 봉황처럼 "오동나무가 아니면 머물지 않고 대나무 열매가 아니면 먹지 않는(非梧桐不栖, 非竹實不食)" 그런 고귀하고 순결한 모습을 보여주지 못했다. 隴山 鸚鵡는 昭明이 아주 비슷할 뿐이지 진짜 봉황은 아니라고 지적해 주었다. 고사의 주인공이 대화로 작품을 종결시키고 뒤에 寓意를 달지 않는 이런 작품은《伊索寓言》에는〈당나귀와 개〉,〈담벽과 나무못 墻壁和木釘〉,〈사람과 베짱이 人和蟈蟈〉,〈말〉,〈들쥐와 집쥐 田鼠和家鼠〉[63] 등의 작품이 있어 모두 주인공의 대화로 작품을 끝내고 있다. 故事 중에 寓意을 알려주는 "隴山 鸚鵡"라는 智者形象은 결코 李世熊이 아무렇게 끌어다 쓴 것은 아니다. 일찍이《山海經》에서 鸚鵡에 대해 설명한 적이 있었다.[64] "鸚鵡"는 옛부터 隴山에서 많이 살았고 사람의 말을 할 수 있어 사람들이 대단히 신기하게 생각하였다. 李世熊이 隴山 鸚鵡를 智者形象으로 등장시켜 畵龍點睛의 말로 작품을 종결짓는 것은 결코 갑작스러운 일은 아니며 鸚鵡의 文學形象과도 부합되는 것이다.

《物感》의 작품구조 가운데 다른 한 가지 형식은 寓體 뒤에 寓意를 단 것이다. 그중에서 작자가 직접 寓意를 전달한 작품은 第2篇〈蹇驢〉, 第9篇〈肉影〉, 第15篇〈鼉市蜃樓〉, 第18篇〈鼠辯〉이 있는데, 이들 작품의 寓意는 다음과 같다.

故曰："豢龍損靈, 食虎損猛。"—〈蹇驢〉

---

63 羅念生等譯,《伊索寓言》, 前揭書, 135、140、142쪽.

64 "黃山有鳥, 其狀如號鳥, 青羽赤喙, 人舌能言, 名鸚鵡也。"袁珂校注,《山海經校注》, 上海：上海古籍出版社, 1980, 31쪽.

世之爲肉影而喪所懷來者，豈但此龐哉？—〈肉影〉

世之僦居鼉市爭樓蜃閣多矣，豈獨海濱之人鳥哉？—〈鼉市蜃閣〉

悲夫！縱豺狼而問狐狸者亦養猫之智矣。—〈鼠辯〉

〈절뚝이 당나귀 蹇驢〉라는 이 寓言은 본래 道家의 意味를 가지고 있었지만 李世熊의 立場에서는 결코 "善藏"하지는 못했고 도리어 "가축 豢"의 시각에서 순복하는 방식을 제기한 것이다. 설사 용과 호랑이 같이 신령스럽고 사나운 짐승이라도 자신의 장점을 잃어버릴 수 있는데, 하물며 단지 소리를 크게 지를 수 있는 능력만을 믿고서 자신의 본분을 망각한 멍청이 당나귀는 또한 어떻겠는가? 이런 寓意는 결코 寓體로부터 자연스럽게 얻을 수 있는 것이 아니라서, 작자가 직접 설명해 줄 필요가 있다. 〈고기 그림자 肉影〉는《況義》第6篇에서 가져온 작품인데, 寓意에 대해 李世熊은 단지 시작부분의 "義曰"이란 말을 제거해 버렸다. 그 내용은 변함이 없는데 이것은 그가 종교화의 노력을 제거하여 證道故事의 固定格式을 타파하려 하였는데 생각지도 않게《이솝우언》의 寓意가 시작되는 말이 형식적으로 多樣化되는 쪽으로 회귀하게 되었다는 것을 볼 수 있다.

《物感》의 작품구조 중에서 다른 일종의 형식이 있으니, 寓體 뒤에 寓意를 달았는데, 寓意는 결코 作者의 입에서 나온 것이 아니고, 타인의 입을 빌려서 전달하고 있다. 中國의 古代寓言도 이와 유사한 정황이 있으니 "명사를 빌려다 평론자로 삼거나 혹은 虛構의 人物이 평론을 담당하게 만들었다."[65]《物感》중에서 이런 방식으로 우의를 천명하는 작품은〈禮驢〉,〈蛙怖〉,〈憑虎〉의 3편이 있다. 앞의 두 편은 모두《況義》에서 나왔는데, 이 책의 매 편 우언에서 寓意를 설명할 때에 證道故事의 特色을 구현해 내었으니 모두 "義曰"로 시작하였다. 그런

---

65 陳蒲淸,《寓言文學理論·歷史與應用》, 板橋：駱駝出版社, 1992, 26쪽.

데《物感》에 이르러서는 評者가 다르게 바뀌어 버렸다.

> 古先王曰："頑劣而憑位尊，衆共祗奉，彼以爲奉己也，誰知其奉尊位哉。"〈禮驢〉
> 西士曰："有生者，夫各有所制矣，毋自戚也，雖然，不憂不懼，豈爲人治？"〈蛙怖〉

"義曰"이 "古先王曰"와 "西士曰"로 바뀌어 버렸는데 여기에서 작자는 證道寓言의 敍述方式을 벗어나려는 노력을 한 것이다. 또한 "古先王"은 결코 구체적으로 어떤 사람을 가리키는 것은 아니며, 실존 여부를 알지 못하는 인물을 빌려다가 높은 지위를 부여하였는데 李世熊의 이런 의도는 寓意의 신뢰도를 높이고 이를 통해 독자의 공명을 얻기 위한 것이다. 서두어를 "西士曰"로 바꿨는데 여기의 "西士"은 당연히 중국에 와서 선교하는 천주교 예수회신부를 가리킨다. 그리고 이 우언은 트리고가 口述한《況義》에서 인용한 것이니, 여기서 말하는 西士는 트리고를 지칭한 것이지만 이 작품에서 전달하는 寓意의 宗教的 意味는 그다지 명확한 편은 아니다. 古先王과 西人은 동서양이 같이 인정하는 현인이라서 작품은 그들의 입을 빌려 寓意의 설득력을 강화시키고자 하였던 것이다.

陳蒲清은 "우언의 주제표현 방식은 여러 가지가 있다. 이솝우언식 표현방식은 結尾부분에 있는데 주제의 표현문구를 보면 바로 알 수 있거나 혹은 주인공의 입을 빌려서 전달하기도 한다."[66]고 지적한 적이 있다. 우언의 寓意 표현방식은 몇 가지가 있는데, 이솝우언식 표현방식이 반드시 결미부분에 나오는 것은 아니다. 예를 들면 羅念生 譯本《이솝우언》중의 4편은 모두 故事에 등장한 배역의 대화로 종결되

66 陳蒲清，前揭書，25쪽.

었는데, 이는 결코《이솝우언》의 寓意 전달의 주류방식은 아니지만, 이런 방식이 있다는 것이다. 그런데 李世熊의《物感》에 와서는 11篇의 작품이 모두 故事에 나오는 배역의 대화로 작품을 종결짓고 있고 배역의 대화로 寓意를 전달하고 있다. 그중에서 동물배역으로 寓意를 전달하는 작품은〈縮蚓〉,〈蹇驢〉,〈才狐〉,〈名蠹〉,〈蝙蝠〉,〈效雕〉,〈才狐〉,〈佛猫〉,〈噬人〉,〈乾兒〉등의 9편인데, 그중에서 故事의 진행에 참여하는 인물의 언어로 寓意를 전달한 작품은〈噬人〉1편이 있다.

> 木虱與蚊、蚤爭能。木虱曰："吾于兵法誠闇解也，十道埋伏以需敵至，始嘗試之，不令安息。敵人疲憊，乃聚族而攻，魚肉任意，更有魔術使彼昏不知恣吾寢，處其皮飮至而歸，此吾之握奇也。"蚊曰："吾法異此，處聲先往，探彼虛實，敵覺則退，伺彼昏昧，擇甘而食，卽有失足者，拍然有聲，頗不寂寂，終不若汝等遺臭十里，死獲見唾于人也。"蚤曰："汝等乘人醉夢，窃脂潤口，狗鼠之智耳。吾則騷擾中邊，明目超距，始如處女，終如脫兔，卽有能手，迅雷不及，若數盡見執亦十百之一、二耳。終不如汝等，連營遺破，一敗途地也。"于是三子哄論不已。衣虱造而解之曰：**"天生吾輩，毫無所用于世，事以噬人爲事，不久皆入鑊湯，火轎碓挫獄矣，尙何優劣之足論乎？"**[67]

이 작품은 이, 모기, 벼룩 세 해충이 떠벌리는 능력 자랑을 서술하고 있다. 세 해충은 끊임없이 떠드는데 "이"가 찾아와 이들은 모두 사람의 피를 빨아먹고 살면서 아무 쓸모도 없는 해충인데 자신의 재능을 자랑하고 있다고 비웃고 있다. 이 우언은 작은 해충 세 마리를 주인공으로 등장시켰고, "옷에 사는 이"가 賢人智者의 형상으로 나와

67【明】李世熊，前揭書，10쪽.

寓意(深黑色 표시부분)를 전달하고 있는데 사람의 膏血을 빨아먹고 살면서도 부끄러움을 모르는 자들을 풍자하고 있다.《韓非子·說林下》제23권에도 寓言 1편이 수록되어 있다.

三虱相與訟，一虱過之，曰："訟者奚說?" 三虱曰："爭肥饒之地。" 一虱曰："若亦不患臘之至而茅之燥耳，若又奚患?" 于是乃相與聚嘬其母而食之。彘臞，人乃弗殺。[68]

이 우언은 "이" 세 마리의 능력 자랑을 서술한 故事인데 그러나 〈噬人〉과 비교해 보면 구조가 비교적 간단하고 옆에서 권면하는 '이'가 하는 말은 단지 사실만을 열거하여 주의를 줄 뿐이지 寓意를 전달하는 點題의 效果를 거두지는 못했고 故事의 結尾에서는 세 벌레가 힘껏 돼지피를 빨아먹고 불에 타죽는 화를 피했다는 결말로 끝을 맺고 있다. 李世熊은 韓非子를 숭상하였고 당연히 그의 저술을 숙독했을 터인데《韓非子》중의 간결한 故事를 근거로 재창작하여 구조를 확대시키고 배역의 대화를 명확하게 서술하여 이를 통해 직접 寓意를 전달하고 있다. 李世熊의 〈噬人〉은 前人의 우언을 재창작한 것이라 할 수 있으며 李世熊이 韓非子 寓言에 대해 추앙의 뜻을 표시한 작품이라 하겠다.

혼란스럽고 부패한 明末의 정치 사회를 목도한 李世熊은《史感物感》을 저술하여 당시의 政治 社會를 비판 풍자하고, 亂世와 패륜 부도덕한 모리배들에게 경종을 울리고 그들을 계도하고자 하였다.《物感》의 主題는 政治社會를 둘러싼 세 가지로 요약할 수 있다. 첫째 世事를 評論하고 士人을 諷諫하였다. 둘째 부패하고 부도덕한 정부 관리를 비판하였다. 셋째 世人을 教化시켜 修養하게 하였다. 그중에 두

68【清】王先愼撰，钟哲點校，《韓非子集注》，北京：中華書局，1998，384쪽.

번째 주제에 관한 작품은 6편이고, 世事를 評論한 작품은 7편인데, 비판하고 평론한 작자의 의도는 "救世"하기 위한 것이었다. 명나라가 멸망한 뒤 李世熊은 산림에 은거한 채 관직에 나아가지 않았다. 하지만 그는 여전히 국가와 백성들에 관심을 가지고 있었으니 나머지 7편은 바로 이런 주제를 서술한 것이다. 때문에 《物感》 主題의 重點은 世人의 修身을 권면하는데 두고 있다.

明末의 국가정치는 기강이 문란하고 사회가 혼란스럽고 불안하였으며 윤리도덕 질서는 무너졌으니 "관리가 志操를 갖지 못한 것이 당시에 아주 눈에 띄는 현상이라"[69] 하였다. 당시의 士人들은 특별히 獨行하는 지조를 가지고 있지는 않았으니, 득세한 사람이 있으면 그를 추종하고 失勢를 하면 바로 그를 배척해버리니, 인심의 向背는 완전히 개인의 이익에 따른 것으로 전혀 名節이 없었으며, 忠義를 중시하지 않았고 또한 절개도 없었다. 이 때문에 《物感》 20篇 중에서 3篇은 政治社會의 敗亂現象에 맞추어 비판을 가한 것이다.

〈噬人〉 중의 이, 모기, 벼룩의 세 해충은 모두 사람의 피를 빨아먹고 사는데, 마치 타인에게 손해를 입혀서 이익을 사취하는 奸商과 도적의 무리와 같다고 비유하고 있다. 이런 세상의 敗類들은 매우 비참한 결말을 맞게 마련이지만 회개할 줄을 모르고 부끄러워 할 줄도 모른 채, 서로 잘났다고 뽐내고 있는 것이다. 李世熊은 이 우언을 통해 많은 악당패류들이 서로 잘난 척 거리며 싸우는 모습을 그려내었고 어지러운 亂世에 善惡이 가려지지 않는 파렴치한 社會現實을 서술해 내었다.

그렇다면 이런 亂世에는 어떤 사람이 무대에서 활약하는가? 〈蝙蝠〉에서는 鶖鳥와 박쥐가 대화를 나누는 가운데 "兩頭人"[70]에 대해 거

---

69 周明初, 《晩明士人心能及文學個案》, 北京：東方出版社, 1997, 109쪽.
70 李世熊, 前揭書, 2쪽.

론하였다. 박쥐의 변론을 통해 "머리가 둘 달린 兩頭人"의 특징을 다음과 같이 그려내었다. 武官이 文職을 맡고, 은사인 척하며 산야에 살면서 실제로는 권세에 빌붙어 살고, 佛門에 귀의하였지만 관리와 결탁하는 승려들, 관직에 있으면서 상인들과 결탁하여 私利를 채우는 관리 등 두 얼굴을 가진 부류들이다. 당시 사회에서 볼 수 있는 각종 패류들이 전부 포함되어 있는데, 그중에서 가장 하류인 者는 "두 왕조를 섬기면서 忠義를 말하는 者들(事兩姓者談忠義)"인데, 여기서 말하는 "事兩姓者"는 바로 明이 멸망한 뒤 清兵이 중원에 들어온 뒤에 출사한 "貳臣"을 가리키는 말이다. 이런 不忠不義한 역적들이 대담하고도 부끄러움을 모른 채 忠義를 말할 수 있겠는가? 이런 부류의 형상은 어떠한가? 새 날개에 쥐 몸(鳥翼鼠身)을 한, 새 같으면서도 새 같지 않고, 쥐 같으면서도 쥐가 아닌 바로 박쥐의 형상인 것이다.

명나라가 멸망한 원인을 분석해 보면 대개 네 가지 원인이 있다고 한다. 첫 째, 貧富 간의 극도의 차이. 둘째, 지역 간의 엄청난 차이. 셋째, 통치집단의 총체적 부패. 황제부터 하급관리까지 재물 수탈 정도가 놀랄 정도로 극심하여 관리로 出仕하는 것은 거의 재물을 모으기 위한 수단이 되었다. 넷째, 관료집단의 극렬한 투쟁은 조정의 정무 처리와 문제 해결 능력에 심각한 영향을 초래하였다.[71] 《物感》 중의 5篇 우언은 統治集團의 총체적인 腐敗象과 上下에서 다투어 가며 도적질을 하는 亂象을 조소 풍자하고 있다.

〈才狐〉에서는 山中世界를 다음과 같이 계급화하여 기술하였다. 山中에서는 호랑이가 君主이고 豺狼이 그 다음 위치이며 土猿과 여우가 하급관리를 맡고 있다. 이 작품 중에서 豺狼은 조정의 상석에 앉아있는 천하의 권력을 장악한 高官인데, 豺狼은 고기를 좋아하는

71 王天有、高壽仙, 《明史一一個多重性格的时代》, 臺北：三民書局, 2008年, 405-408쪽.,

데 마치 高官이 재물을 좋아하는 것과 같다. 草木果實을 먹고 사는 원숭이는 상사의 비위를 맞추기 위해 견마의 노력을 다하는 本性을 상실한 관리가 된다. 재물을 수탈하는데 政績이 높지 않은 官員는 결국 "循吏"라고 불린다. 원래 고기를 좋아하는 여우는 본심처럼 재물을 잘 모으는 관리가 되어 상사의 비위를 잘 맞추며 동시에 자신의 사익도 잘 챙기는 능력 있는 能吏가 되는데 결국 "才吏"라고 인정을 받는다. 이런 朝廷에서 관리의 "才"와 "不才"를 구별하는 기준은 上司의 사익을 잘 챙겨주는가 여부로 판단한다. 이런 조정에서 官僚의 "循"과 "不循"을 구별하는데 政令의 맞고 틀린 것에 상관없이 상사의 명령을 잘 실행했는가의 여부로 판단한다. 君王를 상징하는 호랑이는 이미 허수아비이고 豺狼狐狸가 관리가 되어 上下에서 결탁하여 사리사욕을 채우게 되니, 本性이 선량한 원숭이는 부패하고 타락한 官場에 적응하기 위해 본성을 어기고 타락해 버린다. 이런 부패한 조정은 이미 진정한 循吏와 才吏가 없게 된다. 이외에 〈老虫〉에서는 무능하고 허장성세하는 人士를 풍자하고 있다.

官場의 腐敗는 명나라 멸망의 주요 원인 중의 하나인데, 官場의 主力者인 士人들은 대부분 사리를 도모하고 절개가 없는 것이 보편적이었다. 청나라가 들어서자 士人들은 대부분 私利를 도모하고 절개가 없는 것은 이미 보편적인 현상이 되었다. 明이 망하고 清朝가 수립되자 士人들은 대부분 "遺民"과 "貳臣" 두 부류로 나뉘었다. 대다수의 明代 관리들은 청조의 위협과 유혹 속에 "貳臣"이 되었고 일부는 "遺民"이 되어 청나라 조정에 절대 협력하지 않았다. 李世熊이 바로 그중의 한 사람이다.

〈效雕〉에서는 "貳臣"의 추악한 형상을 풍자하고 있다. 독수리(雕)는 힘이 세고 강대하여 새를 잘 잡아 禽類의 영웅이 된다. 뭇 새들은 생존하기 위해서 신하로 신복할 뿐만 아니라 앞 다투어 모방하고 나

뻔 짓도 앞장서서 한다. 오직 "까마귀"만이 자신의 어미 새가 화를 당할까 두려워 꿩의 초대를 거절한다. 이 작품에서는 명대의 관리들이 앞다투어 淸朝의 "貳臣"이 되는 추악한 상황을 풍자하고 있다. 청조의 官場이 "貳臣"으로 가득 차고 넘치며, 소수의 선비들이 산중에 은거하여 자신의 수양에 정진하였다. 때문에 까마귀는 이어서 "소인은 어머니가 계셔 봉양해야만 하며 그렇지 않으면 어머니께서 걱정하시기 때문에 관직에 봉직할 수 없습니다."[72]라고 말하였다. "孝"의 名義로 "隱逸"하여 前朝의 "遺民"이 되었다. 이 우언은 역사학자의 관점을 입증하고 있다.[73] "孝"의 명분으로 혼탁한 官場을 멀리하는 것은 절개를 가진 志士들이 온 세상이 전부 혼탁해도 나홀로 獨也靑靑 한다는 어쩔 수 없는 난세의 처신이라 하겠다. 이외에 〈曠猫〉에서는 나라의 俸祿을 받으면서 도리어 職責을 제대로 수행하지 않고 직분을 소홀히 하고 놀다가 이런 사실이 발각되면 슬그머니 떠나버리는 전혀 성실성이 결여된 관리를 풍자하고 있다. 〈似鳳〉에서는 외형으로 보기만 좋고 속은 오물로 가득 찬 관리와 권세에 빌붙어 아첨하고 떠받드는 官場의 타락한 풍조를 풍자하고 있다.

《物感》 중의 10여 편은 世人들에게 修生養性 하라고 권면하면서 각박하게 처신하지 말고 지나치게 자만하지 말라고 세인들을 권계하고 있다. 예를 들면 〈縮蚓〉 중에서는 지렁이가 개미의 찬사를 받고 득의양양하여 자신의 처지를 망각하고 있다가 지나가는 병아리가 주둥이로 한 번 쪼아대자 자신의 실상이 들어나 죽고 만다는 이야기를 묘사하고 있다. 개미의 과장된 떠받듬 속에 결국 닭에게 먹혀버리는 상

72 "小人有母須反哺恐貽慈氏憂, 不能效也。" 李世熊, 前揭書, 5쪽.

73 關于遗民固然多以"忠"的角度切入, 但現在發現遺民中其實也有來雜相當多考慮"孝"的方面。有些遺民是考慮父母的教誨或父親死于國難, 使得他必須成爲遺民。但是有些遺民以"事親"爲理由, 绝南明與清朝的徵召, 似乎"養親"與"尊親"大于忠君。李瑄, 〈淸初五十年間明遺民群體之嬗變〉, 《漢學研究》第23卷第一期, 2005.6, 293-597쪽.

황은 알랑거리며 아첨하는 자들이 남을 해친다는 사실을 알려주는 것으로 眞才實學이 없는 지렁이가 타인의 아부에 빠져 죽어가는 모습을 그려내고 있다.

〈절름발이 당나귀 蹇驢〉에서는 탐욕에 빠지지 말고 재능을 잘 감출 수 있어야(善藏해야) 비로소 安然히 處世할 수 있다고 권면하고 있다. 작중에는 跛羊과 蹇驢가 나오는데 둘은 모두 신체의 장애가 있으니 하나는 발을 절뚝거리고 하나는 동작이 느리다. 그러나 跛羊은 들에서 유유자적하게 살아간다. "물과 풀을 마음대로 먹고 시원한 그늘에서 쉬며 자기 마음대로 앉고 일어서서 다니는데 채찍과 부림을 당하지 않았다." 상대적으로 蹇驢는 "아주 힘들게 소금 마차를 끌고 다녔다." 당나귀는 소리를 크고 길게 지를 수 있는데 주인은 이 때문에 당나귀의 힘이 대단히 셀 것이라고 생각하고는 아주 무거운 짐을 지게 하여 당나귀는 勞役에 시달렸다. 跛羊은 당나귀에게 "자신의 재능을 잘 감추라는(善藏其用)" 建議를 하지만 당나귀는 주인이 내미는 식물의 유혹에 이끌려 구태가 다시 일어나 전처럼 큰 소리로 짖기 시작했고, 계속해서 노역에 시달려야 했다. 貪慾은 당나귀로 하여금 단견을 갖게 하였으니 조그만 혜택 때문에 자신의 능력을 벗어나 능력에 맞지 않는 무거운 짐을 짊어지고 고통 속에 살게 된다. 자신의 재능을 잘 감출 줄 모르고 줄곧 강한 척하며 진퇴를 가릴 줄 모르면 跛羊이 예언한대로 피곤해서 죽게 될 뿐이다. 跛羊은 正面形象으로 묘사되었으니 욕심을 부리지 않고 풀을 먹는 주어진 환경에서 유유자적하게 생활한다. 그는 지나친 욕망을 버리고 자신의 능력을 잘 감추었기 때문에 남에게 채찍질 당하거나 부림을 당하지 않고 유유자적하게 살아갈 수 있었다.

이외에 〈肉影〉에서는 욕심을 부리면 도리어 원래 가지고 있던 소유물도 잃어버리게 된다는 사실을 풍자하고 있다. 〈佞狐〉에서는 알랑거리며 아첨하는 사람을 질책하고, 떠받들기를 좋아하는 사람을 풍자하고 있다. 〈蛙怖〉에서는 경망스럽게 자신을 업신여기지 말라고 권계하고 있다. 〈憑虎〉에서는 배은망덕한 인간은 마지막이 좋지 않음을 알려주고 있다. 〈鼍市蜃閣〉에서는 富貴名利는 결국 뜬 구름 같다는 사실을 말해주고 있다. 〈乾兒〉에서는 忘恩負義한 무리를 비판하고 있다. 앞의 논의를 종합해 보면, 作者 李世熊은 세 가지 측면에서 현실세계의 人物, 事物, 사건 및 사회환경 등에 대해 勸誡, 暴露, 諷刺, 批判을 진행하였다. 中國의 傳統文人이 創作한 寓言과 政治가 밀접하게 결합된 것과는 다소 다른 면이 있는데 李世熊은 당시 時事政治와 연관이 있는 것 이외에 世人을 교화하는 寓言이 상당히 큰 비율을 점하고 있다. 이것은 오히려《況義》에서 佛家의 譬喩故事에 이르는 우언과는 어느 정도 연관이 있는 분야이기도 한 것이다.

中國寓言은 줄곧 人物을 爲主로 하고 動物이 보조가 되었다. 특히 明代에서 主導的인 것은 詼諧寓言이고 動物寓言專集은 극히 드물었다. 그런데 西方寓言은 동물배역이 主流를 이루었다.《物感》은《況義》가 출간된 뒤 나왔는데, 그중의 5편은《況義》에 수록된 우언을 인용한 것이니,《物感》이 어떻게《이솝우언》의 영향을 받았는지를 알게 해준다.《物感》에는 40여 종의 動物이 나오는데 그중에서 故事의 주인공으로 등장하는 동물은 25종에 달한다. 사람이 고사의 주인공으로 나오는 작품은 단 한 편뿐이다.《物感》중의 動物 배역의 묘사는 절반은《이솝우언》의 中譯本《況義》의 영향을 받았고, 절반은 中國古典의 動物寓言에서 그 연원을 찾을 수 있으니 兩者의 精華를 취하고 융합시켜 하나가 된 것이다. 마치 寓言의 混血兒처럼 사람들의 이목을 사로잡았으니 그 가운데에서 西方의 이질적 文學 特質을 찾아볼 수 있고 또한 잘 아는 中國文學의 風格도 담겨있다는 것을 발견할 수 있었을 것이다.

이상의 분석을 통해 李世熊의《物感》은 이미 中國寓言의 特色을 흡수하였고, 동시에《이솝우언》의 中譯本《況義》의 특성을 융합시켰으니, 中西兼通 하였다고 할 수 있겠다. 寓言의 主題전달면에서 여전히 中國寓言의 政治에 대한 관심을 유지하는 동시에 世俗의 教化作用까지도 겸비하고 있는데 이런 유형의 우언은《物感》중에 상당한 비중을 차지하고 있다. 寓言의 구조면에서 그는《況義》에서 나오는 證道故事의 固定格式을 버리고, 寓意의 전달방식도 다양화시켰는데, 본래《이솝우언》의 寓意 전달방식은 결코 천편일률적인 방식은 아니었다. 때문에 李奭學은 평론하기를 "李世熊은 사실 트리고의 종교정신에서 벗어나 거꾸로 유럽의 중고시대로 회귀하였는데, 그가 착안한 것은《이솝우언》의 社會나 혹은 政治的 잠재력이었다. ……그가 비록 자각하지 않고서《이솝우언》을 원래 형태로 환원시켜서 도리어 트리고의 종교정치에 항거한 것이다. ……李世熊은 명대의 遺民이라 자처하였고 淸人의 위협과 유혹을 철저히 거절하였지만 명나라 조정에 대해서 비판을 하지 않은 것은 아니고 부정적인 측면에 대해서는 강력하게 비판과 풍자를 가하였다."[74] 動物形象의 選用面에 있어서는 중국과 서양의 차이를 조절하여 動物形象의 象徵側面에서 서로 增補를 하였다. 하지만 中西의 寓意 차이가 아주 큰 動物形象에 대해서는 독자의 接受能力을 고려하여《物感》에서는 수록하지 않았다. 이 점은 후세 학자들이 연구하고 본받을 만한 가치가 있는데,《況義》는 出版된 뒤 그다지 널리 전파되지 않았고 영향력도 크다고 말하기는 어렵다. 그러나 西方의 經典作品이 종교의 선교전략상 중국에 진입한 일종의 試圖作인《況義》를 李世熊은 文學家 特有의 예리한 필치로 그 특성을 흡수하고 宗教 證道故事의 경직된 서술방식을 버린 뒤 中國本土의 寓言風格과 결합시켜《物感》을 編述하였던 것이다. 이 작

74 李奭學, 前揭書, 87쪽.

품집은 中西文學의 國際文化交流에 있어 成功的인 시도이며 同時에 東西의 寓言이 상호 交流한 뒤의 완벽한 결합물이라 하겠다. 이 점은 《況義》의 출간자 트리고의 출간동기를 뛰어넘는 것으로 아무런 사전 계획 없이 진행하여 큰 성과를 거둔 《物感》은 비단 中國寓言史에 있어 重要한 위치를 차지할 뿐만 아니라 比較文學의 硏究領域에서도 초석이 되는 중요한 텍스트로 자리매김 하게 되었다.

제4장 清代 初期 예수회신부 조아생 부베의 索隱派思想과 《易經》 硏究

제1절 프랑스 예수회신부 조아생 부베와 中國索隱派
제2절 康熙皇帝와 《易經》 硏究
제3절 西學中源說과 《易經》 硏究
제4절 예수회 索隱派와 《天學本義》
제5절 "禮儀論爭"과 조아생 부베의 《易經》 연구

〈康熙皇帝 御眞〉

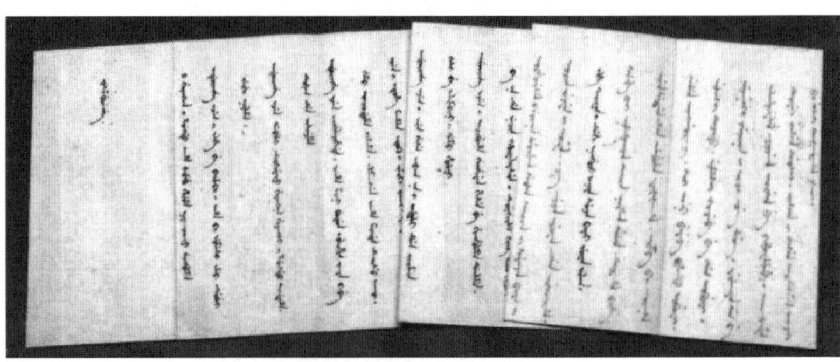

〈康熙朝 上奏文 滿漢文 서적〉

〈康熙朝 上奏文 滿漢文 서적상자〉

清代 初期 예수회신부 조아생 부베의 索隱派思想과 《易經》 硏究

천주교 예수회의 프랑스신부 조아생 부베(Joachim Bouvet, 白晉, 1656-1730)는 1685년 프랑스국왕 루이14세가 중국 康熙皇帝에게 파견한 "국왕의 수학자"로 중국에 來華한 첫 번째 프랑스 선교사이다. 북경에 도착한 뒤, 그는 동료인 예수회선교사 프랑스와 제르비용과 함께 궁중에 근무하였는데, 부베는 강희황제에게 대수학을 가르치면서 황제에게 총애를 받았다. 부베는 일찍부터 중국문화에 대해 연구하였는데, 그는 강희황제의 직접적인 지시에 따라 5년 넘게 《易經》에 대한 연구를 진행하였다. 그의 《易經》연구는 동서문화교류사에 상당히 중요한 사건이지만, 여태까지 전반적인 연구가 진행되지 않았다.

본장에서는 조아생 부베가 왜 《易經》을 연구하게 되었으며, 康熙皇帝는 무슨 연유로 부베에게 《易經》을 연구하도록 지시하였는지, 이 당시의 동서문화교류 상황과 청대 초기 天主教宣教史를 살펴보고, 索隱派를 창립하여 중국 고대 경전을 집중적으로 연구했던 예수회선교사 조아생 부베의 사상과 연구성과를 통해 이러한 논제들을 조명해보고자 한다.

조아생 부베는 康熙朝에 있었던 중국과 로마교황청 사이에 전개된 종교논쟁인 "조상에 대한 제사와 공자제례"에 대한 "禮儀論爭"의 와중 속에서 기독교와 중국유가경전은 공통점을 가지고 있음을 입증하고자 하였으며, 그의 저술《天學本義》와《易經釋義》는 이러한 그의 주장을 반영하고 있다. 이러한 종교적 사상적 배경 때문에 조아생 부베의 索隱派 전적은 西學中源說을 주장하고 있는데, 본장에서는 康熙皇帝의 수학선생이자《易經》연구가인 조아생 부베의 索隱派 전적 연구를 통해 유가와 기독교의 소통, 천주교 예수회 내부의 신학적, 선교적 갈등문제, 강희황제와 로마교황청의 제례논쟁 등 청대 초기 동서문화교류와 천주교선교문제를 문헌학적으로 고찰해보고자 한다.

조아생 부베의 索隱派 문헌들은 로마교황청의 허락을 얻지 못해 출판 간행되지 못했고, 현재 바티칸 교황청도서관과 프랑스 파리도서관에 필사본으로 소장되어 있다. 본장에서는 이런 원시문헌을 중심으로 조아생 부베와 프랑스와즈 푸케, 죠세프 프레메어 등 천주교 예수회 索隱派의 사상경향과 康熙皇帝와 索隱派의 西學中源說에 대해 분석 연구하고자 한다. 일생을 중국에서 봉직했던 조아생 부베는 결국 康熙황제가 서거한 뒤, 雍正황제의 기독교 禁教政策이 실행되어 모든 천주교선교사들이 중국에서 추방된 뒤, 1730년 북경에서 사망하였다. 그는 천주교의 예수회와 도밍고회 등 동료선교사에게까지 배척을 당하면서도 索隱派 研究活動을 통해 康熙皇帝와 중국인을 기독교로 귀화시키고자 하였는데, 그의 索隱派 典籍은 조아생 부베의 신학적, 철학적, 선교적, 과학적 견해를 중국화시킨 프랑스 漢學研究의 이정표적인 저작이라 하겠다.

제1절 프랑스 예수회신부 조아생 부베와 中國索隱派

천주교 예수회선교사 조아생 부베(Joachim Bouvet, 白晉, 1656-1730)는 1685년 프랑스국왕 루이14세가 "국왕의 수학자"로 康熙皇帝에게 파견하여 중국에 來華한 첫 번째 프랑스 예수회선교사이다. 北京에 도착한 뒤, 그는 동료인 예수회선교사 프랑스와 제르비용(François Gerbillon, 張誠, 1654-1707)과 함께 궁중에 근무하였고, 부베는 강희황제에게 대수학을 가르치면서 총애를 받았다. 부베는 일찍부터 중국문화를 연구하였는데, 그는 강희황제의 칙명에 따라 5년 넘게 《易經》에 대한 연구를 진행하였다. 그의 《易經》연구는 동서문화교류사에 상당히 중요한 사건이었지만, 여태까지 전반적인 연구가 진행되지 않았다. 부베의 《易經》연구 문헌은 여러 가지 이유로 인쇄출판되지 않아서 일반에 알려지지 못했고, 거의 300여 년 동안 극소수의 연구자들만이 알고 있었다.

조아생 부베는 중국의 儒家 經典을 비롯한 고대 전적 중에서 원시 기독교의 흔적을 찾고자 노력했던 천주교 예수회 중국 索隱派의 창시자로써 장 프랑스와 푸케(Jean François Foucquet, 傅聖澤, 1665-1741), 죠세프 앙리 마리 드 프레메어(Joseph Henri Marie de Prémare, 馬若瑟, 1666-1736), 장 알렉시스 드 골레(Jean Alexis de Gollet, 郭中傳, 1644-1741) 등의 프랑스 예수회선교사들과 함께 중국의 고대전적을 집중적으로 연구하여 중국과 천주교의 本源關係를 학문적으로 탐구하기 시작한 프랑스 예수회 중국학 연구의 개척자였다.

"索隱"이란 개념은 원래 중국 고적 중에서는 《易經》에서 처음 나왔다. 蔡元培는 그의 《石頭記索隱》에서 "索隱"이란 어휘에 "品行相類", "軼事有證", "姓名相關"이란 세 가지 의미를 부여하였고, 《紅樓夢》을 연구하면서 "觸類旁通, 以意逆志"를 기본방법으로 삼았다. "索

隱"이란 단어로 "Figurists"를 번역한 것은 대체로 中文의 原義를 표현해 낸 것으로 索隱派는 "形象學派"나 혹은 "象徵學派"라고도 불린다. 중국 예수회의 索隱派는 18세기 초기에 《聖經》과 《道德經》, 중국문자와 古史의 학술을 전문적으로 연구했던 천주교의 학술단체로써 창시자는 조아생 부베이고, 죠세프 프레메어와 프랑스와 푸케, 알렉시스 골레가 주요 멤버이다.

17, 18세기에는 유럽에서 《聖經》을 비판적으로 연구하던 시기인데, 중국에 來華한 천주교선교사들이 中國의 天文學으로 推算하여 저술한 研究報告書는 중국 문명의 기원에 대한 확실한 연대를 탐구하는 토론을 불러일으켰다. 1658년 마르티노 마르티니(Martino Martini, 衛匡國, 1614-1661)의 《中國上古史 *Sinicoe Historioe Decas Prima*》가 독일의 뮌헨(Munich)에서 출판되었는데, 이 서적에서 제기된 中國歷史紀年과 《舊約》의 시간이 서로 합치되지 않는 문제가 발생하였다. 이 때문에 이들은 《易經》에 대한 기독교적인 해석을 시도하게 되었고, 천주교 학자들은 中國史를 가지고 《舊約》의 신빙성을 입증하기 시작했는데, 이들은 《周易大傳》에 체계적으로 서술된 中國의 古代神話傳說을 《舊約》 故事의 變種으로 간주하여 연구를 진행하였다. 비록 예수회 索隱派의 이러한 연구는 대부분 공인을 받지 못했지만 그들의 학술 동기는 결코 무시할 수 없었으니 이 학파의 활동은 근대 기독교학자들이 유럽 이외의 비기독교국가인 중국을 기독교세계사에 편입시키려고 시도했다는 측면에서 긍정적인 평가를 받고 있다.

조아생 부베는 康熙朝에 있었던 중국과 로마교황청 사이에 전개된 종교논쟁인 "조상에 대한 제사와 공자제례"에 관한 "禮儀論爭"의 와중 속에서 기독교와 중국의 儒家經典은 공통점을 가지고 있음을 입증하고자 하였으며, 그의 저술 《天學本義》와 《易經釋義》는 이러한 그의 주장을 반영하고 있다. 이러한 종교적 사상적 배경 때문에 조아생 부베의 索隱派 전적은 西學中源說을 주장하고 있는데, 본장에서는 康熙皇帝의 數學선생이자《易經》연구가인 조아생 부베와 예수회 索隱派의 중국고대 전적에 대한 연구를 통해 儒家와 기독교의 소통, 천주교 예수회 내부의 신학적, 선교적 갈등문제, 강희황제와 로마교황청의 제사 제례에 대한 예의논쟁 등 청대 초기의 東西文化交流와 천주교의 선교문제를 문헌학적으로 고찰해보고자 한다.

제2절 康熙皇帝와《易經》研究

강희황제가 조아생 부베에게《易經》을 연구하도록 하명한 가장 이른 문헌은 다음과 같다.

> 4월 9일, 李玉은 張常住에게 교지를 내렸다. "부베의 상주에 따르면 江西省에 중국 책을 읽은 적이 있어 나를 도와줄 수 있는 서양인이 한 명 있다고 한다. 그대는 여러 서양인(譯註: 북경에 주재하는 천주교 서양선교사들을 지칭함)에게 전하여 서신을 가지고 가서 그를 불러오라고 하라. 부베가 그림을 그리고 한자를 쓰는 부분은 王道化가 그를 도와 처리하도록 하라. 몇 장을 완성하면 그림과 함께 和素에게 보고하게 하고 가져오라. 만일 부베가 欽天監에 있는 사람이나 혹 다른 사람을 요구하면 王道化에게 전해주도록 하라. 이상.[1]

1 四月初九日, 李玉傳旨與張常住: 據白晉奏說, 江西有一個西洋人, 曾讀過中國的書, 可以幫得我。爾傳于衆西洋人, 着帶信去將此人叫來。在白晉畵圖用漢字的地方, 着王道化幫着他略理。遂得幾張, 連圖着和素報上, 帶去。如白晉或要欽天監的人, 或要那裏的人, 着王道化傳給。欽此。바디칸교황청도서관 Borg. Cinese. 439(b) 이 문헌은 두 가지 抄本이 있는데, 글자에 약간의 차이가 있다. 예를 들면 한 판본에는 문장 중에 "料理"를 "畧理"라고 쓰거나 "或用那裏的人"을 "或要那裏的人"이라고 쓰여 있는데, 閻宗臨은 그중에서 고친 흔적이 없는 문헌을 선택하였다. 閻宗臨 著/閻守誠 編,《傳教士與法國早期漢學》, 北京: 中華書局, 1998, 158쪽과 方豪,

고증에 따르면 위의 교지는 康熙 50년(1711)에 하달되었다고 한다. 조아생 부베는 江西省에 있는 천주교선교사 프랑스와 푸케를 北京으로 불러들여 함께《易經》을 연구하고자 하였다. 이 때에 강희황제는 조아생 부베에게 實地를 측량하여 地圖를 그리는 地圖編纂作業에 참여하라는 칙령을 내렸다. 이 때문에《易經》연구에 전심할 수 없었던 부베는 푸케를 北京에 불러들여《易經》을 비롯한 古代 儒家經典의 索隱作業을 진행하고자 하였다. 강희황제는 이들의 연구에 지대한 관심을 가지고 있었다.

7월 5일, 황상께서 "부베가 해석한《易經》은 어찌되었는가? 이상." 라고 하문하셨다. 王道化가 回奏하였다. "부베가 지금《算法統宗》의 攢九圖와 聚六圖 등을 해석한 것을 모두 올리옵니다." 황상께서 下諭하셨다. "짐은 요 몇 개월 동안《易經》을 강론하지 않았고 시간도 없었다. 왜냐하면 律呂의 근원을 조사하여 지금 黃鍾 등 陰陽12律의 尺寸積數, 整音, 半音, 三分損益의 이치를 이미 모두 완전하게 이해하였기 때문이다. 바로 簫笛, 琵琶, 弦子 등의 부류는 비록 즐기는 놀이용 소악기이지만 損益의 이치를 가지고 있는데, 그 근원을 살펴보면 黃鐘에 본원을 두고 나오지 않은 것이 없다. 부베가《易經》을 해석할 때 반드시 여러 서적을 두루 보아야만이 비로소 고찰 입증할 수 있을 것이다. 만일 道가 다르다고 해서 보지 않고 자기의 생각으로 부연해 내면 아마도《易經》의 正釋을 완결할 수 없을 것이다. 예를 들어 邵康節은 易理에 통달한 자인데 그가 한 점술은 문인들이 기록한 것이고 邵康節의 본래 취지는 아니다. 만일 그 수의 정미함으로 고찰하지 않는다면 의존하는 바가 없어 무엇을 증거로 삼을 것인가? 그대는 부베에게 말하라. '반드시 古書를 세밀하게 비교 검토해야 하고 도가

《中國天主教史人物傳》中册, 北京: 中華書局, 1988, 281쪽 참조.

다르다고 보지 않으면 안 된다. 번역하는 책은 어느 때에 완결되는가? 반드시 완결되어야만 하느니라.' 이상."[2]

康熙皇帝는 자신이 중국 전통의 數學과 律呂,《易經》象數學의 연구에 全力으로 매진하였으며 부베에게 "다른 관념과 생각을 갖고 있다고 이런 전적을 보지 않아서는 안 된다"고 당부하였다. 또한 조아생 부베와 프랑스와 푸케가《易經》을 연구하는 상황을 수시로 황제에게 보고토록 하였다. 바티칸 교황청도서관에는 이를 입증하는 다음과 같은 문헌이 있다.

御旨를 내리사 臣 부베에게 "너의 易經 연구는 어떠한가?"라고 물으셨다. 臣 부베가 머리 숙여 삼가 상주하였습니다. "신이 이전에 준비한《易經》원고는 거칠고 성글며 깊이가 없어 황상께서 御覽하시는 것을 욕되게 하였지만 황상의 넓으신 관용을 입게 되어 신은 감개무량하옵니다. 신은 원래 오랫동안《易經》의 數를 전문적으로 연구해 오면서 만일《易經》의 頭緒를 얻으면 몇 개의 그림에 모두 열거해 놓았는데, 단지 신 한 사람의 愚見이었다면 이와 같이 가볍게 믿지는 않았을 것입니다. 부케가 비록 신과 의견이 같긴 하지만 천성이 총명하시고 실제로《易經》의 정통을 알고 계시어서 직접 고증을 하시는 황상 같지는 않습니다. 신이 얻은 易數의 頭緒는 완성된 것이 아니라서 황상께

2 七月初五日, 上問: "白晉所釋《易經》如何了? 欽此。" 王道化回奏: "晉現在解《算法統宗》之攢九圖, 聚六圖等因具奏。" 上諭: "朕這幾個月不曾講《易經》, 無有閑着; 因查律呂根原, 今將黃鍾等陰陽十二律之尺寸積數, 整音、半音, 三分損益之理, 俱已了然全明。卽如簫笛、琵琶、弦子等類, 雖是玩戲之小樂器, 卽損益之理也, 查其根原, 亦無不本于黃鍾所出。白晉釋《易經》, 必將諸書俱看, 方可以考驗。若以爲不同道則不看, 自出己意敷衍, 恐正書不能完。卽如邵康節, 乃深明易理者, 其所有占驗, 乃門人所記, 非康節本旨, 若不卽其數之精微以考查, 則無所倚, 何以爲憑據? 爾可對白晉說: '必將古書細心較閱, 不可因其不同道則不看, 所譯之書, 何時能完? 必當完了才是。'" 欽此。바티칸 교황청도서관 Borg. Cinese. 439(a).

서 鄙陋한 것을 버리지 않으시고 가르쳐 지도해 주시며 시간을 더 주신다면 저희 두 사람은 전심으로 준비하여 어람하시도록 받들어 올리겠습니다."[3]

《易經》은 六經의 으뜸된 경전인데, 외국선교사인 부베가 이를 보고 이해하는 것은 쉽지 않은 일이었다. 부베는《易經》연구의 고충을 康熙皇帝에게 다음과 같이 상주하였다.

신은 외국의 우둔한 선비로 중국의 文義에 통달하지 못했습니다. 무릇 중국의 문장은 이치가 미묘하고 심오하여 통달하기 어렵습니다. 하물며《易經》은 중국의 전적 중에서도 더욱 심오한 것으로 지금 황상께서 저희가《易經》을 배우는 것이 어떠냐고 물으셨습니다. 신들은 우매하고 무지하여 만일 황상께서 鄙陋한 저희를 버리지 않으시고 시간을 주시어 신 부베가 부케와 함께 세밀히 탐구케 하신다면, 연구한 것을 다시 올리어 어람하시도록 하겠사오니 聖恩의 教導를 바라옵나이다. 삼가 마칩니다.[4]

부베는《易經》을 연구하면서 봉착한 어려움을 호소하면서 황제에게 "지도를 요청하였고 시간을 더 달라고" 상주하고 있는데, 이 문장

---

3 有旨問臣白晉: "你的《易經》如何?" 臣叩首謹奏: "臣先所備易稿粗疏淺陋, 冒瀆皇上御覽, 蒙聖心宏仁寬容, 臣感激無極。臣固日久專于《易經》之數管見, 若得其頭緒盡列之于數圖, 若止臣一人愚見, 如此未敢輕信。傅聖澤雖與臣所見同, 然非我皇上天資聰明, 唯一實握大易正學之權, 親加考證。臣所得易數之頭緒不敢當, 以爲皇上若不棄鄙陋, 教訓引導, 寬假日期, 則臣二人同專心預備, 敬呈御覽。" 바티칸 교황청도서관 Borg. Cinese. 439(a).

4 臣系外國愚儒, 不通中國文義。凡中國文章, 理微深奧, 難以洞澈, 況《易經》又系中國書內更爲深奧者, 今蒙皇上問及所學《易經》如何了。臣等愚昧無知, 倘聖恩不棄鄙陋, 假年月, 容臣白晉同傅聖澤細加考究, 倘有所得, 再呈御覽, 求聖恩教導, 謹此奏聞。바티칸 교황청도서관 Borg. Cinese. 439(a).

은 부베의 《易經》 연구에 대한 세세한 정황에 대해 강희황제가 얼마나 지대한 관심을 가지고 있었는지를 설명해 주고 있다. 하지만 부베는 索隱派의 지도자로써 "禮儀論爭" 중에 대단히 난처한 입장에 처하게 되었다. 왜냐하면 그는 샤를르 메그로(Charles Maigrot, 嚴當, 1652-1730)로 대표되는 파리외방선교회 등 천주교 선교단체의 중국문화에 관한 견해에 반대하였고, 다른 한 편으로는 마테오 리치의 사상과 주장을 실천하고자 하였는데 이 때문에 예수회의 원래 선교노선과는 모순이 생기게 되었다. 먼저 예수회 내부에서 부베의 《易經》 연구에 대해 문제를 제기하여 강희황제와 갈등을 빚게 되었다.

> 臣 부베는 전에 어람하시도록 《易學總旨經》을 받들어 올렸습니다. 바로 《易經》의 內意와 천주교는 대단히 같기 때문에 신이 전에 어지를 받들어 처음 지은 《易經》 원고 중에는 천주교와 관련된 말이 있습니다. 후에 신이 푸케를 불러와 함께 이전의 원고를 고치고 또 몇 군데를 더하였는데, 臣들의 會長(역주: 부베가 소속된 천주교 예수회의 首長)이 이를 알고 5월 중에 지시하여 북경에 주재하는 여러 서양인들에게 《易經》 원고에서 인용한 經書에 대해 논의하도록 명하였고, 신 두 사람에게 글을 보내 이르기를 "그대들이 준비한 어람서 중에서 천주교와 관련되는 부분은 진상하기 전에 마땅히 먼저 상세히 조사할 수 있게 해달라고 황상께 상주문으로 구해야 하겠다."고 하였습니다. 신 두 사람은 오랫동안 《易經》 등 전적의 심오한 뜻을 전문적으로 연구하여, 서양의 秘學古傳과 서로 비교해 보았습니다. 때문에 신들의 소견을 《易經》 원고로 저술하였는데 천주교에 부합되지 않는 것이 없습니다. 그러나 부득불 회장의 명을 따르지 않을 수가 없어 엎드려 聖旨를 간구하옵나이다.[5]

5 臣白晉前進呈御覽《易學總旨經》。卽《易經》之內意與天敎大有相同，故臣前奉旨初

예수회의 중국선교회장이 부베와 푸케가 연구한《易經》연구서 가운데 천주교와 관련된 부분을 강희황제에게 상주하기 전에 미리 심사하겠다는 이 사건은 실제로 예수회 내부의 "禮儀論爭" 시기에 있었던 갈등과 깊은 관련이 있었다. 부베는 마테오 리치가 주장했던 선교책략의 타당성을 입증하기 위하여 索隱派의 연구방법을 취하여《易經》등의 고적 중에 천주교의 흔적이 남아있음을 증명하고자 하였다. 하지만 부베의 주장에 반대하는 예수회선교사들은 부베의 생각이 천주교에서 너무 멀리 이탈해 버렸다고 비판하였다. 만일 부베의 견해에 따른다면 중국의 고대전적은 도리어 天主教의 本源이 되어버린다고 생각하였다. 때문에 부베가 강희황제에게 상주하는 모든 문서를 천주교 예수회의 회장이 먼저 심의해야 한다고 예수회 중국선교회장이 부베에게 통보하였고, 부베는 이 사실을 강희황제에게 상주하여 허락을 얻고자 하였다. 하지만 중국황제에게 상주하는 문건을 예수회 회장이 먼저 심의하겠다는 이런 주장은 중국 황권에 대한 일종의 도전이라 생각하여 강희황제는 대단히 큰 반감을 갖게 되었다.

제3절 西學中源說과《易經》研究

"禮儀論爭"이 진행되면서 로마교황청과 강희황제의 갈등은 갈수록 심화되었고, 중국에 거주하는 천주교선교사 내부의 갈등도 갈수록 첨예하게 드러났기 때문에 강희황제는 점차 부베의《易經》연구

作易經稿, 內有與天主教相關之語。後臣傳傅聖澤一至, 卽與臣同修前稿, 又增幾端. 臣等會長得知, 五月內有旨意, 令在京衆西洋人同敬謹商議易稿所引之經書。因寄字與臣二人云: "爾等所備御覽書內, 凡有關天教處, 未進呈之先, 當請旨求皇上諭允其先查詳悉.。" 臣二人日久專究《易經》等書奧意, 與西土秘學古傳相考, 故將己所見, 以作易稿, 無不合于天教, 然不得不遵會長命, 俯伏祈請聖旨。바티칸 교황청도서관 Borg. Cinese. 439(a-h). 方豪,《中國天主教史人物傳》中册, 282-283쪽 참조.

에 대해 흥미를 잃게 되었다. 康熙 50년부터 55년까지 5년에 걸쳐서 강희황제는 직접 부베와 푸케 등 索隱派선교사들에게《易經》을 연구하게 하였고 수시로 관심을 가지고《易經》연구과정 중에 야기되는 각종 문제를 해결하고자 하였다. 이 일은 당시에 대단히 큰 사건이었다. 강희는 어찌하여 부베 등으로 하여금《易經》을 연구하도록 하였는가?

첫째 강희황제는 科學에 대해 지대한 관심을 갖고 있었고, 이는 부베가《易經》을 연구하게 된 중요한 계기가 되었다. 장 아담 샬 폰 벨(Jean Adam Schail Von Bell, 湯若望, 1591-1666)과 楊光先의 曆法論爭 때부터 康熙는 서양의 과학에 대해 흥미를 갖고 있었다. 康熙황제는 즉위한 지 얼마 후에 페르디난드 베르비스트(Ferdinand Verbiest, 南懷仁, 1622-1688)에게 天文學과 數學을 배웠고, 나중에는 프랑스와 제르비용과 조아생 부베를 궁중으로 초빙하여 幾何學을 배웠다. 수학에 대한 강희황제의 열정은 줄곧 지속되었는데, 康熙 51년 여름 避暑山莊에 갈 때에 陳厚耀 등을 모두 承德으로 대동하고 가서 그들과《律曆淵源》의 편찬에 대해 토론하였다.[6] 또한 康熙 52년 誠親王 允祉 등에게 律呂와 算法 諸書를 찬수하고 蒙養齋를 개설하라고 하명하였다.[7]

강희황제가 부베 등에게《易經》을 연구하도록 지시한 것은 그가 서양수학에 심취해 있던 시기였다.《易經》연구는 중국의 경학연구사에서 줄곧 "義理派"와 "象數派"의 두 가지 연구방식이 있다.《易經》이란 符號系統과 概念系統의 결합체이기 때문에 이 두 가지 해석방법은 모두 그 내재적인 근거를 가지고 있었고 이에 대한 저작이 있었다.

---

6 李迪,《中國數學史簡編》, 沈陽: 遼寧人民出版社, 1984, 266쪽.

7《淸史稿》卷45《時憲志》第7册, 北京: 中華書局, 1997, 169쪽. "諭和碩誠親王允祉等, 修輯律呂、算法諸書, 着于養蒙齋立館, 並考定壇廟宮廷樂器。擧人趙海等四十五人, 系學算法之人。爾等再加考試, 其學習優者, 令其修書處行走。《淸聖祖實錄》卷256, 北京: 中華書局, 1985, 康熙52年 5月 甲子.

그중 象數派의 저작 중에는 數學에 관한 허다한 내용이 포함되어 있었으니, 예를 들면 鄭玄이 지은 "九宮數는 바로 세계에서 가장 일찍 지어진 矩陣圖이다"[8] 라는 것이다. 때문에 강희황제는 邵雍 등 象數派 학자들의《易經》연구에 대해 대단히 잘 알고 있었다. 康熙황제는 康熙 50년(1711) 2월, 直隷巡撫 趙宏과 數學에 대해 논의하면서 다음과 같이 말하였다.

> 算法의 이치는 모두《易經》에서 나왔다. 西洋算法 또한 좋은데, 이는 원래 中國의 算法이고 "阿爾朱巴爾"이라 불리웠다. "阿爾朱巴爾"이란 東方에서 전해진 것의 호칭이다.[9]

이런 언급은 康熙황제가 수학에 대한 흥미와《易經》을 결합시키고자 했음을 말해주고 있으며, 때문에 두 달 뒤에 江西巡撫 郞廷極에게 교지를 내려 푸케를 불러와서 부베의《易經》연구를 도와주도록 下命하였던 것이다. 바티칸 교황청도서관에는 강희황제가 "阿爾熱巴拉法"을 탐독하였다는 문헌이 소장되어 있어 康熙황제가 당시 수학에 대해 얼마나 지대한 관심을 갖고 있었는지를 살펴볼 수 있다.

> 짐은 아침에 기상한 후에 매일 왕자들과 阿爾熱巴拉新法을 살펴보았다. 그가 比舊法보다 쉽다고 말한 것이 가장 이해가 되지 않는다. 보아하니 比舊法은 갈수록 어려워졌고 잘못된 곳도 또한 대단히 많았으며 불분명한 곳 또한 적지 않았다. 前者를 짐은 우연히 在京 서양인들에게 전해주어 數表의 根을 열게 하였는데 대단히 분명하게

---

8 董光璧,《易圖的數學結構》, 上海: 上海人民出版社, 1987년, 14쪽.

9 "算法之理, 皆出于易經。卽西洋算法亦善, 原系中國算法, 被稱爲阿爾朱巴爾。阿爾朱巴爾者, 傳自東方之謂也。"王先謙,《東華錄》卷21.

> 쓰여 있었다. 그대는 이 上諭文을 抄寫하고 아울러 이 책을 북경에 보내어 서양인들이 함께 세밀히 고찰해보도록 하여, 불통하는 문장은 모두 삭제해 버리게 하라. 또한 甲乘甲, 乙乘乙 등 전혀 수자가 없어 곱해 보아도 얼마인지를 모르는데, 보기에 이 사람의 셈법은 그저 그래서 "너무 적다"는 그 말은 가소로운 것 같다.[10]

위의 문헌은 강희황제가 수학을 배우는 과정 중에 부베 등의 천주교선교사들이 중요한 역할을 맡았다는 사실을 설명해주고 있다. 부베에게《易經》연구를 시킨 이유는 강희황제가 수학을 가르치는 부베의 능력을 충분히 믿었기 때문이다. 이외에 당시 선교사 중에서 부베는 중국문화와 언어에 대한 능력이 가장 뛰어났다고 인정을 받았는데, 강희황제는 중국전적을 읽는 부베의 독해능력을 다음과 같이 평가하였다. "중국에 거주하는 여러 서양인들은 한 사람도 중국의 文理에 통달한 사람이 없는데, 오직 부베 한 사람만이 중국전적의 의미를 조금 알고는 있지만 역시 아직 통달하지는 못했다."[11] 이와 같이 강희황제의 심중에《易經》연구를 수행할 수 있는 서양선교사는 오직 부베 한 사람뿐이었다.

부베는 강희황제의 이런 생각을 잘 알고 있었기 때문에 象數의 각도에서《易經》을 연구하였다. 그는《易數象圖總說》에서 다음과 같이 말하였다. "內易의 비밀은 오묘하기가 이를 데 없어 추측하기도 어렵

---

10 朕自起身以來每日同阿哥等察阿爾熱巴拉新法。最難明白他說比舊法易。看來比舊法愈難, 錯處亦甚多, 骨鳥突處也不少。前者朕偶爾傳與在京西洋人開數表之根, 寫得極明白。爾將此上諭抄出並此書發到京裏, 去着西洋人共同細察, 將不通的文章一概删去。還有言者甲乘甲、乙乘乙總無數目, 卽乘出來亦不知多少, 看起來此人算法平平爾, 太少二字卽可笑也。바티칸 교황청도서관 Borg. Cinese.439(a).

11 馬國賢 著/李天剛 譯,《淸廷十三年》附錄《康熙與羅馬使節關係書》, 上海: 上海古籍出版社, 2004. Claudia von Collani, *P. Joachim Bouvet S. J. Sein Leben und sein Werk*, Steyler Verlag, 1985, p.124-133.

고 통달하기도 어려운데, 다행히 外易 數象圖의 오묘함이 있어 內易의 精微함을 탐구하려면 알아야만 할 것이다."[12] 부베는 또한《易學外篇》첫머리에서 "《易經》의 理數와 象圖는 서로 관련이 있어 나눌 수가 없다. 진실되도다, 이 말이여! 대개 理에 대해 말하려면 數를 가지고 있어야 하고, 數를 밝히려면 象을 알아야 하겠다. 象數가 미치지 못하는 것은 그림으로 제시해야 하겠다."[13] 바티칸 교황청도서관에는 부베가《易經》을 연구했던 일정표와 부베가 연구한 논문을 강희황제가 어람했다는 批文이 소장되어 있는데, 주요 내용은《易經》에 포함된 수학문제에 대해 서로 주고받은 의견이었다.[14] 이 문헌 중에 언급된《天尊地卑圖》,《釋先天未變之原義》,《洛書方圖》,《大衍圖》등은 모두 부베가 象數學의 각도에서《易經》을 연구했던 도표와 저작들이다. 강희황제는 수학연구의 흥미에서 출발하여 부베가《易經》을 연구하여 그중에서 數學의 심오한 비밀을 발견해 내기를 희망하였다. 부베가《易經》을 연구하는 과정 중에 강희황제는 이 분야에 대해 더욱 흥미를 갖게 되었다. 부베가 연구했던 數學과 象數의 내용은 "강희황제로 하여금 수학의 오묘한 이치를 깨닫게 하였고, 아울러 강희황제의《易經》에 대한 흥미를 상당히 오랫동안 지속시켰으며 강희황제가 외국인에게《易經》을 연구케 한 원인도 혹 여기에 있을 지도 모른다"[15]고 韓琦가 지적한 것과 같다.

두 번째로 康熙황제는 부베의《易經》연구를 통하여 "西學中源說"을 입증하고자 하였다. "西學中源說"은 청대 초기 東西 文化交流史에

---

12 內易之秘, 奧蘊至神, 難測而難達, 幸有外易數象圖之妙, 究其內易之精微, 則無不可知矣。바티칸 교황청도서관 Borg. Cinese. 317(8), p3, 317(10), p1.

13 易之理數象圖, 相關不離, 誠哉! 斯言也。蓋言理莫如數, 明數莫如象, 象數所不及者, 莫如圖以示之。주12)의 출처와 같음.

14 바티칸 교황청도서관 Borg. Cinese. 317-4, 22-24쪽 참고.

15 韓琦, 〈白晉的《易經》研究和康熙時代的"西學中源"說〉,《漢學研究》卷16 第1期, 1998.6, 198-199쪽.

서 제기된 중요한 학설인데, 淸初의 사상과 학술에 비교적 큰 영향을 미쳤다. 누가 이 견해를 가장 일찍 제기했는지는 학계에 아직 의견이 일치하지 않지만, 康熙 43년(1704) 강희황제는 《三角形推算法論》에서 이미 분명하게 자신의 견해를 밝힌 바 있다.

> 논자들은 古法과 今法의 다름으로 인해 曆法에 대해서는 전혀 모른다. 曆은 원래 중국에서 시작되어, 서양에 전해졌는데, 서양인들은 이를 지켜 失傳하지 않고서 끊임없이 측량하고 매년 增修하였기 때문에 미세한 부분의 차이까지도 알게 된 것이지 다른 방법이 있는 것은 아니다.[16]

강희 50년(1711) 直隷巡撫 趙宏과 수학을 논의할 때, 강희제가 처음으로 西學中源說을 《易經》과 연결시켜 논의한 것으로 그 근거가 바로 "阿爾朱巴爾"이었다. 趙宏과의 대화 내용과 그 때 상황에 근거해보면 두 가지 판단을 할 수 있다. 하나는 강희황제가 그 이전에 이미 西洋算學 阿爾朱巴爾法을 이해했고 또한 배웠다는 것이다. 두 번째는 강희에게 이 算法을 처음으로 가르쳐준 사람은 푸케가 아니었다. 왜냐하면 푸케가 御旨를 받들고 북경에 들어와 부베의 《易經》 연구를 도와준 시기는 康熙 50년 4월 이후이니, 康熙와 趙宏이 대화를 나눈 뒤의 일이다.

康熙 42년(1703) 프랑스와 제르비용, 조아셍 부베, 앙트완 토마(Antoine Thomas, 安多, 1644-1709), 도미니크 파르넹(Dominique Parrenin, 巴多明, 1665-1741) 등이 康熙황제에게 서양 수학을 가르칠 때에 이미 阿爾熱巴拉法이 포함되어 있었다. 이 시기에 번역된 서양

16 論者以古法今法之不同, 深不知曆。曆原出自中國, 傳及于極西, 西人守之不失, 測量不已, 歲歲增修, 所以得其差分之疏密, 非有他術也。《康熙御製文集》卷19〈三角形推算論〉, 北京圖書館所藏本.

수학서로는《借根方算法節要》가 있다. 借根方算法은 여러 가지 번역법이 있는데,《東華錄》에서는 "阿爾朱巴爾法"이라 번역하였고, 梅瑴成은《赤水遺珍》에서 "阿爾熱八拉"라고 하였다. 阿爾熱八拉法은 수학 중에서 "代數學"을 가리키며, 825년 아랍의 수학자 모하메드 이븐 무사 아이코와리즈미(Mohammed ibn Musa aikhowarizmi)가 지은 *AL-jabr w'al muqabala* 란 책에서 유래되었는데 바로 대수학의 원조이다. 아이코와리즈미의 저작은 12세기에 라틴어로 번역될 때에 서명을 *Ludus algebrae et almucgrabalaeque* 라 하였고, 후에 algebra 라고 약칭하였는데, 지금은 "대수학"이라고 부른다.[17]

대수학은 동양에서 시작되어 후에 서양에 전해졌는데, 강희황제가 "東來之法"이라 한 것은 결코 틀린 말이 아니다. 그러나 여기서 말하는 "東方"의 개념은 비교적 큰 차이가 있으니, 실제로 대수학은 아랍에서 시작되었지만, 강희황제는 대수학이 중국에서 발원하였다고 이해했을 가능성이 매우 크다. 강희황제는 부베에게《易經》연구를 시키기 전에 이미《易經》을 서양수학의 원조라고 생각하고 있었다. 이는 강희황제가 부베에게《易經》연구를 시킬 때에 분명한 정치적 의도를 가지고 있었음을 말해주는 것인데, 왜냐하면 "西學中源說"은 실제로 西學을 대하는 강희황제의 기본책략이며 그가 당시 중국과 서양의 문화충돌과정 중에 취했던 중요한 문화책략이기 때문이다.

푸케가 다시 강희황제에게 阿爾熱八拉新法을 강의할 때에 "天干이 시작되는 甲, 乙, 丙, 丁 등의 글자로 已知數를 표시하고 地支의 마지막 辛, 酉, 戌, 亥 등의 글자로 미지수를 표시하며, 八卦의 陽爻 "—"를 덧셈부호로 삼고, 陰爻"--"를 뺄셈부호로 삼으며, "+"를 등호로 쓴다"고 하였는데, 이는 a, b, c, d 등의 자모를 써서 已知數를 표시하고

17 樊洪業,《耶穌會士與中國科學》, 北京: 中國人民大學出版社, 1992, 226쪽.

w, x, y, z 등의 자모를 써서 未知數를 표시한 것과 비슷한 것이다.[18] 강희는 부베의 《易經》 연구를 돕기 위해 푸케를 북경으로 불러들인 뒤에도 阿爾熱八拉新法에 대해 강한 홍미를 가지고 있었다.[19]

강희황제는 전후 두 차례에 걸쳐 阿爾熱八拉新法에 심취하였는데, 이는 수학에 대한 그의 홍미와 관련이 있었고 다른 한편으로는 그의 "西學中源思想"과도 직접적인 연관이 있다. 부베의 《易經》 연구를 독려하면서 강희황제는 부베에게 중국고적 중에 풍부한 수학사상이 담겨있음을 주목해보라고 알려주면서 "古書를 세심하게 비교 탐독해야만하고, 道가 다르다고 그런 전적들을 보지 않으면 안 된다"고 주의를 주었다. 강희황제는 이 시기에 大學士 李光地에게 이렇게 얘기한 적이 있었다. "자네는 《易》 數를 가지고 다른 사람들과 토론해 본 적이 있는가? 算法과 《易》 數는 딱 들어맞는다네."[20] 이러한 언급으로 미루어 보면 강희황제는 실제로 부베가 자신의 西學中源思想에 동조하여 이를 발전시켜 나가기를 바랬던 것이다.

> 曆法의 治理를 遠臣(역주: 淸朝에서 관직에 봉직하는 서양의 천주교선교사들이 황제에게 자신을 칭했던 호칭) 크라우디오 그리말디(Claudio Grimaldi, 閔明我, 1638-1712), 톰 페레이라(Tome Pereira, 徐日

---

18 用天干開首的甲、乙、丙、丁等字表示已知數, 用地支末後的辛、酉、戌、亥等字表示未知數, 又用八卦的陽爻—作加號, 用陰爻--作減號, 以+ 爲等號。梅榮照, 〈明淸數學概論〉,《明淸數學史論文集》, 南京: 江蘇敎育出版社, 1990, 8-9쪽.

19 바티칸 교황청도서관에 이를 증명하는 문헌이 있다. "啓杜巴傳先生知: 二月二十五日三王爺傳旨, 去年哨鹿報上發回來的阿爾熱巴拉書, 在西洋人們處, 所有的西洋字的阿爾熱巴拉書査明, 一幷速送三阿哥處, 勿誤。二月二十三日 李國屛、和素""字啓傅先生知: 爾等所作的阿爾熱巴拉, 聞得已經完了, 乞立刻送來以便平定明日封報, 莫誤。二月初四 李國屛、和素" "十月十八日奉上諭: 新阿爾熱巴拉, 朕在熱河發來上諭, 原着衆西洋人公同改正, 爲何只着傅聖澤一人自作, 可傳衆西洋人, 着他們衆人公同算了, 不過傅聖澤一人自作, 不過傅聖澤說中國話罷了。務要速完。欽此。王道化" 바티칸 교황청도서관 Borg. Cinese. 439(a).

20 《淸聖祖實錄》卷25, 康熙 51年 9月 丙辰.

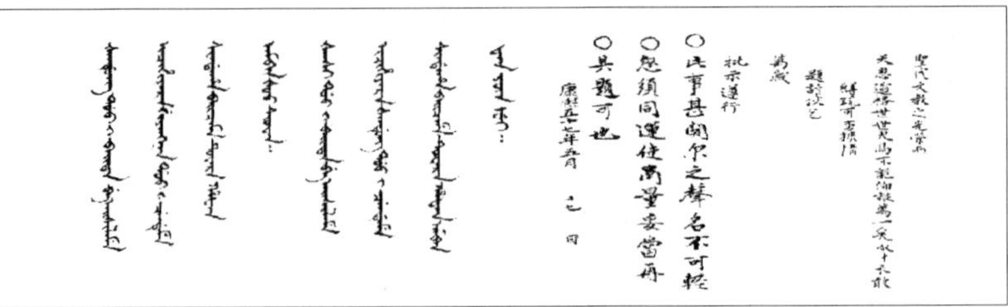

〈康熙朝 上奏文 滿漢並記文〉

升, 1645-1708), 앙트완 토마, 프랑스와 제르비용 등은 삼가 바치오니, 하감하여 주시며 가르쳐주시기를 바라나이다. 저희 遠臣들이 볼 때에, 서양학자들은 중국에는 孔子를 경배하고 天地祖上에게 제사 드리는 예가 있어 분명 그 까닭이 있다고 들었는데, 그 상세한 말을 듣기 바라나이다. 신들이 볼 때에, 孔子를 경배하는 것은 그를 인간의 師表로 공경하는 것이지 결코 복과 총명함, 爵祿을 빌기 위해 경배하는 것은 아니라고 생각합니다. 조상에게 제례하는 것은 愛親의 의미에서 나왔는데, 儒家의 禮法에 의거해도 保佑를 구한다는 말은 없고 오직 효성으로 추모의 마음을 갖는 것뿐입니다. 비록 조상의 위패를 세워놓는 것이 조상의 혼이 나무 위패에 있다고 하는 것은 아니지만 다만 자손이 근본을 알고 먼 조상까지 생각하여 마치 곁에 모시는 것처럼 한다는 의미일 뿐입니다. 郊天의 제례는 푸르른 하늘이란 형체에 제사를 드리는 것이 아니고, 천지만물의 근원이 되시는 主宰者에게 제례하는 것이니, 바로 공자께서 이르신 "社郊의 예는 上帝를 섬기는 것이다."라고 하신 말씀을 이른 것입니다. 어떨 때에는 "上帝"라 칭하지 않고 "天(하늘)"이라 한 것은 "主上"을 "主上"이라 하지 않고 "陛下"라고 하거나 "朝廷"이라 부르는 것과 같은 것입니다. 비록 명칭이 다르기는 하지만 사실 같은 것입니다. 전에 황상께서 편액에 친히 "敬天"이란 글자를 써서 하사하신 것은 바로 이런 의미이지요. 원신들의 비천한 의견은 이로써 대신하나이다. 그러나 중국의 風俗에 연관된 까닭에 감히 사사로이 올리지 못하오니, 삼가 보신 후에 가르쳐주시기를 바랍니다. 遠臣들은 황송하게 하명

을 기다리겠습니다. 康熙 39년 10월 20일 上奏.[21]

강희는 그날로 "이 상소문은 대단히 잘 썼도다. 大道에 부합되니 敬天과 事君親, 敬師長이란 천하에 두루 통하는 덕목으로 이것은 고칠 것이 없도다."라는 批를 내렸다. 강희가 부베에게 《易經》을 연구하도록 하명한 시기는 바로 "禮儀論爭"이 격렬하게 전개되었던 때로, 로마교황의 특사 샤를르 토마 메야르 드 투르농(Charles Thomas Maillard de Tournon, 鐸羅, 1668-1710) 주교가 중국에 來華했던 시기이며 강희황제와 로마교황청의 관계가 긴장국면에 처해 있던 때였다. 이 시기에 강희황제는 중국에 있는 천주교선교사들에게 반드시 통일된 정책과 요구가 있어야 한다는 사실을 고려하기 시작하였다. 강희 45년(1706) 황제는 다음과 같은 교지를 내렸다.

근일에 서양에서 온 자들이 대단히 잡다한데 도를 행하는 자도 있고, 白人으로 도를 행한다고 이름만 걸어놓는 자도 있어 是非를 분별하기가 어렵다. 지금 그대들이 왔을 때, 일정한 규칙이 없으면 나중에 시비를 야기시킬까 두렵고, 또한 교황청과도 관계가 있다고 생각되어, 하는 수 없이 定例를 제정하여 먼저 분명하게 알게 하여 나중에 도래한 사람들이 법도를 준수하고 조금이라도 법률을 어기지 않

21 治理曆法遠臣閔明我、徐日升、安多、張誠等謹奏, 爲恭請鑑, 以求訓誨事。竊遠臣看得西洋學者, 聞中國有拜孔子及祭天地祖先之禮, 必有其故, 願聞其詳等語。臣等管見, 以爲拜孔子, 敬其爲人師範, 並非祈福佑、聰明、爵祿也而拜也。祭禮祖先, 出于愛親之義, 依儒禮亦無求佑之說, 惟盡孝思之念而已。雖設立祖先之牌位, 非謂祖先之魂在木牌位之上, 不過抒于子孫報本追遠, 如在之意耳。至于郊天之禮奠, 非祭蒼蒼有形之天, 乃祭天地萬物根源主宰, 卽孔子所云: '社郊之禮, 所以事上帝也。' 有時不稱'上帝'而稱'天'者, 猶如主上不日主上, 而曰陛下, 曰朝廷之類。雖名稱不同, 其實一也。前蒙皇上所賜匾額親書'敬天'之字, 正是此意。遠臣等鄙見, 以此答之。但緣關係中國風俗, 不敢私寄, 恭請睿鑑訓誨。遠臣等不勝惶悚待命之至。康熙39年10月20日奏。黃伯祿, 《正教奉褒》. 李天剛 著, 《中國禮儀之爭: 歷史, 文獻和意義》, 上海: 上海古籍出版社, 1998, 49-50쪽.

게 하는 것이 좋겠다.[22]

강희황제가 이 교지에서 말하는 "규칙(規矩)"이란 무엇을 가리키는가? 강희황제는 바로 "마테오 리치의 규칙을 준수해야 한다" 고 말한 것인데, 강희황제가 천주교선교사들에게 반복적으로 강조한 것이 바로 이 "규칙"이다. 강희가 로마교황 크레망 11세의 특사인 토마 메야르 투르농 주교를 접견했을 때 선교사에 대한 기본정책을 그에게 다음과 같이 설명하였다. "중국은 이천여 년 동안 孔子의 道를 봉행해왔다. 중국에 온 서양사람들은 마테오 리치 이래로 항상 황제의 보호를 받아왔고, 그들 또한 법을 지키며 봉사해왔다. 앞으로 누군가 공자와 조상에 대한 제례에 대해 반대한다면 서양사람들은 더 이상 중국에 거주하기 어려울 것이다."[23] 이어서 강희황제는 북경에 거주하는 천주교선교사 전체에게 다음과 같은 諭旨를 내렸다.

지금부터 만일 마테오 리치의 규칙을 준수하지 않으면 결코 중국에 거주할 수 없고 반드시 돌아가야 할 것이다. 만일 로마교황이 이 때문에 그대들에게 선교를 허락하지 않으면 그대들은 이미 出家한 사람이므로 중국에 살면서 修道하면 될 것이다. 만일 로마교황이 마테오 리치의 규칙을 따랐다고 그대들을 다시 책망한다면, 교황의 말에 따르지 말도록 하라. 그대들을 서양으로 돌아가라고 한다면 짐은 돌아가지 못하게 하겠노라. 만일 교황이 투르농의 말을 듣고 그대들이 교황의 말을 따르지 않고 天主께 득죄하여 그대들을 반드시 소환

---

22 近日自西洋所來者甚雜, 亦有行道者, 亦有白人借名爲行道者, 難以分辨是非。如今爾來之際, 若不一定規矩, 惟恐後來惹出是非, 也覺教化王處有關係, 只得將定例先明白曉喩, 令後來之人謹守法度, 不能少違方好。陳垣 編,《康熙與羅馬使節關係文書影印本》, 第2件. 馬國賢 著/李天剛 譯,《清廷十三年》附錄《康熙與羅馬使節關係書》에 수록.

23 羅光,《敎廷與中國使節史》, 臺北: 光啓出版社, 1961, 124쪽.

하게 한다면, 그 때엔 자연히 할 말이 있다. 그대들이 중국에 오래 거주하며 짐의 영토에서 살아 중국인과 같은데, 분명 소환되고 싶지 않을 것이다. 로마교황이 만일 그대들이 죄가 있어 반드시 그대들을 불러간다면, 짐은 편지를 써서 교황에게 톰 페레이라(徐日升) 등이 중국에 거주하며 짐의 영토에서 살면서 오랫동안 힘써 봉직해 왔는데, 교황이 그대들을 돌아오라고 명령한다면 짐은 결단코 그대들을 살아서 돌려보내지는 않을 것이고, ……짐은 중국에 거주하는 모든 서양인을 찾아내어 머리를 서양에 가져가게 하겠다. 이렇게 된다면 그대들의 로마교황도 교황이 될 수 있을 것이다.[24]

예의논쟁 시기에 몇몇 선교사들의 행동은 康熙황제를 격분하게 만들었다. 먼저 파리외방선교회 회장 샤를르 메그로는 중국의 전적을 읽을 줄도 모르면서 함부로 악평을 일삼았는데, 강희황제는 그가 "우둔하게 글자도 모르면서 멋대로 중국의 道를 망령되이 논하는구나. ……글자도 모르고 게다가 중국말도 잘하지 못해서 대화는 통역을 통해야 하는데, 이런 사람이 감히 중국 경서의 道를 논하다니 마치 문밖에 서서 집에 들어온 적도 없는 사람이 집안의 일을 말하는 것같이 말하는 것이 조금도 근거가 없구나."[25]라고 비판하였다. 후에 죠세프 니콜라 들리즐(Joseph Nicolas Delisle, 德理格, 1675-1726)은 강희황

---

24 自今以後, 若不遵利瑪竇的規矩, 斷不准在中國住, 必逐回去。若教化王因此不准爾等傳教, 爾等既是出家人, 就在中國住着修道。教化王若再怪你們遵利瑪竇規矩, 不依教化王的話。叫你們回西洋去, 朕不教你們回去。倘教化王聽了多羅的話, 說你們不遵教化王的話, 得罪天主, 必定教你們回去, 那時朕自然有話要說。說你們在中國久服朕水土, 就如中國人一樣, 必不肯打發回去。教化王若說你們有罪, 必定教你們回去。朕帶信與他說徐日升等在中國, 服朕水土, 出力年久。你必定教他們回去, 朕斷不肯將他們活打發回去……朕就將中國所有西洋人都查出來, 盡行將頭帶于西洋去。設是如此, 你們的教化王也就成了教化王了。주22)의 출처와 같음.

25 愚不識字, 擅敢妄論中國之道。……既不識字, 又不善中國語言, 對話須用翻譯。這等人敢談論中國經書之道, 像站在門外從未進屋的人討論屋中之事, 說話沒一點根據。《康熙與羅馬使節關係文書影印本》, 第11 · 12件.

제가 로마교황에게 보내는 편지를 제멋대로 고쳤다가 강희황제가 이를 알고는 대노하였으며, 그를 "奸人", "무지몽매한 무뢰배와 같은 小人"이라고 매도하였다.

부베는 강희가 가장 신뢰한 선교사였는데, 교황의 특사 투르농주교가 來華한 이후에 강희가 부베에게 직접 중요한 여러 활동에 참여하도록 안배한 것은 그에 대한 신임을 직접 드러낸 것이다. 이런 배경 속에서 강희황제는 부베의 《易經》 연구를 여러 측면에서 지원해 주었는데, 이런 결정은 간단한 개인의 흥미문제를 뛰어넘는 것으로 강희황제는 부베가 《易經》 연구를 통해 천주교선교사들에게 새로운 모델을 제시해주어 마테오 리치의 규칙을 지키게 하고자 하였으며, "중국의 道理를 의론하고자 하면 반드시 중국의 文理에 정통해야 하고 중국의 詩書를 섭렵해야 비로소 변론할 수 있다"[26]는 사실을 인식시키고자 하였다. 이것은 강희황제가 예의논쟁 중에 로마교황청의 선교정책과 논쟁을 전개하면서 중국 주재 천주교선교사들로 하여금 자신이 규정한 방식으로 중국에서 생활하고 선교하도록 한 중요한 정치적 조치였다.

이 점은 여러 차례에 걸친 강희황제의 御批 중에 아주 분명하게 언급되었다. 강희 50년(1711) 5월 22일, 강희는 부베의 육필원고를 읽은 뒤에 다음과 같이 논평하였다. "부베의 인용문을 보니 심히 번잡하다. 그중에서 나중에 샤를르 메그로나 크라우드 비스들루(Claude Visdelou, 劉應, 1657-1737) 등의 선교사가 나선다면 사안에 일일이 대답할 수 없게 될 것이다. 이에 대해 조심하지 않으면 짐도 분규에서 벗어날 수 없게 될 것이다. 서양인들은 함께 상의해야 하고 가볍게 보아서는 안 된다."[27] 和素는 이 御批를 호세 소아레스(Jose Soares, 蘇琳, 1665-1736), 베

---

26 欲議論中國道理, 必須深通中國文理, 讀盡中國詩書, 方可辯論。《康熙與羅馬使節關係文書影印本》, 第13件.

27 覽博津(역주: 부베의 中文이름)引文, 甚爲繁冗。其中日後如嚴當、劉英(역주: 크라우드의 中文이름)等人出, 必致逐件無言以對。從此若不謹慎, 則朕亦將無法解

르나르트 킬리안 슈트룸프(Bernard Kilian Stumpf, 紀理安, 1655-1720), 크라우디오 그리말디 등의 천주교선교사들에게 전달하였고, 선교사들은 함께 상의한 뒤에 강희황제에게 다음과 같이 上奏하였다.

> 황상께서 범사를 저희 서양인들에게 가르쳐주시니 감사의 말씀을 필설로 다할 수 없습니다. 부베의 글에 있는 인용문은 심히 번잡하고 길어, 차후에 메그로와 크라우드 같은 사람들이 나선다면 나를 손상시킬 것이니 가볍게 보지 말고 그대들이 함께 상의하라고 下諭하셨습니다. 홍은이 망극하여 실로 앙망할 따름입니다. 이것은 우리들이 한 마음인데 이후에 부베가 《易經》을 주석할 때에 장황한 것을 힘써 재단하고 사실만을 기술하도록 할 것을 황상께 상주합니다. 저술한 것이 수준에 이르면 쓰는 대로 상주케 하고, 기술한 것이 또 사실에 어긋나 황상께서 어람하시기에 불편하시다면 즉시 기술을 멈추게 하겠습니다.[28]

강희는 이 상주문을 읽고 매우 기뻐하며 즉시 매우 좋다는 回批를 선교사들에게 내렸다. 이런 상황으로 미루어 볼 때, 강희가 부베로 하여금 《易經》을 연구하게 한 것은 예의논쟁과 밀접한 관계가 있는 것으로, 강희는 부베의 연구를 통해 예의 논쟁에 관한 대응수단을 찾고자 한 것이다. 왜냐하면 로마교황의 특사인 메그로 주교나 크라우드 교구장 같은 선교사 뿐만 아니라 심지어는 로마교황청까지도 설득해야했기 때문이다. 이 작업은 천주교선교사가 하는 것이 당연히 중국 문인에게 맡기는 것보다는 효과가 더 크기 때문이었다. 부베는 강희

脫。西洋人應共商議, 不可輕視。《康熙朝滿文朱批奏摺全譯》, 北京: 中國社會科學出版社, 1996, 725-726쪽.

28 凡事皇上教誨我西洋人, 筆不能盡。以博津文內引言, 甚爲繁冗, 故諭日後嚴當、劉英等人出, 恐傷我, 不可輕視, 着爾共議。欽此。洪恩浩蕩, 實難仰承。是以我等同心。嗣後博津註釋《易經》時, 務令裁其繁蕪, 惟寫眞事情, 奏報皇上。所寫得法, 隨寫隨奏; 所寫復失眞, 不便奏皇上閱覽, 卽令停修。《康熙朝滿文朱批奏摺全譯》, 726쪽.

황제의 신임을 얻었을 뿐만 아니라 중국의 文理도 통달했으므로 자연히 가장 적합한 인선이라 하겠다.

제4절 예수회 索隱派와《天學本義》

1699년 이전에 부베는 중국어로는《天學本義》라 하고, 라틴어로는《*Observata de vocibus Sinicis Tien et Chang-ti* 중국인의 "天"과 "上帝" 두 글자에 관한 관찰》이라는 책을 저술하였다. 이 책은 아마도 부베가 1700년 11월 8일에 프랑스 파리의 예수회신부 쿠피리온(郭弼恩)에게 쓴 서신 중에 언급한 책으로 강희황제에게 上呈된《*petit ouvrage* 小作品》이란 저작일 것이다.[29] 이 책의 내용은 주로 부베가 四書五經 중의 문장과 고대성인의 談話 및 선교할 때에 수집했던 民間俗談을 선별하여 抄錄한 것이다. 이들을 편집한 작자의 목적은 중국인과 예수회의 상급자들에게 "天"과 "上帝"라는 이 두 호칭은 모두 하나님을 지칭한다는 사실을 증명하기 위한 것이었다.[30] 1702년 당시 北京의 베르나르디노 델라 치에사(Bernardino della Chiesa, 伊大仁, 1644-1721)主教는 황제의 공감을 얻기 위해, 이 잡문을 강희황제에게 바칠 것을 건의하였다. 비록 시찰원 엠마누엘 라우리피체(Emanuele Laurifice, 潘國良, 1646-1703)는 이에 반대하였지만 그해에 앙트완 토마가 이 책을 강희황제에게 상정하였다. 부베는〈天學本義自序〉에서 다음과 같이 말하고 있다.

---

29 조아생 부베, 1700년 11월 8일자 서신, Dutens, *Ludovici: G. G. Leibnitti Opera Omniat. IV*, Genevae, 1768, 4쪽과 146-151쪽에서 인용.

30《中國方濟會志》Ⅷ, *Sinica Franciscana*, Band 8, ed. Foutunatus Margiotti, Rom 1975, vol146, p755.

> 天學이란 무엇인가? 바로 至尊無對하신 皇上帝가 계시니, 전능하신 최고의 신령이시며 賞罰과 善惡이 至公無私하시다. 萬有의 眞主가 시작하신 道는 人心이 共由하는 이치이다. 무릇 上主께서 처음 사람의 마음을 만드실 때 선량한 마음을 주셔서 사람은 자연히 이런 이치에 밝았다. 天理가 사람의 마음에 있는 법이니 사람이 자신의 성정을 다 바꾼다할지라도 天에 맞게 되어있다. 오호라! 얼마 되지 않아 사람의 마음이 私欲에 차서 하늘에 죄를 짓고 天理에서 떠나 天理에 어두워져 버렸다. 지극히 인자하신 上主께서는 인간의 미혹됨을 참지 못하셨다. ……이에 天道의 精微함을 經典에 분명하게 기록하여 세상의 우매한 중생을 계도하게 하셨다.[31]

이 서문은 강희 46년(1707)에 지었는데, 비록 중국어로 쓰였지만 사고방식이나 논리전개는 완전히 서양식이고 기독교적이다.《聖經》의 지상낙원 에덴동산과 인류시조의 原罪, 천주교의 救贖論이 중국식으로 표현되어 있다. 이 책은 중국전적 중에서 관련된 내용을 節錄하거나 民間俗語를 수록한 것이고 논리적 구조는 완전히 서방 천주교 신학의 틀에 따라 구성되어 있기 때문에 중국의 고유사상과는 특별한 관계가 없다. 부베가《易經》을 연구하던 초기에는 여전히 서구적이고 게다가 기독교적인 사상 속에 머물러 있었기 때문에 그의 연구결과에 대해 강희황제는 대단히 큰 불만을 표시하였다. 상정된 이 책에 대해 강희황제는 "난삽하고 모호하며 게다가 많은 오류가 있다(艱澀、模糊, 此有諸多錯誤)"고 論駁하여 돌려보냈다. 이 책은 1703

31 "天學者何? 乃有皇上帝至尊無對, 全能至神至靈, 賞罰善惡至公無私。萬有眞主所開之道, 人心所共由之理也。蓋上主初陶人心, 賦以善良, 自然明乎斯理。天理在人心, 人易盡其性而合于天。嗟乎! 未幾人心流于私欲, 獲罪于天, 離于天理而天理昧。至仁上主不忍人之終迷也。……乃以天道之精微明錄于經, 以啓世之愚象。" 조아생 부베,《天學本義》, 바티칸 교황청도서관 Borg. Cinese. 316-318.

년 수정을 거친 후에 翰林院의 翰台 韓菼이 서문을 지어 간행하였다.

《天學本義》가 翰林院의 인가를 받은 후에 부베는 이 책을 어거스틴수도회의 알바로 데 베나벤트(Alvaro de Benavente, 白萬樂, 1646-1709)신부[32]에게 보냈는데, 이 책을 통해 천주교의 권위 있는 지도자에게 자신의 연구를 인정받고자 했던 것이다. 부베가 베나벤트신부를 선택한 것은 표면적으로는 당시 베르나르디노 주교가 중국어에 그다지 정통하지 못한 이유도 있지만, 그보다는 베나벤트신부가 예수회에 대해 상당히 우호적이었기 때문이었다. 1702년 8월 14일 베나벤트신부는 예수회와 당시의 예수회 副會長 토마스(P. Thomas)에게 이를 통지하였는데, 토마스는 이미 부베가 보내준 책을 받았고 자신도 이 책의 내용이 중국에서의 선교사업에 유용할 뿐만 아니라 없어서는 안 된다는 생각을 갖고 있었다. 1705년 로마교황의 특사 투르농 주교가 廣東에 도착했을 때, 베나벤트신부는 그를 환영한다는 의미로 《天學本義》의 肉筆抄稿 副本을 예물로 주었다. 후에 투르농 주교는 이 副本을 영국에서 온 도밍고수도회의 토마 크로케(Thomas Croquer, 克羅凱, 1657-1729)와 크라우드 교구장에게도 주었다.

부베는 《天學本義》에서 당대의 중국인들은 줄곧 자신들이 숭배하는 造物主가 있는데, 바로 그들이 "天"이나 혹은 "上帝"라고 부르는 신이며, 바로 "天"과 "上帝"는 位格를 가진 신을 지칭한다고 주장하였다. 하지만 투르농 주교는 翰林院 翰台가 이 전적을 심의한 것은 천주교회의 심의권에 대한 월권이라는 빌미를 들어 이 책을 강력히 배척하였다. 그는 俗世의 심의는 반드시 교단의 심의가 있은 뒤에 해야 하며, 게다가 韓菼은 예전에 유럽인을 "夷狄(오랑캐)"라고 부른 적이 있었기 때문에 그가 심의한다는 것은 천주교에서는 있을 수 없는 일이

32 그는 1680년 Juan Nicolas de Ribera신부와 함께 중국에 어거스틴수도회를 창립하였고, 1699년 江西의 宗座代牧과 Askalon의 명예주교가 되었다.

라고 생각하였다. 이 전적의 중요성을 감안하여 투르농 주교는 1705년 7월 17일 북경에 있는 베르나르디노 주교에게 이미 인쇄된 모든 《天學本義》를 압수하라고 명령하였고 아울러 예수회 신부들에게 이 책을 몰래 私藏하지 않을 것을 맹세하게 하였다.[33] 베르나르디노 주교는 즉각 이 명령을 실행하여 예수회의 視察員 크라우디오 그리말디와 프랑스 在中宣教教區 회장 제르비용에게 서신을 보내 투르농 주교의 명령 집행을 독촉하였는데, 두 사람은 그에게 이 서적의 인쇄본은 이미 없노라고 회답하였다.[34]

투르농 주교의 禁書令에 대한 대책으로 이 책의 원고를 읽은 적이 있는 강희황제는 1705년 12월 18일 諭旨를 반포하여 이 책을 유럽어로 번역하여 직접 투르농 주교가 심사하게 하라고 하명하였다.[35] 그 때에 부베는 이미 이 책에 대한 보충과 수정을 가하여 《古今敬天鑑》이란 서명으로 새롭게 간행하였다. 강희황제의 御旨를 받들어 앙리 프레메어와 줄리앙 에르비외(Julien Hervieu, 赫蒼璧, 1671-1746)가 번역한 이 책의 라틴어 번역본 《*De Cultucoelesti Sinarum Veterum et Modernorum* 古今에 걸친 중국인의 하늘에 대한 경배》는 1706년에 완성되었다.[36] 이 때문에 이 서적의 원고와 增補本은 지금까지 여러 가지 판본이 전해져오고 있다. 이 책을 둘러싼 여러 가지 갈등은 부베와 그의 상급자들, 그리고 로마천주교 지도자들 사이의 여러 가지 모순을 드러낸 대표적인 사례인 것이다.

---

33 《中國方濟會志》VIII, *Sinica Franciscana, Band 8*, p.756.

34 Acta Pekinensia, 로마교황청 예수회 문서보관소, JS 138, p.10-13.

35 주30)과 같음.

36 프랑스 국가도서관의 新所藏 라틴어 원고 1173, 173쪽. 앙리 프레메어와 줄리앙 헤르비외의 1706년 9월 16일자 서신.

제5절 "禮儀論爭"과 조아생 부베의 《易經》 연구

강희황제는 和素와 王道化가 올린 상주문에 대한 御批에서 "부베의 책을 보니 점점 잡다하고 산란한데, 단지 자신의 견해만을 옳다고 생각하며 조금씩 여러 전적에서 인용했을 뿐이며 鴻儒가 전에 정의했던 大義는 전혀 없다."[37]라고 부베의 연구가 여러 전적의 관련 내용을 끌어 모은 잡다한 자료집일 뿐이며 儒學의 대가들이 통달한 大義가 기술되지 않았다고 신랄하게 비판하였다. 강희황제는 자신의 이런 불만을 북경에 주재하는 다른 천주교선교사들에게 알려주었는데, 이 일의 사안이 중대하였기 때문에 선교사들은 멀리 江西에 있는 프랑스와 푸케를 북경으로 불러들여 부베의《易經》연구를 도와주도록 결정하였다.[38] 푸케가 북경에 상경하여《易經》연구를 하게 된 것은 비단 부베의 뜻일 뿐만 아니라 북경주재 천주교선교사들이 공동으로 결정한 일이었다. 얼마 후 和素는 康熙황제에게 부베의《易經》연구에 대한 자신의 견해를 다음과 같이 피력하였다.

> 신들은 부베가 지은《易經》몇 문장을 받아두었는데, 본래 그가 지은 것이 그런대로 괜찮다고 생각했습니다. 신들이 이를 읽어보고는 뜻을 알 수 없어 대단히 놀랐습니다. 황상께서 이 교지를 내리신 것을 보고 비로소 황상께서 도량이 얼마나 크신지를 알게 되었습니다. 신들은 비록《易經》을 배우지 않아 한 두 가지 어려운 문장을 만나면 卦에 맞추어 주를 찾아서 그 대략의 뜻을 해석할 수 있습니다. 다시 부베가 지은《易經》과 도표를 보니 뜻을 모르겠고 게다가 도표는 귀

37 覽博津書, 漸漸雜亂, 披只是自以爲是, 零星援引群書而已, 竟無鴻儒早定之大義。《康熙朝滿文朱批奏摺全譯》, 722-723쪽.

38 전게서, 735쪽.

신을 모방한 것도 있고 또한 그림 같은 것도 있습니다. 비록 저희가 그 것에 담긴 오묘함을 알지 못하지만 이를 보니 대단히 가소롭습니다. 게다가 전후로 인용된 문장은 모두 중국전적인데 도리어 서양의 종교라고 합니다. 황상께서 이 책의 가소롭고 엉터리로 된 편집을 통감하옵소서! 신들은 잘 모르겠습니다. 때문에 부베가 지은《易經》문헌은 잠시 상주하여 보고하지 않고 황상께서 북경에 오시면 부베가 직접 상주토록 하겠습니다.[39]

康熙는 和素의 견해에 전적으로 동의하였는데, 위에서 인용한 和素의 견해는 강희황제의 생각을 반영한 것으로 그 당시 부베의《易經》연구는 아직 궤도에 오르지 못했고 실제로《易經》의 精髓를 파악하지도 못했다. 앞에서 인용한 바티칸 교황청도서관에 소장된 "7월 5일"자 문헌에서도 이 점을 설명해주고 있다. 때문에 강희황제는 부베에게 중국전적을 세심하게 탐독해야 하고 종교적, 사상적으로 "道"가 다르다고 해서 여러 전적을 읽지 않으면 안 된다고 경고했던 것이다.

이상의 문헌에서 부베는 강희황제가《易經》을 연구하라고 하명했던 초기에는 중국과 기독교 사상의 공통점을 찾지 못했고, 중국문화에 대한 이해도 상당히 제한적이었다. 하지만 강희황제가 부베의 연구문헌에 대해 진행한 부정적인 비평은 부베에게 직접적인 영향을 미쳐서, 그 후 부베의《易經》연구에 새로운 변화가 나타났고 중국문화와 사상에 대한 이해가 심화되었다. 부베는〈易經自序〉에서 중국에서의《易經》의 지위에 대해 다음과 같이 평하였다.

39 奴才等留存博津所著《易經》數段, 原以爲其寫得尙可以。奴才等讀之, 意不明白, 甚爲驚訝。皇上頒是旨, 始知皇上度量宏大。奴才等雖無學習《易經》, 雖遇一二難句, 則對卦查註, 仍可譯其大概。再看博津所著《易經》及其圖, 意不明白, 且視其圖, 有倣鬼神者, 亦有似畵者。雖我不知其奧秘, 視之甚可笑。再者, 先後來文援引皆中國書, 反稱系西洋教。皇上洞鑑其可笑胡編, 而奴才等尙不知。是以將博津所著《易經》暫停隔報具奏, 俟皇上入京, 由博津親奏。주37)의 출처와 같음.

> 크도다 易經이여! 易經은 諸經의 근본이며 萬學의 원류이다.《傳》에 이르기를 "《역경》이란 전적은 광대하여 모든 것을 갖추고 있다. 先儒가 이를 찬양하여 말했다. '그 道는 지극히 넓어 그 쓰임이 포함되지 않음이 없고 지극히 신비로워 존재하지 않음이 없다.' 진실로 易理는 지극하고, 盡하며, 더함이 없도다!" 十三經의 〈書經序〉에 이르기를 "伏羲, 神農, 黃帝의 책을 三墳이라 하는데 大道를 말하고 있다. 少昊, 顓瑞, 高辛, 唐, 虞의 책을 五典이라 하는데 常道를 논하고 있다. 夏, 商, 周 三代의 책은 비록 교훈을 개설한 것이 같지 않지만 우아한 글과 오묘한 뜻은 하나로 귀결된다. 이 때문에 대대로 내려오며 이를 大訓이라 생각하였다.《正義》에 이르기를 "夏, 商, 周 三代의 책에는 深奧한 글이 있다."고 하였다. 夏, 商, 周 三代의 책은 三墳, 五典과는 이치가 같다.《圖書編》〈五經序〉에 이르기를 "六經은 모두 心學이다. 天에 대해서는《周易》보다 잘 설명할 수 없으니, 64卦와 384爻는 어느 것이 心이 아니겠는가? 어느 것이 聖人의 心學이 아니겠는가?" 때문에 여러 경전의 道는 이미 모두《易經》에 갖추어져 있으며, 모두가 실제로 天學과 心學을 말하고 있을 따름이다.[40]

〈易經自序〉의 기술로 미루어 볼 때, 부베는 孔穎達의《五經正義》등의 주석서를 이미 섭렵하였는데, 이것은《天學本義》를 저술할 때보다 상당히 발전된 모습이다. 그는 1715년에 보낸 서신에서 다음과

40 大哉, 易乎! 其諸經之本, 萬學之原乎?《傳》云: "易之爲書也, 廣大悉備。前儒贊之云: '其道至廣而無不包其用, 至神而無不存。' 誠哉! 易理至矣! 盡矣! 無以加矣!" 十三經〈書經序〉云: "伏羲、神農、黃帝之書謂之三墳,言大道也。少昊、顓瑞、高辛、唐、虞之書謂之五典, 言常道也。" 至于夏、商、周三代之書, 雖設教不倫, 雅誥奧義, 其歸一揆。是故, 歷代實之爲大訓。《正義》曰: "夏、商、周三代之書, 有深奧之文。" 其所歸趣與墳典一揆。《圖書編》〈五經序〉云: "六經皆心學也。說天莫辯乎易, 六十四卦、三百八十四爻孰非心乎? 孰非聖人之心學乎?" 是知諸經典籍之道, 既全具于易, 皆實惟言天學、心學而已。Claudia von Collani, *Joachim Bouvet S. J. Sein Leben und sein Werk*, Steyler Verlag, 1985, p.209.

같이 기술하였다. "나의 연구는 孔子의 학설과 儒家의 고대전적 중에는 실제로 거의 모든 기독교의 기본적인 교리가 포함되어 있다는 사실을 중국인들에게 증명하고자 하였다. 나는 다행히 중국의 황제에게 이 점을 증명할 수 있었다. 그것은 바로 중국 고대의 학설과 기독교의 교리는 완전히 같다는 것이다."[41] 그의 고백으로부터 우리는 조아생 부베가 마침내 중국문화와 기독교문화 사이에 공통점을 가지고 있을 뿐만 아니라 兩者가 완전히 일치한다는 생각까지 발전하게 되었고 이를 위해 치열하게 연구했다는 사실을 알 수 있다. 분명히 그때에 중국문화에 대한 조아생 부베의 이해는 전보다 심화되었지만 그의 연구는 강희황제가 생각지도 못했던 완전히 다른 방향으로 진행되고 말았다.

41 我的研究就是要向中國人證明, 孔子的學說和他們的古代典籍中實際包含着幾乎所有的, 基本的基督教的教義。我有幸得以向中國的皇帝說明這一點: "那就是中國古代的學說和基督教的教義是完全相同的。" 로마 예수회 문서보관소 JS 176, f.340: 조아생 부베의 1715년 8월 18일자 서신.

제5장 임마누엘 디아스의 문서선교와 譯書《輕世金書》와《聖經直解》

제1절 임마누엘 디아스의 문서선교와 漢譯西學書의 朝鮮 전래

제2절 임마누엘 디아스의 中譯本《輕世金書》의 번역과 譯本問題

제3절 토마스 캠피스의 *Imitatione christi*와 中譯本《輕世金書》의 題名과 주제 표현

제4절 實學과 天學의 실행방법 "遵主聖範"과《聖經直解》의 간행목적

제5절 디아스의 번역책략과 譯書의 翻譯文體 "謨誥體"

제6절《聖經直解》와《輕世金書》의 전파와 영향

《연행도》 제5폭 〈산해관 동라성 山海關 東羅城〉, 한국기독교박물관 소장

임마누엘 디아스의 문서선교와 譯書《輕世金書》와《聖經直解》

제1절 임마누엘 디아스의 문서선교와 漢譯西學書의 朝鮮 전래

한국 천주교회는 세계선교사상 유일하게 선교사의 전도에 의해서가 아니라 한국인 스스로의 노력으로 세워졌다. 17세기 초엽부터 일부 식자층에 의해 조선에 전래된 漢譯西學書를 통해서 기독교가 소개되었는데, 특히 17세기부터 18세기 후기에 많은 西學書들이 중국에서 유입되었으며 대부분이 천주교 교리서, 기도서, 영성수양서 등이었다. 이중에는 성경발췌본인《聖經直解》와《聖經直解廣益》이 포함되어 있었고, 이들 漢譯本을 통해 한국인은 처음으로 기독교의 복음을 직접 만나게 되었다. 클로드 샤를르 달레(C. Charles Dallet, 1829-1878)는 한국인이《성경》과 처음 해우하게 된 장면을 다음과 같이 기술하고 있다.

> 甲辰(1784)年 봄에 李承薰 베드로는 北京에서 얻은 많은 책과 十字苦像과 像本과 몇 가지 이상한 물건을 가지고 서울로 돌아왔다.

……李檗(이벽)은 친구가 보내 준 많은 서적을 받자마자 외딴 집을 세내어 독서와 묵상에 전념하기 위하여 들어앉았다. 이제 그는 종교의 진리의 더 많은 증거와, 중국과 조선의 여러 가지 迷信에 대한 더 철저한 반박과, 七聖事의 해설과, 教理問答과 福音聖書의 註解와, 그날 그 날의 聖人行蹟과 기도서 등을 가지게 되었다. ……책을 읽어 나가는데 따라서 새로운 생명이 자기 마음속에 뚫고 들어오는 것을 느꼈다. 예수 그리스도께 대한 그의 신앙은 커갔고, 신앙과 더불어 자기 동포들에게 하느님의 은혜를 알려주고자 하는 욕망도 커갔다.[1]

위의 인용문에 따르면 이벽은 복음성서의 주해서를 분명히 읽고 있었는데, 그가 읽었던《성경》의 주해서는 아마도《聖經直解》였을 것이다. 초기 한국교회의 지도자들은 "자기 동포들에게 하느님의 은혜를 알려주고자 하는 강렬한 욕망"을 가지고 漢文書籍을 한글로 번역하였고, 이러한 노력의 첫 번째 결실로 한글본《셩경직히》의 번역이 이루어졌다. 漢文本《聖經直解》와《聖經廣益》을 한글로 번역하여 편찬한 한글본《셩경직히》가 바로 한국인이 대하게 된 최초의 한글《성경》이었다. 漢文本《聖經直解》를 한글로 번역한 첫 번째 역자는 초기 천주교회의 활동가이자 가성직단의 일원이었던 최창현(崔昌顯)이다. 달레의《한국천주교회사》에서는 최창현이《主日과 祝日 聖經의 해석》이란 한문책을 한국어로 번역하였다고 기록하고 있다. 여기서 말하는《주일과 축일 성경의 해석》이란 책은 바로《聖經直解》를 가리킨다. 최창현은 1790년대 中人 譯官 집안 출신으로 중국어 통역관이었다. 그는 한문을 해독할 수 있었고 게다가 毛筆로 필사할 수 있는 능력이 뛰어나 "모든 교회서적들을 자기 손으로 베껴 써서 그것으

1 샤를르 달레 저/안응렬·최석우 역주,《韓國天主教史》상, 한국교회사연구소, 1979, 307쪽.

로 크게 봉사하였다"고 한다.[2]

그런데 달레가 추정한 1784년 전후의 전래설보다 약 20여 년이 앞선 1760년대에 조선왕궁에서 간행된 책자에 천주교 漢譯西學書가 著錄되어 있다. 〈中國小說繪摸本·小敍〉에는 다음과 같이 중국서적들이 언급되어 있다.

> 무릇《四書》·《六經》과《綱目》·《通鑑》·《宋鑑》·《明史》·《綱鑑》의 전적, 한유 · 유종원 · 이백 · 두보 · 소동파의 여러 문집, 朱子의 諸書와《二程全書》등의 諸子百家의 책 이외에 또한 패관야사 등의 여러 책이 있어 그 서명을 이루다 기록할 수가 없다. 그러나 그 중에는 어느 정도 정교함과 치졸함, 허와 실이 있어 세상을 깨우치고 있는 것은 무엇인가? 그 부류가 큰 것으로는《開闢演義》·《涿鹿演義》·《西周演義》·《列國志》·《西漢演義》·《東漢演義》·《三國志》·········《焦史演義》가 있다. 그 부류가 작은 것으로는《留人眼》·《西湖佳話》·········《聖經直解》·《七克》·《聘聘傳》·《西廂記》가 있다. 그 중에는 大中小帙이 있는《西遊記》·《後西遊記》·《東遊記》·《水滸志》·········《剪燈新話》가 있다.[3]

이 서문은 英祖의 後妃인 映嬪 李氏가 1762年에 창경궁의 麗暉閣에서 쓴 것으로 이 글 속에서 언급된 서명은 모두 83종인데 그중에 75종이 小說이다. 그밖의 8종 서적은 권계서 3종(《女範》,《士範》,《養正圖解》), 천주교서적 2종(《聖經直解》,《七克》), 법의학서 1종(《無冤錄》), 도교서적 1종(《感應篇》), 戲曲 1종(《西廂記》)이다.[4] 〈中國小說

---

2 샤를르 달레 저/안응렬·최석우 역주,《韓國天主教史》상, 315쪽.

3 完山李氏 著,〈中國小說繪模本·小敍〉, 江原大學校 出版部, 1993, 152쪽.

4 졸저,《중국 근대의 소설번역과 중한소설의 쌍방향 번역 연구》, 숭실대학교 출판부, 2008, 235~236쪽 참조.

繪模本小序〉에서 언급된 서목들을 통해 이 작품들이 1762년 이전에 이미 朝鮮에 전래되었다는 사실을 알 수 있다. 映嬪 李氏는 이미 이 작품들을 읽고 나서 전적의 내용과 분류에 따라 서평을 기술하였다. 그중에는 천주교서적《聖經直解》와《七克》이 저록되어 있는데, 이는 18세기 중엽에 이미《성경》과 천주교 교리서가 조선 왕궁에 유입되었다는 사실을 말해주고 있다.

2009년에 간행된《한국천주교사》에서는 조선후기에 도입된 漢譯西學書에 대한 전반적인 조사를 통해 조선후기 서학의 수용상황을 고찰하였고 그중 〈조선에 소개된 천주교 교리서〉를 도표로 작성하여 원전의 저(편·역)자, 간행연도, 소개자와 소개시기 및 출전을 일목요연하게 소개하였다. 모두 56종의 주요 전적이 나열되었는데, 그중에는 임마누엘 디아스의 3권의 譯書가 포함되어 있다.[5] 조선에서 가장 관심이 많았던 천문역산서와 과학기술서 부분에서는 1615년 디아스가 번역한《천문략》이 이영후에 의해 1631년경에 조선에 소개되었는데 이 분야의 첫 번째 한역서로 평가받고 있다.[6] 본장에서는 조선후기 가장 영향력이 있었던 천주교 예수회선교사 임마누엘 디아스의 천주교 문서선교사업과 그의 대표적인 漢譯 천주교 교리서《聖經直解》와《輕世金書》에 대해 종합적인 고찰을 해보고자 한다.

《聖經直解》는 예수회의 포르트갈신부 임마누엘 디아스(Emmanuel Diaz Junior, 陽瑪諾, 1574-1659)가 1636년 처음으로 中譯한 성경축약본으로 北京에서 간행되었다. 디아스는 명말 선교사 중에서 문필력이 가장 뛰어난 번역가로 알려져 있으며 그는 토마스 캠

---

5 한국교회사연구소 편,《한국천주교회사》제1권, 분도출판사, 2009, 141-225쪽. 〈표3 조선에 소개된 천주교 교리서〉는 192-193쪽에 수록되었고, 디아스의 3종 서적은 다음과 같다. 1. 성경직해, 1636, 1762 이전, 지나역사회모본. 2. 수진일과, 간행연도, 소개자 불명, 1789 이전, 벽위편, 3. 천신도문, 간행연도, 소개자 불명, 1800 이전, 사학징의.

6 한국교회사연구소 편,《한국천주교회사》제1권, 141-143쪽.

피스(Thomas à Kempis, 1380-1471)의 *Imitatione christis*를 《輕世金書》란 제명으로 1640년 북경에서 번역 출간하였다. 그가 번역한 《聖經直解》와 《輕世金書》는 천주교단은 물론 중국과 한국을 비롯한 동아시아 문화 전반에 지대한 영향을 미쳤고, 21세기 동아시아 학계에서 근현대의 종교, 언어, 역사, 문학 탐구를 하는데 가장 핵심적인 연구 테마가 되고 있다. 두 권의 역서는 기독교 선교를 위한 가장 기초적이고도 핵심적인 전적으로 초기 천주교신자들의 신앙생활을 이끌어주었던 신앙서적인데, 천주교를 포함한 기독교인과 학자들에게 지대한 영향을 미쳤다. 이 두 역서의 역자 임마누엘 디아스는 독특한 번역책략을 운용하여 儒家의 經書體로 이를 漢譯하여 수 세기 동안 널리 유통시켰다.

본장에서는 먼저 《輕世金書》의 번역배경과 원전 연구, 譯本과 원전의 비교 분석, 판본을 비롯한 각종 注疏本에 대한 조사 분석, 그리고 《聖經直解》와 《輕世金書》의 상관관계, 역자 디아스의 번역책략과 번역목적 등을 종합적으로 분석 탐구하여 17세기 중엽 역자 임마누엘 디아스의 탁월한 문서선교사업을 번역문학의 관점에서 한국에 소개하고자 한다.

제2절 임마누엘 디아스의 中譯本 《輕世金書》의 번역과 譯本問題

明代에 中譯된 유럽문학의 원본 중에서 후세사람들에게 가장 잘 알려진 책은 토마스 캠피스(Thomas à Kempis, 1380-1471)의 《遵主聖範》(*Imitatione christi*)일 것이다. 이 책은 천주교의 靈性小品集인데, 계획적이고도 체계적으로 기술되어 있어 천주교인은 물론이고 개신교단의 독자층 또한 적지 않았다. 中華民國이 건국(1911년)되기 전에 이 책의 번역본은 적어도 10 여 종에 이르고, 서명 또한《師主篇》,《師主吟》,《大道指歸》,《神慰奇編》,《輕世金書》등 여럿이 있다. 이러한 譯名 중에서 임마누엘 디아스의《輕世金書》가 가장 먼저 사용되었고, 번역 시점이나 간행연대도 제일 빠른 편이다.《輕世金書》의 번역 조수이자 "校訂"人은 浙江 鄞縣사람 朱宗元(1615-1660)이다. 그는 중국의 제2대 천주교인 중에서 가장 걸출한 학자인데 崇禎 4년에 입교한 후 줄곧 디아스의 문하에서 修學하였으며,《輕世金書》에는 이 때문에 朱宗元을 "甬上門人"이라고 표기하였다.[7]

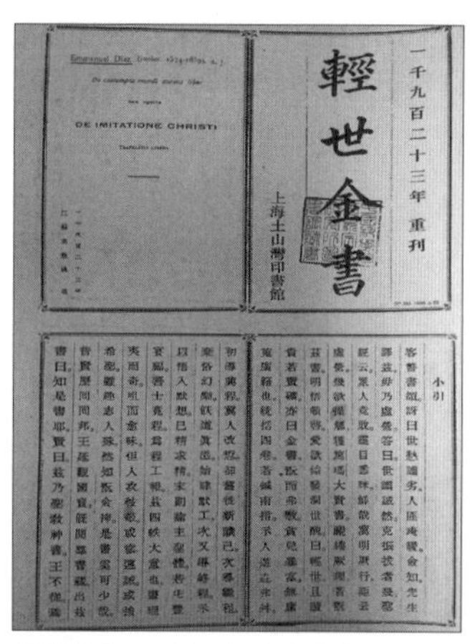
DE IMITATIONE CHRISTI

輕世金書

一千九百二十三年 重刊

上海土山灣印書館

小引

《輕世金書》, 1923年 上海土山灣印書館

《輕世金書》의 출간시기에 대해 루이 피스테르(Louis Aloys Pfister, 費賴之, 1833-1891)는 1640년(崇禎 13년) 北京에서 간행되었다고 주장하였다. 하지만 全書 4권은 디아스 생전에 완간되지는 못했고 清代에 와서 미셸 브느와 (Michel Benoist, 蔣友仁, 1715-1774)와 루이 드 로베르(Louis des Roberts, 趙聖修, 1737-1760) 신부가 보완 완성하였다고 주장하였다.[8] 하지만 피스테르의 견해에 대해 方豪는 동의하지 않았는데, 그 이유는 디아스 역본의 書前〈小引〉에 디아스 자신이 4권을 全譯했다고 분명히 밝혔고, 4권 전체의 문체도 일관되어서 타인이 대

---

7 方豪,《方豪六十自定稿》第1册, 臺北 : 作者自印, 1969, 91-98쪽.

8 Louis Pfister, *Notices biographiques et bibliographiques sur les Jesuites de L'ancienne mission de China, 1552-1773*, Shanghai: Imprimerie de la Mission Catholique, 1932-1934, 1: p.109-110, 2: p.744-747. 費賴之 著/馮承鈞 譯,《在華耶穌會士列傳及書目》上, 北京: 中華書局, 1995, 110-115쪽.

필했다고 보기는 불가능하다고 판단했기 때문이다.[9] 明末清初의 천주교 중국문인들은 디아스가 《輕世金書》를 全譯했다고 생각하였다. 프랑스 국가도서관에는 敎名을 프란시스코(Franciscus)라고 하는 文人의 抄本이 소장되어 있는데 이 책의 〈序言〉에는 "디아스가 일찌기 杭州에 거주하면서 많은 好學之士들과 교류하였고 적지 않은 천주교 서적을 번역하였다. 토마스 캠피스의 책을 번역하여 《輕世》라고 서명을 붙였는데, 4권으로 구성되었다."[10] 라고 기술되어 있다. 프란시스코의 本姓은 孫氏이고 紹興 鑒湖人인데, 그의 본명은 알려지지 않았다.

그런데 그의 序文에는 "虞山 何公介"라는 이름이 나온다. 이 사람의 이름은 何世貞, 호를 虞山, 자를 公介라 하며 江蘇 常熟人이다. 清初의 천주교단에서 何世貞은 상당한 업적을 남겼다. 《崇禎必辯》(1672)과 《許嘉祿傳》(약 1675)을 저술하였고, 南京教案의 주동자인 楊光先과 격론을 벌린 적이 있었다. 또한 朱宗元, 李祖白과 공동으로 제로메 데 그라비나(Jérôme de Gravina, 賈宜睦, 1603-1662)의 《提正編》을 교정한 적도 있다. 《提正編》이 1659년 여름에 완성되었으니 청나라가 中原을 제패한 지 15년이 되지 않았을 때인데 디아스는 명청의 교체기인 이 때에 타계하였다. 孫프란시스코는 明清交替期에 태어나 朱宗元, 何世貞과 함께 江蘇 浙江지역의 천주교단에서 활동했음을 알 수 있다.

손프란시스코는 〈輕世金書 · 序〉에서 이르기를, 이 책이 비록 완성되었으나 출간되지는 않았는데, 何世貞이 武林堂에서 디아스의 眞本을 입수하여 缺失이 있는 부분을 보완하여 전질이 완성되었다고 출

9 方豪, 《方豪六十自定稿》 第2册, 臺北: 作者自印, 1969, 1871-1872쪽.

10 陽瑪諾 譯, 《輕世金書》 重刊本, 바티칸 교황청도서관(Biblioteca Apostolica Vaticana) 소장본, 編號: Raccolta Generale Oriente, III, 1165, 1848, 1甲.

판경과를 설명하고 있다.[11] 디아스는 1611년 중국에 來華하였고 2년 뒤 북경에 입성하였으나, 南京 教案에 연루되어 중국에서 추방당한 후 마카오로 도피하였다. 1621년 디아스는 薦擧를 받아 두 번째로 북경에 入京하였으나 5년 후에 뜻하지 않은 사고 때문에 강남으로 좌천되었고, 예수회 중국교구의 회장을 맡았으며 1638년 福建에 가서 선교를 하였다. 그 후 福建省에서 다시 教案이 일어났는데, 이 때에 朱宗元은 디아스를 "承長令"이라 불렀다. 그 다음해에 浙江 경내에 와서 전도를 하면서 寧波와 杭州에 거주한 적이 있었다.[12] 이런 자료에 따르면 1640년 디아스는 분명 杭州에서《輕世金書》를 번역했을 것이다.

피스테르는 四卷本《輕世金書》의 가장 이른 刊刻本은 1757년 北京에서 출간되었다고 하였다. 方豪는 피스테르의 주장이 잘못되었다고 생각하였고 이에 대해 고증한 적이 있는데, 明清 藏書家의 저록에 근거해 보면 각본은 아마도 1680년에 이미 세상에 나왔지만 지금은 유실되었다고 추정하였다. 1848년 이전에 기술되어 現存하는 刻本은 1800년본과 1815년본이 있는데, 현재 聖페테르부르크 圖書館과 로마 傳信大學圖書館에 소장되어 있다. 하지만 刊本이나 혹은 手抄本을 막론하고 현존하는 가장 이른《輕世金書》의 中譯本은 손프란시스코의 抄本을 꼽을 수 있다.[13] 현존하는 가장 완정된 刻本인 1848년 간본과 대조해 보면 디아스의 서문과 正文은 모두 孫抄本의 범위를 벗

11 "(該書)曩雖成帙, 未暇梨梓。 虞山公介何先生袖出玆本, 展翫尙多缺失。 有自武林堂檢書籍歸, 得此眞稿, 乃補之,玆成全璧。" 陽瑪諾 譯,《輕世金書》重刊本, 바티칸 교황청도서관(Biblioteca Apostolica Vaticana) 소장본, 編號: Raccolta Generale Oriente, Ⅲ, 1165, 1848, 2乙-3甲.

12 朱宗元:〈敍十誡〉. 陽瑪諾,《天主聖教十誡直詮》上卷, 1642; 1814年 主教若亞敬公准本, 바디칸 교황청도서관 소장본, 編號: Borgia Cinese 348[1]. 5甲에 수록됨. 디아스와 南京教案에 관한 갈등은 徐世昌 編, 《破邪集》, 周駬方(編校),《明末清初天主教史文獻叢編》, 北京：北京圖書館出版社, 2001과 李奭學,《譯述: 明末耶穌會翻譯文學論》, 홍콩: 中文大學出版社, 2012, 366-367쪽 참조.

13 李奭學,《譯述: 明末耶穌會翻譯文學論》, 367쪽.

어나지 않는다. 때문에 孫抄本 이외에 1848년본은 가장 완벽한 판본으로《輕世金書》中譯本의 표준 판본이라 하겠다. 그 후 1923년 上海土山灣印書館에서 간행한 鉛印本《輕世金書》도 1848년본을 그대로 重版한 것이다.[14]

제3절 토마스 캠피스의 *Imitatione christi*와 中譯本《輕世金書》의 題名과 주제 표현

유럽에서《輕世金書》의 비교적 유행하는 書名은 오늘날 기독교계에서 통용되는《遵主聖範》이나 혹은《師主篇》(*Imitation of Christ*)인데, 이 두 가지 中文譯名은 모두 천주교계에서 처음 지은 것이다. 方豪의 고증에 따르면 同治年間 北京의 代牧 루이 가브리엘 들라플라스(Louis Gabriel Delaplace, 田嘉璧, 1820-1884)의 기술에서 1874년 이전에《遵主聖範》이란 제명은 이미 사용된 적이 있었고,[15]《師主篇》이란 제명은 디아스의 譯本 제1권 제1장 시작부분 "慕靈輝者, 宜師主行而趨之" 중의 "師主實行"에서 취한 것이라고 한다.

《輕世金書》의 전편을 놓고 본다면,《遵主聖範》이나《師主篇》이란 제명은 全書의 핵심 주제를 표현하고 있다. 그러나 全書의 서술 중점은 태반이 인생의 최종 목표를 담론하면서 만물은 虛幻되어 의지할 수 없으니 사람들은 속세의 향락을 버리고 사망과 최후의 심판을 靜觀해야 하며, 일생의 죄과를 회개하고 세속의 유혹을 물리쳐야 하며 세상의 우환을 참아내야 한다고 하였다. 또한 心身을 수련하면서

14 이 판본은 中國宗教歷史文獻集成編纂委員會,《中國宗教歷史文獻集成 · 東傳福音》第5册, 合肥: 黃山書社, 2005, 73-113쪽에 수록되어 있다.

15 方豪,《方豪六十自定稿》第2册, 1874쪽.

주의 은혜에 감사하고 찬양해야 하며, 이를 위해 聖事를 받들고 天上의 永福을 추구해야 한다고 주장하였다.

디아스가 번역을 하면서 書名을 지을 때에는 아마도 유럽의 中古시기부터 문예부흥시기에 대단히 유행했던 "輕世(contemptus mundi)"라는 개념을 따랐을 것이다. 당연한 이치이지만 디아스는 《輕世金書》를 읽으면 "생각과 깨달음이 배가되고 애욕이 없어지며 세상의 추악함을 꿰뚫어 보게 되니" 이 때문에 "輕世"할 수 있게 된다고 말하였다. 마테오 리치의 《畸人十篇》 이래로 "輕世"라는 개념은 예수회에서 줄곧 강조하는 천주교계의 話頭가 되었다. 그리고 이러한 서적을 탐독하는 것은 금광을 캐는 것과 같아서 중국문인들이 서명을 짓는 습관에 따라서 "金書"라고 지칭하였다. 이런 명칭은 중국문화의 전통상 가치가 비범한 저작을 가리키는 것으로 "人心을 警覺시키고 세상의 미혹을 깨우칠 수 있다"는 의미를 담고 있다.

中世 이래 극도로 부패한 천주교단에 대해 마틴 루터(Martin Luther, 1483-1546)는 1517년 종교개혁을 주창하였고, 서방교회는 이 때부터 둘로 양분되었다. 천주교회는 각종 도전과 자신의 반성에 직면하였는데, 특히 새롭게 발전하고자 하는 부흥운동이 나타났으니 16세기에 "반종교개혁"(Counter Reformation)의 정풍운동이 일어났다. 반종교개혁운동은 비록 교황을 보위하고 전통을 유지하자는 기치를 들었지만 천주교의 外部에서 내부로 향한, 적극적으로 신앙에 의지하여 《聖經》의 가르침으로 다시 돌아가자는 복음신앙의 회복운동이었다. 바로 "천주교의 종교개혁(Catholic Reformation)"이 시작되는 시점에 "신경건신앙운동(新敬虔信仰運動)"이라는 平信徒 靈性運動이 일어나 謙卑·服從·素樸 등의 실천미덕을 강조하였고, 이러한 종교적인 새로운 신앙운동은 부패한 천주교와 사회를 바르게 만들 수 있다고 믿었다.[16] 신경

16 신경건신앙운동의 발전과정은 O. Grundler, Devotio Moderna. In Raitt,

건신앙운동의 지도자들은 신학상의 명상에 대해서는 다소 회의적이었지만 천주교의 명상 등 소위 신비적 경험을 배제하지는 않았다. 제임스와 같은 학자들은 캠피스를 자각적인 개혁파라고 부르지는 않았지만, 자신의 독자적인 수행을 통해 전 유럽이 요동치는 개혁의 와중 속에서 12세기의 수도승 성 베르나르 클레르보(St. Bernard of Clairvaux, 1090-1153)와 같이 "홀로 천주와 靜對하고 平安한 마음으로 정좌하여 천주와 대화를 나누었으며 동시에 기쁨과 즐거움을 맛보았다"고 기술하면서 이런 靜觀 중에 느꼈던 마음의 희락을 유려한 산문으로 서술해 내었다고 평가하였다.[17]

《輕世金書》는 이러한 시대적 배경 속에서 태어나 신경건신앙운동의 대표작이 되었다. 이 작품은 세인들에게 인생의 準則을 제공해주면서 소박한 사도시대로 되돌아가도록 이끌어 주었다. 작중에서는 聖餐에 참여하여 聖體를 받고 聖寵을 얻어 세상을 靈視로 바라보면서 천국을 향해 나아가게 하였다. 이러한 주제를 설명하기 위해 캠피스는 《성경》 구절을 수 천 번이나 인용하였으며, 《輕世金書》에는 호라티우스 플라쿠스 (Horatius Flaccus, B.C 65-B.C8), 오비디우스 나소 (Ovidius Naso, B.C 43-14) 등의 고전시인과 성 아우구스틴부터 성 베르길리우스에 이르는 敎父들의 언행이 포함된 고금의 명문들을 두루 망라하였다. 《輕世金書》의 《성경》에 대한 강조와 오로지 天主를 향한 깊은 열정이 담긴 서술은 여러 가지 원인과 결합하여 디아스가 번역서명에서 밝힌 대로 명실상부한 當代의 "金書(寶卷)"가 되었고, 中古 후기부터

J(Ed.), *Christian Spirituality: High Middle Ages and Reformation*, New York: Crossroad, 1987, p.176-193과 K. M. Becker, *From the Treasure-House of Scripture: An Analysis of Scriptural Sources in De Imitatione Christi*, Turnhout: Brepols, 2002, p.35-42 참조.

17 Thomas à Kempis, *El contemptus mundi*(L. de Granada, Trans.), In *Obras dell V.P.M.F. Luis de Granada*, 17 Vols. Madrid: La Imprenta de Manuel Martin, Original work published 1427, p.230; E.G.D.M. James, *Thomas A Kempis: His Age and Books*, New York: G. P. Putnam's Sons; London: Methuen, 1906, p.172 참조.

문예부흥 시기까지 줄곧 유럽 전역에서 유행하였다. 각종 통계에 의거하면 현존하는 手抄本만 900종이 넘고, 출간된 각종 판본은 6,000 여종에 달한다고 한다.[18]

판본과 마찬가지로 *Imitatione christi*《輕世金書》의 작자 문제 또한 대단히 복잡하다. 어떤 학자는 "성 베르나르"라고 하고, 어떤 학자는 신경건운동의 기수인 "게르 그루트 (Geert Groote, 1340-1384)"라고도 하는데, 작자라고 거론되는 사람만도 35명이 넘는다. 1441년 독일어 지역에서 라틴어본의 手抄本이 발견되었는데, "캠피스의 도마(耿稗思의 多瑪)"라고 서명되어 있었다. 이 사람이 바로 디아스의 역본과 손프란시스코의 서문에서 지칭하는 "도마 (篤瑪) 大賢"이다.

캠피스는 오거스틴 수도회의 신부이자 多産作家이기도 하기에 *Imitatione christi*의 저자일 가능성이 높은데, 학계에서도 이를 증명한 적이 있었다.[19] 앞에서 언급한 대로 *Imitatione christi*는 모두 4권인데, 캠피스는 1427년에 마지막 제4권을 완성하였고 1441년의 라틴어본이 바로 그의 마지막 원고라고 할 수 있다. 디아스는《輕世金書 · 小引》에서 이 4권본의 제요를 개괄하여 설명하고 있다.(1848a, 1甲-1乙) *Imitatione christi*가 독일어 지역에서 유행한지 얼마 되지 않아 1450년 구텐베르그가 活字인쇄술을 발명하였다. 때문에 늦어도 1472년에 캠피스의 라틴어본의 인쇄본이 출간되었을 것이다.[20]

디아스와 캠피스는 200여 년의 시차가 나는데, *Imitatione christi*의

---

18 Uwe Neddermeyer, "Radix Studii et Speculum Vitae. Verbreitung und Rezeption der 'Imitatio Christi' in Handschriften und Drucken bis zur Reformation," in *Studien zum* 15, Jahrhundert. Festschrift für Erich Meuthen, ed.Johannes Helmrath and Heribert Müller, 2 vols, Munich: R. Oldenbourg, 1994, p.457-481.

19 Samuel Kettlewell, *The Authorship of the De Imitatione Christi: With Many Interesting Particulars about the Book*, London: Rivingtons, 1877, p.1-9.

20 Bernard McGinn, "Mystical Aspects of the Modern Devotion," *History of Western Christian Mysticism*, Vol.Ⅴ, New York: Crossroad, 1994, p.8.

판본과 언어는 200년을 경과하면서 분명 변했을 것이다. 때문에 디아스가 中譯할 때에 어떤 판본을 저본으로 삼았는지 《輕世金書》의 底本문제도 학자들의 관심사가 되었다. 光緒年間에 王保祿(1837-1913)이 《輕世金書直解》를 저술하였는데, 그는 序文에서 《輕世金書》와 당시 서방에서 통용되는 라틴어본 사이에는 "繁簡이 다르다"고 주장하였다. 《輕世金書》의 제3권은 64章인데 라틴어본은 단지 59章뿐이라고 하면서 디아스가 明末에 中譯할 때 사용한 저본은 다른 판본이며, "지금 통용되는 판본은 후세의 編者가 增訂한 것이라"고 하였다.

《輕世金書直解》는 宣統 元年에 다시 重刊되었는데, 1925년 陳垣(1880-1971)은 王保祿의 서문을 읽고 나서 《遵主聖範》과 《輕世金書》를 비교하였다. "제3장, 제15장, 제27장 다음에 《輕世金書》는 모두 한 章이 더 많고, 제23장 다음에 《輕世金書》는 두 章이 더 있다"고 하였다. 이것은 "篇章의 分合이 다르거나 혹은 詞句의 多寡가 달라서" 생긴 현상인데, 陳垣은 "삼백년 전의 라틴어 원본과 대조해보지 않으면 안 된다"고 생각하였다.[21]

1947년 郭慕天은 杭州의 《上智編譯館刊》에 논문을 발표하여 디아스가 《輕世金書》를 中譯할 때 사용한 저본은 15세기 캠피스의 라틴어 原本이 아니고 스페인어 譯本을 저본으로 삼아 번역하였다고 주장하였다. 郭氏는 北京 北堂圖書館에서 16세기 스페인어 譯本 《輕世金書》 古本 二種을 발견하여 비교한 뒤 古本 二種이 디아스 中譯本 《輕世金書》 第3卷 64章의 숫자와 완전히 일치하는데 이 두 판본은 모두 그라나다의 루이스(Luis de Granada, 1505-1588)가 번역한 스페인어 역본이라는 사실을 발견하였다.[22] 때문에 디아스가 루이스의 스페인어 譯本을 저본으로 썼다는 주장은 일시에 널리 퍼졌고 대단한 반

---

21 陳垣 著/陳智超 主編, 《陳垣全集》 20册, 合肥: 安徽大學出版社, 2009, 499쪽.

22 郭慕天, 〈《輕世金書》原本考〉, 《上智編譯館刊》 第2卷 第1期, 1947, 36-38쪽.

향을 불러 일으켰으며 지금까지도 지속되고 있다.[23]

루이스 그라나다는 스페인 태생의 도밍고 수도회 신부인데, 달변가이자 저명한 작가로써 포르투갈의 초청을 받아 도밍고회의 포르투갈 수장이 되었다. 그는 19세에 도밍고회의 신부가 된 이래로 수많은 저작을 저술하였는데 영성작품으로 이름을 날렸다. 그의 저작《罪人明燈》(*La Guia de Preadores*)은 순수한 스페인 어휘로 쓰여 졌는데 유창한 달변에 따스한 훈풍이 담겨있는 문장으로 인해 세인들의 뜨거운 사랑을 받았다. 루이스는 확실히 캠피스의 저작을 읽은 적이 있으며 1538년에 이를 스페인어로 번역했었다. 이베리아 반도의 예수회에서 그 후에 공인된 역본은 바로 그라나다 스페인역본의 수정본이며 1622년에는 예수회에서 공인된 통용본이 되었다. 때문에 포르투갈 국적의 디아스가 그라나다의 스페인어 역본을 잘 알고 있다고 추정하고 있다.[24]

李奭學가 조사한 1488년 독일어 지역에서 출판된 라틴어본의 제3권은 64章으로 구성되어 있고 章目도 디아스의 역본과 동일하다. 이 교수가 본 1551년 프랑스 신학자 장 샤를리에 드 제르송(Jean Charlier de Gerson, 1363-1429)의 이름으로 托名된 판본의 제3권 역시 64장이다. 郭慕天의 章數에 관한 주장은 디아스 역본의 저본이 된 源本의 수수께끼를 완전히 해결할 수는 없었다. 그러나 書名을 놓고 보면, 이 수수께끼 중의 한 두 가지를 풀 수도 있다.《輕世金書》의 라틴어 원본의 書名은 가장 이른 것은 중국의《論語》와 같이 제1권 제1장 제1절의 첫 번째 문장으로 命名하였는데, 디아스 역본은 "人從余(Qvi sequitur me)"라고 하였다. (1848b, 卷1, 頁1甲) 그 후에 이 절의 標題는

23 이런 견해는 Liam Mattew Brockey, *Journey to the East: The Jesuit Mission to China, 1579-1724*, Princeton: Princeton University Press, 2007, p.276에서도 볼 수 있다.

24 李奭學,《譯述: 明末耶穌會翻譯文學論》, 372쪽.

"師法基督(De imitation christi)"이라 하였는데 이 어휘는 《신약성경》에 자주 나오는 구절이다. 《고린도전서》 11장 1절에서 사도 바울이 "내가 그리스도를 본받는 것 같이 여러분은 나를 본받는 사람이 되십시오. (你們該效法我, 像我效法基督一樣。)"라고 말하였다. 이 구절을 文言으로 표현하여 《遵主聖範》이라 命名한 것이다. 16세기에 이르러 출판계에서는 이 절의 표제로 천주교에서 사용하는 "輕世"라는 단어를 사용하기 시작하였고, 이로부터 書名으로 사용한 판본 중에 가장 잘 알려진 譯本이 바로 그라나다의 스페인어 역본이었다. 라티어본에서 "輕世"란 단어 중의 "世(mundi)"字는 句格을 갖춘 말인데 그 뒤에 이어진 말을 디아스는 줄여서 "幻光"이라 하였으니, 全句는 실제로 "세상의 모든 幻光을 輕視한다(omnium mundi vanitatum……; tota la vanidad)"라는 뜻이다. 바꿔 말하면 "輕世"란 우리가 이 세상과 단절해야 한다는 말이 아니고 《전도서》의 첫머리(1장 2절)에서 말한 "(이 세상은) 헛되고 헛되도다!"라는 의미를 가리키며, 天主의 품으로 다시 돌아가기 위해 속세의 갖가지 헛되고 虛幻된 것들을 끊어버리라고 권면하고 있다. 천주나 그리스도의 품으로 돌아가게 하려는 주제가 바로 캠피스가 책을 저술한 원래 취지인 것이다.[25] 스페인어 역본의 題名과 예수회의 이 책에 대한 관계 고찰을 통해서 디아스가 그라나다의 스페인어 역본에 근거하여 中譯作業을 했다는 사실을 알 수 있다.

그라나다는 스페인어로 《遵主聖範》을 번역할 때 당시 유럽에서 통용되던 라틴어본에 의거하지 않았다. 李奭學은 이들 판본의 대조를 통해 디아스의 중역본에 그라나다 역본에서 보이는 오류와 증감현상을 추출 분석해 내었다. 예를 들면 《요한복음》 8장 12절의 분석을 통해 디아스 중역본의 전체 문장은 그라나다 역본에 근거하여 번역한 것이지 캠피스의 原本을 저본으로 삼지 않았다고 주장하면서 디아스

25 李奭學, 전게서, 373쪽.

는 아마도 그라나다의 스페인어 역본을 저본으로 삼아 중역작업을 했을 것이라는 郭慕天의 주장이 매우 타당하다고 평가하였다.

그라나다 역본에는 "誤譯"이 많이 보인다는 후인들의 지적이 있었는데, 이런 오역을 디아스는 그대로 옮겨놓지는 않았다. 제1장 제1절에서 캠피스는 세상의 물질을 경시하고 천당의 길을 조심스럽게 가는 것이 비로소 "가장 큰 智慧(summa sapientia)"라고 하였는데, 그라나다 역본에서는 이 구절의 "智慧"를 "忍耐心(paciencia)"이라고 잘못 생각하여 그렇게 번역했지만 후세의 編勘者들이 이것을 바로 잡아주었다.[26]

디아스의《輕世金書》에서는 "大智"를 "眞知實學"으로 번역하였는데, 이런 번역은 오늘날 보기에 오역된 것 같지만 자세히 살펴보면 디아스의 심도 높은 번역 의도가 내재되어 있다. 명말 천주교 예수회에서 "實學"이란 어휘는 첫 번째, 불교나 도교, 陽明心學 등의 "玄虛之學"에 상대되는 개념이었다. 두 번째는《구약 · 전도서》의 첫 구절에서 말하는 세상의 "헛되고 헛되도다"나 혹은 "지혜란 空虛한 것"(1: 16-18)이라는 개념에 상응하는 말로써 천주의 全智가 비로소 생명 중의 참지식(眞知)이고 진짜 학문(實學)임을 의미하는 것이다. "實學"을 동양에 전파된 유럽 천주교의 "眞知"와 병렬시키면 그 의미는 바로 기독교에서 말하는 "생명의 지혜"와 같은 것이며 게다가 無上의 "大智"가 되는 것이다. 디아스의 이런 번역은 字典에 대등한 어휘가 없던 그 때에 대단히 걸출한 번역일 뿐만 아니라 解釋學的 註釋이라고 할

26 李奭學은 후세의 세 가지 교정본을 조사 분석하였다. 1550년 전후 벨기에 앤트웹에서 출판된《新譯 스페인어본 輕世金書》(*Contemptus mundi, nueuamente Romançado*)는 그라나다 역본의 수정본인데, 이 판본은 캠피스의 라틴어 원본에 의거하여 오역된 부분을 補正하였고, 위의 誤譯부분도 스페인어의 "지혜(sapiencia)"로 정정하였다. 앞에서 거론한 1622년 예수회 전용본 역시 이 판본에 근거하여 수정한 후 重刊되었다. 19세기의 수정본《師主實行 or 輕視世物》에서도 "인내심"을 "全智(la suma sabiduria)"로 바꿔서 번역하였다. 李奭學,《譯述: 明末耶穌會翻譯文學論》, 375-376쪽.

수 있다. “大智”란 어휘의 中譯은 디아스가 캠피스의 라틴어본을 저본으로 번역하지 않고 다른 역본에 근거했음을 분명히 보여주는 사례로써, 그가 근거한 저본이 그라나다의 스페인어 역본이라면 그는 필시 16세기 중엽 이후에도 계속 진행된 그라나다 역본의 수정판, 특히 예수회의 공인 수정본[27]을 사용했을 것이다.

제4절 實學과 天學의 실행 방법 “遵主聖範”과 《聖經直解》의 간행목적

일반 중국학자들은 천주교 예수회에서 사용하는 “實學”이란 용어는 阮元(1764-1849)이 저술한 《疇人傳》과 四庫編修館臣들이 인정하는 天文曆算 등 예수회신부들의 업적 때문에 대부분 “실용과학”과 연관시켜 왔으며, 徐光啓(1562-1633)의 《農政全書》나 혹은 그의 제자 陳子龍(1608-1647)의 《皇明經世文編》 등에서 시작한 “經世致用學”을 특별히 지칭하는 용어로 사용하기도 하였다.[28] 그런데 명말 예수회 신부들에게 “實學”이란 용어는 확실히 다른 의미를 가지고 있었다. 그들이 생각하는 “實學”이란 明代에 일반적으로 말하는 “西學”을 가리키는 것이 아니며, 이 西學 중에서 가장 중요한 “天主의 學”을 지칭한다. 때문에 《輕世金書》의 제1권 제1장에서 “세상의 幻光을 가볍게 여기고 하늘의 純福을 소중하게 생각하는 이것이 바로 참지식이요 實學이다!(輕世幻光, 重天純嘏, 斯眞知實學也哉!)”라고 하였다.

27 예를 들면 리스본에서 발간된 Kempis(1623)의 수정본은 北京 北堂圖書館 所藏 1577年刊 1册이 있다. 포르투갈 국가도서관에도 《新譯 修訂版 스페인어본 輕世金書》라고 표기된 數種의 18세기 수정본이 소장되어 있다. (포르투갈 국가도서관 圖書目錄 제890-893호) 李奭學, 전게서, 376쪽.

28 梁啓超, 〈中國學術思想變遷之大勢〉, 《飮冰室文集》卷3, 臺北: 臺灣中華書局, 1960, 89 · 103-104쪽; 梁啓超, 《中國近三百年學術史》, 上海: 中華書局, 1936, 8-9 · 337쪽; 徐宗澤, 《明清間耶穌會士譯著提要》, 臺北: 臺灣中華書局, 1958, 7-9쪽.

《輕世金書》에서 “實學”이란 단어는 제1권 제3장 〈主訓眞實〉에서 나왔다. 이 章 중에서 예수는 가르치기를 “우주의 유일한 진리(Universal Truth)”란 바로 “事物은 주님으로부터 나온다(物由主出)”고 하였다. 때문에 “實學”이란 “物悉歸主(사물은 모두 주님께 속한다)”는 “實理”를 지칭하는 것이다. 디아스는 캠피스나 혹은 그라나다의 “眞理(veritatis)”[29]를 “眞實”로 번역하였는데, 이 “眞實”을 형성하는 전체 학문은 당연히 “實學”을 지칭하는 것으로 明末 이래로 다수의 중국 문인들이 알고 있는 “經世致用의 實用科學”과는 다른 것이다.

그라나다의 역본에서 “眞知實學”이 가리키는 것은 바로 “天主의 大智慧”[30]인데, 이 경지에 이르려면 사람은 반드시 “輕世(세상을 가볍게 여기다; desprecio del mundo)”로부터 시작해야 하고 이어서 “天國”(Reynos celesciales)의 大道로 나아가야만 한다. 바꿔 말하면, “實學”이란 “師主實行”(예수의 實行을 본받다)에 의해서만 얻을 수 있으며, 예수의 “實行”은 이미 천주의 말씀 속에 존재하는데, 천주교도들의 “主”나 예수의 “實行”은 모두 《성경》에 기록되어 있다. 때문에 “師主實行(주님의 實行을 본받다)”하려면 사람들은 반드시 《성경》읽기부터 시작해야 하며, “輕世”할 수 있으려면 사람들은 《성경》을 보고 묵상해야 하는데 특히 《신약》에 기재된 예수의 언행을 읽고 더 나아가 이를 본받고 따라야 하는 것이다. 예수의 일생을 디아스가 “實行”이라고 번역한 것은 바로 예수 자신도 “實學” 속에 내포된 내용 중의 하나로 간주되었기 때문이다. 예수의 일생을 기록한 《성경》, 특히 《四福音書》는 이런 연유로 인해 내포된 의미가 밖으로 드러난 “實

29 Thomas à Kempis, *El contemptus mundi*(L. de Granada, Trans.), In *Obras dell V.P.M.F. Luis de Granada*, 17 Vols. Madrid: La Imprenta de Manuel Martin, Original work published 1427, 17vol. p.6.

30 Thomas à Kempis, *El contemptus mundi*(L. de Granada, Trans.), In *Obras dell V.P.M.F. Luis de Granada*, 17vol. p.2.

學"이라 하겠다. 이런 관점에서 볼 때, 《성경》을 어떻게 읽을 것인가? "實學"을 어떻게 배울 것인가? 하는 문제는 《輕世金書》의 주요 주제가 되었다. 제1권 제5장은 표제가 〈항상 善書《聖經》을 소리 내어 읽으라 恒誦《聖經》善書〉이다.

《성경》 읽기의 문제를 디아스는 《聖經直解》를 번역할 때, 이 책을 "독자는 그 뜻을 취하고 그 문장은 略하면 된다"[31]고 설명해 주었다. 《輕世金書》를 번역할 때에 그는 이전의 말을 분명히 밝히고자 한 것 같았다. 제1권 제5장의 라틴어나 스페인어 章目은 원래 〈《聖經》을 閱讀하는 法《聖經》閱讀之道〉("De lectiõne Sanctarõ scripturarũ")[32]인데 디아스 역본은 이를 〈항상 善書《聖經》을 소리 내어 읽으라〉로 바꾸어 번역하였는데 마치 캠피스가 디아스를 대신해서 디아스 개인의 《聖經》 읽기에 대해 상세하게 담론한 것 같았다. 《輕世金書》제5장의 重點은 세 가지가 있다. 첫째 《聖經》을 읽을 때에는 "실학"이나 "진리"를 중시해야지 "文"이나 "詞藻"와 같은 외적인 형식을 중시해서는 안 된다고 하였다. 둘째, 《聖經》을 읽으면 그중에 나타난 하나님의 啓示나 묵시(espiritù)를 파악해야 한다. 셋째, 《聖經》을 읽는 목적은 정신적인 성찰에 있는 것이지 그중의 修辭技法을 분석하려는 것이 아니므로 경건하고 겸손한 마음, 소박하고 순결한 마음으로 읽어야 한다. 성인의 훈시는 뜻에 있는 것이니 "長者"(viejos)(聖人이나 教父를 지칭)의 "比喩"(doctrinas)는 무엇이나 가볍게 지나쳐서는 안 된다. "실학 읽기"의 핵심은 "실학"책인 《聖經》 속의 "實理"를 아는 것이니, 읽기의 첫 번째 목적은 바로 詞章의 修辭美나 句讀의 엄격함을 읽어내는 것이 아니고, 그 내용 중에 진리가 담겨 있는지, 天主가 잘 표현되

---

31 "觀者取其義而略其詞, 可矣。" 吳相湘 編, 《天主教東傳文獻三編》, 臺北：臺灣學生書局, 1972, 2954쪽.

32 Thomas à Kempis, *El contemptus mundi*(L. de Granada, Trans.), In *Obras dell V.P.M.F. Luis de Granada*, 17vol. p.7.

어 있는지, 천주의 가르침이 채워져 있는지를 읽어내는 것이다.

상술한 "實學"의 다른 측면에서 본다면, 《輕世金書》 그 자체가 절대적으로 "실학"과 관련된 저작이다. 왜냐하면 작중에서 사람에게 세상의 幻光을 경시하고 예수의 언행을 본받으라고 권면하기 때문이다. 또한 부지런히 修身에 힘쓰며 천주의 은덕을 향하여 생명의 죄를 참회하라고 권면하고 있다. 《輕世金書》에 담겨있는 진리는 모두 천주의 恩寵으로 돌아가거나 《聖經》에서 가르쳐주는 "眞知實學"으로 되돌아간다는 내용과 밀접한 연관이 있으며 천주교의 진리가 《聖經》 중에 모두 담겨져 있음을 강조하고 있다.

제5장 章目 중의 "《聖經》善書"라는 네 글자를 캠피스나 그라나다는 모두 "《聖經》"(sanctarũ *scripturarũ*)[33]이라고 분명히 밝혔는데, 디아스가 첨가한 "善書"는 세 가지로 나누어 해석할 수 있다. 첫째, "善書"는 고유명사이며 《聖經》의 다른 명칭이자 同格이다. 둘째 "善書"는 《聖經》의 본질이거나 그 효능을 가리킨다. 세 번째는 通稱으로 "善書"는 기타 《輕世金書》와 같은 천주교 영성수양서에서 언급한 천주교의 聖人傳記나 혹은 성인의 言行을 기록한 책을 가리킨다. 세 번째 분야의 전적에는 천주교에서 생각하는 인간의 최고 경지에 이른 "사도"나 "순교자", "童貞修道者"와 같은 聖人들로써 "동틀 녘에 나가 수고하고 저녁에는 聖化되어" 세상일에 연루되지 않고, "밖으로는 빈곤하나 내면으로는 영성이 풍성하며, 세상일에는 멀지만 주님과는 가까운",[34] 세인들에게 모범이 되는 聖人들의 생애와 언행을 기록한 책을 말한다.

천주교에서는 확실히 "善書"를 중시하였는데, 聖人傳記도 바로

---

33 Thomas à Kempis, *El contemptus mundi*(L. de Granada, Trans.), In *Obras dell V.P.M.F. Luis de Granada*, 17vol. p.7.

34 陽瑪諾 譯, 《輕世金書》重刊本, 바티칸 교황청도서관(Biblioteca Apostolica Vaticana) 소장본, 編號: Raccolta Generale Oriente, III, 1165, 1848, 卷1, 12甲-12乙.

善書 중의 하나로 간주되었다. 《輕世金書》에서는 聖人을 頌揚하는 곳이 아주 많았으니, 캠피스는 한 장의 편폭을 할애하여 世人들에게 디아스의 번역방식으로 말하자면–"師法先聖"("De exemplo sanctorũ patrum")[35]하라고 권면하였다. 예수회 신부들은 중국에 來華한 뒤 聖人傳記를 적지 않게 번역하였는데, 신자들은 이런 聖人傳記를 세심하게 精讀해야만 하고, 이렇게 정독해서 읽어야만 "반드시 實學의 효과를 거둘 수 있다"[36]고 하였다. 이러한 성인전기를 어떻게 읽을 것인가 하는 문제에 대해서 지우리오 알레니(Giulio Aleni, 艾儒略, 1582-1649)는 "그 문장만을 헛되이 좋아해서는 안 된다"고 하였고, 알폰세 바그노니(Alphonse Vagnoni, 高一志, 1566-1640)는 문장을 짓고 서적을 저술할 때 "奇言을 짓고 문장 수식을 많이 해서는 안 된다"고 주장하였다.[37] 예수회에서는 줄곧 "美文"을 배척해 왔는데, 美文은 바로 實學에 대칭되는 "虛學"으로 간주되곤 하였다. 디아스는 《성경》 읽기를 통해 實學을 탐구할 수 있다고 《輕世金書》에서 주장하고 있다. 디아스는 《輕世金書》에서 《聖經》읽기이론을 강조하여 天學의 핵심인 《聖經》을 읽고 이해하여 "遵主聖範" 할 것을 권면하고 있는 것이다. 때문에 그는 먼저 《聖經直解》를 번역하여 예수의 공생사적을 주기에 맞게 제시해주었고, 《輕世金書》를 번역하여 어떻게 "遵主聖範" 할 것인지 구체적인 방법을 알려주었던 것이다.

---

35 Thomas à Kempis, *El contemptus mundi*(L. de Granada, Trans.), In *Obras dell V.P.M.F. Luis de Granada*, 17vol. p.21. "師法先聖"이란 "옛성인들을 본받으라"는 뜻이다.

36 "(讀之)必爲實學之驗。" 高一志, 《天主聖教聖人行實》, 武林: 天主超性堂, 1629; 鐘鳴旦(Nicholas Standaert) · 杜鼎克(Ad Dudink) · 蒙曦(Nathalie Monnet) 編, 《法國國家圖書館明淸天主教文獻》第1册, 臺北利氏學社, 2009, 322쪽.

37 艾儒略, 《滌罪正規》, 鐘鳴旦(Nicholas Standaert) · 杜鼎克(Ad Dudink) 編, 《耶穌會羅馬檔案館明淸天主教文獻》 第4册, 臺北利氏學社, 2002, 453-454쪽.

제5절 디아스의 번역책략과 譯書의 翻譯文體 "謨誥體"

캠피스 원본의 簡潔하고도 精練된 문체에 冷靜하고도 명석한 構想, 誇張이 없고 對仗工整한 修辭風格은 短文으로 신앙사상을 감정의 최고봉으로 승화시켰다는 평가를 받았고, 캠피스의 라틴어 원본은《성경》을 제외하고서 기독교계에서는 누구나가 다 아는 최고의 걸작이 되었다. 그라나다가 활동한 16세기에 인쇄술의 발달로 활자본이 도처에 전파되었고, 그라나다 역본의 유창한 필치에 高雅한 修辭技法과 정련된 音韻의 운용은 바로크식 풍격이 가득 담겨 있었다. 디아스는 캠피스 원본과 그라나다 역본의 여러 가지 특징을 잘 파악하고 있었기 때문에《輕世金書》의 中譯作業에 임하면서 작품의 의미 전달에만 치중한 것이 아니라 文意 이외의 含意를 전달하는 文體의 선택이야말로 그가 가장 중시하는 번역책략의 핵심이 되었다고 하겠다.

디아스는 明末 중국에서 활동하였지만 번역할 때에 당시 유행하던 八股文을 사용하지 않고 도리어 문장은 先秦文으로 번역하였다. 이런 그의 번역문체에 대해서는 道光年間 呂若翰의 논평이 가장 먼저 나왔다고 하겠다.《輕世金書便覽》의 서문에서, 그는 디아스의《輕世金書》를 "천주교계의 첫 번째 전적"이라고 불렀을 뿐만 아니라 "그 文詞는 古體에 가깝고 字義는 상당히 심도가 깊다"고 평가하였다.[38] 예수회의 덴마크 신부 루이 피스테르는 디아스가 "先秦 經典 중의 高雅한 文體"를 써서 책을 번역했다는 견해를 처음으로 제기하였는데,[39] 의식적으로 "經"의 관점에서《輕世金書》를 고찰한 것 같다. 그런데 천주교 예수회신부들의 이해에 따라 살펴보면, 여기서 말하는 "經"이란 실제로는 "文體問題"를 가리킨 것이다. 揚雄의《法言·吾子》중에

38 "其文詞近古, 字義頗深。" 呂若翰,《輕世金書便覽》, 順德: 呂修靈堂, 1848, 序4乙.
39 費賴之 著/馮承鈞 譯,《在華耶穌會士列傳及書目》上, 110쪽.

"事勝辭則伉, 辭勝事則賦, 事辭稱則經"이란 구절을 죠세프 앙리 마리 드 프레메어(Joseph Henry Marie de Prémare, 馬若瑟, 1666-1736)가 디아스 사후 50년이 지나서 인용한 적이 있는데 목적은 바로 "經"의 뜻을 해석하기 위한 것이었다. 프레메어가 볼 때에는 "事"와 "辭"가 "對稱"이 되지 않으면 "經"이 아니라고 생각하였다. 여기서 "對稱"이란 대등함을 가리킨다. 때문에 中國古代經典의 "文體"는 바로 이런 경전이 왜 "經"이라고 불리는지의 原因이 되는 것이다.

피스테르의 평론은 淸末에 제기되었는데 그는 프레메어의 인용문과 評語를 읽어보았을 것이다. 揚雄과 프레메어가 언급한 "對稱"의 가장 큰 요인을 王保祿은 그의 《輕世金書直解》에서 "字句가 簡古하다" 라고 확실하게 지적하였다. 다만 이런 연유로 인해 "經"은 당시 사람들에게는 분명 "文義가 깊고 어렵다(文義玄奧)"고 느꼈던 것 같다.(《輕世金書直解》, 1甲) 프레메어의 소설 《儒交信》에서는 디아스가 번역한 《輕世金書》가 "문장이 다소 어려워서" 적어도 '擧人'정도의 학력이라야 쉽게 읽을 수 있다"[40]고 평하였다.

《輕世金書》의 문체와 관련된 평론 중에서 가장 구체적인 논평은 陳垣의 〈再論《遵主聖範》譯本〉에 나온다. 그는 여기서 《輕世金書》는 "尙書의 謨誥體를 써서" 번역하였다고 분명히 기술하였다.[41] 馮承鈞은 위에서 인용한 피스테르의 프랑스어 원문을 고쳐서 디아스의 역본은 "문체는 謨誥體를 모방하였다(文倣謨誥)"로 바꿔서 번역하였다.[42] 陳垣과 馮承鈞의 주장을 方豪나 후세의 학자들은 대부분 동의하였기 때문에 그들의 주장은 지금 정설로 굳어졌다.

---

40 鄭安德 編,《明末清初耶穌會思想文獻彙編》第4册, 北京大學宗教硏究所, 2003, 240과 246쪽 참조.

41 陳垣 著/陳智超 主編,《陳垣全集》第2册, 合肥: 安徽大學出版社, 2009. 493쪽.

42 費賴之 著/馮承鈞 譯,《在華耶穌會士列傳及書目》上下, 北京: 中華書局, 1995, 113쪽.

소위 "謨誥體"란 《尙書》 중의 〈皐陶謨〉, 〈大誥〉, 〈康誥〉篇의 문체를 가리키지만 《尙書》 전편의 문체를 지칭한다고 하겠다. 아주 오랜 상고시대의 전적이라 문자가 奇古하고 어휘가 난삽하여 唐나라의 韓愈(768-824) 조차도 "周誥, 殷盤은 문장이 입에 막히고 通順하지 않다(佶屈聱牙)"고 탄식하였다.[43] 한유가 《尙書》를 비평한 "佶屈聱牙"하다는 난삽한 문장 특징을 가져다 디아스 역본의 譯體를 평가해도 크게 틀리지는 않는다. 제1장 제1절에서 예수의 말을 인용하고 나서 캠피스는 강론을 시작하였다. "주님의 가르침은 사람들에게 마음을 수양하게 한다. 성령의 영광을 흠모하는 자는 마땅히 주님의 행함을 본받아 시시로 그를 따라야 한다. (玆主訓也, 示人欲掃心翳。慕靈輝者, 宜師主行而時趨之。)" 이 문장은 쉽게 이해할 수 있을 것 같은데 이어서 캠피스의 문장을 그라나다의 말로 살펴보면, 그 뜻은 "우리들로 하여금 먼저 예수 그리스도의 일생을 인식하고 묵상하게 한다.(Sea, pues, todo nuestro studio pensar en la vida de Jesu-Christo; Obras, 6:2)"라는 의미이다. 이 문장의 앞 구절에 "주님" 이나 "예수 그리스도"라는 명칭이 있었기 때문에 디아스의 譯文에서는 중복할 필요가 없다. 하지만 그의 역문은 전혀 예기치 않게 자유로웠고 문법 구조가 특이한 것은 말할 것도 없고 文字의 사용도 대단히 난삽하며 확연하게 강조의 의미를 가지고 있다. 370 여 년 전의 明代 末葉에도 《輕世金書》의 이러한 문장은 "高雅할" 뿐만 아니라 이미 "高古한" 정도를 지나쳐서 "난삽해져" 버렸다. 이렇게 난삽하고 어려운 문장을 《輕世金書》전편에서 찾아볼 수 있다.

---

43 韓愈, 〈進學解〉. 顧易生、徐粹育 注譯, 《韓愈散文選》, 三聯書店(香港)/上海古籍出版社, 1992. 60쪽. 周誥란 《尙書 · 周書》에 있는 〈大誥〉, 〈康誥〉, 〈酒誥〉 등을 가리킴. 殷盤은 《尙書 · 商書》에 있는 〈盤庚〉上中下 3편을 지칭한다. 佶屈聱牙는 문장이 曲折하고 通順하지 않음(매끄럽지 않음)을 말함.

第1卷 "眞知實學": "愛主而事之, 輕世幻光。重天純古叚(福), 斯眞知實學也哉!"(《輕世金書》, 1:1乙)

第1卷 第3章〈主訓眞實〉: "奇主單詞, 群疑可掃。蓋主詞, 聖子則是。物僉出彼, 爲彼形聲。彼無始, 乃言垂諭世。"(《輕世金書》, 1:3甲)

第1卷 第15章〈愛德益行〉: "琦與愛德, 人獲熱愛一星, 則視譽皆輕, 觀世若虛。"(《輕世金書》, 1:11甲)

第1卷 第20章〈厭囂忻嘿〉: "奇哉嘿工! 啓悟晰理, 導涕浣靈穢, 締主如友。"(《輕世金書》, 1:14乙-15甲)

위에서 인용한 譯文들은 확실히 先秦經典의 風格이 담겨있어 마치《尙書》의 謨誥 諸篇을 읽는 것 같다. 디아스는 문장 수사면에서 字格과 對比手法을 적절하게 구사하였고 의미의 전달면에서 캠피스처럼 正對와 反對 技法을 운용하여 내용을 절묘하게 표현하고 있다. 그리고 譯文은 대체로 문자의 聲音을 강구하여 格調를 이루고 있는데, 李奭學은 이런 문장 구조가 그라나다의 바로크 風格에 전혀 손색이 없다고 호평하였다. 바로크풍은 장식과 꾸밈을 추구하는데,《輕世金書》에는 奇字僻句가 곳곳에 보여 그라나다 역본과 비교해도 전혀 부족함이 없다는 것이다. 디아스는 완전히 古代로 거슬러 올라가《詩經》과《尙書》의 儒家經典의 晦澁奇異하고 편벽한 문장 중에서 古意를 찾았다. 王保祿은 "玄奧하고 난삽한"《輕世金書》는 "서양어문을 같이 알지 못하면 왕왕 제대로 이해하기가 어렵다"고 하였고, 徐宗澤과 方豪는 이러한 심오한 문장을 해독하려면 "經書에 통달한 사람이 아니면 (문장의 뜻을) 판별하기 어렵다"[44]는 견해를 밝혔는데, 이들의

44 徐宗澤은 "《輕世金書》는 문장이 古奧하여 經書 같다.(文古奧, 類經書。)"고 하였는데, 이는 피스테르의 언급을 부연한 것이다. 徐宗澤,《明淸間耶穌會士譯著提要》, 臺北: 臺灣中華書局, 1958, 62쪽; 方豪는 後文에 근거하여 "非通經書者不辨"이라 하였다. 方豪,《方豪六十自定稿》2册, 臺北: 作者自印, 1969, 95쪽.

주장은 이미 정설이 되어버렸다.

여기서 말하는 "經書"는 특히 《尙書》를 가리킨다. 《尙書》는 제1대 예수회신부들이 반드시 필독해야 하는 중국경전 중의 하나였다. 디아스는 마카오에 도착하여 성바오로書院에서 6년 동안 가르쳤는데, 이 서원에서는 당시 중국어문을 학습하는 방법에 대해 잘 알고 있었다. 《尙書》는 이 書院의 주요 학습과목이었으며, 예수회신부들이 經典 중에서 제목을 뽑아 중국어로 작문을 출제하는 出題經典이 바로 《尙書》였다고 한다.[45] 《尙書》는 예수회신부가 중국어를 학습하는데 필독도서이자 중국어 작문의 표준 경전이었다.

비록 예수회 신부들에게 《尙書》가 필독서목이긴 하지만 《輕世金書》가 謨誥體를 써서 기술한 데에는 潤文者 朱宗元과 무관하지 않다. 朱宗元은 학자 집안출신이고 順治 5년(1648) 擧人에 급제한 文人이라 유가경전을 잘 알고 있었다. 이런 朱宗元이 《輕世金書》의 문체 운용에 있어서 결정적인 역할을 하였다고 陳垣은 주장하였다.[46] 그는 《輕世金書》가 謨誥體를 채용한 이유를 다음과 같이 설명하였다. "朱宗元의 생각은 聖經賢傳을 번역하는 것은 일반 저술과는 다르기 때문에 《尙書》의 謨誥體를 사용하지 않으면 그 고아함을 표현하기에 부족하다고 생각하였다."[47] 실제 상황이 陳垣이 말한 대로 되었는지를 입증하는 것은 간단치가 않다. 《輕世金書》는 분명 朱宗元이 "修訂"하였으니 그에게는 潤筆의 功이 있는 것은 분명하다. 그러나 주종원은

45 성바오로 서원의 전신은 "聖瑪爾定經院(la casa di San Martino 성마르티노 經院)"이라 불렀는데 1594년 學制를 바꾸고 "성바오로 서원(聖保祿書院)"이라 하였다. 관련된 기술은 劉羨冰, 〈澳門教育的發展、變化與現代化〉, 吳志良等 編, 《澳門史新編》第3册, 澳門基金會, 2008, 909-911쪽과 Liam Mattew Brockey, Journey to the East: *The Jesuit Mission to China, 1579-1724*, Princeton: Princeton University Press, 2007, p.265 참조.

46 "(《輕世金書》) 其文至艱深, 蓋鄞人朱宗元所與潤色者也。" 陳垣 著/陳智超 主編, 《陳垣全集》 第2册, 493쪽.

47 陳垣 著/陳智超 主編, 《陳垣全集》 第2册, 204쪽.

스페인어를 모르고 라틴어도 몰라서 단지 디아스의 口述에 의거하여 윤문했을 것이다. 그런데 그가 謨誥體로 번역해야 된다고 디아스에게 건의할 수 있었을까?

《輕世金書》를 번역하기 4년 전인 1636년에 디아스는 《聖經直解》를 번역하였다. 그중에 나오는 《聖經》 구절을 디아스는 대부분 《尙書》를 모방하여 번역하였는데 다음 구절은 마치 〈大誥〉에 나오는 문장 같다. "維時耶穌語門弟子曰: '日月諸星, 時將有兆, 地人危迫, 海浪猛鬨。' 是故厥容憔悴, 爲懼且徯所將加于普世!"[48] 이 문장의 譯體는 《輕世金書》와 비슷한데, 陳垣도 이 점을 주목하였다. 1636년 디아스는 이미 朱宗元을 알고 있었고, 그는 디아스에게 세례를 받았다. 다만 《聖經直解》는 예수회의 정식 출판물인데 책에는 朱宗元의 이름이 전혀 표기되지 않았고, 책의 시작부분에는 "極西 耶穌會士 陽瑪諾 譯"이라고만 明記되어 있으며, 책 말미의 跋文에서 디아스는 이 책의 서술동기를 훨씬 더 분명하게 밝히고 있다. 《聖經直解》는 《聖經》의 깊은 뜻을 해석하기 위한 목적을 가지고 있지만, "文詞가 가볍고 졸렬하여 의미를 다 표현해내지 못했음을 고백하지 않을 수 없다"고 디아스는 술회한 바 있다.[49]

바꿔 말하면 《聖經直解》 全書는 분명 디아스가 번역하였고, 朱宗元이나 혹은 다른 중국문인이 개입하기도 하지만 중국인의 역할이 그다지 중요하지는 않았다는 것이다. 위에 인용한 번역문을 보면,

---

48 陽瑪諾 譯, 《聖經直解》, 《天主教東傳文獻三編》(吳相湘 編, 臺北: 臺湾學生書局, 1972), 第4册, 1571-1572쪽. 이 문장은 《누가복음》 21장 25-26절: "그 때가 되면 해와 달과 별에 징조가 나타날 것이다. 지상에서는 땅이 흔들리고 사납게 날뛰는 바다 물결에 놀라 모든 민족이 불안에 떨 것이며, 사람들은 세상에 닥쳐올 무서운 일을 내대보며 공포에 떨다가 기절하고 말 것이다."를 謨誥體로 기술한 것이다. 예수의 말씀은 대부분 四字一格이 주종을 이루고 있으며 설명을 가한 부분은 六字一格으로 표현하고 있는 四六騈儷文의 經書體라 할 수 있다.

49 陽瑪諾 譯, 《聖經直解》, 《天主教東傳文獻三編》 第6册, 2954쪽.

《聖經直解》는 사실 "文詞가 가볍고 졸렬하다"고 말할 수는 없고, 다소 "古怪"한 편인데, 정확하게 말하면 "高奧하다(옛스럽고 난삽하다)"고 하겠다. 바로 陳垣이 주목했던 《輕世金書》에서 사용한 謨誥體의 문체 특성을 지칭한 것으로 《聖經直解》 또한 謨誥體로 번역하였음을 알 수 있다. 이런 점으로 미루어 보면, 디아스는 中文으로 번역작업을 할 때, 《尙書》의 문체를 확실히 편애하였다고 말할 수 있다.

제6절 《聖經直解》와 《輕世金書》의 전파와 영향

《輕世金書直解》 중의 "直解"란 단어는 宋代부터 사용하기 시작하였지만 張居正(1525-1582)의 《四書直解》나 혹은 《書經直解》에서 사용된 사례가 가장 잘 알려져 있다. 張居正의 이 두 경전은 萬曆經宴의 日講讀本인데 디아스가 《聖經直解》라고 제목을 단 것은 아마도 대부분의 예수회신부들이 《四書》와 《尙書》를 중국어 학습의 입문서로 배울 때 張居正의 두 直解本을 사용했기 때문이라고 추측된다.[50] 디아스와 朱宗元의 관계는 대단히 가까웠는데, 《輕世金書直解》는 《聖經直解》 때문에 이런 서명을 갖게 되었을 것이다.

임마누엘 디아스는 《성경》의 禮儀年讀本을 中譯할 때, 세바스틴 바라다스(Sebastian Barradas, 1542-1615)의 《福音史義箋注》 *Commentaria in Concordiam et Historiam Evangelicam*을 저본으로 삼은 것 이외에 여러 자료를 참조하여 注와 疏를 달아 "直解로 저술하였

50 Liam Mattew Brockey, *Journey to the East: The Jesuit Mission to China, 1579-1724*, p.266. 1616년 南京教案이 일어나 알폰세 바그노니(高一志)의 숙소에서 압수한 藏書 중에 《四書直解》가 포함되어 있었으니, 이 서적과 예수회의 관계가 대단히 밀접함을 알 수 있다.

기” 때문에 자신의 번역본 제명을 《聖經直解》라고 하였던 것이다.[51] 《聖經直解》의 역자 임마누엘 디아스는 예수회 선교사로 1610년 중국에 파견되었다. 그는 1621년 예수회 중국교구 부교구장의 직책을 맡고 있었는데, 이 직책을 마치고 나서 본격적으로 저술활동을 시작하였다. 그는 《聖經直解》, 《輕世金書》, 《天主聖教十戒直詮》, 《景教流行中國碑頌正詮》, 《天問略》 등을 번역 또는 저술하였다. 1659년 杭州에서 타계할 때까지 50여 년 동안 중국에 복음을 전하기 위한 문서선교에 전력투구한 선교사였다.[52] 《聖經直解》가 간행되던 1636년은 디아스 신부가 來華한지 26년이 되는 때로 이 책은 역자가 중국문화에 대한 충분한 이해와 司牧經驗을 바탕으로 저술한 것이라 할 수 있다.

《聖經直解》는 주일과 주요 첨례(瞻禮: 축일)에 봉독되는 《四福音書》 중에서 주요 구절을 발췌하여 번역하고 그 번역된 매 구절 마다 자세한 주석을 첨부한 일종의 발췌본 《성경》이다. 이 책의 내용을 살펴보기 위해 예수 성탄절 제4주일(대림 제1주일)의 경우를 보면 먼저 해당 주일의 복음인 《누가복음》 21장 29절-33절이 번역되어 있다. 《聖經直解》에 수록된 구절은 章만 표시되어 있고 節은 기록되지 않았다. 《성경》의 본문은 큰 글자로 수록되었고 거의 매절 마다 작은 글자 2행으로 주석을 달아놓아 절의 구분도 어느 정도까지는 가능하다. 《누가복음》 21장 25절의 경우, 절의 표시 없이 큰 글자의 본문만이 제시되어 있고 이어서 작은 글자 2행으로 “징조”에 관한 주석이 달려

---

51 《聖經直解》의 저본과 번역과정에서 참고한 문헌에 관한 연구는 Nicolas Standaert(Ed.), *Handbook of Christianity in China*, volume Ⅰ: 635-1800, Leiden: E.J. Brill, 2001, p.623과 Nicolas Standaert, “The Bible in Early Seventeenth-Century China,” in Irene Eber, et al., Eds., *Bible in Modern China: The Literary and Intellectual Impact*, p.31-54. Sankt Augustin: Institut Monumenta Serica, 1999, p.44-45; 陳占山, 〈葡籍耶穌會士陽瑪諾在華事蹟考述〉, 《文化雜誌》 第38期, 1999年 春季, 92쪽; 吳相湘 編, 《天主教東傳文獻三編》, 2954쪽 참고.

52 方豪, 《中國天主教史人物傳》 上册, 174쪽.

있다. 이어서 "바다물결"과 26절의 "천체의 흔들림"에 관한 자세한 주석이 기록되어 있다. 주석의 내용은 《성경》에 대한 교회의 정통적인 가르침이 주종을 이루고 있지만 가끔 중국신자를 위한 배려에서 첨부된 것도 있다. 예를 들면 "天主"에 대한 설명의 경우에 "原文曰: 陡斯乃天地萬物之主."[53]라고 하여 희랍어의 하느님(데오스)에 관한 설명을 하고 있다. 《성경》의 번역문과 주석에 이어서 제시된 "箴"의 항목에서는 26절의 "사람들은 세상에 닥쳐올 무서운 일을 내다보며 공포에 떨다가 기절하고 말 것이다"라는 내용의 묵상이 나온다.[54] 이 책은 1636년 북경에서 初刊된 이후 1642년과 1790년 北京에서, 1866년과 1915년에는 土山灣에서 重刊되었다. 우리나라에는 천주교회가 신자들을 중심으로 활동했던 교회 창설(1784년) 직후 최창현(崔昌顯)에 의해 일부가 한글로 번역되었다. 그 뒤 계속 필사되어 전해오다가 신앙의 자유가 허락된 후, 《셩경직히광익》을 저본으로 1892년에 2~5권, 1893년에 6~7권, 1895년에 8~9권, 1897년에 1권이 활판본으로 출간되었다.

한글본 《셩경직히》의 구성은 교회력에 따른 52주일과 34첨례에 필요한 성경구절, '주해' 및 묵상을 준비할 수 있도록 '箴'이 기술되었다. 그리고 한문본 《聖經廣益》에서는 성서의 생활화와 실천을 위주로 한 "宜行之德(마땅히 행하여야 할 德目)"과 "當務之求(마땅히 해야 할 기도) 부분을 취하였

한글본 《셩경직히》 본문

53 원문에는 "데오스(Theos)는 천지만물의 主이다."라고 하였다. '陡斯'는 희랍어 'Theos'의 중국어 音譯名이다. 하느님, 천주를 지칭한다.

54 陽瑪諾 譯, 《聖經直解》, 《天主教東傳文獻三編》 第4册.

다. 그래서 한글본《셩경직히》는 한 때《셩경직히광익》이라고 표기되기도 하였다. 이 책에 수록된《성경》본문은《四福音書》중에서 가려 뽑은 것으로 전체 3,709절 가운데 1,138절이 번역되었다. 이 밖에도 주해부분에는《사도행전》, 바울서신,《요한계시록》과《구약》의 단편적인 구절들이 인용되어 있다. 한글본《셩경직히》는 최초의 한글 성경번역본으로 처음으로 하나님의 존재를 한국인에게 보여주었을 뿐만 아니라 儒家의 성리학적 예교질서가 중심이었던 당시 사상계에 새로운 가치관과 기독교 신앙의 정수를 전해준 책으로서 성경번역사, 어학, 문화사 연구에 귀중한 자료가 되었다.[55] 한글본《셩경직히》는 漢文本《聖經直解》와《聖經直解廣益》[56]을 한글로 번역하여 이를 하나로 편찬한 것이다.《聖經直解》는《성경》의 이해를 일차적인 목적으로 삼고 저술하였기 때문에《성경》에 대한 자세한 주해와《성경》구절에 관한 묵상자료를 제공해 주고 있다. 반면에《聖經廣益》은《복음서》를 실생활에 적용시키려는 더 큰 목적을 두고 저술하였다. 때문에《聖經廣益》에서는 "의행지덕"과 "당무지구"를 통해서《성경》의 묵상과 가르침의 실천을 강조하고 있다.[57]

---

55 숭실대 한국기독교박물관 학예과 편,《한국기독교박물관 소장 기독교자료 해제》, 2010, p.386-p.387.

56《聖經直解廣益》은 예수회선교사인 조세프 프랑스와 마리 안 메르락 드 마이야(Joseph François Marie Anne de Moyrlac de Mailla, 馮秉正, 1669-1748)가 저술하였다. 마이야신부는 1669년 프랑스 벨레교구 마이악(Maillac)성의 귀족가문에서 출생하였고 1686년 리앙교구의 수도원에 入會하였으며 1703년 예수회선교사로 來華하여 활동하다가 1740년 북경에서 사망하였다. 費賴之 著/馮承鈞譯,《在華耶穌會士列傳及書目》上下, 北京: 中華書局, 1995, 607-609쪽;《聖經直解廣益》2卷은 1740년 경 북경에서 초판이 간행되었고, 1859, 1866, 1917, 1922년에 上海 土山灣에서 重刊되었다. 이 책에도 각 주일과 축일의 복음이 실려 있는데《聖經直解》와 다른 점은《성경》본문에는 註解와 箴이 없고 대신 해당 구절의 끝부분에 "宜行之德"과 "當務之求"가 첨부되어 있다. 조화선,〈《셩경직히》의 연구〉, 그리스도교와겨레문화연구회 편,《한글성서와 겨레문화》, 기독교문사, 1985, 671-672쪽.

57 조화선, 전게논문, 671-673쪽.

초기에 來華한 예수회 선교사들 중에서 디아스의 中文 能力은 가장 뛰어난 편인데, 呂若翰은 서양선교사들 중에서 디아스는 "聰明이 絶倫하여 몇 년이 되지 않아 중국문자에 통달하였다"고 극찬하였다.[58] 孫프란시스코는 "중국에 선교하러 온 서양의 선교사들은 누구나 精深好學하지 않는 사람이 없는데 그들은 반드시 中華의 언어문자를 먼저 학습하였다. 그러나 精深한 경지에까지 이른 사람이 바로 陽先生이다" 라고 술회한 적이 있다.[59] 孫氏는 明清교체기의 디아스와 같은 시기에 浙江에 살았던 천주교인이기에 그의 기술은 신뢰성이 매우 높다고 하겠다. 디아스는 분명 예수회 선교사 중에서 中文에 뛰어난 俊才였으며 先秦經典에 대해서도 잘 알고 있었다. 朱宗元은 일찌기 《輕世金書》를 潤文하였는데 朱氏의 문필능력은 수준급이어서 《輕世金書》의 譯體 형성에 어느 정도 공헌을 했을 것이라 생각된다. 그러나 朱宗元이 참여한 다른 전적 《拯世略說》, 《天主聖教豁疑論》 등을 보면 謨誥體는 그의 長技가 아니다. 譯體의 선택은 반드시 原本이나 원본을 잘 숙지해야 한다는 전제를 가지는 것으로 캠피스의 라틴어 원본이나 그라나다의 스페인어 역본의 문체를 꿰뚫어 알고 있는 사람은 그 당시 武林堂에서는 오직 디아스가 유일한 사람이었다. 때문에 李奭學은 《輕世金書》가 《상서》를 翻譯文體의 모델로 선택한 것은 디아스 개인의 주도적인 선택에 따른 것이지 朱宗元의 영향으로 된 것은 아니라는 견해를 피력하였다.[60]

디아스는 "古奧하고 난삽한" 謨誥體로 번역을 하여 《聖經直解》와

---

58 呂若翰, 《輕世金書便覽》, 順德: 呂修靈堂, 1848, 4甲.

59 泰西修士履中華傳聖教者, 無不精深好學, 而必先傳習中華語言文字, 然……其精深, 於陽先生得也。" 孫方濟斯, 〈輕世金書 · 序〉, 陽瑪諾 譯, 《輕世金書》重刊本, 바티칸 교황청도서관(Biblioteca Apostolica Vaticana) 소장본, 編號: Raccolta Generale Oriente, Ⅲ, 1165, 1848, 1甲.

60 李奭學, 《譯述: 明末耶穌會翻譯文學論》, 382쪽.

《輕世金書》에 종교적 玄偉함과 신비한 風格을 갖게 하였고, 가장 권위 있는 유가경전의 문체를 번역문체로 선택하여 《聖經直解》나 《輕世金書》를 경전의 반열에 올려놓고자 하였다. 두 작품에서 모두 "古奧한 謨誥體"을 채택하여 두 작품을 유가경전의 위상으로 정립시키려는 역자의 번역목적을 통해, 우리는 역자 디아스가 구사한 고도의 번역책략을 살펴볼 수 있다. 《聖經直解》와 《輕世金書》의 문체 선택은 경전의 표현 수용성보다는 외래종교의 譯書를 경전으로 인정받고자 하는 위상 정립의 필요성에 포커스를 맞추었던 디아스의 종교적 번역책략에서 나온 것이라고 하겠다.

제6장

清代 初期 예수회선교사 죠세프 앙리 프레메어의 天主教小說 《夢美土記》, 《儒交信》, 《聖母淨配 聖 요셉傳》

제1절 천주교 예수회선교사 죠세프 앙리 프레메어
제2절 天主教寓言小說 《夢美土記》의 樂園世界와 救世主 "元聖"
제3절 天上樂園 "帝廷天堂"과 天堂에 올라가는 방법
제4절 최초의 章回體基督教小說 《儒交信》의 主題와 내용 소개
제5절 앙리 프레메어 天主教中文小說의 索隱派 敍述傾向
제6절 聖人傳記小說 《聖母淨配 聖요셉傳》의 서술특징과 《성경》 번역

夢美土記

旅人有言曰、古之聖者。所相授受之道。博矣闊矣。不可以不謂之至真至善之道也。雖不幸而其人已徂。不得遊於其門。幸而其道尚存于方策。而不得墜息。則學之者。當發憤熟讀詩書等古經。以求聖統之淵源。得之而止矣。夫旅人好古。樂善懷真。自勉勉以忘食者。蓋亦有年矣。但已本性至魯且愚。非上天牖

《夢美土記》 본문 1면, 파리 프랑스국가도서관 소장 필사본

儒交信　　無名先生述

第一回

嘆天教、員外逞花唇。揚儒宗、孝廉開另眼。

道貴尋源。學宜拯世。如何俗豎終身昧。乍聞天道便猖狂。勞攘總無趣。端有真儒。敷陳大義。君倫誰不由天帝。還言西海與中華。此心此理原同契。右調踏沙行

話說康熙年間。有一員外、姓楊、名順水、字金山。他雖然富厚有萬金家事。知是個俗人。但恃着幾貫錢財。也攀交鄉宦。依附明士。不過是圖個虛名。說他也是冠裳一派。同縣有個舉人。姓李

《儒交信》 본문 1면, 파리 프랑스국가도서관 소장 필사본

清代 初期 예수회선교사 죠세프 앙리 프레메어의 天主教小說《夢美土記》,《儒交信》,《聖母淨配 聖요셉傳》

제1절 천주교 예수회선교사 죠세프 앙리 프레메어

基督教中文小說이란 中國古典小說이나 中國文學樣式을 모방하여 기독교의 교리 선양이나 《聖經》 내용을 중국어로 기술한 종교소설을 지칭한다. 최초의 개신교선교사 로버트 모리슨이 중국에 渡來했던 1807년부터 清朝가 멸망한 1911년까지, 서양선교사와 중국인 작가는 중국과 동남아지역에서 수 천 권에 달하는 기독교 중국어 문서를 간행하였는데, 그중에 적지 않은 작품들이 中國傳統小說의 형식으로 기독교의 교리와 내용을 서술 표현하였다.[1] 공개적으로 간행된 첫 번째 基督教中文小說은 영국 런던선교회의 선교사 윌리엄 밀레(William Milne, 米憐, 1785-1822)가 지은 《張遠兩友相論》이다. 이 작품은 1819年 동남아의 말래카에서 출판된 이후, 싱가포르 등 남양지역과 홍콩, 중국본토의 통상항구에서 백 년 이상 지속적으로 출판

1 基督教中文小說의 定義는 拙著, 〈晚清 基督教中文小說의 정의와 범주〉, 《中國學研究》 제57집, 2011.9, 33쪽 참조.

간행되었으며 현재 42종 이상의 판본과 上海語, 寧波語, 廣東語, 福建語, 漢口語, 官話 등의 중국방언본과 한국어, 일본어의 번역본이 출판되어 적어도 400만권 이상이 출간, 유통된 가장 대표적인 기독교 창작소설이다.[2]

하지만 淸代 章回體 基督敎小說의 첫 번째 작품은《張遠兩友相論》보다 약 1세기 전인 18세기 초기에 지어진《儒交信》이란 작품이 있다. 이 작품은 章回體의 小說形式으로 擧人 李光과 그의 가족이 천주교에 귀의하는 과정을 서술하고 있는데, 인쇄 출판되지 않았고 손으로 필사한 筆寫本만이 남아있다. 原本은 현재 프랑스 國家圖書館에 소장되어 있고,[3] 上海 徐家匯天主堂 藏書樓 抄本과 河北獻縣 張莊天主堂印書館 1942年刊本이 現存한다. 2000년 北京大學 宗敎硏究所에서 발간한《明末淸初 예수회思想文獻彙編》제45冊에《儒交信》이 수록되어 있는데, 프랑스 國家圖書館 소장 手抄本에 문장부호를 넣어 다시 조판한 標點重排本으로 오류가 대단히 많아 인용하기에는 적합하지가 않다.[4] 작품의 앞부분에는 라틴어〈提要〉5面이 있으며 本文은 63面, 125쪽이고, 한 쪽이 9행, 1행은 23字인데, 全書는 六回에 모두 135面이고 총 2만 5천 字이다.

手抄本에는 "无名先生述"이라 표기되어 있고, 작자의 성명은 서명되어 있지 않았다. 하지만 본문 앞 라틴어〈提要〉에는 Joseph Henri Marie de Prémare라고 서명되어 있다. 또한 鄭安德과 陳慶浩교수는 모두 이 소

2《張遠兩友相論》의 版本과 출판 및 傳播상황에 대해서는 拙著,〈19세기 동아시아의 최대 베스트셀러《張遠兩友相論》연구〉,《中國語文論譯叢刊》제24집, 中國語文論譯學會, 2009.1, 271-293쪽 참조.

3《儒交信》, 프랑스國家圖書館 소장본, 모리스 쿠랑(Maurice Courant)編目 Chinois 7166.

4 陳慶浩 著,〈新發現的天主教基督教古本漢文小說〉,《第2屆中國小說戲曲國際學術硏討會論文集》, 徐志平 主編, 里仁書局, 2006, 469·484쪽 참조.

설의 작가는 천주교 선교사 죠세프 앙리 마리 드 프레메어[5](Joseph Henry Marie de Prémare, 馬若瑟)라고 주장하였으며, 陳慶浩교수는 작품의 저술시기를 대략 1720년에서 1730年 사이로 추정하였다.[6]

죠세프 앙리 마리 드 프레메어(Joseph Henry Marie de Prémare, 1666-1736)는 천주교 예수회 신부로, 프랑스인이며 중국어 성명은 馬若瑟이고 字는 溫古子이다. 1698년 루이 14세의 칙령을 받고 조아셍 부베(Joachim Bouvet, 白晉, 1656-1730)[7]를 따라 중국에 와서 마카오와 廣州를 거쳐 1699년 江西省 建昌에 가서 1724년까지 거주하였다. 거주기간 중 1714년 康熙皇帝의 초빙을 받아 잠시 북경의 궁정에서 數學者로 활동한 적이 있었고, 1720년 九江에 거주하기도 하였다. 1724년 雍正皇帝의 천주교 禁敎政策 때문에 廣州로 유배되었고, 1733년 마카오로 추방되어 1736년 9월 마카오에서 타계하였다.

그는 元人 紀君祥의《趙氏孤兒》를 프랑스어로 번역하였는데, 프랑스의 문호 볼테르가 이를《中國孤兒》라는 제명으로 개편 출간하여 영국, 이탈리아, 러시아에까지 두루 영향을 미쳤다. 프레메어는 또한《中國古典 속의 基督敎要理 考察 *Selecta quaedum vestigial praecipuorum religionis christianae dogmatum ex antiquis Sinarum libris eruta*》이란 책을 저술하였고, 조아셍 부베, 장 프랑스와 푸케(Jean Françoise Foucquet, 傅聖澤, 1665-1741)와 함께 중국에서 예수회 "索隱派"를 창립하여 清

---

5 본장에 나오는 프랑스를 비롯한 유럽인의 人名과 書名 표기는 崇實大 佛文科 李宰龍敎授의 지도를 받았고,《夢美土記》와《訓慰神編》,《聖母淨配 聖요셉傳》은 臺灣 中央硏究院 中國文學哲學硏究所 李奭學敎授가 原本을 提供해 주었기에 두 분께 감사의 인사를 드린다.

6 鄭安德 編,《明末淸初耶穌會思想文獻彙編》第45册, 北京大學 宗敎硏究所, 2000, 〈儒交信題解〉, 1쪽. 陳慶浩 著, 전게논문, 469-470쪽 참조.

7 중국에 來華하여 활동한 천주교선교사의 人名과 生平年代는 費賴之 著/馮承鈞 譯, 《在華耶穌會士列傳及書目》上下(北京: 中華書局, 1995)의 해당 부분을 참고하였다. 조아셍 부베는 上揭書 上卷, 171條〈白晉〉, 453쪽 참조. 이하의 인명 표기는 출처를 생략한다.

代 초기 中國經學에 기독교 신앙의 색채를 더하였다.

"索隱"이란 이 개념은 李道平의 고증에 따르면《周易》에서 처음 나왔다.[8] 서구의 "Figurists"를 "索隱派"란 단어로 번역한 것은 대체로 中文의 原義를 유지한 것으로 索隱派는 "形象學派"나 혹은 "象徵學派"라고도 불린다.[9] 索隱派는 18세기 초기에《聖經》과《道德經》, 중국문자와 中國古代史를 전문적으로 연구했던 천주교 예수회의 학술단체로써 창시자는 조아생 부베이고, 앙리 프레메어와 프랑스와 푸케, 장 알렉시스 드 골레(Jean Alexis de Gollet, 郭中傳, 1664-1741)가 주요 멤버이다. 17, 18세기에는 유럽에서 비판적으로《聖經》을 연구하던 시기인데, 중국에 來華한 천주교선교사들이 中國의 天文學으로 추산한 새로운 硏究報告書는 중국 문명의 기원에 대한 확실한 연대를 탐구하려는 시도를 하게 만들었다. 17세기 前期에 장 아담 샬 폰 벨(Jean Adam Schall Von Bell, 湯若望, 1591-1666)과 필립 쿠플레(Philippe Couplet, 柏應理, 1624-1692) 등은 이 문제에 대해서 토론을 한 적이 있었고, 1658년 마르티노 마르티니(Martino Martini, 衛匡國, 1614-1661)의《*Sinicoe Historioe Decas Prima* 中國上古史》가 독일에서 출판되면서 中國歷史紀年과《舊約》의 시간이 서로 합치되지 않는 문제가 나타났다. 이 때문에 이들은《易經》에 대한 기독교적인 해석을 시도하게 되었다. 이들은 中國古代史를 가지고《舊約》의 신빙성을 입증하기 시작하였으며《周易大傳》에 체계적으로 서술된 中國의 古代傳說을《舊約》故事의 變種으로 간주하여 연구를 진행하였다. 비록 索隱派의 이러한 연구는 대부분 공인을 받지 못했지만 유럽 이외의 비기독교국가를 기독교세계사에 편입시키려고 시도했다는 측면에서 높은 평가를

---

8 "探嘖索隱, 鉤深致遠, 以定天下吉凶, 成天下之娓娓者, 莫善乎蓍龜。" 李道平,《周易集解纂疏》, 中華書局, 1994, 604쪽 참조.

9 龍伯格 著/李眞 · 駱潔 譯,〈中譯本序〉,《淸代來華傳敎士馬若瑟硏究》, 大象出版社, 2009, 10쪽 참고.

받고 있다.[10]

1731년 앙리 프레메어는 체계적으로 저술된 첫 번째 중국어 어법서《漢語札記》를 編述하였다. 앙리 프레메어는《詩經》의 詩 8首를 프랑스어로 번역하였고, 또한《六書實義》를 저술하였는데, 이 책의 앞부분에는 "書生問, 老夫答, 溫古子述"이라 서명되어 있다. 이 책은 중국의 문자와 古籍 중에서 천주교의 教理를 찾고자 하였는데, 프레메어는 來華한 예수회신부 중에서도 索隱派의 대표 학자로써 그가 저술한 天州教中文小說《夢美土記》와《儒交信》,《聖母淨配 聖요셉傳》은 작자의 이런 索隱派 기독교 경향을 잘 표현해낸 작품이다. 하지만 이런 생각은 당시 로마교황청의 주류사상과 충돌하였고 이 때문에 그는 異端으로 간주되었으며, 이런 연유로 두 권의 작품은 출판될 수 없었고 단지 필사본으로만 전해지게 되었다. 그 외에《信經直解》,《儒教實義》,《天學總論》,《經傳衆說》 등의 저술이 있다.[11] 먼저 프레메어가 저술한 중국 최초의 索隱派寓言小說《夢美土記》에 대해 살펴보도록 하자.

제2절 天主教寓言小說《夢美土記》의 樂園世界와 救世主 "元聖"

앙리 프레메어의 천주교우언소설《夢美土記》는 약 3천자의 짧은 편폭으로 기독교 신앙과 天國에 대한 幻象을 결합시켜 예수회 索隱

10 楊宏聲,〈明清之際在華耶穌會士之《易》說〉,《周易研究》, 2003年 第6期, 48쪽.

11 앙리 프레메어의 생평사적은 루이 피스테르(Louis Pfister), *Notices biographiques et bibliographiques sur les Jesuites de L'ancienne mission de China, 1552-1773*, 2vols(Shanghai: Imprimerie de la Mission Catholique, 1932-1934), 1: p.517-529와 Nicolas Standaert 鐘鳴旦 · Ad Dudink 杜鼎克 · Nathalie Monnet 蒙曦 編,《法國國家圖書館 明清天主教文獻 Chinese Christian Texts from the National Library of France》, 臺北利氏學社, 2009, 제15, 25, 26冊 참조.

派의 천국낙원에 대한 理想世界觀에 대해 서술하고 있다. 이 작품은 출판된 刊本이 없고, 단지 바티칸 교황청도서관과 프랑스 국가도서관에 손으로 필사한 手抄本 2종이 소장되어 있는데, 모두 작자의 이름이 著錄되어있지 않았다. 프랑스 국가도서관본은 王若翰이란 중국인 신자가 필사한 것으로 상단에는 眉批가 있고, 夾評이 있다. 抄本의 말미에는 王氏가 쓴 〈讀後識語〉가 있어 작품의 주제에 대해 언급하고 있다.[12] 이 작품의 저자가 죠세프 앙리 프레메어라고 주장한 학자는 파울 룰레(Paul A. Rule)가 있는데, 파울 룰레는 저작시기를 1709년이라 고증한 바 있다.[13]

이 작품은 東西文學이 융합된 기독교의 낙원세계를 儒家經典의 意象을 빌어 중국어로 구현해 놓았는데, 작자 프레메어는 서양의 전형적인 寓言手法을 운용하여 서술자 "여행자(旅人)"가 꿈속에서 보고 들은 樂園 "美土"와 "帝廷天堂"에 대해 서술해 놓았다. 여행자(旅人)는 자신이 꿈속에서 본 美土를 찾아가기 위해 길을 떠났는데, 가다가 세 가지 갈림길을 만나 우측으로 들어가니 美土가 점점 더 멀어져서 다시 좌측으로 들어가니 美土는 갈수록 더 멀어져버렸다. 당황하고 낙심하여 가던 길을 멈추고 다시 돌아오다가 중도에서 한 노인을 만났다. 노인은 먼저 여행자에게 지상낙원 美土勝景을 소개해 주었다. 美土 혹은 寧都라고 하는 낙원은 사방 구만리가 되며 "中華靈囿"라고

12 프랑스 國家圖書館 所藏 王若翰 手抄本의 서목번호는 Chinois 4989이고, 쿠랑서목의 "未著著者名"부분에 배열되어있다.(編號는 7045) Courant, Catalogue des Livres Chinois, Coréens, Japonais, ets, p.60. 프랑스 국가도서관 소장본의 작품 말미에 있는 王若翰의 〈讀後識語〉는 다음과 같다. "佳記括天學之大義, 驅經役史, 灑灑千言, 眞巨觀也。中有字生句俚者, 僅爲點出, 此亦如從西子面上索瑕翳耳, 罪甚□! 再加更定, 卽宜付之殺青氏, 以公海內可也。" 바티칸 교황청도서관 소장본의 서목번호는 Borg. Chinese 357(9)인데, 작자는 未詳으로 되어 있고 王若翰의 〈讀後識語〉도 수록되어 있지 않았다.

13 Paul A. Rule, Ku'ng-tzu Confucius? or The Jesuit Interpretation of Confucianism, Sydney and Boston: Allen and Unwin, 1986, p.178.

도 한다. 그 주위는 모두 황야인데, 사방의 황야에는 南蠻, 東夷, 西戎, 北狄에 左𪚥와 右烋가 살고 있다. 찬란한 "中華靈囿"에는 "君子"가 거주하는데, 이 靈土의 지세가 낮은 곳에 세 가지 샘물이 있다. 老人은 여행자에게 세 가지 샘물의 효능과 특징을 설명해주었다.

> 하나는 이르기를 "生泉이라 하며, 그 못에서 목욕을 하면 비록 죽었어도 바로 살아날 것이다." 하나는 "淚泉이라 하는데, 여기서 잠시 목욕을 하면 영원히 눈물을 흘리지 않게 된다." 하나는 "乳泉이라 하는데, 누런 물이 흐르고 좋은 곡식이 갖추어져 있다. 黃流로 醉하고 活穀으로 배를 불리며 영원히 목마르고 배가 고프지 않으며 장수무강하게 된다."[14]

이 샘물들은 모두 出典이 있는데, 예를 들면 "乳泉에는 黃流가 흐르는데", 이 냇물은 사람을 "醉하게 만든다"고 한다. 바로 이 乳泉의 黃流는 분명 "鬯酒"[15]를 지칭하는 것으로 《詩經 · 旱麓》에서 典故가 나왔고 毛傳과 鄭注에 근거하여 부연해서 지은 것이다.[16] 또한 《구약 · 출애굽기》에 의거하면, "乳泉"은 젖과 꿀이 흐르는 땅 가나안 福地에서 유래되었음을 알 수 있다.[17]

노인이 말하는 이 세 가지 샘물은 생명의 세 가지 상태를 상징하는데, 첫째는 여기서 씻으면 起死回生할 수 있다는 "生泉"으로, 죽음

---

14 一曰: "生泉, 浴乎伊池, 雖死乃生。" 一曰: "淚泉, 暫沐乎玆, 乃免永泣。" 一曰: "乳泉, 黃流在焉, 臧穀備焉。既醉以黃流, 既飽以活穀, 永不渴饑矣, 享壽無疆矣。"《夢美土記》, 葉3甲-3乙.

15 鬱鬯酒를 말하는데, 신에게 바치는 芳香酒를 가리킨다.

16 江雅茹 著, 〈《詩經 · 旱麓》"黃流"研究〉, 《第七屆臺灣師大國文研究所研究生學術論文集》, 臺北: 國立臺灣師範大學國文研究所, 2000, 222-239쪽 참조.

17 내가 너희를 애굽의 고난 중에서 인도하여 내어 젖과 꿀이 흐르는 땅 곧 가나안 족속, 헷 족속, 아모리 족속, 브리스 족속, 히위 족속, 여부스 족속의 땅으로 올라가게 하리라. 《출애굽기》 제3장 17절.

에서 다시 부활할 수 있는 생명력을 상징한다. 두 번째는 "눈물샘(淚泉)"인데, 여기서 잠시 목욕을 하면 "幽淚苦谷"이나 혹은 "地獄"에서 "영원히 눈물을 흘리는 것(永泣)"과 "영원한 苦痛(永苦)"에서 벗어날 수 있으니 고통과 슬픔에서의 해방을 상징하는 것으로 永樂과 永安을 의미한다. 세 번째 "乳泉"은 이미 지상낙원이나 천당과 유사한데, 여기에는 "黃流"뿐만 아니라 "活穀"이나 "臧穀"이 있어 사람이 생명을 유지할 수 있게 하는데, 이 샘물을 마시면 "영원히 목마르고 배고프지 않으며", 게다가 "長壽無疆"할 수 있다고 하였다. 바로 永生을 상징한다. 프레메어는 "永生"과 관련이 있는 이런 조건들이 모두 중국에 갖추어져 있다고 생각하였기에 지상낙원 美土를 "中華靈囿"라고 부르기도 하였다.

"中華靈囿"는 지세가 낮은 곳 이외에 清新한 "鮮原"이 있는데, 그곳의 나무는 "소나무나 해당화나무 같고, 측백나무나 뽕나무 같은데", 마치 《創世記》에 나오는 지혜의 나무와 같이 "嘉實"이 열리며, 맛이 "처음에는 쓰다가 나중에는 달다(先苦後甘)"고 하였다. 이 "嘉實"은 군자의 果實이고, 오랑캐(夷狄)나 小人의 과실이 아니다. 왜냐하면 "군자의 고통은 쓰다가 즐거워지는데, 夷狄(오랑캐)의 즐거움은 쓰고도 쓰기 때문이다."[18] 中華靈囿의 君子는 바로 이 세 가지 샘물과 하나의 벌판(三泉一原) 사이에 寓居하며 "生源에서 씻고 눈물 못에서 목욕하며 乳泉에서 자라고 松桑의 과실을 먹으며 학문을 닦고 마음을 수양한다"[19]고 하였다.

노인의 말을 듣고 여행자는 꿈속에 빠져 깨어나지 못하는 자신의 한심한 모습에 대해 탄식하였다. 노인은 自省하는 여행자를 보호해 주고 바른 길로 인도해 주겠다고 위로하였다. 그 때 여행자는 갑자기

18 "君子之苦, 苦而樂, 夷狄之樂, 苦而苦。" 《夢美土記》, 葉3乙.

19 "洗於生源, 浴於淚池, 養於乳泉, 嘗食松桑之果, 好學篤行。" 《夢美土記》, 葉7甲.

구멍 속으로 들어온 밝은 빛을 보고서 깜짝 놀라 말하였다.

> 신비롭구나! 천상의 빛은 여러 빛과는 다름이 있는가? 해의 밝음은 단지 물체의 외형을 볼 수 있을 뿐이며 그림자가 있고 피할 수도 있지요. 하늘의 神光은 찬란하고 융합되어 內外를 두루 비추고 터럭이나 미세한 것까지도 비추는구나! 하늘의 神光은 내 마음을 즐겁게 하고, 저 해의 빛은 내 눈을 부시게 한다. 오호라 日月星宿는 선명하게 빛나지만 밤에 하계(下土)를 밝힐 뿐이다.[20]

여기서 여행자의 새로운 체험은 기독교의 전통적인 견해를 나타내는데, 《요한복음》에서 말하는 바와 같이 하나님은 사람들의 빛이며, 그 안에는 생명이 있어 스스로 "通明"하여 조금도 어둡고 감추어진 것이 없다는 것이다.[21] 이 빛이 바로 《요한복음》에서 말하는 "그 안에 있는 생명"인데, 예수 그리스도는 하나님이자 하나님의 아들로써 자신이 바로 이런 "하나님의 빛 神光"이고 "참 빛 眞光"이라고 하였다.

"君子"는 《夢美土記》에서는 "聖人"과 같은 의미를 가지고 있다. 작자 프레메어는 뛰어난 수사기법을 사용하여 《夢美土記》 중에서 처음부터 끝까지 "예수"라는 이름을 사용하지 않고 20 여 종의 다른 호칭을 써서 그를 암시하고 있는데, 그 첫 번째 명칭이 바로 "元聖"이다. 노인은 여행자에게 지상낙원 "美土"를 소개해준 뒤, 그에게 기독교의 神學을 말해주었다. "元祖"(始祖) 아담이 하나님의 명령을 거역하여 에덴동산에서 쫓겨나 타락해 버렸지만 하나님은 인간을 여전히 사

---

20 神哉! 天上之光, 其與諸光, 有以異乎? 以日之明, 祇見外物, 猶有映焉, 猶可避焉。以天之神光, 燦爛有融, 內外偕照, 毫焉瘦哉! 天之神光, 乃樂吾心; 彼日之光, 乃奪吾目。吁, 日月列宿, 熠耀螢耳, 夜昭乎下土而已。《夢美土記》, 葉3乙-4甲.

21 그 안에 생명이 있었으니 이 생명은 사람들의 빛이라. 빛이 어두움에 비취되 어두움이 깨닫지 못하더라. 《요한복음》, 제1장 4-5절.

랑하셨기 때문에 "元聖"을 세상에 보내어 백성의 구세주로 삼게 하셨다[22]고 말해 주었다. 노인이 말하는 "元聖"이란 단어는 "元祖"에 대비가 되는데, 분명히 《書經》에서 출전된 명칭으로,[23] 비록 중국의 고대 유가경전이 《성경》은 아니지만 《성경》과 상통되는 부분이 있어서 그 중에 천주교의 교리를 함유하고 있다는 것이다.

중국은 옛날부터 孔子가 가장 존경하는 인물로 周公을 꼽았기 때문에 "元聖"은 항상 儒家에서 첫 번째 聖人인 周公을 지칭해 왔다. 하지만 《夢美土記》 중의 聖人은 "사람"일 뿐만 아니라 또한 天主의 "道"이고 심지어는 天主 자신이기도 하다. 때문에 《夢美土記》에서는 "지극하도다! 元聖의 德이여, 天主이면서 사람이고, 사람이면서 天主님이시도다![24] 라고 하였다. "하나님(天)"이기 때문에 "백성의 주인(民主)"이 될 수 있고, 사람이기 때문에 "元聖"이라 부른다고 하였다. 《夢美土記》의 이 문장은 하나님과 예수의 "본질"에 대해 논술한 것으로 앙리 프레메어는 《天學總論》에서도 동일한 논조로 설명하고 있다.[25] 프레메어는 비록 시조 아담과 하와가 타락했지만 하나님은 여전히 사람을 사랑하시기 때문에 사람과 서로 교통하도록 하였다. 때문에 天, 地, 人의 三才는 "聖人"이 매개자가 되어 서로를 연결시켜야만 비로소 "天人合一"의 경지에 이를 수 있는데, 이 聖人이 바로 "말씀(道)"이 "인간"으로 降生하신(道成肉身) 聖子 예수 그리스도를 지칭한다는

22 (人)自絶于天, 自墮塗炭。天又念之, 未忍喪之, 眷降元聖, 作求民主。《夢美土記》, 葉5甲. "作求民主"의 '求'는 '救'로 보아야 한다. "救民主"는 "救世主"라고 해석된다.

23 《書經 · 湯誥》: "聿求元聖, 與之戮力。" 阮元 編注, 《十三經注疏》, 北京: 藝文印書館, 1980, 第1册, 162쪽.

24 至哉! 元聖之德: 天而人, 人而天! 《夢美土記》, 葉5甲.

25 "非天則不足以知天。非人似不可以誨人。天而人、人而天, 乃得。蓋人而天者, 知之之至也。天而人者, 任之之至也。" 馬若瑟 著, 《法國國家圖書館明淸天主教文獻》 第 26册, 《天學總論》, 484쪽.

것이다.[26]

제3절 天上樂園 "帝廷天堂"과 天堂에 올라가는 방법

聖子 예수가 降生한 神學的 意義가 바로 《夢美土記》의 후반부 故事 발전의 중심 주제인데, 예수는 "至德"이어서 세상에 내려와 인류를 구원하셨고, 하나님과 인간의 단절된 관계를 회복하게 하여서 萬世를 太平하게 만들었다. 앙리 프레메어가 서술한 것은 예수가 인류를 구원하기 위해 육신으로 강생하였기(道成肉身) 때문에 세상에 "하나님의 道"를 가져다주었고, 인류는 예수로 인해 악에서 벗어나 선으로 돌아가 천국으로 돌아가게 되었다는 것이다. 그리하여 인간은 하나님이 부르자 곧 응답하고 나아가 하나님이 계신 "本鄉"으로 돌아가게 되었다.

그렇다면 인류가 돌아갈 "本鄉"은 어디인가? 노인은 여행자에게 "영원히 帝廷에 있으니, 그곳이 本鄉이다."[27] 라고 알려주었다. 이에 여행자가 기독교를 믿겠다고 하니 천국의 문을 열어 帝廷天堂을 보여주었다.[28] 여행자는 천상낙원을 보고서 탄성을 발하며 말했다.

> 아하! 좋고도 아름답도다! 참으로 사랑스럽고 어떤 것으로도 비교할 수가 없구나! 뛰어난 화공이 그린 그림이나 번쩍이고 화려한 말로 형용한 것, 심신의 영혼이 깊이 숙고한 생각일지라도 모두 이를 표현할 길이 없구나. 아름다운 선율이 귀에 가득하고, 찬란한 색상이 눈

---

26 馬若瑟 著, 《法國國家圖書館明淸天主教文獻》 第25冊, 《六書實義》, 468-473쪽 참조.

27 永在帝廷, 時乃本鄉。《夢美土記》, 葉5乙.

28 老翁曰: "兪, 來格吾兒, 予開衆妙之門, 俾爾賞玩帝廷。"《夢美土記》, 葉5乙.

을 즐겁게 하며, 신령한 맛이 입에 가득하고, 潔音이 코를 즐겁게 하며 德馨이 마음을 기쁘게 하니, 기이하도다! 두루 갖추었구나! 더할 나위가 없구나![29]

帝廷天堂을 보고서 탄복하는 여행자에게 노인은 지금 目睹한 帝廷의 外觀은 그 內面을 보는 것만 못하다고 하며 직접 帝廷天堂의 福樂을 일일이 설명해 주었다. 帝廷天堂의 복은 지위, 봉록, 명예, 수명 중 어느 하나도 부족함이 없는데, 수많은 형용사를 사용하여 다음과 같이 천상낙원을 설명해 주었다.

> 그곳은 康寧의 땅이고, 澄虛의 宅이며, 清讌의 거처이고, 生活의 나라이며, 善聖의 본향이고, 功德의 응보이며, 永名의 언덕이고, 福祿의 중심이며, 逸樂의 綱領이다. 그곳은 근심이 없는 즐거움, 두려움이 없는 복락, 그림자가 없는 빛, 밤이 없는 낮, 병이 없는 평안함, 먹어도 질리지 않는 배부름, 늙지 않는 건장함, 죽지 않는 생명이 있으며, 세상의 환란이 조금도 미치지 못하고 죄악이 一毫도 용납되지 않는다. ……帝廷은 선한 사람이 모두 모이는 곳이다. 모든 물이 태양에 모이듯이 萬福이 帝堂에 두루 갖추어져 있다. 純樂眞福의 上天은 바닥이 없고 가장자리가 없는 大淵이다.[30]

여행자는 노인의 말을 듣고 帝廷天堂에 들어가고 싶은 간절한 所望이 생겼다. 그리하여 어떻게 하면 帝廷天堂에 들어갈 수 있는지 그

---

29 噫嘻! 佳矣, 美矣, 甚有可愛而無可以比矣! 凡巧之工所繪畫者、光華之言所形容者、神心之靈所擬思者, 皆非所能臻也。音樂盈耳, 粲彩愉目, 神味含哺, 潔音樂鼻, 德馨悅心, 奇哉! 備哉! 無可以尙哉!《夢美土記》, 葉6甲.

30 其地也, 康寧之地、澄虛之宅、清讌之居、生活之國、善聖之鄉、功德之報、永名之岡、福祿之中心、逸樂之綱領。其福樂也, 無憂之樂、無懼之福、無影之光、無夜之晝、無病之安、無厭之飽、無老之壯、無死之生。世之患, 一些所不及; 罪之惡, 一毫所不容。……帝廷也, 善人共會焉。萬水湊乎太洋, 萬福具乎帝堂。純樂眞福之上天, 無底無涯之淵淵。《夢美土記》, 葉6甲-乙.

방법을 노인에게 물어보았다. 노인은 하늘에는 천상낙원 "帝廷"이 있고, 지상에는 지상낙원 "美土"가 있는데, 美土는 천상낙원 帝廷에 들어가는 "關門"의 역할을 맡고 있다고 하면서 여행자에게 천국에 들어가는 여정의 순서와 방법을 다음과 같이 알려주었다.

> 美土에 오르고 싶으면 먼저 修身하는 것이 좋은데 급하고도 중요하니 절대 늦추지 말게나!……자네가 옛 것을 좋아하는 것은 노부가 알기에는 대단히 좋은 일이라네. 바로《易經》·《書經》·《詩經》等의 경전은 上古時代의 남은 보배이지. 반복해서 옛사람이 남긴 책을 읽고 경전을 확실히 믿어 은택을 전하면 美土에 가까워진다네"[31]

천국에 가려면 먼저 "美土"에 갔다가 다시 "帝廷天堂"에 가야 하는데, 美土에 들어가려면 먼저 두 가지를 반드시 준행해야 한다고 알려주었다. 지상낙원 "美土"에 들어가려면 우선 "修身"을 해야 하고 다음으로는 四書五經과 같은 儒家經典을 읽고 그 속에 담겨있는 의미를 믿고 이해하는 "好古讀經"을 해야 한다고 노인은 여행자에게 구체적인 방법을 가르쳐 주었다. 그리고는 여행자에게 "元聖"이 누군지를 알아야 하고 그를 믿어야 한다고 말하였다.

> "오호라! 내 아들아! 元聖을 마음에 품고 重華를 생각하게나! 美土帝廷을 重華라고 부르고, 萬民의 救世主를 元聖이라 한다네. 자네가 만일 이해가 되지 않으면 '美'字 한 글자를 자세히 살펴보게나. '美'자는 '羊'에서 오고 '大'에서 왔지. '大'란 '一'에서 오고 '人'에서 왔네. 美란 한 사람의 羊이라네! " 노인은 말을 마치고 갑자기 사라져 버렸다. 旅

---

31 欲登于美土之崖, 莫如修身爲先, 且急, 且切, 萬不可緩矣。……吾子好古, 乃老夫之所知, 而甚善之者也。卽《易》、《書》、《詩》等經者, 上古之餘寶也。反覆讀古人之遺書, 固信其經而傳擇焉, 則近美土矣。《夢美土記》, 葉7乙.

人은 깜짝 놀라 잠에서 깨어나 자신이 꿈속에서 본 것을 붓을 들어 기록하였다. 旅人은 누구인가? 동서남북의 사람이다.[32]

노인은 여행자(旅人)를 "내 아들"이라고 불렀는데, 기독교를 믿기로 한 "여행자"를 이렇게 호칭한 것은 믿는 신자는 하나님의 자녀가 된다는 기독교의 교리에 근거한다면, 노인은 삼위일체의 하나님 중 "聖靈"에 해당되며 聖靈이 직접 천상낙원에 가는 방법과 하나님의 독생자 聖子 예수를 믿어야 한다고 알려주는 것이라 해석할 수 있다. 노인은 여행자가 "元聖을 마음에 품고 重華를 생각해야" 하며, 元聖을 믿는 동시에 "重華"도 생각해야 한다고 하였다.

"重華"란 명칭은 여러 가지 의미로 해석할 수 있는데, 여기서는 歲星이나 혹은 하늘로 해석할 수 있으니 이 구절은 "元聖을 마음에 품고 天鄕을 생각해야 한다" 라고 해석할 수 있다. "美土"는 위로는 "帝廷"과 통하는데, 천주교나 서양의 시세로식(西賽羅)으로는 "重華"를 의미하지만 다르게는 "帝舜"이라 해석할 수도 있다.《書經 · 舜典》에 나오는 "重華"는 바로 "순임금(帝舜)"을 가리키는데, 이 구절의 "帝"자는 전통적으로 "요임금(帝堯)"을 지칭하는 것이지만,[33] 프레메어는 천주교의 "하나님(上帝)"으로 해석해 버렸다. 이렇게 해석한다면 舜임금은 예수의 중국적인 化身(figura)으로 바뀌게 된다. 세 번째 의미로는 典故를 무시하고 어휘 자체의 의미로 분석하는 것인데, "重華"란 "中華를 중시한다(重視中華)"는 의미로 간주하여 "中華"의 "中"자를 강조해서 읽은 "重"으로 해석한다면, "美土와 帝廷을 中華라고 한다"라고 해석할 수

32 "嗚呼! 吾兒, 懷乃元聖, 念乃重華。美土帝廷, 謂之重華; 求萬民主, 謂之元聖。爾如又不明, 細玩一美字。美者, 從羊, 從大。大者, 從一, 從人。美哉, 一人羊!" 老翁言畢, 忽散。旅人大驚而寤, 興而將自所夢筆之于書, 以爲記。旅人謂誰? 東西南北之人也。《夢美土記》, 葉8乙-9甲.

33 《書經 · 舜典》의 "曰若稽古帝舜, 曰重華, 協于帝。" 阮元 編注, 《十三經注疏》, 제1책 125쪽.

있으며, 지상과 천상낙원을 모두 中華라고 지칭하는데, 지상낙원 美土와 천상낙원 帝廷을 찾으려면 中華나 中華의 古經에서 찾으면 되는 것이니, 가까운 것을 버려두고 멀리 갈 필요가 없으며 중국의 경전이 아닌 다른나라의 經典에서 찾을 필요가 없다고 해석할 수 있겠다.

老翁은 마지막으로 여행자에게 구세주 예수를 다시 한 번 강조하여 설명해 주었다. 元聖, 萬民主, 一人羊은 모두 예수 그리스도를 가리키는데,[34] 노인은 특히 "美"자를 강조하며 拆字法을 써서 "美"가 세상 죄를 대속하신 어린 양 예수를 지칭하는 것이라고 해석해주고 있다. 앙리 프레메어는 중국의 전통 拆字法을 써서 기독교의 하나님, 예수 그리스도, 지상낙원 "美土"와 천상낙원 "帝廷天堂"을 해석해 주고 있으며 중국경전을 "閱讀"하는 것을 천국으로 가는 주요 방법으로 제시하고 있다. 중국인이 만일 이 방법을 따라 행한다면, "美土帝廷"의 낙원세계로 들어갈 수 있다고 주장하였다.

노인은 말을 마치자마자 사라져버렸고, 서술자 여행자는 잠에서 깨어나 자신이 보고 들은 바를 글로 기록해 놓았다. 이 작품은 꿈으로 시작해서 꿈으로 끝나는 전형적인 夢境文學作品으로 서술자 "여행자"는 어디에나 존재하는 보편적인 인물을 가리키는데, 이런 호칭은 여러 기독교소설작품의 주인공의 이름으로 쓰였으니 예를 들면, 존 번연 著《天路歷程》의 "크리스챤(基督徒)"이나《張遠兩友相論》의 張氏와 遠氏, 그리휘트 존 著《引家當道》의 "李先生" 등 基督敎中文小說의 등장인물에 사용된 특정인의 성명이 아닌 일반사람을 지칭하는 이런 보편적인 "通稱"은 바로《夢美土記》의 서술인이자 주인공 "旅人"이란 호칭과는 일맥상통하는 것으로 이런 이름은 이 세상에 존재하는 수많은 "보통 세상사람"을 지칭하는 것이라 할 수 있다.

---

34 《요한계시록》5장 6-13절 참고. 여기에서 죽임을 당하신 어린 양, 보좌에 앉으신 어린 양, 사람들을 피로 사서 하나님께 드리신 어린 양은 모두 구세주 독생자 예수를 지칭한다.《夢美土記》에서는 元聖, 萬民主, 一人羊이란 용어로 표현하였다.

제4절 최초의 章回體基督教小說《儒交信》의 主題와 내용 소개

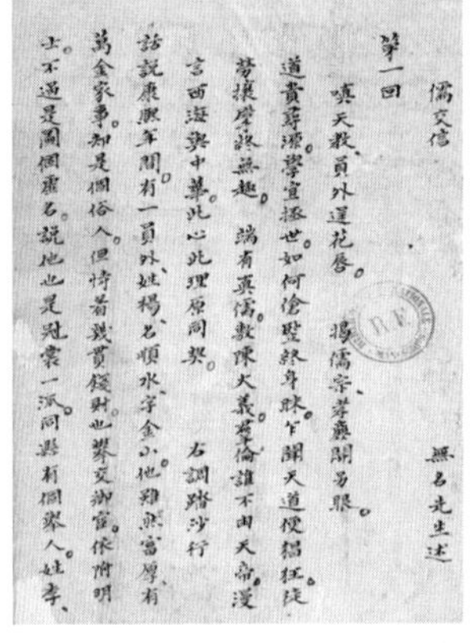
儒交信　　無名先生述

第一回

嘆天教、員外逞花唇。　揚儒宗、李廉開另眼。

道貴尋源。學宜揆世。如何塗壁終身昧。下闢天道便猖狂。

替裡摩終無趣。　端有真儒。數陳大義。彝倫誰不由天命。漫

言西海與中華。此心此理原同契。　右調踏沙行

話說康熙年間。有一員外、姓楊、名順水、字金山。他雖然富厚、有

萬金家事。都是個俗人。但恃着幾貫錢財。也攀交衙官。依附明

士。不過是圖個虛名。說他也是冠裳一派。同縣有個舉人。姓李、

이제 프레메어가 저술한 중국 최초의 章回體 基督教小說《儒交信》에 대해 고찰해 보도록 하자. 筆寫本《儒交信》은 대략 프레메어가 江西에 있을 때, 천주교의 선교를 위해 그의 지도 아래 신도들이 필사한 것으로 추정된다.《儒交信》은 1720년에서 1730년 사이에 지어졌다고 고증되어진, 현재 파악된 중국의 첫 번째 章回體 基督教 創作小說이다. 卷頭의 라틴어 제요와 작품의 여러 곳에서 書名에 대해 해석을 하고 있는데, 집중적으로 해석된 부분은 제5회에 보인다. 제5회의 回目〈여동생이 언니를 권면하니 魔女는 돌이켜 바르게 나아가고, 儒家와 基督教가 교류하니 春光처럼 大悟하여 귀의하게 된다〉[35]에서는 "儒交信"이란 어휘를 직접 사용하였고, 제5회의 첫머리에 있는《蝶戀花》詞의 후반부에서는 "儒宗이 최고라고만 말하는데, 天人關係를 세밀히 살펴보아야 비로소 여러 가지를 잃어버렸다는 것을 알게 된다. 儒家와 基督教가 서로 交通해야 비로소 완비되고 生死가 참된 관계를 바르게 유지하게 된다."[36]라고 이 작품의 창작목적과 유가와 기독교에 대한 작자 프레메어의 종교적인 관점을 구체적으로 표현하고 있다.

제5회 말에 등장인물 司馬慎이 李光에게 "지금 李兄은 儒家人입니까 아니면 基督教人입니까?" 라고 물었다. 李光이 말했다. "유가인

35 〈妹勸姐魔女回頭向正, 儒交信春光大悟皈心〉,《儒交信》제5회 回目.

36 "只道儒宗爲極至, 細審天人, 始曉多遺棄 儒信相交纔大備, 死生方了眞關係。"《儒交信》제5회.

도 되고 기독교인이기도 하지요. 유가인이 기독교인이 아니면 쓸모가 없고, 유가인이면서 기독교인이라야 비로소 확실한 것이지요. 聖人이 儒家를 바르게 하고, 聖人의 말로부터 기독교인이 되기를 바랍니다. 그러나 제가 말하는 聖人이란 오직 天主이신 예수 그리스도를 가리키는 것입니다" 라고 하였고 제5회의 말미에서는 "바로 미혹될 때에는 깨달음이 없고, 깨달으면 미혹됨이 없는데, 결국은 미혹될 때가 바로 깨달을 때이다. 이때에 미혹됨은 깨닫는 상태로 바뀌게 되며, 유가와 기독교가 서로 교통하는 것도 부족함이 없게 된다. 두 사람이 省에 가서 어떻게 서양선생에게 가르침을 청했는지 모르겠는데, 다음 回의 설명을 들어보도록 하자."[37]라고 하면서 제5회를 종결하고 있다.

제5회에서는 '儒', '交', '信' 세 글자를 아주 분명하게 해석하고 있는데, '儒'는 儒家를 지칭하고 있으며, '信'은 기독교를 가리킨다. '交'는 교통한다는 의미인데 "儒交信"은 유가와 기독교가 서로 상통한다는 말로써, 두 가지 종교사상은 서로 위배되지 않으며 동시에 믿을 수 있음을 의미하는 것이다. 때문에 "儒交信"은 "儒家人이면서 기독교인이라"고 해석할 수 있다. 작자 앙리 프레메어는 儒家는 人學에 대해서는 나무랄 데가 없지만, 神에 관한 天學에 대해서는 부족하기 때문에 기독교의 神學으로 儒家의 부족한 天學을 보충해야 한다는 "基督教의 補儒說"를 근거로 하여 "儒教와 基督教가 서로 交通해야 비로소 天人關係가 완비되고 生死문제를 해결할 수 있다"고 제5회의 開場詞에서 천명하고 있다. 다시 말하면 "儒交信"은 天學이 부족한 儒家는 基督教의 神學으로 이를 보충해야 하며, 유가와 기독교는 원래 상통하기 때문에 동시에 믿어도 된다는 '耶儒會通論'을 표현한 어휘이다.

---

37 司馬問李光: "如今李兄還是儒還是信?" 李子道: "儒也是, 信也是 儒未信無用, 儒交信才實 需望聖人方儒, 從聖人言爲信 然小弟所謂聖人者, 惟天主耶穌爲能居之"……正是: 迷時無悟, 悟無迷, 究竟迷時卽悟時 此際將迷成悟境, 儒交信也不差也 不知二人上省如何敦請西洋先生? 且聽下回分解。"《儒交信》 제5회.

이 작품의 각 회의 서술양식은 대부분 비슷한데, 回頭에 두 구절로 된 回目이 있으며, 제5회에 나오는 9字 對句를 제외하고는 모두 8字 對句로 되어 있다.[38] 매 회는 모두 詞로 시작되는데,[39] 回頭의 開場詞에서는 그 回의 大義를 총괄하여 설명하고 있다. 回末은 '正是'로 시작된 문장으로 결론을 짓고, 詩나 혹은 聯文으로 다시 한 번 다음 回의 사건을 언급하고는 "聽聽下回分解"라는 章回小說의 상투어로 끝을 맺고 있다. 작품 전체는 아주 정연한 전통 章回小說의 서술형식을 갖추고 있다고 하겠다.《儒交信》의 작품내용은 다음과 같다.

康熙 연간에 員外 楊順水가 있었는데, 자는 金山이다. 楊順水는 성에서 십리 정도 떨어진 곳에 있는 은퇴한 進士 司馬慎(號 溫古)이 서양 천주교에 입교했다는 말을 듣고, 擧人 李光(字 明達)에게 달려와 황급하게 알려주면서 속히 가서 司馬慎을 저지하라고 하였다. 楊順水는 서양 사람들이 사람의 눈을 도려내어 千里鏡을 만들고, 천주교를 믿는 사람들은 부모가 상을 당하면 중을 불러 경을 읽지 않고 지전을 태우지 않으며, 또 첩을 얻지 못하게 하여 후손을 보지 못하게 한다면서 이런 것들이 천주교의 나쁜 점이라고 하였다. 또 天主의 형상 존재 유무에 대해 천주교인 자신들도 모순되며, 그들의 행동은 표리부동하다고 하였다. 이런 楊順水의 말에 李光은 유교의 입장에서 자신의 뜻을 설명하였다. 곧, 천주는《詩》·《書》의 上帝와 같으며 권선징악의

38 제1회 〈천주교에 불만을 품고 원외는 꽃 같은 입술을 뽐내며, 儒宗을 밝히니 孝廉은 새로운 세계를 보게 된다 嗔天教員外逞花脣, 揭儒宗孝廉開另眼〉 제2회 〈악몽에서 깨어나 급히 진짜 원인을 찾아보고, 돈독한 정을 나누며 大道에 대해 상세하게 논의한다 驚異夢急切訪眞因, 篤交情詳明談大道〉 제3회 〈한 마디 말이 벼슬아치 손님을 각성시키고, 열 두 가지 해석은 儒教人을 깨우친다 一片言喚醒宦海客, 十二解提醒儒教人〉 제4회 〈참된 해석을 연구하니 古經에는 비밀이 많이 담겨있고, 靈蹟을 기술하니 大道를 실제로 실행한다 究眞詮古經多秘寓, 述靈蹟大道見躬行〉 제6회 〈서양선생을 맞이하여 배에서 오묘한 뜻을 담론하고, 聖教에 귀의하니 花縣에는 群英이 모인다 迓西師蘭舟談妙義 歸聖教花縣萃群英〉

39 제1회 〈踏沙行〉, 제2회 〈西江月〉, 제3회 〈點絳脣〉, 제4회 〈臨江仙〉, 제5회 〈蝶戀花〉, 제6회 〈天仙子〉.

원리가 통한다. 또 李光 자신은 사람에 대해서 오직 道의 유무를 따질 뿐 사람의 부귀빈천을 논하지 않는다고 말하였다. 하지만 중국에서는 孔子를 스승으로 삼아 모든 면에서 부족함이 없으니, 공자를 버리고 천주를 믿을 필요는 없다고 역설하였다. 楊順水는 李光에게 함께 司馬愼을 찾아가 이 일에 대해 논의해 보자고 하며 인사를 했다.(제1회)

司馬愼이 천주교를 믿게 되었다는 소식을 들은 李光은 마음이 불편하여 잠자리를 뒤척인다. 그날 밤 꿈속에서 司馬愼을 만났는데, 李光에게 '예수'에 대해 생각해 보라고 하였다. 李光은 날이 밝자마자 司馬愼을 찾아갔는데, 司馬愼은 기다리고 있었다는 듯 반갑게 李光을 맞아 주었다. 司馬愼은 지난 번 城에 가는 길에 공자의 "朝聞道夕死可矣"라는 말이 생각나, 城에 도착하자마자 天主堂에 며칠을 머무르며 서양선생에게 세례를 받고 천주교에 입교했는데 기쁨이 충만하였다. 李光이 그에게 공자를 저버리는 것이 아니냐고 물었더니, 司馬愼은 "천주교를 받드는 것은 공자를 저버리는 것이 아니라, 오히려 공자의 도리를 온전하게 지키는 것"이라고 말해 주었다. 또 자신은 천주교를 믿은 후로 이단을 배격하고 집안에 있던 부처와 보살상들을 모두 태워버렸으며, 온 가족들에게 참 진리에 대해 말해주었다고 하였다. 이때 李光은 "上帝를 섬기지 않는 것이 참으로 공자의 큰 죄인"이라는 사실을 깨닫게 되었으며, 司馬愼에게 변화된 이유를 물어보았다. 司馬愼은 人子 예수가 자신을 구원해 주었고, 믿음(信), 소망(望), 사랑(愛)의 三德을 자신에게 주었다고 말했고, 인간의 原罪에 대해서도 설명해주었다. 李光이 두 번째 질문을 하려는데 손님이 찾아왔다. 司馬公이 李光에게 책 한 권을 건네주니 그는 책을 받아들고 기뻐하며 서재로 들어갔다.(제2회)

방문한 손님은 趙敬之인데, 字가 三泉이고, 司馬愼과는 고향과 나이가 같으며 매우 각별한 사이였다. 司馬愼이 관직을 그만두던 해, 趙

敬之도 부모의 상을 당하였다. 이제 탈상을 하고 다시 首都로 관직을 맡으러 가기 전에 司馬愼에게 인사를 하러 왔다. 趙敬之는 司馬愼에게 천주교를 믿으면 관직에 나아가는 것이 어렵다고 말하니, 司馬愼은 도리어 천주교를 믿으면 관직에 나아가기가 쉽고, 믿지 않으면 관직을 하기가 어렵다고 대답했다. 趙敬之는 자신에게도 천주교를 권하는 것이냐고 물으니, 司馬愼은 천주교에 귀의할 것을 권면하면서, 趙敬之에게 北京에 가면 天主堂에 가서 西洋先生을 만나보라고 권유하였다.

司馬愼이 李光에게 준 책은 천주교 예수회의 馬若瑟이 쓴 《信經直解》였다. 李光은 서재에서 제1절에서 제3절까지 읽어 보았다. 聖父, 聖子의 강생 및 삼위일체에 대한 해석인데, 李光은 이를 보고 심히 놀랐다. 李光은 다시 대나무 숲에 가서 제4절에서 제7절까지 읽어보았다. 거기에는 예수가 십자가에 못 박히심과 부활, 승천 및 후일 세상의 모든 사람을 심판하게 될 일에 대해 쓰여 있었는데, 李光은 이런 일들이 매우 이상하다고 생각되었다. 마침 家童이 차를 한 잔 가져와 李光에게 주었다. 家童은 李光이 《信經直解》를 읽고 있는 것을 보더니 무릎을 꿇고 '예수 마리아'라고 읊조렸다. 家童은 李光으로부터 책속의 일들이 믿기지 않는다는 말을 듣자 일어나 달려 나갔다. 李光이 계속해서 읽은 제8절과 제9절은 聖神과 聖教會에 대한 것으로 더욱 이해하기가 어려웠다. 李光은 자신도 모르게 남쪽 연못가에 있는 초당으로 갔는데, 이웃집 여자아이가 聖母에게 헌화하며 무릎을 꿇고서 《信經直解》를 읽고 있었다. 李光이 여자아이에게 읽을 필요가 없다고 하니, 아이는 오히려 李光이 옳지 않다고 하면서 가버렸다. 李光은 다시 제10절에서 제12절까지 읽었다. 이 부분은 죄 사함에 대한 믿음과 육신의 부활 및 永生에 대한 것이었다. 李光은 다시 의문이 생겨 서재로 들어가 司馬愼이 들어오기를 기다려 가르침을 청하였다.(제3회)

司馬愼은 趙敬之를 떠나보낸 후 즉시 서재로 들어와 李光과 《信

經直解》에 대해 토론하였다. 李光은 만약 책 속의 내용이 사실이라면 믿지 않을 수 없고, 만약 사실이 아닌 데도 믿는다면 잘못된 길을 가는 것이라고 하였다. 이 때에 司馬慎은 아는 것과 믿는 것은 다르다고 설명하였다. 하지만 李光은 중국의 古書에는 이러한 사실이 기재되어 있지 않아 의심이 든다고 말하였다. 司馬慎은 그의 반응에 대해 답변하기를 믿음은 구해서 아는 것이 아니고, 믿음이 생기면 천주교의 큰 사건들을 이해할 수 있게 되는 것이고, 특히 중국의《周易》이나《中庸》같은 유가경전이 그러한 사실을 입증해 준다고 말해주었다.

司馬慎이 李光에게 예수에 대한 여러 가지 이야기를 해주었지만, 李光은 서양 말을 할 수 없고 서양 책을 읽을 수 없어 그와 같은 일을 믿을 수 없다고 하였다. 이에 司馬慎이 오래 전에 죽은 孔子의 말을 어떻게 알 수 있냐고 물었고, 李光은 孔子의 문하생들이 孔子의 格言을 기록해 놓은 것을 보고 알 수 있다고 대답하였다. 마찬가지로 예수가 삼년 동안 행한 일은 보이지 않는 곳에서 행한 것이 아니라 모두 드러내어 행한 일이기 때문에, 열두 사도와 당시 사람들이 모두 그 일들을 증명해주며 예수가 하나님의 아들인 聖子임을 확실히 알 수 있다고 말하였다. 베드로가 서양에 예수의 행적을 전할 때 예수와 그의 사도들은 모두 유대사람이었지만 서양 사람들은 그 일을 의심하지 않았으며 서양 사람들이 중국에서 예수를 전하는 것도 마찬가지 이치라고 말하였다. 李光이 예수의 사건이 사실인지 아닌지를 의심하고 있을 때, 司馬慎은 李光에게《天主降生言行紀略》[40],《輕世金

---

40 예수회의 이탈리아인 신부 지우리오 알레니(Giulio Aleni, 艾儒略, 1582-1649)가 번역하여 출간한《天主降生言行紀畧》은 1635년 晉江景教堂에서 처음 初刊되었다. (초간본은 鍾鳴旦/杜鼎克 編,《耶穌會羅馬檔案館明清天主教文獻》, 臺北 : 臺北利氏學社, 2002, 第4册에 수록) 이 책은 중국에서 처음으로 예수의 일생사적을 기술한 예수傳記인데, 스탕다레르의 고증에 따르면 유럽의 中古時代 隱士 루돌프스 드 사소니아(Ludolphus de Saxonia)가 저술한 *Vita christ*《그리스도의 生平》의 簡本을 번역한 것이라 한다. 潘鳳娟, 〈述而不譯？艾儒略《天主降生言行紀畧》的跨語言敍事初探〉, 中央研究院 中國文哲研究所,《中國文哲

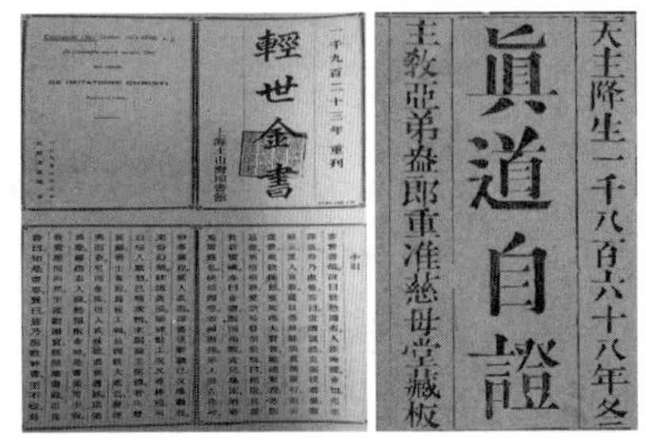

書》[41] 및 《眞道自證》[42]이란 책 세 권을 건네주면서 당부하기를, 한 달 동안에 자신의 일생의 죄를 회개하고, 자신의 마음을 열어 예수를 알게 되기를 천주님께 간구하며, 이 세 권의 책을 열심히 읽어 보라고 권하였다. 李光은 책을 가지고 돌아갔다.(제4회)

李光은 집으로 돌아오는 길 내내 지난 밤 꿈속의 예수를 생각하였다. 저녁 때, 집에 돌아온 李光은 밤새도록 주저하다가 천주님의 은혜로 마음의 안정을 찾게 되었다. 그리고 다음날 아침에 일어나 "皇天上帝"라고 크게 써서 내실에 걸어놓고는 조상들의 위패를 치워버리고 집안에 있던 불상들을 모두 부수어 버렸다.

李光의 부인 吳씨는 불교를 독실히 믿는 사람인데 불상들이 부서져 땅바닥에 흩어져 있는 것을 보고는 크게 화가 났다. 李光이 부인에게 불교를 믿지 말고 천주교를 믿으라고 하니 부인은 그 말을 받아들이지 않고 며칠을 다투었다. 이에 李光은 司馬愼의 집으로 가서 며칠을 머물며 매일 같이 예수에 대한 교리를 배웠다. 吳氏에게는 城 밖에 사는 친 여동생이 있는데, 천주교를 일심으로 믿으며 온 가족을 위해

研究集刊》第34期, 2009.3, 111쪽.

41 예수회의 포르투갈인 신부 임마누엘 디아스가 1640년 토마스 캠피스의 *Imitatione Christis*를 《輕世金書》란 제명으로 北京에서 번역 출간하였다. 《輕世金書》의 번역과 譯本문제는 본서 제5장 제2절 참조.

42 《真道自證》은 예수회의 프랑스인 신부 에메릭 드 샤바냑(Emericus de chavagnac, 沙守信, 1670-1717)이 저술한 천주교의 기본교리서이다. 천주교의 주요 교리 해설과 불교에 대한 비판, 천주교에 대해 중국인들이 갖고 있는 의문점의 규명 등이 주된 내용이다. 이 책은 1784년 이승훈에 의해 조선에 소개된 후, 조선 지식인들에게 많이 읽힌 漢譯西學書이다. 費賴之 著/馮承鈞 譯, 《在華耶穌士列傳及書目》下, 578쪽. 한국교회사연구소 편, 《한국천주교회사》 제1권, 187-188쪽. 숭실대 한국기독교박물관 학예과 편, 《한국기독교박물관 소장 기독교자료 해제》, 2010, 428쪽 참조.

기도해 왔다. 어느 날 여동생이 언니 吳氏의 집에 와보니, 불상들이 깨어져 땅바닥에 흩어져 있었기에 무슨 까닭이 있다고 생각되었다. 그녀는 언니와 함께 머물며, 불상을 믿는 것은 거짓이고 참된 것은 오직 천주밖에 없다고 권고하였다. 이에 吳氏도 천주를 믿고자 하므로 동생은 천주교의 도리를 알려주었다. 나흘째 되는 날 吳氏는 드디어 불상들을 불살라 버렸고 동생은 집으로 돌아갔다.

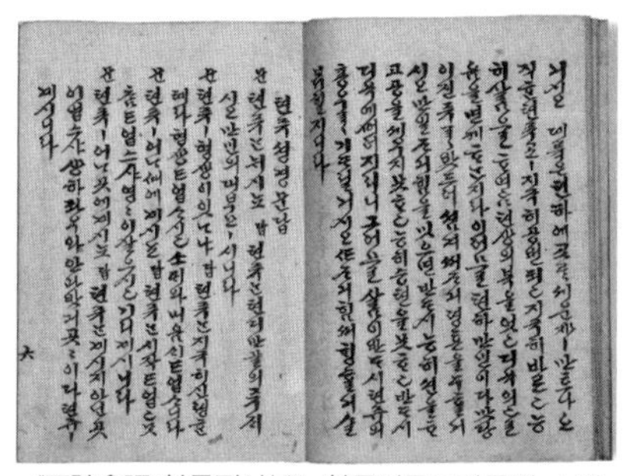
《天神會課 한글필사본》, 한국기독교박물관 소장

다음 날 司馬愼이 李光에게 집으로 돌아가라고 하니 李光은 그 연유를 알지 못했다. 집으로 돌아온 李光을 부인은 친절하게 맞아주면서 천주교를 믿고자 하니 허락해 달라고 요청하였다. 李光은《天神會課》[43]를 부인에게 읽으라고 건네주었다. 吳氏가 司馬公의 부인을 뵙고 싶다고 하니, 李光은 司馬愼의 집으로 가서 이 소식을 알려주었다. 다음 날 吳氏가 가마를 타고 가서 司馬愼의 부인을 만나니 뜻이 서로 잘 통했고, 자신은 세례를 받고자 하였다. 李光은 司馬愼에게 서양선생을 뵙게 해달라고 청하였고, 아울러 서양선생이 자신의 집에 와서 부인 吳氏에게 세례 줄 것을 부탁하였다. 司馬愼이 李光에게 유가를 따르는지 천주를 믿는지를 물어보니, 李光은 유가를 따르지만 천주를 믿지 않으면 아무 소용이 없다면서 聖人은 바로

43 《天神會課》는 예수회의 이탈리아인 신부 프란세스 브란카티 (François Brancati, 潘國光, 1607-1671)가 *Entretien des Anges*《천사들의 모임》을 漢文으로 번역하여 1661년 上海 慈母堂에서 출간한 천주교 신앙서적이다. 이 책은 청소년들의 신앙교육을 위해 조직된 "天神會"가 지켜야 할 규칙과 회원들이 익혀야 할 교리를 담은 13항목(1.천신회규 2.성교요리문답 3.천주성경문답 4.영혼육신문답 5.성호경문답 6.천주경문답 7.성모경문답 8.신경문답 9.천주십계문답 10.성교사규문답 11.성사칠적 12.진복팔단 13.萬民皿終)의 내용으로 구성되어 있다.《在華耶穌會士列傳及書目》上, 230-234쪽.《한국기독교박물관 소장 기독교자료 해제》, 429쪽 참조.

天主 예수라고 대답하였다.(제5회)

司馬愼이 李光을 데리고 天主堂에 도착하니 서양선생은 매우 기뻐하며 李光에게 세례를 주고 세례명을 바울(保祿)이라고 하였다. 李光은 司馬愼에게 청하여 代父로 삼았다. 서양선생을 모시고 함께 현으로 가는 길 내내 司馬愼과 李光 두 사람은 서양선생에게 가르침을 청하였다. 첫 날, 司馬愼은 믿음, 소망, 사랑에 대해서 물어보았다. 둘째 날, 李光이 性과 理에 대해 질문하였다. 서양선생은 《說文解字》와 莊子, 孟子 그리고 다른 儒家의 학설을 인용하여 하나하나 대답해 주었다. 셋째 날, 李光이 어떻게 다른 사람에게 천주교를 믿게 할 수 있는지를 물어보니, 서양선생은 보살을 믿으면 무익하다는 것을 알게 한 후에, 天主의 도리를 알려주라고 대답하였다. 李光이 다시 천주교의 좋은 점에 대해 물으니 열 가지로 설명해 주었다.

그들이 탄 배가 강변에 닿으니 서양선생은 城으로 들어가기를 원치 않고 산장에 머물렀다. 다음날, 司馬愼의 부인과 李光의 부인이 세례를 받았다. 이 때 마을사람들이 서양 선교사가 司馬愼의 집에서 천주교를 傳한다는 소식을 듣고 모두 와서 들으니 며칠 사이에 오십 여 명이 믿게 되었고, 李光은 회장이 되었다. 吳氏의 여동생 陳부인에게는 세례명이 루시아(路濟亞)라는 여덟 살 난 딸이 있었는데, 서양선생이 그 아이를 군중들 앞에서 시험해 질문하니 모두 정확하게 대답하였으므로, 서양선생은 그녀에게 성녀 루시아 상을 선물로 주었다. 이로부터 삼년이 되지 않아 그 지방 사람들이 수천 명이나 天主를 믿게 되었고, 그곳에 큰 天主堂을 건립하였다. 楊順水는 불교를 믿고 첩을 얻으면서, 차일피일 천주 믿기를 미루었다. 오십이 못 되어 집안에 강도가 들어 재산을 강탈해 갔고 첩들이 바람이 나서 재물을 훔쳐 야반도주하니 그는 우울증에 걸려 죽고 말았다. 李光 부부는 古稀가 넘도록 병 없이 살다가 죽었는데, 부부의 골육은 함께 장사되었고, 영혼은

같이 하늘로 올라갔다.(제6회)

《儒交信》은 작품의 대부분 편폭이 등장인물의 對話體, 問答體로 구성되었는데, 이런 서술방식은 19세기 개신교선교사의 초기 基督敎中文小說 윌리엄 밀네(William Milne, 米憐, 1785-1822)의《張遠兩友相論》과 카알 귀츠라프(Karl Gützlaff, 郭實臘, 1803-1851)의《贖罪之道傳》, 페르디난드 제뇌르(Ferdinand Genähr, 葉納淸, ? -1864)의《廟祝問答》등의 주요 서술방식이다.《儒交信》은 이들에게 직접적인 영향을 미쳤는데, 특히 白話章回體와 問答體를 결합시킨 서술양식은 이 양자가 완전히 동일한 소설유형임을 확인할 수 있게 한다. 게다가 앙리 프레메어가 라틴어로 저술한 걸출한 중국어법서《漢語札記》는 카톨릭교단의 불허로 출판되지 못하고 抄寫本으로 프랑스 국가도서관에 소장되어 있던 것을 개신교 첫 번째 선교사 로버트 모리슨이 영국 귀족의 찬조를 받아 말래카의 英華書院에서 출판하였으니, 19세기 개신교선교사는 분명 앙리 프레메어의 저술을 잘 알고 있었음이 분명하다. 바로 英華書院의 교장이자 출판사업을 관장했던 윌리엄 밀네가 첫 번째 기독교중문소설을 창작하였으니 영향관계는 상당히 자명하다 하겠다. 이 작품은 제3회에 장편의《信經直解》를 삽입한 것 이외에는 대체로 전통 章回體白話小說의 양식을 갖추고 있는데, 馬若瑟 著라고 서명된《信經直解》는《儒交信》이 앙리 프레메어의 작품임을 우회적으로 설명하고 있으며, 작자가 기독교 선교를 위해 창작하였다는 사실을 직접적으로 표현하고 있다.

제5절 앙리 프레메어 天主敎中文小說의 索隱派 敍述傾向

작자 앙리 프레메어는 서방의 각종 우언수법을 사용하여 주인공 여행자의 정신과 육체가 "升天"하는 것을 암시하면서, 中國古典과 天主教의 神學教理가 서로 상통한다는 清初 중국 예수회 索隱派의 견해를 곳곳에서 피력하고 있다. 앙리 프레메어는 夢境寓言小說〈夢美土記〉를 통해서 중국의 先秦 儒家經典에서 발견할 수 있는 기독교세계를 중국에서 찾아내어 중국인으로 하여금 中華의 전통 속에서 기독교를 믿게 하려는 창작목적을 가지고 있었다. 때문에 앙리 프레메어는《儒交信》에서 다음과 같이 말하고 있다.

> 제대로 해석을 하니 古經에 비밀이 많이 실려 있고, 神靈한 사건을 기술하니 大道가 친히 행해진다. 사건을 정하여 진실을 구하니 근거가 있고, 당연히 明哲의 肝腸이 되려면 큰 일이 일상적이지 않다는 것을 알아야 할 것이다. 六經은 은밀한 곳에 깊이 감추어져 있고 玄論은 감추인 곳에서 내게 응하는데, 靈跡이 하나하나 모두 눈에 보이니 제자들이 비로소 감히 선양하려고 한다. 聖恩은 마치 아침 해가 扶桑에 떠오르는 것 같아서, 빛이 서쪽 끝에 비춘 뒤에 지금은 우리나라를 비추는구나.[44]

위 문장 중의 "聖恩"은 하나님의 은혜를 지칭하며 서방을 비추고 있는 기독교의 "神光"이 지금은 중국을 비추고 있다고 말하면서, 바야흐로 기독교가 본격적으로 중국에서 선교활동을 진행하여 교회가 곳곳에 세워지고 教勢가 나날이 확장되는 것을 의미하는데, 작자 프레메어는 청대 초기 예수회 索隱派의 "耶儒會通論"을 제4회의 開場詞를 통해 완곡하게 표현하고 있다.

작자 앙리 프레메어는 중국 문자와 古書 중에서 천주교의 교리를

44 究眞詮古經多秘寓, 述靈跡大道見躬行。于事定求眞有據, 固爲明哲肝腸, 需知大事不尋常: 六經深隱處, 玄論應我藏, 靈跡般般皆目睹, 及門始敢宣揚。聖恩如日志扶桑, 光臨西極後, 今乃照吾邦。《儒交信》제4회.

찾으려고 노력하였는데,《儒交信》에는 작자의 이러한 索隱派的 神學觀點이 일관되게 표현되어 있다.《儒交信》의 핵심 내용은 실제로 儒家와 天主教 사이에 공통점을 찾으려는 것으로 작중 등장인물의 유가경전에 대한 解讀과 천주교 교리에 대한 解釋을 빌어 "천주교를 신봉하는 것은 孔子를 위배하는 것이 아닐 뿐만 아니라 실제로 孔子의 도리를 제대로 지키는데 도움을 주며", "예수는 孔子를 멸하지 않고, 孔子는 예수에 의해 완성된다"(《儒交信》 제2회)는 "耶儒會通論"을 입증하고자 하였다. 제2회에서 주인공 李光은 이에 대해 儒家經典을 인용하여 다음과 같이 변론을 전개하고 있다.

> 擧人이 말하였다. "四書五經은 제가 일생 동안 읽은 것이고, 先師 孔子는 제가 일생 동안 배우고자 하는 스승이십니다. 천주교의 대략은 노형과 제가 몇 차례 말한 적이 있어 저도 웬만큼 알고 있지요. 제가 지금 미루어 보니, 天主教에 있는 것은 저희 儒教에도 다 있습니다. 천주교에서는 天主라 하고 저희 유교에서는 上帝라 합니다. 西儒의 말에 의하면 天主님은 無始無終하고 自有自足하며 全能 全知 全善하고 至尊하여 상대가 없으며 至公無私하고 유일무이하며, 無形無像하고 純神妙體하여 천지를 지으시고 사람과 만물을 지으셨으며, 無所不在하시어 보지 않는 것이 없고 듣지 않는 것이 없으며 선한 것은 반드시 상을 주시고 악은 반드시 벌하시니 이것들은 모두 지극히 참된 道理입니다. 그러나 儒教의 六經에 의거하면, 上天·神天·上帝·皇天上帝라고 한 것은 西儒가 天主라고 하는 것과 조금도 차이가 나지 않습니다. 또한 천주교에서 선악이 함께 돌아가지 않는다고 하는데, 사람이 세상에서 선을 행하면 죽은 뒤에 반드시 천당에 올라가고, 세상에서 악을 행하면 죽은 뒤에 반드시 지옥에 떨어지게 됩니다. 그러나《詩經》에서는 "文王이 위에 계시니 하늘에 밝

히 보이게 된다"고 하였고, 《書經》에서는 "殷의 대부분 先哲王은 하늘에 계신다"고 하였습니다. 成湯이나 文王과 같은 善人은 결국 帝廷에 오르셨고, 桀王이나 紂王 같은 惡人은 반드시 지옥에 떨어졌을 것입니다. 서양의 선비나 중국의 선비가 이와 같이 마음이 같고 이치가 같습니다. 또한 천주교에서는 사람이 비록 죽지만 영혼은 항상 살아있다고 하는데, 이 영혼은 신묘한 것이라 죽을 수도 없고 없어지지도 않습니다. 그러나 유교에서도 이렇게 말하지요. 공자께서는 "죽은 자를 섬기는 것을 산자를 섬기는 것과 같이 하면 孝의 극치이다." 라고 이르셨습니다. 살아있을 때에 존재했고 죽은 뒤에도 존재하며, 선한 자는 하늘에 있고 악한 자는 연못(淵)에 있는데, 어떤 이는 위에 있고 어떤 이는 아래에 있다. 비록 확정지을 수는 없지만 이미 위에 있거나 혹은 아래에 있으며, 필경은 尙存하며 흩어지지 않고 또한 실로 의심할 수가 없다. 천주교에는 七克이 있고, 十誡가 있으며 十四哀矜이 있는데 모두 敬天과 修己와 愛人의 綱目으로, 공자의 주장과는 무슨 다른 점이 있습니까? 이 몇 가지 일을 제가 만일 맞게 보았다면 노형에게 감히 묻겠는데, 천주교를 믿는 것이 도대체 무슨 필요가 있습니까?[45]

---

45 舉人道: "五經四書, 是小弟一生誦讀的; 先師孔子, 是小弟一生願學的; 天主教大略, 也是老兄和我說過幾次的, 故小弟也頗曉得些。今推論之, 天主教所有, 我儒教都有了。天教言天主, 吾儒言上帝。據西儒說, 天主就是無始無終、自有自足、全能全知全善、至尊無對、至公無私、至一不貳、無形無像、純神妙體、造天造地、生人生物、無所不在、無所不見、無所不聞、無善不賞、無惡不罰, 這都是極眞的道理。然據儒教的六經, 言上天、神天、上帝、皇天上帝, 其與西儒言天主, 一些也不差。又天教言善惡不同歸, 人在世爲善, 身後必升天堂; 在世行惡身後必下地獄。然按《詩》曰: '文王在上, 于昭于天。'《書》曰: '殷多先哲王在天。' 善人如成湯, 如文王, 果登于帝廷; 惡人如桀如紂, 必墮于地獄。西儒中儒, 心同理同如此。又天教言人雖會死, 他的靈魂却常在, 這靈魂是神妙的物, 不會死, 不會滅。然儒教亦是這樣說, 孔子曰: '事死如事生, 孝之至也。' 生時旣在, 後必也還在; 善者在天, 惡者在淵; 某人在上, 某人在下。雖不可必, 然旣或在上, 或在下, 畢竟尙存而不散, 亦實不可疑。天教有七克, 有十誡, 有十四哀矜, 皆是敬天、修己、愛人的綱目, 與孔子的道理何嘗有甚麽不同? 這幾件事, 小弟若看得不錯, 敢問仁兄, 入天主教, 到底是甚麽要緊?"(《儒交信》 제2회)

주인공 李光은 유가경전을 인용하여 유학과 천주교가 서로 相通한다는 사실을 입증하고 있는데, 먼저 비록 호칭이 다르지만 천주교의 "천주"와 儒家의 "上天·神天·上帝·皇天上帝"는 모두 하나님을 지칭하는 것으로 같은 의미이며, 천주교의 천당과 지옥은《詩經》과《書經》에서는 "天", "帝廷", "地獄"이라 하였는데 영혼불멸설과 孔子의 효도를 연결시켰으며, "敬天과 修己와 愛人의 綱目"은 천주교와 유가사상이 서로 같다고 주장하고 있다. 李光이 말하는 유가의 천당인 "帝廷"은《夢美土記》에서 형상화시킨 천상낙원을 지칭하는 것으로 두 기독교소설은 동일하게《書經》에 근거하여 中國化된 천국의 명칭 "帝廷"을 사용하고 있다. 작자의 대변인인 천주교신자 司馬慎[46]은 비록 천주교와 유가가 서로 상통하지만 반드시 천주교를 믿어야 하는 이유를 다음과 같이 설명하고 있다.

> 李兄과 같은 大儒께서는 상관이 없지만 부인과 아드님, 집사들은 모두 유교에 귀의하고 불보살을 믿지 말고 孔子만 알아야 하지요. 그러나 집밖에 있는 사방의 이웃들과 친척 친구들이 모두 잘 아는 것은 결코 아닙니다. 이형! 솔직히 제게 말씀해 보시지요, 당신이 몇 번이나 그들에게 하나님을 믿고 공자를 배워야 하며 異端을 끊어버리라고 권면하셨습니까? 만일 다른 사람에게 몇 번 권하셨다면, 솔직히 몇 명이나 그렇게 믿게 만드셨습니까? 本府 本縣 이외에 또 13省이 있지요. 중국 이외에 또 四夷가 있습니다. 그들은 하나님을 모르고 공자를 모르지만 그렇다고 하나님 大父母가 낳은 인간이 아니고, 그렇다고 같은 氣를 타고난 우리의 형제가 아니겠습니까? 하나님의 明臣이시고 孔子의 賢徒이신 당신이 여기서 무엇을 하시고 어찌하여 만방에 儒

46 司馬慎은 세례를 받고 세례명을 "若瑟"이라 하였는데, 司馬若瑟은 바로 작자 "馬若瑟"을 가리킨 것이며, 司馬慎은 작중에서 천주교인으로 등장하여, 다른 인물들에게 천주교를 전도하는 작자의 대변인 역할을 하고 있다.

> 教를 펼치지 않으십니까? 孔子가 세상에 계실 때 하나님을 잘 섬겼고, 여러 나라에 가르침을 펴셨는데, 그렇기 때문에 자칭 동서남북의 사람이라 하셨습니다.[47]

유가의 선비 李光은 공자의 도리를 잘 배우고 준행했기 때문에, 작자의 대변인 司馬慎은 그를 "하나님의 明臣이고 孔子의 賢徒"라고 부르면서 "孔子가 세상에 계실 때 하나님을 잘 섬겼고, 여러 나라에 가르침을 펴셨는데, 그렇기 때문에 자칭 동서남북의 사람이라"고 自稱했다는 것이다. 孔子가 바로 세상에서 하나님을 잘 섬겼던 "천주교의 성인"이었고 때문에 孔子가 자칭 "東西南北의 사람"이라고 하였다. 이 호칭은 《夢美土記》의 결말부분에도 나오는데, 서술인 "여행자(旅人)"을 지칭하는 호칭이다. 작자는 두 작품의 互文現象을 이용하여 孔子를 천국을 향해 가는 천주교의 聖人이자 傳道者로 만들어 놓았다.

어쨌든 《夢美土記》와 《儒交信》에서 상호 인용한 어휘나 문장은 적지 않으며, 이런 互文現象을 통해 四書五經과 같은 고대 유가경전 속에 《구약성경》의 흔적이 남아 있는데, 특히 《說文解字》와 같은 字書 속에서 기독교의 교리를 찾아내려는 예수회 索隱派의 신학적 관점을 표현하고 있다. 이런 생각은 당시 로마교황청의 주류 사상과 충돌하여 작자 앙리 프레메어는 이 때문에 異端으로 간주되었으며, 이런 연유로 《夢美土記》와 《儒交信》은 인쇄 간행될 수 없었고 단지 필사본으로만 전해지게 되었다. 《夢美土記》와 《儒交信》은 18세기 초

---

47 "在李兄大儒是不打緊, 必定尊嫂、令郎、管家們都歸儒教, 不信佛菩薩, 只認得孔子。然外有四鄰八舍、親戚朋友, 未必都是明白的。好兄! 你老實對我說, 你幾次去勸他事上帝, 學孔子絶異端? 若果勸了他幾回, 又老實說勸化了幾個? 除了本府本縣, 還有十三省; 除了中國, 還有四夷。他們不認得上帝, 不曉得孔子, 難道不是上帝大生, 難道不是與我們同氣弟兄不成? 上帝明臣, 孔子賢徒, 你在這裏做甚麽, 何不分敷儒教于萬方? 孔子在世, 昭事上帝, 也行教于諸國, 故自稱爲東西南北之人。"《儒交信》 제2회.

프랑스 예수회선교사 앙리 프레메어가 중국인에게 천주교를 선교하고자 지은 天主教中文小說로써 작자의 索隱派 神學觀點을 章回體와 夢境寓言體로 구현해 놓은 소설작품인데, 중국 고대의 儒家經典과 字書 중에서 기독교의 교리를 찾아내어 기독교와 유가사상이 상통한다는 사실을 밝혀내고자 했던 청대 초기 예수회 索隱派의 耶儒會通論을 표현해낸 첫 번째 기독교 장회체 창작소설이다.

제6절 聖人傳記小說 《聖母淨配 聖요셉傳》의 서술특징과 《성경》 번역

聖母淨配聖若瑟傳
耶穌會士馬若瑟述
聖史書吾主耶穌之譜曰雅各生若瑟若瑟爲瑪利亞淨夫瑪利亞生耶穌惟深察此聖經之旨爲能揣度聖若瑟之高蓋信耶穌爲天主第二位聖子又視瑪利亞爲天主耶穌之母則瑪利亞之崇位可知而所謂母以子貴者正此之謂也旣知瑪利亞實爲天主聖母且識聖若瑟爲瑪利亞淨配則聖若瑟之尊貴不待言而自明吾嘗謂夫因妻尊者乃此之謂也

《聖母淨配 聖요셉傳》 본문 1면

明淸代에 중국에 來華한 천주교 선교사들 중에 《성요셉전》을 기술한 신부는 죠세프 앙리 프레메어가 첫 번째 저자는 아니고, 이미 1640년 경 포르투갈 예수회 선교사 임마누엘 디아스(Emmanuel Diaz Jr., 陽瑪諾, 1574-1659)가 《聖諾瑟行實》을 찬술하여 雲間 敬一堂에서 간행한 적이 있다.[48] 디아스가 기술한 성인 요셉의 "行實"은 분명 우리가 지금 알고 있는 "傳記" 이긴 하지만, 프레메어의 《聖母淨配 聖요셉傳》 중의 "傳"字는 약간의 "傳記"의 의미를 함유하고 있는 것 이외에 《左傳》 중의 "傳"字의 古義가 아마도 더 강한 것 같다. 본장에서 프레메어의 《聖母淨配 聖요셉傳》을 성인전기소설로 선정한 이유는 다른 뜻이 없다. 프레메어의 이 傳記가 비록 淸代 初期인 雍正 3年(1725)에 간행되었지만, 임마누엘 디아스가

48 《法國國家圖書館 明淸天主教文獻》제15책, 123-212쪽.

明代 末葉에 기술한 《聖諾瑟行實》의 傳記體를 직접 계승하였고, 내용의 구성면에서는 "解釋"에 있어서나 "評論"과 "並比"에 있어서 디아스의 明刊本 《聖諾瑟行實》을 "수정"한 것이라 할 수 있다.

성모 마리아와 마찬가지로 《四福音書》 중에서 요셉에 대한 서술은 "희극적인 성분"이 거의 없는 편인데, 《마가복음》에서 요셉은 전혀 등장하지 않았고, 다른 세 복음서에서도 그는 "처녀 마리아의 수태를 받아들여 아내로 맞이함으로써 굴욕을 참아내어 곤경에 처한 마리아를 도와주는 '委屈求全'(자기의 뜻을 굽히면서 일을 성사시키려고 한다)의 역할을 말없이 수행했을 뿐이고", 여러 장면에서도 전혀 대화에 참여하지 않은 채, 한 마디 말도 없이 하나님이 계시한 夢訓에 따라 행동하였다. 사도 마태가 가장 상세하게 기술하였고, 사도 누가는 마리아의 후손이 아는 것을 따랐으므로 그 다음이다. 그러나 설사 마태가 요셉의 입장에서 기술하였다 하더라도 하나님이 세상에 강생하시어 다윗왕의 후예로 태어나게 되는데, 마침 그 시기에 하나님의 "內定"을 받아 "처녀의 몸으로 수태한(不婚受孕, virgin birth)" 마리아의 "淨配"가 되었다는 것이다.

요셉이 마리아를 아내로 맞이할 때, 《聖經 · 外經》에 따르면 나이는 40살이 넘은 중년이고, 슬하에 이미 아들이 있었다고 한다. 不惑의 나이에 열 네 살 어린 나이의 "의혹이 있는" 소녀 마리아를 아내로 맞아하면서 요셉은 이웃들의 수군거림과 손가락질을 상당히 두려워했던 것 같다. 마리아가 수태했기 때문에 요셉은 더욱 난처해져서 남몰래 파혼할 생각을 갖고 있었다. 다행히 하나님이 꿈에 현몽하셔서 마리아의 잉태는 성령으로 말미암은 것이라고 알려주었고, 天主가 육신을 입고 태어난 뒤에 이름을 "예수"라고 부르도록 하나님께서는 명령하셨다.

디아스의 《聖諾瑟行實》은 《聖傳金庫》 (*Leganda aurea*)의 문장구

법을 모방하여 중국어로 "若瑟 요셉"이란 이름을 "增益"(May God give increase)이라고 해석하였고,[49] 게다가 문장의 희극성이 대단히 강화되었는데,[50] "예수"란 이름은 "진실로 구세주"란 의미가 있다고 얘기하므로써 마태복음 제1장 제21절의 언급과 서로 호응하고 있다. 이때에 요셉이 꿈에서 깨어나 마음이 비로소 안정을 찾았고 그리하여 마리아와 혼인을 하여 동정녀 마리아와 순결한 배우자로의 예식을 거행하여 결국 《聖母淨配 聖요셉傳》에서 말하는 예수와 더불어 소위 "聖家"라고 불리는 "三大家族"(Santa Familia)을 이루게 되었다.

그러나 고귀한 "聖家"를 이루었지만 두 살 이하의 유태인 어린아이를 모두 죽이려는 헤롯왕(Herod I, B.C. 37-4)의 학정에 직면하게 되었다. 요셉은 하나님께서 다시 꿈에 현몽하시어 야밤에 도주하여 이집트로 멀리 떠나 재난을 피하라는 하나님의 지시대로 이집트로 피신하였다. 예수가 세상에 태어나 처음으로 고난을 당하게 되었고 이 "聖家"에서 지도적 지위에 있는 사람은 바로 예수의 "鞠父" 요셉이었다. 헤롯왕이 죽은 후에 요셉은 가족을 이끌고 이집트에서 다시 이스라엘로 돌아와 나사렛에 은거하였다. 예수는 12살 때 예수살렘 성전에서 랍비와 삼일 동안 성경에 대해 토론하였고, 이를 모르고 예루살렘에서 고향으로 돌아가다가 아들을 잃어버린 것을 발견하고 당황하여 여기저기 사람을 찾아다녔다. 하지만 이야기를 여기까지 쓰고 나서 프레메어와 디아스는 《聖經》 正典을 잊어버린 것처럼 《聖經·外經》에 따라 요셉의 생평사적에 대한 부분을 보충하였다. 예수가 할례를 받은

49 Bruce M. Metzger and Michael D. Coogan, eds., *The Oxford Companion the Bible*, Oxford: Oxford University Press, 1993, p.382.

50 《聖傳金庫》는 여러 성인의 전기가 수록된 작품인데, 매번 "傳主" 성명의 "字源"으로 시작하였고, 이어서 傳主의 行實에 대해 기술하고 있다. 요셉이 雀屛에서 선발되어 마리아의 남편이 되었다는 "戲劇"성분은 다음 문장을 참고할 것. Jacobus de Voragine, *The Golden Legend: Readings on the Saints*, trans. William Granger Ryan, 2 vols, Princeton: Princeton University Press, 1993, 2:p.153。

成年禮에 대해 마태와 누가는 모두 한 줄로 간단하게 쓰고 말았지만 디아스와 프레메어는 피가 땅에 떨어지는 그 순간에 칼로 찌르듯이 아파하는 요셉의 마음속에 일어나는 내심의 고통을 세심하게 서술해내어 읽는 이에게 감동을 주고 있다.

예수가 성장하여 30살이 넘어 도처로 가르치러 다닐 때에 요셉은 이미 70살이 넘은 노인으로 나날이 몸이 쇠약해가고 있었다. 그는 먼저 聖子 예수가 전도하는데 장애가 되지 않도록 하기 위해, 그리고 두 번째는 성모 마리아가 친히 자신을 보살피는 것을 견딜 수가 없어서 예수에게 세상을 하직하고 림보(Limbo)의 땅으로 내려가게 해달라고 간청하였다. 프레메어의 문장에서는 요셉과 마리아가 모두 이미 "원죄의 더러움을 깨끗이 씻어내어" 비범한 사람–심지어는 聖人–과 비견되게 되었다고 기술하고 있다. 요셉은 타계한 지 삼 년이 지나서 다시 부활하였고 "제40일에 예수와 함께 승천하였다." 10 여년 후에 그들은 다시 마리아를 "천국으로 돌아오도록" 영접함으로써 세 사람은 함께 천국에 들어가 지위에 맞게 자리에 앉았고 영원히 지옥의 고통에서 멀어지게 되었다.

《聖母淨配 聖요셉傳》에서 기술하고 있는 요셉의 행적은 《성경》 正典 중의 스토리와는 많이 다르다. 하지만 이런 것 이외에 프레메어의 서술과 논술 중에는 때때로 복음서의 성경구절이 여전히 많이 나오는 편인데, 《야고보전서》 나 혹은 《外經》 중의 《야고보 聖嬰福音書》(Infancy Gospel of James), 《마리아복음서》(Gospel of Mary)의 중요한 구절이 나온다.[51] 프레메어의 서술을 거쳐 요셉은 몇 차례 聖化되었는데 그런 논술에 대해 말한다면 프레메어가 디아스보다 더 뛰어

51 이 몇 가지 《外經》은 현재 편리한 英譯本이 있다. Robert T. J. Miller, ed., *The Complete Gospels: Annotated Scholars Version*, revised and expanded ed. Sonoma: Polebridge Press, 1994. and William Hone, et al., eds., *The Lost Books of the Bible*, New York: Bell, 1979.

난 점은 《聖요셉傳》을 위해 《좌전》처럼 "傳注"를 달았을 뿐만 아니라, 디아스가 간략하게 기술한 것을 세밀하게 묘사하였고, 동시에 심혈을 기울여 中文으로 일종의 성요셉론에 해당하는 個人神學을 서술해 냄으로써 "聖母論(Mariology)", "基督論(Christology)과 병립하는 세 가지 신학론을 완성했다는 것이다.

위에서 《聖母淨配 聖요셉傳》에 대한 분석은 명청교체기의 중국에서 전혀 근거 없이 나온 것은 아니다. 왜냐하면 "天主"로써의 예수를 明人들이나 淸人들 중에서 기독교를 반대하는 사람들—심지어는 기독교에 우호적인 사람들—은 받아들이거나 이해하기 어려운 점이 바로 예수와 요셉, 마리아 사이의 "외인들에게 말하기 어려운 사실(不足爲外人道者)"이 있다는 것이다. 明末淸初의 문단맹주였던 張岱(1597-1679)는 일찌기 《石櫃書》에서 예수는 "有母無父"라고 논평하였고,[52] 康熙年間에 楊光先(1597-1669)은 가장 강력하게 천주교를 반대하고 서양인을 배척하여 曆獄을 일으켰을 때 張岱의 "有母無父"論에 대해 분노를 표출했을 뿐만 아니라 〈與許青嶼侍御書〉에서 儒家 五倫의 관점에서 복음서에서 언급한 "外人들에게 말하기 어려운 사실"에 대해 다음과 같이 통박하였다. "예수의 모친 마리아는 요셉이라는 남편이 있다. 그런데 예수는 부친에게서 나지 않았다고 한다. ……'父子'關係를 알지 못하는 것이다." 유가의 관점에서 楊光先은 일일이 문제점을 지적한 것이니, "길러준 鞠父"가 있고 또 혼인한 관계가 있는데, 부부관계와 부자관계를 모두 부인하였으니 완전히 "人倫"을 저버렸다는 것이다. 雍正 연간 천주교에 대한 탄압이 가장 혹심했던 1725년, 프레메어는 적시에 《聖母淨配 聖요셉傳》을 출간하여 확

52 張岱, 《石匱書 · 利瑪竇列傳》 第24卷, 續修四庫全書編集委員會編: 《續修四庫全書》 320史部, 別史類, 上海:上海古籍出版社, 2002, 206쪽. 張岱와 西學, 西人의 관계는 Jonathan Spence, *Return to Dragon Mountain: Memories of a Late Ming Man*, Toronto: Penguin Group, 2007, p.128-134 참조.

실히 ‘성요셉론“의 신학적 관점에서 明末부터 康熙연간에 있었던 반기독교적 평론에 반격을 가하고 천주교를 위해 강력한 반론을 제기하였다. 그런데 《聖母淨配 聖요셉傳》 중의 “傳”字는 또한 이미 자신의 兩面性을 뛰어넘어 聖經演義의 다른 길을 가버린 것이니 그 역사적 의의는 각별한 것이라 하겠다.

제7장

프랑스와 자비에르 당트르콜의 聖人傳記小說 《訓慰神編》

제1절 예수회선교사 프랑스와 자비에르 당트르콜의 생애와 文書宣敎

제2절 聖人傳記小說 《訓慰神編》의 출간 배경

제3절 《訓慰神編》의 서사구조와 開場詩 〈續古撫今小引〉

제4절 《訓慰神編》의 作品內容과 正文의 敍述特性

제5절 〈訓慰神編跋語〉와 《訓慰神編》의 主題

天主降生一千八百七十二年

訓慰神編

主教亞弟盎郎准慈母堂重梓

《訓慰神編》 표지, 1872년 北京慈母堂

프랑스와 자비에르 당트르콜의 聖人傳記小說《訓慰神編》

제1절 예수회선교사 프랑스와 자비에르 당트르콜의 생애와 文書宣敎

천주교 예수회선교사 프랑스와 자비에르 당트르콜은 청나라 雍正年間 北京 慈母堂에서《訓慰神編》을 출간하였다. 이 책은 聖經中譯史에서 임마누엘 디아스의《聖經直解》와 장 바세의《四史攸編》의 뒤를 이은 세 번째 中譯聖經이자, 全文이 중국어로 번역된 첫 번째《舊約聖經》이란 의의를 가지고 있다. 1728년 로마교황청에서는 세계 각국에서 해당 언어로《聖經》번역하는 것을 엄격히 금지하는 칙령을 선포하여,《聖經》을 읽고자 하는 사람은 반드시 라틴어로 읽도록 하였다.《訓慰神編》은 1730년에 中譯되었는데, 1728년부터 콘스탄틴 교황은 줄곧 프랑스 예수회를 탄압하였고 중국의 예수회 역시 탄압을 피할 수 없었다. 1730년 청나라 雍正皇帝는 독실한 불교신자로써 천주교에 대한 금교령을 선포하여 천주교의 선교를 엄격히 금지시켰다. 로마교황청과 청나라 조정의 내외 협공이 가중되는 시기에 자비에르 당트르콜은 중국 예수회의 首長으로써 천주교의 선교와 교회를 보위해야하는 重責을 맡고 있었으니, 마치 앗수르 제국의 니느웨성에 포로로 잡혀온 유태인 포로 토빗과 같은 처지여서, 반드시 군건하게 천주교를 보위하고 또 사랑으로 선교사업에 헌신해야만 했다. 비록 천주교에서는 聖經翻譯事業을 금지시켰지만 중국인의 선교를 위해 당트르콜은 결연히 中譯作業을 진행하여 결실을 본 것이 바로 포로 토빗이 세상의 고난과 역경을 이겨내고 신앙의 본을 보여준《토빗기》였다.

역자 당트르콜은 한 편으로는 翻譯하고 한 편으로는 자신의 설명과 비평을 가하여 夾述하였는데,《聖經》譯文에 箋注와 評論을 함께 달아 중국소설 양식으로 편집한 단행본으로 출간하였다. 자비에르 당트르콜의《訓慰神編》은 聖經中譯史에 있어서나 基督教翻譯小說史에 있어 그 意義가 남다르지만, 지금까지 학계에서는 연구가 거의 진행되지 않았다. 본장에서는 5절의 편폭으로 프랑스와 자비에르 당트르콜의 聖人傳記小說《訓慰神編》의 出刊背景과 이 작품의 小說構造, 敍事方式, 敍述文體 特性 및 主題 등을 고찰 탐구해보고, 譯者가 왜 詩經體 韻文과 傳統小說의 構造方式을 채택했는지 역자의 翻譯策略과 翻譯目的을 분석 연구해보고자 한다.

서기 1615년에 로마교황청에서는 칙령을 선포하여 중국에서 천주교 신부들이《성경》을 중국어로 번역하는 中譯事業을 허가한다는 칙령을 반포하였다. 이 교령 반포의 간접적인 결과로 예수회신부 임마누엘 디아스(Emmanuel Diaz Junior, 陽瑪諾, 1574-1659)는 1640년 箋注本 방식으로 50 여 條의《四福音書》구절을 중국어로 번역한《聖經直解》를 출간하여 신자들이 주일과 첨례일에 사용하는《성경》구절을 제공하였다.《聖經直解》가 번역된 이후에《福音合輯》(harmonia evangelica)의 형식을 제외하고는 근대 이전에 천주교에서는 완역 형태의《聖經》번역이 진행되지 않았다. 그후 1722년 바디칸 교황청에 傳信部(sacra congregatio christiano nomini propagando)가 설립되었고, 그 후 6년 뒤에 교황청에서 칙령을 선포한 이후로는 각지의 방언으로 《聖經》을 번역하는 《聖經》 번역사업을 엄격히 금지시켰는데, 이는 신자들이 반드시 라틴어 《聖經》을 읽도록 하기 위한 것이었다.[1]

비록 교황청 傳信部에서 엄격한 금령이 반포되었지만, 禁譯 期間 중에도 적지 않은 천주교 신부들이 중국에서 《聖經》을 中譯하였다. 그중에서 장 바세(Jean Basset, 白日陞, 1662-1707)가 편역한 《四福音書》의 合輯인 《四史攸編》(약1702- 1707)이 가장 유명하며 영향력이 매우 컸다. 장 바세는 라틴어 《불가타譯本》을 저본으로 하여 新約의 대부분인 《사복음서》, 《사도행전》, 바울서신을 번역하였다. 바세는 1707년에 타계하였는데, 그는 죽기 전까지도 《히브리서》의 번역에 매진하였다고 한다. 하지만, 그의 번역본은 간행된 적이 없었고, 영국인 허드그슨(Hodgson)이 1737년 바세 聖經譯本의 手抄本 한 질을 얻었는데, 그 초본은 한스 소레인(Sir Hans Solane) 남작의 소장품이 되었다가 후에 영국의 大英博物館에 소장되었다. 개신교에서 첫 번째로 중국에 파송된 로버트 모리슨(Robert Morrison, 馬禮遜, 1728-1834) 선교사가 1807년 처음으로 중국에 도착했을 때 그는 바세의 번역 手抄本을 입수하게 되어 《모리슨 성경역본》의 중요한 참고문헌이 되었다고 한다.[2]

---

1 傳信部의 設立과 各種 教會信仰과 정치 행위에 관련된 연구는 "Sacred Congregation of Propaganda," in Charles Herbermann, comp., *Catholic Encyclopedia*(New York: Robert Appleton Company, 1914); 傳信部의 沿革에 대한 研究資料는 Peter Guilday, "The Sacred Congregationde Propaganda Fide(1622-1922)," *The Catholic Historical Review* vol 6, no 4(Jan 1921), p.478-494 참조. 본장에 나오는 서양인명의 표기는 프랑스어, 이탈리아어 등은 숭실대 불문과 이재룡 교수에게, 독일어는 독문과 이재호 교수의 지도를 받았다.

2 Bernward Willeke, "The Chinese Bible Manuscript in the BRITISH Museum", in *Catholic Biblical Quarterly* Ⅶ, 1945, p.450-453; Bernward Willeke, "Das Werden der chinesischen katholischen Bibel", in Walbert Bühimann O. F. M. Cap. und Johann Specker S. M. B.(eds.), *Die Heilige Schrift in den katholischen Missionen*(Schöneck-Beckenried 1966), p.284-285; Quartor Evangelica Sinica, Sloane Manuscript #3599[1737/1738, 1805], 홍콩대학 소장본. Jost Zetzsche,

19세기 초 프랑스선교사 루이 드 푸아로(Louis de Poirot, 賀淸泰, 1735-1814)는《신약성경》전체의 번역을 마쳤고, 일부《구약성경》도 번역하였다. 하지만《이사야서》와《다니엘서》,《요나서》를 제외한 대부분의 先知書들은 번역되지 않았다. 라틴어본을 저본으로 삼았던 푸아로의 中譯聖經은 총 34권이며 매 장의 결미 부분에 모두 간단한 주석을 달았다. 이 번역본은 1805년에 완성되었지만 출판되지는 못했고 표제를《古新聖經》이라 하였다.[3]《古新聖經》은 천주교의 中文聖經譯本 중에서 편폭이 가장 길고 현대까지도 영향력이 상당하였다. 그러나 문체와 형식상의 특성과 변화 정도로 말하자면 프랑스와 자비에르 당트르콜(Francois Xavier d'Entrecolles, 殷弘緖, 1663-1741)의《訓慰神編》(1730年間)을 꼽지 않을 수가 없다.

프랑스 예수회 신부 자비에르 당트르콜은 조아셍 부베(Joachim Bouvet, 白晉, 1656-1730)가 康熙황제의 명을 받들고 유럽으로 돌아가 선교사를 모집할 때에 지원하여 선발되었지만, 죠세프 앙리 프레메어(Joseph Henry Marie de Prémare, 馬若瑟, 1666-1736)와 앙트완 고빌(Antoine Gaubil, 宋君榮, 1689-1759) 등의 일행보다 일 년 뒤에 중국에 도착하였다. 루이 피스테르(Louis Aloys Pfster, 費賴之, 1833-1891) 신부의 기술에 따르면 그와 프랑스와 푸케(Jean François Foucquet, 傅聖澤, 1665-1741)는 직무 때문에 다른 배를 타고 왔기 때문이라고 한다.[4]자비에르 당트르콜은 江西省에서 선교를 하였는데 饒州에서 주

"Bible in China(1): Transkriptionen in den chinesischen Bibelübersetzungen", *China Heute(St. Augustin)* XⅢ, 1994, p.184. 鍾鳴旦(Nicolas Standaert),〈聖經在17世紀的中國〉(伊愛蓮等 著/蔡錦圖 編譯,《聖經與近代中國》, 漢語聖經協會, 2003), 16-17쪽에서 인용 및 참고.

3 예수회가 해산된 뒤에, 淸나라 조정의 허가를 받아 그는 北京에 거주하였는데, 1806년 그는 다시 예수회에 입회하였다. 푸아로의 생평사적은 Joesph Dehergne, *Répertoire des jésuites de Chine de 1552 à 1800*(Roma: Unstitutum Historicum S. I., 1973), p.207. 鍾鳴旦의 전게논문, 17쪽 참조.

4 費賴之 著/馮承鈞 譯,《在華耶穌會士列傳及書目》, 中華書局, 1995, 548-549쪽. 피

로 사목활동을 하였고, 그 후 다시 九江과 景德鎭에서 선교사업에 전념하여 신자가 전혀 없던 불모지에 처음으로 교회를 개척하였다.

景德鎭은 중국에서 도자기 산지로 유명한 곳으로 陶窯가 3천개가 넘었다. 그는 도자기 장인들에게 전도를 하여 신자를 중심으로 한 상조회를 결성하였는데, 병이 들거나 일을 할 수 없게 된 장인들을 상조회에서 扶養해 주었으므로 景德鎭에서 신자들이 급속히 증가하였고 그 때문에 그곳에 처음으로 교회를 건축하게 되었다. 당트르콜은 도자기 장인들에게 도자기 제조법을 직접 배운 뒤, 이를 라틴어로 저술 출판하여 景德鎭의 도자기 제조법을 처음으로 유럽에 전파시켰다. 江西省 이외에 북경을 여러 번 방문한 적이 있으며 오랫동안 중국예수회의 首長을 맡았다. 하지만 정치적 탄압을 두려워하지 않고, 雍正연간에는 북경에서 비밀리에 전도를 하여 수많은 군중을 모아 미사를 드리기도 하였다. 당트르콜은 중국어문에 매우 정통하여《逆耳忠言》,《主經體味》등 다수의 중문저술을 남겼고《今古奇觀》등 여러 권의 중국소설을 프랑스어로 번역하기도 하였다. 일찌기 중국의 과거제도와 講學制度에 대해 연구한 적이 있으며, 또한 교황청 특사 샤를르 토마 메야르 드 투르농(Charles Thomas Maillard de Tournon, 鐸羅, 1668-1710) 주교가 중국신자들에게 제사를 금지시킨 조치에 대해 중국에서 선교하던 23인의 천주교 선교사들과 함께 聯名하여 이에 반대하는 탄원서를 교황청에 제출하기도 하였다.[5]

스테르의 姓名과 생졸연대는 전게서, 〈緖言〉 3쪽 참고.

5 費賴之 著/馮承鈞 譯,《在華耶穌會士列傳及書目》, 552쪽.

제2절 聖人傳記小說《訓慰神編》의 출간 배경

당트르콜의 일생 사적 가운데 연구자들의 이해가 가장 미진한 부분은 아마도 로마敎皇廳 傳信部의《聖經》禁譯期間 중에 중국어로 번역된《訓慰神編》이라 하겠다. 당시 천주교에서는 聖禮가 모두 라틴어로 진행되었는데, 方言으로 미사를 드리려면 반드시 로마교황청의 허락을 받아야만 했다. 중국에서 성직자를 양성하기 위해서는 상당한 준비 시간이 필요했다. 중국인을 신부로 양성할 수 있도록 허락을 받으려는 시도는 가장 먼저 알렉산드로 발리냐노(Alessandro Valignano, 範禮安, 1539-1606)의 반대에 부딪혔는데, 동양의 총괄 순찰사인 발리냐노는 당시 중국의 주요 선교전략에 대한 결정권을 가지고 있었다. 마테오 리치(Mathieu Ricci, 利瑪竇, 1552-1610)가 서거한 뒤, 중국교구의 首長이 된 니콜라스 롱고바르디(Nicholas Longobardi, 龍華民, 1559-1654)는 발리냐노가 결정한 이전의 선교전략을 바꾸어 버렸다. 그는 마테오 리치와는 다른 견해를 가지고 있었으며, 중국의 성직자로 양성할 華人 후보자는 라틴어를 배울 필요가 없다고 생각하였다. 라틴어의 어법과 발음은 중국인이 배우기에는 많은 어려움과 오랜 시간이 필요하였다. 이 때문에 롱고바르디는 니콜라 트리고(Nicolas Trigault, 金尼閣, 1577-1628)를 로마로 파견하여 중국에 있는 신부들이 중국어로 神學을 공부하고 중국어로 미사를 거행하며 중국어로 聖禮를 드릴 수 있게 해달라고 요청하였다. 교황 바오로 5세는 1615년 중국에 서한을 보내, 中國文言으로 聖禮 드리는 것을 윤허하였고, 동시에《성경》의 중국어 번역도 허락하였다. 그러나 方言이나 토속어로 번역하지 말고 "사대부 문인들이 사용하는 언어(士大夫的學者式語言)"로 번역해야 한다고 요구하였다. 비록 교황청의 허가를 받았지만 예수회 신부들은 번역에 바로 착수하지 않았다. 왜냐하면 당시의 선교책임자가 이 번역작업을 허락하지 않았기 때문이다. 서양신부가 中國文言으로 저술하고 중국어로 대화를 나누는데 정통하려면 이삼십년에 걸쳐 중국어문을 학습하거나 그보다 더 많은 시간이 필요하였다. 당시 중국의 선교환경에서 본다면 번역은 상당히 어렵고 고생스러우며 대단히 긴 시간이 필요한 작업이지만 반드시 해야만 하는 작업은 아니기 때문에 선교책임자는 이 번역작업을 허락하지 않았다고 한다.[6]

로마교황청은 1622년에 傳信部(Propaganda Fide)를 설립하여 모든 선교지역의 教務를 총괄하게 하였다. 그런데 17세기에는 천주교의 성경번역에 관한 정책이 갈수록 엄격하게 변하였다. 예를 들면, 일리리아어(Illyric) 성경의 번역에 관하여 로마종교법원은 1634년 다음과 같이 결정하였다. "각지의 주교들은 반드시 신도들이 교리서와 벨라르민(Bellarmin)의 《기독교교리 *Doctrina Christiana*》를 학습하게 하여 누구나 다 구속의 필요성이라는 측면에서 가르침을 얻도록 지도해야 한다. 특히 주일 미사 중에 이러한 가르침을 더욱 강조해야만 한다. 이에 비추어 보면, 새로운 성경번역은 불필요한 것이다." 이 결정을 《성경》 읽기와 비교해서 살펴보면 "교리문답의 가르침"과 "미사에 참여하는 것"은 갈수록 더 중시를 받았다는 사실을 알 수 있다.

교황청 傳信部는 1655년 12월 6일에 "만약 傳信部의 서면 허가를 받지 않으면 선교사가 찬술한 저작의 간행을 금지한다"는 법령을 선포하였다. 이 교령은 각종 《성경》 번역본의 출판을 불가능한 일로 만들어 버렸고, 중국교구에 대해서도 같은 구속력을 갖게 되었다. 파리외방선교회(Missions Etrangéres de Paris)가 1670년 《성경》과 미사서, 매일기도문을 중국어로 번역하려는 계획을 신청하였으나 1673년 傳

6 J. Jennes, "A propos de la liturgie chinoise", in *Neue Zeitschrit für Missionswissenschaft II* (1946), p.248. 〈聖經在17世紀的中國〉, 21쪽 참조.

信部가 이를 거절해 버렸다. 루이 푸아로의 中譯聖經도 똑같은 운명에 처해졌다. 그가 1803년 傳信部에 이미 新舊約의 대부분을 滿洲語와 中國官話로 번역했다고 알렸을 때에 傳信部는 비록 그의 열정에 찬사를 보냈지만 그가 번역한 역본의 출판을 금지시켜 버렸다.[7] 17세기에 중국에서 《성경》 중역본이 출판되지 못한 것은 이전에 있었던 좋은 기회를 놓쳐버렸기 때문이었다. 1615년 중국예수회는 로마교황청으로부터 《성경》 번역에 대한 허가를 얻었지만 그들은 다른 사업에 몰두하다가 기회를 놓쳐버렸고 그 후 몇 명의 선교사들이 《성경》을 번역하였지만 傳信部의 엄격한 통제정책 때문에 《성경》 中譯本은 줄곧 정식으로 출판되지 못하였다.

《聖經》 中譯史의 관점에서 본다면, 《訓慰神編》은 임마누엘 디아스의 《聖經直解》 이후, 중국에서 천주교 신부가 中譯한 《성경》의 세 번째 번역본으로, 장 바세의 《四史攸編》이 번역된 바로 다음 차례에 번역 출간된 것이다. 하지만 지금까지 연구자들은 이런 《訓慰神編》의 聖經中譯史에 있어서의 意義를 전혀 주목하지 못했다.[8] 자비에르 당트르콜이 《訓慰神編》을 출간한 것은 단지 《聖經》의 원문만을 그대로 번역한 것이 아니고, 한 편으로는 번역을 하고 한편으로는 자신의 설명과 비평을 가하여 夾述한 것으로, 《성경》 譯文에 箋과 注를 함께 달아 중국소설의 양식으로 편집한 단행본으로 北京에서 판각하였다.

---

7 N. Kowalsky, "Die Sacra Congregatio 'de Propaganda Fida' und die Ubersetzung der Hl. Schrift," J.Becknann(ed.), *Die Heilige Schrift in den katholischen Missionen* (Schöneck-Beckenried: Neue Zeitschrift für Missiionswissenschaft, 1966), p.31-32.

8 《토빗기》의 中譯作業은 프랑스와 자비에르 당트르콜이 처음은 아닌 것 같다. 성 프란체스코회 신부 프란세스코 조비노(Francesco Jovino, 1677-1737)가 《多俾亞傳》을 포함한 《구약성경》을 번역하였다는 기록이 있으나, 카를로 호라티(Carlo Horatii, 霍雷蒂, 1673-1759) 주교에 의해 출판이 거절되었고, 이 초고는 후세에 전해지지 않았다. 鍾鳴旦의 전게논문, 17쪽 참조.

제3절 《訓慰神編》의 서사구조와 開場詩 〈續古撫今小引〉

오늘날 전해지는 토빗 고사는 이전에는 대부분 번역본으로 간주되었는데, 원문은 이미 오래전에 유실되었고 단지 희랍어, 옛 라틴어, 통속라틴어의 세 가지 번역본을 볼 수 있었다. 그런데 이스라엘 쿰란(Qumran)의 동굴에서 출토된 死海本 두루마리 초본(死海手卷, the Dead Sea Scrolls)이 20세기에 발견되었는데, 그 안에 4종의 《토빗기 多俾亞傳》가 들어있었다. 때문에 《토빗기 多俾亞傳》의 原文은 바로 두루마리 抄本에 아람어(Aramaic, 阿拉米)로 기록된 것으로 기원전 2세기 전후에 작성된 것으로 추정하고 있다.[9]

토빗故事는 대략 두 가지 계통이 있는데, 첫째는 통용그리스어(Koine Greek)나 알렉산드리아어(Alexandrian dialect)로 쓰여진 "시내抄本(Codex Sinaiticus)과 이를 저본으로 번역한 思高本《舊約 · 多俾亞傳》이다. 두 번째는 교황 클레멘트 8세(Clement Ⅷ, 1536-1605) 재위기간에 칙령으로 수정한 후 판각된 클레멘트판 불가타역본《聖經》(Vulgatam Clementinam)과 루이 드 푸아로(Louis Antoine de Poirot, 1735-1813)가 이를 저본으로 번역한 《古新聖經 · 多俾亞傳》이 있다. 자비에르 당트르콜이 雍正 연간에 《訓慰神編》을 번역할 때에 사용한 저본은 당연히 아람어본은 아니며 불가타(武加大) 본 《聖經》에서 사용한 통속라틴어본이었다. 《訓慰神編》은 1730년 北京에서 판각된 후 1872년 土山灣에서 重刻되었는데,[10] 본 논문에서는 黃山書社에서 출간한 《東傳福音》 第3册에 수록된 1872年 重刻本을 사용하였다.

본장에서 사용한 《訓慰神編》은 통용본 천주교 《성경》의 편집 관

---

9 《토빗기 多俾亞傳》의 원본과 판본에 관련된 연구와 조사 상황은 Bruce M. Metzger and Michael D. Coogands. eds., *Oxford Companion to the Bible*, p.746-747. The Dead Sea Scrolls 참조.

10 費賴之 著/馮承鈞 譯, 《在華耶穌會士列傳及書目》, 551쪽.

례에 따라 "14章"으로 나누어져 있다.《訓慰神編》에서의 "章"의 구분은 두 가지 토빗故事의 판본 계통에 의거하였다. 첫 번째는 통용희랍어(Koine Greek)나 알렉산드리아어(Alexandrian dialect)로 쓰여진 "시내초본(Codex Sinaiticus, 西乃抄本)"과 이에 근거하여 번역한 思高本《舊約·多俾亞傳》이다. 두 번째는 교황 크레몽 8세(Clement Ⅷ, 1536-1605) 재위기간에 敎令으로 수정한 후 간행한 크레몽판 불가타본《聖經》(武加大本, *Vulgatam Clementinam*)과 루이 안토인 드 푸아로(Louis Antoine de Poirot, 賀淸泰, 1735-1813)가 이 판본에 근거하여 번역한《古新聖經·多俾亞經》이다.[11] 시내초본의 판본에 따르면《舊約·多俾亞傳》은 제3장 제6절 토빗이 하느님께 죽게 해 달라고 간구하는 기도까지 제1장 제1절부터 제3장 제6절까지는 모두 토빗의 第一人稱 敍述觀點으로 서술되었다. 그런데 불가타본《聖經》은 제1장 3절부터 제14장 11절까지 대부분의 편폭이 全知觀點(omniscient point of view)으로 서술되었고, 시작부분의 2절과 결미부분의 4절만 서술인의 전지관점으로 서술되어 있어서 두 판본 사이에는 서술관점에 있어 약간의 차이가 있다고 하겠다.[12]

자비에르 당트르콜의《訓慰神編》은 전형적인 中國傳記作品의 서사방식을 채택하여 제1장 正文의 시작부분부터 전지적인 관점에서 서술자가 작품의 傳主 토빗 多俾亞의 출생부터 기술하고 있다. 토빗은

---

11 루이 안토인 푸아로는《古新聖經》34卷을 1803년에 완성하였는데, 그중에 舊約의《多俾亞傳》이 포함되어 있다. 2014년 中華書局에서 北京北堂圖書館 所藏本을 근거로《古新聖經殘稿》全9冊을 출간하였는데, 第6冊에《多俾亞經》이 수록되어 있다. 賀淸泰 譯注/李奭學、鄭海娟 主編,《古新聖經殘稿》第6冊, 北京: 中華書局, 2014, 2210-2234쪽.

12 본장에서 사용한 한글성경은 한국 천주교 주교회의 성서위원회 편,《성경》을 참조하였다.《토빗기》는《성경·구약》제17권에 수록되어 있다. 2005년판《성경》의 구약성경 히브리어 부분은 슈투트가르트판《히브리어성경》(BHS:*Biblia Hebraica Stuttgartensia*)에 실려 있는 마소라 본문을 번역 대본으로 삼았고, 그리스어 부분은 괴팅겐 판《칠십인역 성경》(Septuaginta: Vetus Testamentum Graecum, Auctoritate Academiae Scientiarum Göttingensis editum)을 번역 대본으로 삼았다. 한국 천주교 주교회의 성서위원회 편,《성경》, 2005년,〈일러두기〉참조.

사마리아 왕국의 갈릴리 지방에서 태어났고, 사마리아가 유다 왕국과 어떻게 분열되었는지, 비록 분열되었지만 사마리아인들은 여전히 유다 왕국의 수도 예루살렘에 경배하러 간다는 이스라엘 민족의 역사와 신앙생활을 소개하였고, 이어서 이스라엘 민족이 우상숭배를 하면서 악행이 만연하고 죄악이 가득하였다는 작품의 시대배경과 두 왕국의 신앙상태를 설명하고 있다. 이는 중국독자들에게 생소한 작품의 장소와 역사적 시대배경 등을 傳記作品의 서술방식을 빌려 기술한 것이다.

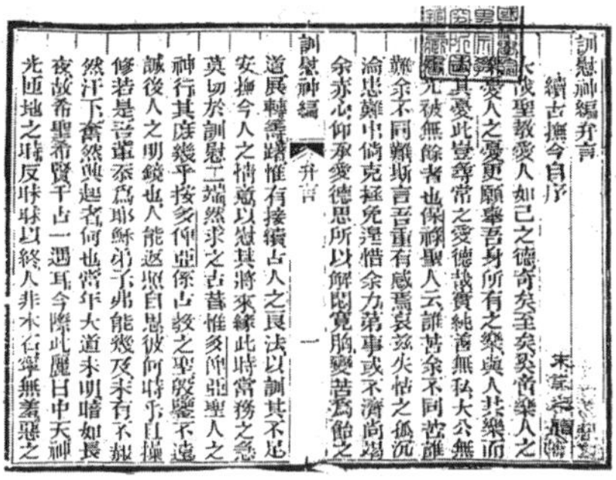
訓慰神編弁言
續古撫今自序
訓慰神編
弁言
一

이 작품은 모두 세 부분으로 구성되어 있다. 첫째, 譯者 자비에르 당트르콜의 自序인 〈訓慰神編弁言〉. 둘째, 작품의 正文. 작품 正文은 서두에 〈續古撫今小引〉 四章이 있고, 이어서 《訓慰神編》 본문 14章이 있다. 그리고 셋째, 〈訓慰神編跋語〉가 작품의 말미에 수록되어 있다. 당트르콜은 작품의 서문인 〈續古撫今自序〉를 書頭에 기술하여 《訓慰神編》의 번역동기와 작품의 주요 내용을 소개하고 있다. 그는 자신을 "遠西 耶穌會修士 殷弘緖 繼宗"이라 서명하였다. 字를 繼宗이라 하는 서양 천주교 예수회선교사 殷弘緖라고 표기한 것이다. 성인 토빗의 일생 전기는 하느님의 명으로 저술한 "聖經"으로써 모든 글자가 하느님의 계시에서 나왔기 때문에 짧은 문장 한 줄도 어그러짐이 없는 경전이라고 역자는 〈訓慰神編弁言〉에서 분명히 밝히고 있다. 그는 하느님의 말씀을 따르는 기독교인들이 주님의 은총을 앙모하면서 이미 보상받은 증거를 함께 공유하기 위해서는 옛 성인의 본을 이어받아야 하는데 이를 위해 《訓慰神編》을 編譯하게 되었다고 출판동기를 명확하게 천명하였다. 그리고 관련된 구절에는 註釋을 달아 본래 취지를 독자들

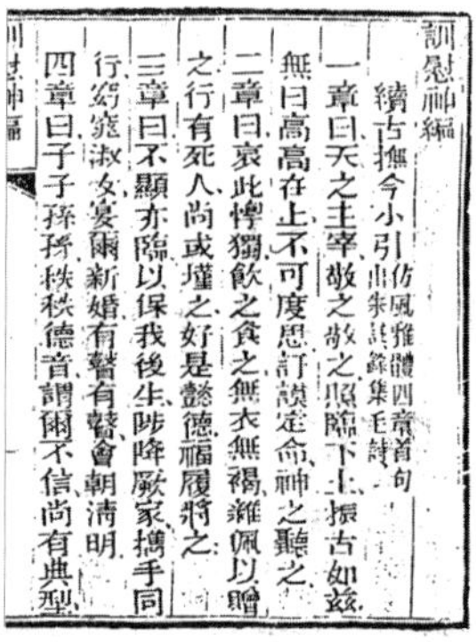
訓慰神編
續古撫今小引 仿風雅體四章首句出朱註餘集毛詩
一章曰天之主宰、敬之敬之、照臨下土、振古如茲、
無曰高高在上、不可度思、訏謨定命、神之聽之、
二章曰哀此惸獨、飲之食之、無衣無褐、雜佩以贈
之、行有死人、尚或墐之、好是懿德、福履將之、
三章曰不顯亦臨、以保我後生、陟降厥家、攜手同
行、窈窕淑女、宴爾新婚、有髻有鬠、會朝清明、
四章曰子子孫孫、秩秩德音、謂爾不信、尚有典型、
訓慰神編

이 이해할 수 있게 설명을 가하였지만, 사람들이 이 작품을 기꺼이 받아들일 수 있도록 자신의 私見을 집어넣지는 않았다는 점도 분명히 피력하였다.[13]

작품은 正文 14章으로 구성되어 있으며, 正文 앞에는 開場詩에 해당하는 〈續古撫今小引〉이 있고 正文 뒤에는 20面에 달하는 〈訓慰神編跋語〉가 수록되어 있다. 正文의 서두에 있는 〈續古撫今小引〉은 모두 4장으로 구성되어 있다. 每章은 4字 2句의 네 행 32字로 정연한 정형시 형태를 갖추고 있다. 〈續古撫今小引〉의 원문은 다음과 같다.

續古撫今小引 仿風雅體四章，首句出朱註，餘集《毛詩》。

一章曰：天之主宰，敬之敬之[14]；照臨下土，振古如茲[15]。

無曰高高在上，不可度思[16]；訏謨定命，神之聽之[17]。

---

13 “願諸誦法之友，仰冀主恩，同沾成驗，是余續古撫今，纂錄神編之素志也。每節多增註釋，用以闡明本旨，俾人易于樂從，並不敢雜添己見。” 殷弘緒，〈續古撫今自序〉3葉. 王美秀 主編，《東傳福音》第3册, 合肥: 黃山書社, 2005, 93쪽.

14 敬之敬之：《詩 · 敬之》:“敬之敬之，天維顯思，命不易哉！無曰高高在上，陟降厥士，日監在茲。”에서 나옴.

15 照臨下土:《詩 · 小明》“明明上天，照臨下土。”에서 나옴. ‘照臨’은 “위로부터 살펴본다”라는 뜻. 살펴 이해함(察理)을 비유한 말. [東漢] 鄭玄箋: “照臨下土，喻王者當察理天下之事也。” 振古如茲：《詩 · 載芟》“匪今斯今，振古如茲。”에서 나옴. 振古: 遠古 혹은 지난날.

16 無曰高高在上: 出處는 각주14)와 같다. “高高在上”은 아주 높은 곳에 있음을 말하며, 하늘이나 天帝 혹은 君主를 가리킨다. 不可度思:《詩 · 抑》“神之格思，不可度思，矧可射思。”에서 나옴.

17 訏謨定命:《詩 · 抑》“訏謨定命，遠猶辰告。”에서 나옴. “訏謨”는 “원대하고 광범위한 계획”을 말함. “定命”은 “法令을 심의 제정하는 것”을 말함. 神之聽之:《詩 · 伐木》“矧伊人矣，不求友生。神之聽之，終和且平。”에서 나옴.

二章曰：哀此惸獨，飮之食之[18]。無衣無褐，雜佩以贈之[19]。

　　　　行有死人，尙或墐之[20]。好是懿德，福履將之[21]。

三章曰：不顯亦臨，以保我後生，陟降厥家，攜手同行[22]。

　　　　窈窕淑女，宴爾新婚[23]，有瞽有瞽，會朝淸明[24]。

---

18 哀此惸獨:《詩 · 正月》"哿矣富人，哀此惸獨。"에서 나옴. 惸: 발음은 "窮"과 같다. 형제가 없는 사람을 말하는데, 引申되어 고독하고 의지할 곳 없는 사람을 가리킨다.《周禮 · 秋官 · 大司寇》:"凡遠近惸獨老幼之欲有復於上而其長弗達者，立於肺石，三日。" [東漢]鄭玄注: "無兄弟曰惸，無子孫曰獨。" 飮之食之:《詩 · 綿蠻》"飮之食之，教之誨之。"에서 나옴. 飮：발음은 "印"과 같다. 사람이나 가축에게 물을 주어 마시게 한다는 의미.

19 無衣無褐:《詩 · 七月》"無衣無褐，何以卒歲？" [東漢] 鄭玄箋: "褐，毛布也; 卒，終也。" 褐：발음은 "何"와 같다. 조악한 헝겊이나 혹은 조악한 옷을 가리키는데, 옛날에 가난한 자들이 입던 옷이다. 無褐：조악하고 나쁜 짧은 옷도 없다. 빈곤하고 고달픔을 형용한 것. 雜佩以贈之:《詩 · 女曰雞鳴》"知子之來之，雜佩以贈之。"에서 나옴. 雜佩: 함께 연결되어 있는 각종 佩玉에 대한 총칭. [西漢]毛亨傳: "雜佩者，珩、璜、琚、瑀、衝牙之類。"

20 行有死人，尙或墐之:《詩 · 小弁》"相彼投兔，尙或先之。行有死人，尙或墐之。" 墐: 발음은 "晉"과 같다. "殣"과 상통함. 묻어주다, 매장하다. [西漢]毛亨傳: "墐，路冢也。" [唐]孔穎達疏: "墐者，埋藏之名耳。"

21 好是懿德:《詩 · 烝民》"天生烝民，有物有則。民之秉彝，好是懿德。"에서 나옴. "懿德"은 美德을 말함. 福履將之:《詩 · 樛木》"南有樛木，葛藟荒之。樂只君子，福履將之。" "福履"은 "福祿"과 같다. 毛亨傳: "履，祿。" '將'은 '扶助，扶持'의 의미이다.

22 陟降厥家:《詩 · 訪落》"紹庭上下，陟降厥家。休矣皇考，以保明其身。"에서 나옴. 陟: 발음은 "志"와 같다. 陟降: 升降，上下.《詩 · 文王》"文王陟降，在帝左右。" [南宋]朱熹集傳: "蓋以文王之神在天，一升一降，無時不在上帝之左右，是以子孫蒙其福澤，而君有天下也。"[淸]馬瑞辰通釋:"《集傳》之說是也……古者言天及祖宗之默佑，皆曰陟降。〈敬之〉詩曰: '無曰高高在上，陟降厥士，日監在茲。'此言天之陟降也。〈閔予小子〉詩曰: '念茲皇祖，陟降庭止。'〈訪落〉詩曰: '紹庭上下，陟降厥家。'此言祖宗之陟降也。天陟降，文王之神亦隨天神爲陟降。故曰'文王陟降，在帝左右。'" 나중에는 조상의 神靈이 남몰래 보우해 준다는 의미로 전용되었다. 攜手同行:《詩 · 北風》"北風其涼，雨雪其雱。惠而好我。"에서 나옴.

23 窈窕淑女:《詩 · 關雎》"關關雎鳩，在河之洲。窈窕淑女，君子好逑。"에서 나옴. 窈窕: 정숙한 모습, 우아한 자태. 宴爾新婚:《詩 · 谷風》"宴爾新婚，如兄如弟。"에서 나옴. 후에 "宴爾"은 新婚의 代稱으로 쓰였다.

24 有瞽:《詩經 · 周頌》의 篇名. "有瞽有瞽，在周之庭。"에서 나옴. "瞽"는 盲人인데, 古代의 樂官은 주로 瞽人이 하였다. 會朝淸明：《詩 · 大明》"肆伐大商，會朝淸明。"에서 나옴. "會朝"는 "一朝"나 "一旦"을 가리킨다. [西漢]毛亨傳: "會，甲也。不崇朝而天下淸明。"

四章曰：子子孫孫，秩秩德音[25]，謂爾不信，尙有典型[26]。
凡百君子，無貳爾心[27]，敬而聽之，續古之人[28]。

역자 당트르콜은 題名 "續古撫今小引" 옆에《詩經》의 風雅體를 모방하였다고 하면서 첫째 구 네 글자 "天之主宰"는 朱熹의 註에서 가져왔고 나머지 전체 문장은《毛詩》에서 가져왔다고 작은 글자의 箋注形式으로 설명하고 있다. 第1章에서는〈敬之〉(周頌 閔予小子之什),〈小明〉(小雅 谷風之什),〈載芟〉(周頌 閔予小子之什),〈抑〉(大雅 蕩之什),〈伐木〉(小雅 鹿鳴之什)의 문장을 가져다 기술하였다. 第2章에서는〈正月〉(小雅 節南山之什),〈綿蠻〉(小雅 魚藻之什),〈七月〉(國風 豳風),〈女曰雞鳴〉(國風 鄭風),〈小弁〉(小雅 節南山之什),〈蒸民〉(大雅 蕩之什),〈樛木〉(國風 周南)의 문장을 가져왔고, 제3장의 文句는〈訪落〉(周頌 閔予小子之什),〈文王〉(大雅 文王之什),〈關雎〉(國風 周南),〈谷風〉(國風 邶風),〈有瞽〉(周頌 臣工之什),〈大明〉(大雅 文王之什)에서 나왔으며, 제4장의 文句는〈小戎〉(國風 秦風),〈巷伯〉(小雅 節南山之什),〈蕩〉(大雅 蕩之什),〈雨無正〉(小雅 節南山之什),〈大明〉,〈良耜〉(周頌 閔予小子之什) 등에서 가져왔다.

"天之主宰", "不顯亦臨, 以保我後生", "子子孫孫"의 17자를 제외한 전체 문장은《詩經》23편의 문구를 가져다 기술하였다. 4章 총132자 가운데 17자를 제외한 115자가 모두《詩經》의 문장을 차용하여 서

---

25 秩秩德音:《詩 · 小戎》"厭厭良人，秩秩德音。" 秩秩：똑똑하고 지혜로운 모습.

26 謂爾不信:《詩 · 巷伯》"慎爾言也，謂爾不信。"에서 나옴. 尙有典型：亦作"典刑"이라고도 함. 舊法과 常規를 말한다.《詩 · 蕩》"雖無老成人，尙有典刑。"

27 凡百君子:《詩 · 雨無正》과《詩 · 巷伯》에서 이 용법을 볼 수 있다.《詩 · 巷伯》"凡百君子，敬而聽之。" 여기서 "凡百"은 "一切"과 "一應"의 의미로 쓰였다. [東漢] 鄭玄箋: "凡百君子，謂衆在位者。" 無貳爾心：《詩 · 大明》"上帝臨汝，無貳爾心。"에서 나옴.

28 出處는 각주14), 17)과 같다. 續古之人:《詩 · 良耜》"以似以續，續古之人。"에서 나옴.

술되었는데, 每章 4자 2句 한 組의 구성이며 1장은 4字 2句의 4組로 짜여져 있다. 〈續古撫今小引〉4장 전체는 4字 詩經體의 정형성을 구비하고 있다. 字格의 예외적인 문장, 예를 들면 제1장의 "無曰高高在上", 제2장의 "雜佩以贈之", 제3장의 "以保我後生" 역시 4字格의 定型詩에 한 두 글자를 가미한 변형일 뿐이다. 역자 당트르콜은 全作品을 네 章으로 나누어 각 장의 주제와 내용을 〈小引〉의 韻文 敍述을 통해 간결하게 표현하고 있다.

제1장에서는 "하늘의 주재자를 공경하고 공경할지니,
옛날부터 지금까지 항상 인간세상을 두루 감찰해 오셨다.
無曰 '높고 높은 곳에 계셔 측정하거나 생각할 수 없고,
원대한 계획과 운명을 생각하고 경청해야 한다.'"고 하였다.
제2장에서는 "외롭고 홀로 된 불쌍한 자들을 긍휼히 여겨 먹고 마시게 하였다.
헐벗고 가난한 이들을 입히고 돌보아 주었다.
거리에 죽은 자의 屍身이 있으면 거두어 매장해 주었다.
얼마나 아름다운 美德인가! 福祿의 축복을 받을 것이다!"고 하였다.
제3장에서는 "드러내지 않고 강림하셔서 나의 후손들을 보호해 주시네,
손을 잡고 함께 동행하며, 그 집을 신령이 남몰래 보우해 주시네!
窈窕淑女와 화촉을 밝혀 신방을 차리고, 눈 먼 맹인이 되었지만
하루아침에 광명을 보게 되었네!"라고 하였다.
제4장에서는 "자자손손 대대로 총명하고 지혜롭게 공덕을 쌓으니,
그대가 믿지 않는다고 말해도, 前例가 있구나!
모든 군자들은 다른 생각을 갖지 말고,
續古之人을 공경하고 청종할지니라."고 하였다.

〈小引〉은 상당히 추상적인 언어로 기술되었는데, 서술문이 아니

어서 주어가 대부분 생략되었고, 《시경》의 문장을 차용하여 표현의 구체성이 결여되어 있다. 〈小引〉 전체는 《訓慰神編》의 주인공 聖人 토빗의 일생행적을 통해 《訓慰神編》의 전체 내용을 간결하게 약술하고 있다. 제1장에서는 천지의 주재자 하느님을 찬양하는 詩歌이자, 인간의 길흉화복을 주관하시는 하느님의 위대한 계획과 섭리에 대해 기술하였다. 앗수르에 포로로 잡혀온 토빗의 길흉이 교차되고 화복이 무쌍한 일생행적은 하느님의 원대한 섭리 속에 있음을 은유적으로 표현하고 있다.

제2장에서는 헐벗고 가난하며 곤경에 처한 이웃을 위해 헌신하는 토빗의 신실한 행실이 서술되어 있다. 이런 선행과 미덕은 하느님께서 세상의 福祿으로 포상하신다는 내용이다. 제3장에서는 하느님의 명령을 받은 천사장 라파엘이 자신의 신분을 밝히지 않고 토빗의 아들 토비야의 여행길에 동행하여 그를 보호해주는 하느님의 은총을 은유적으로 표현하고 있다. 토비야는 라파엘의 권유를 받아들여 동족의 딸 사라를 아내로 맞이하였고, 맡겨놓은 돈과 처가의 재산을 물려받은 토비야는 고향으로 돌아와 성대하게 결혼연회를 베풀었다. 그는 가지고 온 약재로 실명한 부친 토빗의 눈을 치료하였는데, 토빗은 일시에 광명을 찾게 되었고 하느님의 은총과 보우하심을 찬양하였다. 제4장에서는 하느님을 향한 신실한 신앙생활과 이웃을 내 몸과 같이 사랑했던 善行의 실천자 토빗과 같이 생활한다면 자자손손 대대로 축복받게 된다는 역자의 권면의 글이다. 성인 토빗을 신앙인의 "典型"과 "續古之人"이라는 《시경》의 언어로 중국독자들에게 은유적으로 표현하였다.

이 작품에는 韻文이 二首 나오는데, 書頭의 〈小引四章〉은 앞에서 설명하였고, 두 번째 詩歌는 제8장의 結尾부분에 나온다. 제8장에서 아들 토비야는 축복하며 이르기를

維皇上主, 仰賜鑒原 : 維皇上主시여! 감찰 해량해 주시기를 바라 나이다!
我祖我宗, 大聖大德, 나의 조상이시여! 大聖大德하시니!
欽承主命, 莫敢懈弛。 주님의 명령 받드는데, 감히 해이질 수 있겠는가!
主之全能, 主之全善, 주님의 全能하심과 주님의 全善하심은
上天下地, 物物可徵。 하늘로부터 땅 끝까지, 사물마다 증빙할 수 있네!
肇造亞黨, 黃土為身, 처음 아담을 지으실 때, 진흙으로 몸을 빚으셨고,
再造厄娃, 以成厥配。 다시 하와를 지으시어 그의 배필로 삼으셨네.
我今婚娶, 是所由來, 내가 지금 아내를 맞은 것은 유래가 있는 것이니,
非因慾想, 惟主是知。 욕망 때문이 아니라는 것을 오직 주님께서 아시네.
願生肖子, 暨諸孫曾, 닮은 자식 낳기를 바라고 자손 번성하기를 바라니,
協同贊主, 迄于無窮。 영원무궁토록 (자손들과) 함께 주님 찬미 하리라!

토비야의 祝詩는 題詞 8字와 祝詩 4字 2句 10行의 80字로 쓰여졌다. 전형적인 四字句의 詩經體로 기술되었지만 내용은《구약성경》토빗의 일생스토리를 묘사한 것이다. 여호와 하느님의 大聖大德하시며, 全知全能하심을 찬양하고, 아담과 하와를 지으시고 배필로 맞게 해주신 하느님께서 또한 토비야에게 동족의 딸 사라를 아내로 맞이하게 해주시니, 이 모든 일이 하느님께서 직접 인도해주신 것임을 밝히고 있다. 시조 아담과 하와의 결혼으로 가정을 이루게 된《창세기》의 사적을 인용하여 창조주 하느님께서 자식을 낳게 해주시고, 또한 자손들도 번성하기를 기원하면서 하느님의 사랑과 보우하심에 항상 감사드리고, 영원무궁토록 하느님의 영광과 권능을 자손들과 함께 찬양한다는 내용이다.

바로 제8장의 작품 내용에 근거하여 토비야와 사라의 혼인이 모두 하느님의 인도하심으로 이루어졌고, 때문에 태어날 자손들과 함께 주님께 영광과 찬양을 돌리겠다는 祝詩를 8장의 말미에 두어 이 章의

사건을 요약 소개하고 있다. 〈小引四章〉과 토비야의 祝詩는 모두 四字의 정형시이자 詩經體로 기술된 韻文이다. 이 두 詩歌에서는 작품의 핵심 스토리를 함축적인 詩經體로 표현하고 있다. 역자는 작품의 서두와 작품 전개상 고조를 이루는 중반부에서 대단히 의도적으로 詩經體의 詩歌를 서술하고 있다. 왜 그렇게 했을까?

천지의 주재자 하느님에 대한 찬양과 천사장 라파엘이 現身하여 토비야의 여행길을 보위하고 인도해주는 행적에 대한 서술을 모두 《詩經》의 문구를 차용하여 표현함으로써 중국문인 독자들에게 《성경》의 聖人傳記작품을 중국의 傳記小說로 인식하게 만들었다. 게다가 五經 중의 하나인 《詩經》의 문구를 차용하여 기술함으로써 이 작품을 중국에서 가장 권위 있는 儒家經典의 반열에 올려놓고자 하였다. 이러한 譯述動機를 실현하기 위해 그는 〈小引〉의 題名 옆에 "《시경》의 風雅體를 모방하였고 첫 구절은 朱熹의 註疏에서, 그 외의 구절은 《毛詩》에서 가져왔다"고 확실하게 밝히고 있는 것이다. 바로 清代의 官方文學에서 가장 권위 있는 儒家經典과 朱熹를 비롯한 宋明儒家의 註釋에 뿌리를 두고 있음을 표방한 것이다.

제4절 《訓慰神編》의 作品內容과 正文의 敍述特性

《訓慰神編》의 이야기는 사실 현재 통용되는 思高本 《聖經·舊約》 중의 《토빗기 多俾亞傳》인데, 앗수르 제국 니느웨성의 유태인 포로 토빗(Tobit)[29]이 일생동안 천주님을 공경하고 신실하게 신앙생활을 하

29 正文은 "粤稽古聖, 曰多俾亞"라고 주인공을 소개하고 있다. 《訓慰神編》第1章 1葉. 《東傳福音》第3册, 94쪽. "시내초본"의 판본에 따르면, 주인공 古聖의 이름은 "Τωβειθ/Tobit"이며, 《舊約·多俾亞傳》에서는 "托比特"라고 번역하였다. 그의 아들은 "Τωβειας/Tobias"이고, 中譯名은 "多俾亞"이다. 武加大本 《聖經》에서는 父子를

면서 항상 사랑을 베풀고 善行을 실천하여 동족 중에 외롭게 죽은 자가 있으면 만사를 제쳐놓고 달려가 시신을 거두어 장례를 치러 주었다. 그는 줄곧 善行을 베풀며 살았지만, 이런 선행 때문에 뜻하지 않은 재난을 당했으니, 버려진 시신을 거두어 장례를 치러주고 피곤하여 담벼락에 기대어 쉬고 있다가 날아가는 새가 싼 새똥이 눈에 떨어져 불행하게도 두 눈이 실명되고 말았다. 하지만 그는 의지를 굽히지 않고 여전히 전과 같이 신실하게 하느님을 공경하며 이웃을 사랑하고 헌신하는 신앙생활을 계속하였다.

그가 왕궁에서 살만에세르 왕을 위해 봉직할 때에 왕궁에서 필요한 물건을 사기 위해 멀리 떨어진 메디아로 갔는데, 그 때에 자신의 은 열 달란트를 메디아의 라게스에 사는 친구 가바엘에게 맡겨놓은 적이 있었다. 그런데 살만에세르 왕이 죽고 그의 아들 산헤립이 등극한 후, 메디아로 가는 길들이 모두 막혀버려 가바엘과는 연락이 끊기고 말았다. 산헤립 왕은 자신이 죽인 이스라엘 사람의 시신을 거두어 장례를 치루고 매장해주는 토빗을 미워하여 그를 체포하도록 명령을 내렸다. 지인들의 도움으로 피신해버린 토빗의 재산을 왕은 모두 몰수해 버렸다. 산헤립 왕은 40일이 채 지나지 않아 아들들에게 살해되었고 에사르 하똔이 임금이 되었는데, 이 때 동족 아키카르의 간청으로 토빗은 집으로 다시 돌아오게 되었다. 재산을 몰수당하고 생활수단이 모두 막혀버리자 실명한 토빗을 대신해서 아내 안나는 남의 집에 가서 삯일을 하며 어렵게 생계를 꾸려나갔다. 그리하여 이전에 친구에게 맡겨놓은 돈이 생각나서 아들 토비야를 불러 그 돈을 찾아오라고 명령하였다.

이때에 하느님의 명령을 받은 천사장 라파엘(Raphael)이 길을 안

모두 "多俾亞(Tobias)"라고 번역했는데, 父子를 구분하기 위해 "老多俾亞"와 "小多俾亞"라고 불렀다. 《訓慰神編》에서도 이같이 호칭하였다. 본 논문에서는 한글 《聖經》의 호칭을 따라 "老多俾亞"는 "토빗", "小多俾亞"는 "토비야"라고 부른다.

내하는 인도자 "아자르야"로 변장하고 토비야와 함께 동행하면서 여로에서 토비야를 보호해 주었다. 두 사람이 티그리스 강가에 이르렀을 때, 토비야는 거대한 물고기 한 마리를 잡았다. 아자르야는 토비야에게 그 고기의 폐와 심장, 담낭이 모두 귀한 약재이기 때문에 후일에 반드시 유용하게 쓰게 될 것이므로 버리지 말고 조심해서 간수하라고 당부하였다. 토비야는 그의 당부대로 물고기의 폐와 심장을 불로 훈제하여 썩지 않게 처리한 후, 몸에 지니고 여행을 떠났다. 나중에 그는 아자르야가 권고한대로 메디아의 엑바타나에 거주하는 납달리 지파 동족의 딸 사라(Sarra)를 아내로 맞이하였다.

라구엘의 외동딸 사라는 결혼한 첫날밤 악귀가 신방에 들어와 신랑을 죽였고, 이렇게 일곱 명의 신랑들이 첫날밤에 죽어버리자 남편을 잡아먹는 여인이란 오명을 쓰고서 주위의 질시를 받게 되었다. 그녀는 하느님께 간절히 기도하고서 불행한 자신의 생을 마감하기로 결심하였다. 하지만 하느님께서 그녀의 기도를 들으시고, 인도자 아자르야를 통해 토비야에게 그녀와 결혼하라고 권유하였다. 두 사람이 신혼 첫날밤을 지낼 때에 아자르야의 지시대로 티그리스 강가에서 잡았던 물고기의 폐와 심장을 불에 태워 여기서 나오는 고약한 냄새를 가지고 신방에서 일곱 신랑을 죽였던 악귀를 쫓아 버렸다. 때문에 그녀는 비로소 첫날밤에 신랑을 모두 죽였다는 惡名에서 벗어나게 되었다. 외동딸 사라와 결혼한 토비야는 장인 "라구엘"의 전 재산을 물려받게 되었고, 아내를 데리고 고향으로 돌아가는 토비야에게 라구엘은 먼저 재산 절반을 나누어 주었다. 장인은 토비야를 위해 결혼잔치를 베풀었는데, 토비야는 인도자 아자르야를 시켜서 메디아에 가서 가바엘에게 맡겨둔 돈을 대신 찾아오게 하였다. 토비야는 두 주일을 쉬고서 아내를 데리고 고향집으로 돌아왔는데, 장인이 준 재산 절반과 가바엘에게 빌려준 은 열 달란트를 가지고 돌아왔다. 그는 도착하자마자 라파엘의 지시대로 가지고 있던 물고기의 쓸개를 토빗의 눈에 비비니 눈에 덮혀 있던 흰막이 떨어져 나가 토빗은 다시 광명을 찾게 되었고 온 가족이 기쁨과 감격에 차서 하느님께 영광과 찬양을 올렸다.

고향에 돌아온 토비야는 다시 성대하게 혼인잔치를 벌렸는데, 니느웨성의 유태인들은 누구나 이들의 결혼을 축하해 주었고 잔치에 참여하여 기쁨을 함께 나누었다. 토빗과 아들 토비야가 안내자 아자르야에게 길을 안내해준 노고에 대해 보수를 지불하려하자, 자신이 바로 천주님을 공경하며 선행을 베푸는 사람을 돌보아주고 환자의 병을 고쳐주는 천사장 라파엘이라고 자신의 신분을 밝혔다. 라파엘은 하느님의 명을 받들어 두 사람을 보호하고 토빗을 치유해주기 위해 왔다는 사실을 알려주고는 바로 사라져 버렸다. 작품은 주님을 찬양하는 가운데 대단원의 막을 내렸고, 토빗과 토비야는 모두 장수하며 천수를 누리다 천국으로 올라갔다. 이 토빗 일가의 이야기는 바로 "마음을 좋게 쓰고 선행을 베풀면 좋은 應報를 받는다"는 유태교와 天主敎의 敍事文學이다.

14장으로 이루어진 正文은 제1장 첫머리에서 中國史傳文의 發語詞 "粤稽"[30]로 시작하여 주인공 토빗이 사마리아 왕국의 갈릴리에서 태어났다는 출생지를 소개하였다. 역자 당트르콜은 箋註形式으로 토빗의 출생시기를 東周 平王 24년(B.C.747년)이라고 주석을 달았다.[31] 이는 서구의 역사시점을 중국의 시간에 대비시킨 것으로, 중국을 세계사의 관점에서 고찰한 것이다. 예수회선교사의 저술에 나타나는

30 粤: 助詞로써 文頭에 사용하여 審愼(삼가다)의 語氣를 나타낸다. "粤稽"는 옛날에 族譜나 通志의 開頭語로 상용되었고, 후에는 氏族先人의 分封屬地와 功績을 서술할 때 자주 쓰였다. 王羲之 〈南陽鄧氏族譜遠流序〉에 이르기를 "粤稽鄧氏, 自商王武丁封其季父曼于河北南陽之鄧國, 遂以南陽爲郡, 以國爲姓, 分封食采, 世襲侯爵。" "粤稽"는 文編彙選의 시작말로 자주 사용되었다. 紀昀 總纂《聖諭廣訓》: "粤稽虞代, 命契爲司徒, 敬敷五敎, 當時必有誥誡之文, 今佚不可考。"

31 《訓慰神編》第1章 1葉.《東傳福音》第3册, 94쪽. 東西의 曆年으로 환산하면 東周 平王 24年은 B.C. 747년이다.

時點標記方式은 마르티노 마르티니의 《中國先秦史》가 출간된 이후부터 나타난 시간기술법이다. 《訓慰神編》에서 《中國先秦史》에 근거한 주석은 다음과 같은데, 먼저 작중 사건의 中國記年 표시는 앞에서 예시한 토빗의 출생시점 이외에 몇 곳에서 볼 수 있다.

1. 上主即于是夜, 命一天神, 前赴敵營, 戮死士卒一十八萬五千 按中曆為東周桓王四載(即約西元前716年), 多俾亞已被擄六年。(1章, 12쪽)
2. 若日路撒稜, 係上主博愛之區, 然未幾, 惡貫滿盈, 上干主怒, 亦准敵人, 統兵勦滅 此事驗于言後九十七年, 按中曆為東周定王十七年(即約西元前590年), 但滅後不多年, 又自新再造 中興之事在滅後五十三年, 按中曆為東周景王八年(即約西元前537年)。(13章, 26쪽)
3. 所有以功得福者, 匡時佐命之君 此指西樂國王(即約西元前167-166年)[32], 開疆闢土, 統屬下亞西亞洲, 廣大之幅幁。計此事, 驗于言後一百五十年。迨後因罪受殃者, 妒賢嫉能之國 此國王論者為央弟阿覺, 其無道, 如中國武乙。喪于西漢文帝十四年(即約西元前167-166年)[33]。計此事, 驗于言後五百二十四年。(13章, 26-27쪽)

---

32 西樂國王 : 페르시아의 사이프러스 2세(Cyprus II of Persia, B.C. 600–530)를 가리킨다. 사이프러스 大帝(Cyprus the Great) 혹은 페르시아 왕 키루스(혹은 고레스)라고도 한다. 페르시아 第一帝國(Achaemenid Empire)의 創始者, 그의 사위가 다리우스 왕(Darius, 大流士, B.C. 550-486)이다. "페르시아 임금 키루스 제일년이었다. 주님께서는 예레미야의 입을 통하여 하신 말씀을 이루시려고, 페르시아 임금 키루스의 마음을 움직이셨다. 그리하여 키루스는 온 나라에 어명을 내리고 칙서도 반포하였다. '페르시아 임금 키루스는 이렇게 선포한다. 주 하늘의 하느님께서 세상의 모든 나라를 나에게 주셨다. 그리고 유다의 예루살렘에 당신을 위한 집을 지을 임무를 나에게 맡기셨다. ……그분은 예루살렘에 계시는 하느님이시다. 이 백성의 남은 자들이 머무르고 있는 모든 지방의 사람들은, 예루살렘에 계시는 하느님의 집을 위한 자원 예물과 함께, 은과 금과 물품과 짐승으로 그들 모두를 후원하여라.'"(《舊約 · 에즈라기》1:1-4)

33 央弟阿覺는 유다의 마지막 왕 치드키야인데 통치 11년에 바벨론 임금 네부카드네자르의 군대에 의해 예루살렘이 함락되어 완전히 파괴되었으며, 치드키야는 붙잡혀서 바벨론으로 끌려가 두 눈이 뽑힌 채, 감옥에 갇혀 있다가 죽었다. 《구약 · 예레미야》 39장. 西漢 文帝 14년은 대략 B.C. 167-166년경이다.

첫 번째 사건은 앗수르의 산헤립 왕이 유다를 침공하여 하느님을 모독하자, 하느님께서 천사를 시켜 18만 천명의 앗수르 군사를 전멸시킨 사건을 중국의 周나라 桓王 4년 기원전 716년, 토빗이 포로된 지 6년 때의 일이라고 주를 달아 설명하였다. 예루살렘이 우상을 숭배하며 죄악으로 가득차서 하느님의 분노를 사게 될 것이며 적군이 침략하여 성을 멸망시킬 것이라는 예언에 대해, 당트르콜은 小注에서 이 예언이 있은 지 97년후 東周 定王 17년(약 B.C. 590년경)에 예루살렘이 함락 파괴되었고, 예루살렘성의 재건은 멸망 후 53년 뒤인 東周 景王 8년(약 B.C. 537년경)에 이루어졌다고 설명하였다. 성경사건과 중국의 역사기년을 병기하고 시점과 더불어 인명, 지명에 대한 설명도 小註의 방식으로 세 군데에서 설명하고 있다.

1. 鄰國亞西理亞 按中史稱大秦國, 一名犁達。(1장, 10쪽)
2. 尼尼物都城 此亞西理亞之京都, 中國漢時, 傳此大城, 週圍百里。[34](1장, 11쪽)
3. 所有撒瑪理亞之舊擄, 更遭慘殺, 本地居民, 且擅加私害 因彼國中, 俱知撒瑪理亞之擄, 係如德亞一國人, 故用以洩憤。(1장, 12쪽)

《訓慰神編》에서는 앗시리아 제국, 수도 니느웨성, 사마리아 왕국을 中國史書의 명칭과 기록으로 소개하였고, 앗시리아에서 무슨 연유로 사마리아 포로들이 참살 당했는지 이에 대한 시대배경을 유다 왕국과의 관계를 들어 설명해주고 있다. 17~18세기에는 유럽에서 비판적으로 《聖經》을 연구하던 시기인데, 중국에 來華한 천주교선교사들이 中國의 天文學으로 추산한 새로운 研究報告書는 중국 문명의

34 尼尼物 : 앗수르 제국의 수도 니느웨(Nineveh), 中譯名은 "尼尼微"라고도 한다. 白雲曉 編譯, 《聖經地名詞典》, 297-299쪽 참조.

기원에 대한 확실한 연대를 탐구하는 토론을 불러일으켰다. 1658년 마르티노 마르티니(Martino Martini, 衛匡國, 1614-1661)의《中國先秦史 *Sinicoe Historioe Decas Prima*》가 독일의 뮌헨에서 출판되었는데, 이 서적에서 사용한 中國歷史紀年과《舊約》의 시간이 서로 합치되지 않는 문제가 발생하였다. 이 때문에 이들은《易經》에 대한 기독교적인 해석을 시도하게 되었고, 천주교 학자들은 中國史를 가지고《舊約》의 신빙성을 입증하기 시작하였다. 이들은《周易大傳》에 체계적으로 서술된 中國의 古代傳說을《舊約》故事의 變種으로 간주하여 연구를 진행하였다.

1730년 雍正연간에 출간된《訓慰神編》은 1658년 출판된 마르티니의《中國先秦史》에 기술된 中西記年標記法의 직접적인 영향을 받아 기독교의 세계사적인 관점에서 스토리의 時空座標를 기술하고 있다. 이 책에서는 중화민족의 시작부터 예수 그리스도의 탄생까지의 역사를 동서양의 歷史記年방식으로 표기하였는데,[35] 中國史書에서 외국명과 인명을 어떻게 표기하였는지, 혹은 사건의 원인과 상황을 기독교의 세계사적 관점에서 어떻게 기술하였는지를 처음으로 작품에 반영한 기독교 傳記作品이라 하겠다.

청말 개신교선교사들이 기독교소설을 編譯할 때에 마르티니의 中西記年標記法을 즐겨 사용하였으니, 바로 영국선교사 제임스 레기(James Legge, 理雅各, 1815-1897)가 聖經故事를 편역한《요셉略傳 約瑟紀畧》과《아브라함略傳 亞伯拉罕紀畧》의 시작부분에서도 같은 방식으로 기술하였다.[36] 당트르콜은 중국독자들이 작중에서 묘사하

35 費賴之 著/馮承鈞 譯,《在華耶穌會士列傳及書目》上册, 265쪽.

36 "話說泰西商朝時, 人有約瑟者, 丰姿美麗, 聰慧絶倫。"《約瑟紀畧》, 홍콩英華書院, 1870年, 옥스퍼드대학 보드라이언도서관 소장본, 一葉。"話說夏朝帝芒之時, 泰西有亞伯拉罕者。"《亞伯拉罕紀畧》, 홍콩英華書院, 1862年, 大英圖書館 소장본, 一葉。조지 피어스(George Piercy)의《엘리아略傳 以利亞紀畧》의 서두에서도 같은 방식으로 시작한다. "話說周孝王時, 泰西基列縣的庇村有一人, 名以利亞

는 성경세계에 대해 생소하게 느낀다는 점을 고려해서 故事와 人物을 中西의 地理와 時空 座標에 위치시킨 뒤에 스토리를 서술하여 작품의 스토리가 역사적 사실임을 강조하고 있다. 때문에 작품의 시작 부분에서 주인공 토빗이 역사상의 실존인물임을 설명하기 위해서 당트르콜은 작품세계의 時空과 중국의 歷史朝代를 연결시켜 놓았다. 《訓慰神編》에서는 "按中曆為東周桓王四載, 多俾亞已被擄六年", "如中國武乙, 喪于西漢文帝十四年" 등과 같이 《성경》의 시간을 中國의 歷史紀年으로 표시했을 뿐만 아니라, 《성경》에 나오는 지명, 인명, 국명 등을 中國史書의 기술과 비교하여 중국독자들에게 설명해 주고 있다. 이렇게 함으로써 토빗의 傳記作品은 더욱 신뢰성이 강화되었고 작품의 時空과 地理座標 또한 더욱 분명해졌는데, 地理時空에 대한 확실한 기술은 이 작품의 사실주의 歷史記述기능을 더욱 강화시켜 주었다.

토빗이 아직 어릴 때, 양친이 모두 세상을 떠나 고아로 자랐지만, 그는 선인들의 교훈과 신앙을 굳게 지켜 세상의 속된 풍속을 따르지 않았고, 이스라엘의 규례대로 하느님을 경외하고 이웃에게 사랑을 베푸는 신실한 생활을 계속하였다. 이 단락에 당트르콜은 批注를 달아 "이것은 하느님의 크신 은총으로 특별히 萬惡이 차고 넘치는 가운데 혼자 외롭게 獨行하는 선비를 두어서 천주교를 보존케 하시어 사람들에게 사표로 삼게 하였다"[37]고 평론하였다.

토빗의 아들 토비야가 여섯 살이 되던 해에 사마리아 왕국은 大亂을 당하였다. 사마리아의 임금이 하느님께 큰 죄를 지었고 선지자가 회개하지 않으면 하느님께서 반드시 사마리아를 멸망시킬 것이라고

者。" 羊城: 增沙書室, 1863年, 옥스퍼드대학 보드라이언도서관 소장본, 一葉.

37 "此係上主浩蕩深恩, 特于洶洶群惡之中, 留一踽踽獨行之士, 保存聖教, 立表勸人。"《訓慰神編》第1章 2葉.《東傳福音》第3册, 95쪽.

예언하였지만 임금은 회개하지 않았다. 당트르콜은 이 단락에서 "하느님께서는 어떤 때에는 한 두 사람 때문에 모든 죄악에 대한 벌을 면해주시고, 또 어떤 때에는 善人도 모든 죄인의 고통을 함께 겪게 하신다. 이런 사안 중에는 깊은 뜻이 있음을 알아야 하는데 혹은 이런 善人은 승천하는 상급을 받게 되거나 혹은 여러 번 환란을 겪으면서 신심이 더욱 돈독해지거나 혹은 그를 師表로 세워 사람들을 개과천선하게 하려는 것이다."[38]라고 批注를 달아 하느님의 원대한 계획을 설명하였다.

제14장에서 토빗은 임종을 앞두고 자손들을 불러 "이후에 유태교에 엄청난 洪福이 있을 것인데, 그때에 각지의 외국에서 지금 土神을 섬기던 자들이 대부분 하느님께로 돌아와 함께 신앙생활을 할 것이며, 수많은 하느님을 믿는 군주들이 나와서 우리 이스라엘에 강생하신 메시야를 모두 함께 공경할 것이다."[39]라고 유훈을 남겼다. 이 대목에서 당트르콜은 "西漢 哀平 연간에 메시야가 이 땅에 강생하셨고, 312년에 황제 콘스탄틴이 하느님을 믿고 기독교인이 되었다. 이때부터 이웃나라의 임금들 가운데 복음을 듣고 믿는 자들이 나날이 늘어나 끊이지를 않았다. 토빗의 유언을 곰곰이 생각해보면 바로 이 일을 지칭한 것이다. 예수가 탄생했을 때, 동방의 세 나라 왕은 自國에서 옛부터 聖人이 서방에서 태어난다는 말이 전해져 오는 것을 알고 있었는데, 갑자기 새로운 별이 나타나 별의 인도를 받고 이스라엘에 와서 아기 예수에게 경배를 드렸다. 그러나 小國은 대를 잇는 군주가 없었으므로 하느님을 믿는 국왕은 반드시 콘스탄틴 大帝부터 계산해야

38 "上主有時，因一二善人即免衆惡之罰，又有時亦許善人，同遭衆惡之苦。須知此中具有深意，或此善人宜膺升天之賞，或令其多遭窘難，增益神功，或用伊立表，勸人改惡從善。"《訓慰神編》第1章 3-4쪽.《東傳福音》第3册, 96쪽.

39 "嗣後教中，將有極大之福，其時各處外國，如今日敬拜土神者，多能歸正棄邪，同爲一教，更有多多奉教之國君，俱恭敬吾本國降生之默西亞。"《訓慰神編》第14章 38쪽.《東傳福音》第3册, 113쪽.

할 것이다."[40]라고 批注를 달아《성경》의 예수 탄생사건과 중국과 로마제국의 역사적 사실을 대조 분석하여 토빗의 예언이 역사적으로 어떻게 실현되었는지를 상세히 고증하였다.

《訓慰神編》의 14장 마지막 結尾는 토빗 부부가 무병장수하다가 임종하였고, 그 후 아들 토비야는 처갓집에 가서 장인, 장모를 봉양하며 살다가 그들이 세상을 떠나자 처가의 가산을 모두 물려받았다. 토비야는 향년 99세로 五代에 걸친 자손을 직접 보고서 善終하였는데, 장엄한 장례식을 치른 뒤 매장되었다. 본래《舊約 · 토빗기》는 스토리가 여기서 끝났지만 당트르콜은 다음과 같은 평론으로 작품을 종결짓고 있다.

> 오호라! 자자손손, 훌륭한 功德을 쌓았고 명성이 자자하니, 이는 바로 토빗이 기도로 간구한 것이다. 때문에 이 작품의 취지를 끝맺기 위하여, 記者는《성경》의 本意를 기술하면서 전후의 始末을 종합 편집하였다.(於戲！子子孫孫，有好德、有令名，乃老多俾亞禱祝而求也。故記者敬述《聖經》之本旨，而總輯前後之始末，以終此編之義。)

본문 14章 중에는 모두 두 가지 箋注가 수록되어 있다. 첫 번째는 제1장과 제13장에 있는 "小注"인데, 작은 글씨로 표기되어 있으며 제1장과 제13장에 각각 5條씩 달려있다. 또 다른 註釋 "批注"는 14장 全章에 걸쳐 기술되어 있는데,[41] 批注는 총 52조이며 그 분량의 규모나 내

40 "溯西漢哀平時，默西亞降生，至三百一十二年，始有大國之君公斯當定，認主進教。從此而後，鄰國之王，明道信從者日多，綿綿不絕。細玩老多俾亞所言，蓋指此也。耶穌初降生，有東方三國之王，因國中自古傳有聖人出于西方之語，忽見新星引導，即戴星入覲。然係小國又無相繼之君，故論進教之國王，必自公斯當定始。"《訓慰神編》第14章 38-39쪽.《東傳福音》第3册, 113쪽. 각주39)의 원문에 대한 역자 당트르콜의 批注.

41 제1장 8조, 제2장 3조, 제3장 2조, 제4장 3조, 제5장 4조, 제6장 6조, 제7장 4조, 제8장 3조, 제9장 3조, 제10장 1조, 제11장 4조, 제12장 4조, 제13장 3조, 제14장 4조. 批注는 14장 전체에 총 52조가 수록되어 있다.

용으로 볼 때, 역자의 주관적인 비평과 번역목적을 작품 전체에 걸쳐 체계적이고 심도 있게 표현하였다.《訓慰神編》은 천주교와 동방정교에서《성경》正典에 포함시킨《구약·토빗기》를 編譯한 聖人傳記作品이지만, 본문 14장에는 전편에 걸쳐 모두 62조에 달하는 역자 자비에르 당트르콜의 箋注가 삽입되어 있다. 역자는 箋注를 통해 이스라엘과 중동역사에 생소한 중국독자들에게 토빗고사를 이해시켜 기독교의 복음을 전파하고자 하였다. 앗수르 제국에 포로로 끌려간 토빗이 수많은 정치적, 종교적 역경을 극복하고 변함없이 신실하게 신앙생활을 하면서 선행을 베푸는 스토리를 명청대에 유행했던 批注本 소설방식으로 재편 역주하여 출간한 것이다.《성경》원문은 건드리지 않고 역자의 비평과 주석을 짧거나 긴 문장으로 원문 하단에 箋注方式으로 첨부하여 일반적인 聖經中譯本과는 완전히 다른 모습을 보여주고 있다.

제5절 〈訓慰神編跋語〉와《訓慰神編》의 主題

역자 프랑스와 자비에르 당트르콜은〈訓慰神編弁言〉에서 이 작품을 번역하게 된 번역동기와 번역의의를 기술하였고,〈訓慰神編跋語〉에서는 14面에 걸쳐 아홉 가지 덕목을 설명한 뒤에 6面의 총평으로 이 작품의 주제와 서술목적을 피력하고 있다. 당트르콜은 주인공 토빗이 겸비하고 있는 아홉 가지 덕목(九要)의 분석을 통해 독자들에게 토빗의 신앙생활을 본받으라고 권면하고 있다. 바로《訓慰神編》의 작품주제 분석을 통해 자신의 번역목적인 천주교의 복음선교 취지를 설명한 것이다. 그 아홉 가지 주요 덕목(九要)은 "誠 · 智 · 廉 · 勇 · 實 · 和 · 恒 · 義 · 謙"인데 토빗의 행적과《성경》및 聖人傳記의 사례를 인용하여 九要를 분석 설명하면서 기독교 신자는 마땅히 이 덕목들을 갖추어야 한다고 주장하고 있다. 역자는 예수 그리스도의 제자들이면 누구나 갖추어야할 修養德目의 시각에서 작품의 주제를 해석하고 있는 것이다.

또한 이들 덕목은 전통적인 儒家의 수양덕목이기도 한데, 당트르콜은 《성경》과 천주교 성인의 말을 인용하여 기독교적 관점에서 해석하고 있다. 이는 다른 선교사들이 전통 儒家의 經典을 인용하여 해석한 것과는 완전히 다른 것으로 中國 儒家의 아홉 가지 용어를 기독교 경전과 聖人傳記를 통해 분석 설명한, 완전히 기독교 선교작품의 해석방식이라 할 수 있다. 역자 당트르콜은 〈訓慰神編跋語〉의 첫머리에서 토빗의 역사적 史實을 譯述하고 註釋을 달았다고 밝히면서, 聖人 토빗의 일생사적 중에서 가장 뛰어난 업적은 하느님의 福音을 선교하여 世人을 교화시킨 "傳教化人"의 네 글자로 압축할 수 있다고 하였다.[42] 당트르콜은 跋文에서 토빗을 사표로 삼아 그의 발자취를 따르기 위해서는 아홉 가지 要目을 배워서 실천해야 한다고 주장하였다.

첫째는 '誠'이다. 사람들은 세속 육신의 헛되고 거짓된 것을 추구하는데 이는 '誠'이라 할 수 없다. 어떤 때는 간절히 하느님을 향하긴 하지만 끊어지고 전념하지 않는다면 '誠'이라 할 수 없다. 소위 '誠'이란 超性의 德이며 마음에 뿌리를 두고 事로 나타나는 것으로, 시시로 하느님만을 따르는 것이다. 지금 성인 토빗의 언어행실을 보면 오로지 타인에게 선을 행하라고 권면하는 것이다(勸人行善). 이런 행실은 하느님의 全能全善하신 神工으로 말미암은 것이며, 이를 이루기 위해서는 반드시 하느님께 의지하여 하느님의 권능을 더해주시기를 간구해야 하는데 이는 타인을 이롭게 하고 또한 자신을 이롭게 하는 것이다. 오로지 하느님을 향한 자는 반드시 하느님을 크게 사랑하는 뿌리를 가져야 하는데, 왜냐하면 하느님은 지극히 바르고 지극히 순수

42 "聖多俾亞生平，其深切著明者，莫甚于傳教化人一事。" 殷弘緖,〈訓慰神編跋語〉1葉.《東傳福音》第3册, 114쪽.

하며, 밖으로 표출되는 것은 지극히 높고 지극히 크시기 때문이다! 무릇 여러 가지 덕목 가운데 사랑이 가장 으뜸인데, 愛德 중에서 '勸化'가 第一級이라 하겠다.[43]

둘째는 '智'이다. 精誠을 다했지만 智하지(분별하지) 못하면 體가 있어도 쓸모(用)가 없는 것이다. 智德의 본분은 무엇이 먼저이고 무엇이 나중인지의 순서를 분별하는 것으로 순서를 뒤바꾸어 역행하지 않게 하는 것이다. 성인 토빗은 사람에게 신앙을 권면하는 방법을 잘 알고 있었으니 반드시 먼저 자신에게서 시작하고서 온가족을 변화시켰고 그런 연후에 원근 각지에 있는 사람들에게 권면하였다. 예수그리스도는 萬民의 師表이시라, 그 선후의 순서 역시 그러하였으니 《성경》에서는 "먼저 자신이 실행하고 그 후에 전도하라(先行後傳)"[44]고 이르고 있다. 당시에 토빗은 功德을 대단히 많이 쌓아 모두들 聖人이라 불렀다. 때문에 그가 하는 일을 쉽게 따라 하고 그가 하는 말을 다른 사람들은 쉽게 경청하였다. 천사장 라파엘은 "이것은 내가 항상 걷는 잘 아는 길이니, 마음 놓고 함께 갑시다"라고 토비야에게 말했는데, 지금 사람들에게 善行을 베풀고자 한다면 誠實無欺한 者가 말과 행동을 일치시켜 타인의 모범이 되어야만 권면받는 사람도 부담 없이 그의 말을 따르게 되는 것이다.[45]

셋째는 '廉'이다. 智하지만 廉하지 않으면 비록 순서가 정연하여도 사람들이 대부분 의심을 품고 비판하게 된다. 성인 토빗은 특별히 작

---

43 여기서 말하는 '勸化'는 "사람들에게 선을 행하라고 권면하는 勸人行善"과 "하느님의 복음을 선교하여 사람을 변화시킨다는 傳敎化人"을 지칭한다. 〈訓慰神編跋語〉 1쪽.

44 이 구절은 《신약 · 마태오복음서》 제5장 19절에 나온다.

45 "多俾亞當時因其盛德, 群稱聖人, 故其事易行, 其言易聽也。不見天神辣法阨爾之言乎 ?'此是我常行之熟路, 放心同往。' 今欲引人行善, 若果是誠實無欺之長者, 言與行合, 人亦放心, 不必多言。" 〈訓慰神編跋語〉 3-4쪽. 《東傳福音》 第3册, 115쪽.

은 이익을 탐하지 않았고 게다가 가난한 자에게 재물을 나누어 주고 병자를 돌보아 주며, 재난을 당한 자를 구제하는데 온 힘을 쏟았다. 이런 無私無慾의 마음이 사람들로 하여금 가장 믿고 따르게 할 수 있었다. 만일 권면하는 명의로 자신의 이익을 취하다 남에게 발각이 되면 지탄과 비판이 따르게 되고 다른 사람들이 개과천선하는 것을 방해하게 되니 그 폐해가 끝이 없다. 때문에 사도 바울은 이렇게 말하였다. "내가 복음을 전파하는데 한 터럭의 이익도 받지를 않으니, 長點은 바로 여기에 있는 것이다."[46] 우리가 사람들에게 복음을 권면하는 일은 실행하기가 쉽지 않은 법이니, 오랫동안 異端에 빠져 있는 이에게 邪道를 버리고 正道로 돌아오라고 권하는 일이나, 오랫동안 교회의 규율을 지키지 않던 사람에게 열심히 신앙생활을 하라고 권면하는 일은 모두 쉬운 일이 아니다. 그런데 어찌 거기에 인력과 재물을 더 쓰라고 하여 어려운 일을 더 어렵게 할 수 있겠는가? 청렴하여 받는 혜택이 어찌 얕고 드물다고 하겠는가! 청렴하여 받는 혜택은 대단히 크고 위대하다고 하겠다.

넷째는 '勇'이다. 욕심을 부리지 않았지만(廉), 勇敢하지 않다면 비록 한 푼의 이익을 받지 않는다 할지라도 주님을 향한 '誠'과 실행 선후를 판단하는 '智'가 밖으로 형성되기가 어렵다. 때문에 '勇'은 전도자가 가장 절실하게 필요한 덕목이라 하겠다. 《성경》에 이르기를 "마귀가 인간의 영혼을 빼앗아가는 것은 도적이 재물을 겁탈해가는 것보다 더 나쁜 것이니, 반드시 안전한 곳에 두어야만 한다"고 하였는데, 우리가 마귀의 수중에서 영혼을 빼앗아 오기 위해서는 용감하지 않으면 안 된다. 무릇 자신이 개과천선하여 천국에 올라가기를 바란다면 '勇' 감하게 행하여야 하는데, 타인을 이렇게 개과천선시키기 위해서는 반드시 용감하게 전도를 해야만 한다. 자신에게 번거롭고 싫어하는 것을 용감

46 이 구절은 《신약 · 코린토신자들에게 보낸 첫째 서간》 제9장 18절에서 나왔다.

하게 극복하고, 다른 사람들의 의심과 염려를 용감하게 풀어주어야 하며, 세상에서 사악한 마귀가 이리저리 다니면서 방해하는 것을 용감하게 물리친다면 신앙생활을 하는데 걱정이 없게 된다.

聖人 토빗은 이스라엘에서 끌려온 포로로써, 앗수르 제국에서 연이어 일어난 정변 속에서 동족들이 살해되고 자신은 쫓기는 신세가 되었으며, 재산을 몰수당하고 생계를 유지하기 힘든 곤경에 처하였다. 비록 불안한 정치환경 속에서 일신의 안위가 흔들리는 위급한 처지에 있었지만 그는 전혀 두려워하지 않았다. 사람들은 그가 하는 일을 방해하였고 곤경에 처한 그를 멀리하였지만 전혀 개의치 않았다. 오직 하느님의 가르침을 따르기 위해서 자신이 가지고 있던 본래의 생각을 혼자서 실천할 뿐이었다. 친척과 친구들이 그의 절개를 바꿀 수 없었고 가정과 육신의 안위도 그의 마음을 빼앗을 수 없었으니 고생도 마다하지 않았고 죽음이 닥쳐도 바뀌지 않았다. 사람들이 만일 성인 토빗의 이런 勇德을 본받아 선교에 임한다면 분명 신앙생활이 쉽고도 쉬울 것이다. 게다가 하느님께서는 좋은 것으로 보상해주셨으니, 천사장 라파엘을 보내 그에게 더없는 축복과 은총을 내려주셨다. 사람들은 토빗의 비범한 신앙과 수양상태를 보고는 사람의 힘으로 가능한 것이 아님을 알게 되었고, 그가 말하는 진리와 받은 永福을 전혀 의심치 않게 되었다. 성인 토빗은 앗수르에 포로로 잡혀 와서 하느님을 섬기는 것이 매우 어려운 처지에서 신앙생활을 포기하지 않았고, 같은 신앙을 가진 사람으로서 同族들이 고통을 당하고 수난을 겪고 있을 때, 正道를 거슬려 자신의 안위만을 구하지 않고 萬難을 무릅쓰고 타인에 대한 구제를 계속하였다. 수십 년을 불평 한 마디 없이 위축되거나 물러나지 않고 믿음과 구제의 생활을 지속하였으니 그의 "勇德"은 가히 하느님으로부터 큰 포상을 받기에 부족함이 없는 것이었다.

다섯째 要目은 '實'이다. 일을 실천하는데 용감할 줄만 알고 그 일이 절실한지 여부를 알지 못하고 本末 輕重의 차이를 가릴 줄 모른다면 어떻게 되겠는가? 예를 들면 신분을 드러내는데 상의와 하의의 착용이 가장 중요한데 의복은 아주 남루하게 입고서 패용하는 장신구가 없음을 걱정한다면 이는 本을 잊고서 末을 좇는 것이니, 사람들은 반드시 그의 어리석음을 비웃을 것이다. 傳道의 道 역시 그러하다. 성인 토빗의 언행을 보면 위험하고 힘든 때에도 누구보다 먼저 傳道를 오직 실천해야 하는 중요한 사명이라고 가르쳤다. 異端을 謝絶하는 것을 守身의 '實'이라 생각하였고, 十戒를 아는 것을 修身의 '實'이라 여겼으며, 이전의 잘못을 痛悔하여 다시 재발하는 것을 엄격히 방지하고 이를 두렵게 여겨 다시는 하느님께 죄를 짓지 못하게 하는 것을 謹身의 '實'로 간주하였으며, 사람들에게 선행을 행하도록 권면하여 凡人을 聖人이 되도록 독려하는 것을 立身의 '實'이라 생각하였다. 사도 바울이 에페소교회의 신도들에게 "우리 주 예수 그리스도께서 하신 것처럼, 나는 너희들을 어린아이처럼 품에 안아주고 가르쳐서 어른으로 성장하기만을 바란다."[47]라고 말씀하셨는데, 이 말은 전도자의 본분을 그대로 보여준 것이다. 畵家가 제왕의 초상화를 그릴 때에 가장 중요한 부분은 위엄 있고 존귀한 얼굴을 그리는 것이고, 주위의 배경을 그리는 것은 부차적인 일이다. 우리들은 먼저 切實한 要務를 부족함 없이 전부 행해야 하며, 계속해서 준행해야만 한다.

여섯째는 '和'이다. 성인 토빗이 가정이 몰락하여 고생을 할 때에, 사람들은 여전히 그를 사랑하고 존경하였는데, 명성을 구하지 않았어도 날로 유명해졌으며, 명예를 구하지 않았지만 聲望은 나날이 더 높아졌다. 심지어 異敎徒들도 그의 덕망에 감복해서 토빗의 일신이 위급할 때에 그들의 도움으로 목숨을 보전할 수 있었는데, 이는 그의 성품이 溫和하고 처신이 柔順하여 마치 추운 겨울에 따사한 햇빛이

47 이 구절의 要旨는 《신약 · 에페소서》 4장 14-15절에 보인다.

비추는 것과 같았기 때문이었다. 좋은 취지로 손님을 초대하여 연회를 베풀고, 가난하고 헐벗은 이웃들을 따뜻하게 먹이고 입혀 주었으며, 戰亂으로 죽임을 당한 시신들을 수습하여 매장해 주는 구제의 행동을 멈추지 않았다. 《성프란체스코 사비에르전》에 어떤 제자가 대중 앞에서 전도하고 있는데 한 사람이 얼굴에 침을 뱉고 그에게 모욕을 주었지만 그는 가만히 감내하면서 처음처럼 전도를 계속하였다. 옆에서 어떤 異教의 승려가 이를 보고는 크게 기이하게 여겼고, 그를 따라와 입교하여 수학한 뒤에 유명한 신부가 되었다는 고사가 수록되어 있다.[48] 성인 토빗은 그의 아들에게 "교만은 萬惡의 뿌리이며 여러 죄악이 모두 여기서 시작된다"[49]고 가르쳤다. 人情物理는 모두가 같은 것이니, 쓴 약은 먹기 어려워서 먼저 단맛으로 약을 먹도록 유인하는 것과 같이 傳道者는 포용 유순함으로 사람을 대해야 한다. '和'는 예수 그리스도의 제자가 되는 입문의 비결이라 하겠다.

일곱째는 '恒'이다. 誠 · 智 · 廉 · 勇의 제덕을 모두 구비하였고, 일을 행함에 本末의 순서를 알고 있으며, 성품이 아주 和容 柔順하더라도 빠른 효과를 보기 위해 꾸준히 행하는 "恒心"을 갖지 못한다면 앞의 공덕들이 모두 허사가 되고 그 해독은 더욱 커질 것이다. 성인 토빗은 시간이 오래 지나도 변치 않는 "恒心"을 가졌으며 중요한 덕목을 평생토록 실행해도 부족하다고 생각하였기에 반드시 "恒心"으로 이를 간구하였다. 일이 설사 艱難하다 할지라도 恒心으로 구하면 반드시 얻는 것이니, 이는 분명 바꿀 수 없는 이치인 것이다. 옛날에 성 익나투스는 프란체스코 사비에르를 전도하려고 오랫동안 권면해도

48 "《聖方濟各沙勿略傳》中, 載有門徒, 談道于眾人前, 一人唾面辱之, 從容樂受, 講解如初, 旁觀一僧, 大異焉, 追隨卒業, 後爲聖教名師。"〈訓慰神編跋語〉9葉.《東傳福音》第3册, 118쪽.

49 "聖多俾亞訓其子亦云: '驕傲, 是萬惡之根, 諸罪俱從此發生者。'"〈訓慰神編跋語〉10葉.《東傳福音》第3册, 119쪽.

지치지 않았고, 힘들어도 싫증을 내지 않고 전도하여 마침내 그를 교화시켜 大聖이 되게 하였고, 사비에르는 동양에 처음으로 기독교의 복음을 전파하게 되었다. 성 어거스틴은 "다른 사람에게 악을 행하라고 가르치면 그가 비록 따르지 않더라도 죄악이 이미 그에게 있는 것이다. 그러나 선을 행하라고 권면했는데 사람이 완강하게 따르지 않는다고 어찌 공이 없다 하겠는가?"라고 말하였는데, 우리가 만일 恒心을 가지고 하느님의 말씀을 전파한다면 사람들이 믿고 따르지 않더라도 천국에 기록될 귀한 功德이 있는 법이다. 하나는 사람들에게 복음을 전도한 공이고, 또 하나는 인내의 공덕을 갖게 된다.

여덟째는 '義'이다. 義란 어떤 일의 마땅함을 가리킨다. 선교를 말하는 사람은 반드시 자신에서 시작하여 남에게 미치는 것이니 이것이 바로 智이다. 다음으로 기독교를 믿는 자는 응당 本을 중시하고 末을 경시해야 하는 實을 알아야 한다. 여기서 말하는 義란 교회 일을 하는 사람은 事情의 緩急을 모두 계산하여 그 일의 처리를 천천히 할지 빠르게 할지를 판단하는 것을 말한다.

성인 토빗은 먼저 하느님의 일(神工)의 등급을 판단할 수 있었으니 무엇을 좀 더 신경을 써서 해야 하고, 무엇을 다소 간편하게 할지, 또한 시간의 바쁨과 여유를 판단해서 무엇을 빨리 행하고 무엇을 느리게 행해야 하는지에 대해, 마음에 탁견을 가지고 있었다. 때문에 일을 당할 때, 혼란을 일으키지 않았으니 예를 들면 죽임을 당해 시체가 길거리에 버려졌을 때에는 당연히 자신이 해야 할 일이라 생각하여 만사를 제쳐놓고 서둘러 장례를 치루고 매장해 주었다. 후세 사람들이 교회 일을 처리하는 것 역시 이와 같아야 한다. 殯殮葬埋는 언제나 편안히 매장하는 것을 우선으로 해야 하며, 외형을 중시하여 재물을 낭비하고 시끌벅적 화려해서 다른 사람들이 지나치다고 떠들게 할 필요는 없다. 오직 교우가 임종할 때에는 여러 가지로 일깨워 주어, 그가 정성으로 주님의 대속해주신 은혜를 믿고, 專心으로 주님이 승천하신 길을 따라가기를 앙망하며, 위에 계시는 만유의 주님을 뜨겁게 사랑할 것을 당부해야 한다. 항상 죄를 회개하는《성경》구절을 읽으며 예수의 성호를 恭誦하는 것이 가장 좋은 신앙생활이니 마음과 힘을 다해 이를 실천해야 할 것이다.

아홉째 요목은 '謙'이다. 앞에서는 "和睦"함으로 타인을 대해야 한다고 말했고, 여기서는 "겸손(謙)"함으로 스스로를 처신해야 한다고 말한다. 대개 "겸손함"이란 諸德의 기초이고 諸德의 輔助이며 諸德의 꾸밈인데, 實心을 가지고 전도하려는 사람은 반드시 이 謙德을 갖추어야 한다. 그렇지 않으면 입에서 나오는 대로 지껄이는 것이 마치 북치고 꽹과리 두들기는 것과 같아서 무슨 유익함이 있겠는가?[50] 성인 토빗은 명성이 널리 퍼져서 많은 사람들이 존경을 하지만, 그 자신이 스스로를 돌아보면 부끄럽게도 일개 죄인일 뿐이었다. 하느님께서 그에게 겸손한 마음을 갖게 하셔서 밖으로 영험한 奇蹟을 드러내지 않게 하셨고, 내적으로는 박학한 재능을 갖지 않게 하셨다. 오직 덕으로 사람을 감화시키니(以德化人), 마치 電光石火 같이 聲色을 드러내어 산림을 불태우는 것과 같은 것이다. 하느님은 謙德을 가장 사랑하셨다. 때문에 열두 제자는 대부분 어부와 일꾼인 俗人이었고 문인은 제자로 받지 않았다. 사도 바울은 자신이 재능과 학식이 많은 것을 두려워하여 "내가 어찌 감히 나의 말 잘하는 것으로 예수 그리스도의 십자가 보혈의 공로를 말살할 수 있겠는가?"[51]라고 말하였다. 바울의 고백을 살펴보면 사람들로 하여금 예수의 고난을 알게 하여 세상만민들을 회개시키는 것이지 자신의 달변에 의지해서 회심시킬 수는 없다는 것이다. 예로부터 世人을 감화시키는 大聖은 용모에 겸덕을 가

50 "九要曰'謙': 上言和以待人, 茲言謙以持己。蓋謙者乃諸德之基, 諸德之輔, 諸德之飾, 凡實心傳教之人, 必先具此謙德, 否則隨口閒談, 如鐘響鑼鳴, 有何益處？" 〈訓慰神編跋語〉 12-13葉.《東傳福音》第3册, 120쪽.

51 이 구절은《신약 · 코린토전서》제1장 17절에서 나왔다.

지고 있어 聰明하고 達辯하는 무리들로 하여금 자신의 습속과 생각을 바꾸어 인도자를 따르게 하였으니 어찌 그 수를 일일이 헤아릴 수가 있겠는가? 오직 謙德樸實한 聖人은 입에 英氣의 말이 없어도 몸에 渾容의 謙德을 가지고 있어 그를 만나는 사람 중에 완전히 心服하지 않는 사람이 없는 법이다. 무릇 卑가 高를 이기고, 愚가 智를 이기는 것은 그 이김의 영광이 사람에게 돌아가는 것이 아니라 모두가 하느님께로 돌아가는 것이다. 衆人의 마음을 흡족하게 하는 것은 오직 하느님의 권능에서 오는 것이기 때문이다.

성인 토빗은 수십 년 동안 가까이부터 먼 곳까지 그가 敎化한 사람은 일일이 다 헤아릴 수가 없지만, 하느님 앞에서는 한 터럭의 교만한 기색도 드러내지 않고 뒤로 물러나고 사양하며 황공해할 뿐이었다. 지금 今人들은 몇 사람을 전도하여 하느님을 믿게 만들면 세상에 혼자 인심을 변화시킨 것처럼 신나서 오만방자해 지는데, 전도하여 교화시키는 것이 어찌 사람의 힘으로 가능한 일이겠는가? 이전에 많은 친척친구들이 내가 안일하고 나태해서 그들이 회개하고 변화되지 않았거나 혹은 영세를 받고 입교하지 않아 죽어서 죄를 지고 하느님 앞에서 심판을 받게 된다면, 몇 사람 전도한 것이 어찌 감히 자신의 공로라고 스스로 자부할 수 있겠는가?

성 프랜시스 사비에르는 수많은 사람을 전도하여 교화시켰지만 평생토록 전전긍긍하며 걱정했던 것은 극악무도한 악인에게 복음을 전하지 않아 이런 죄인이 하느님의 징벌을 피할 수 없게 될까봐 심히 두려워하였다. 위대한 聖人도 이러할 진데 우리 같은 일반인은 어떠하겠는가? 대개 하느님께서 사람이 덕을 세우고 神工을 행하도록 허락하신 것은 사람이 하느님의 은혜를 입은 것이지, 사람이 하느님께 은혜를 입힌 것이 아니니다. 성 어거스틴이 말하기를 “누군가 나에게 ‘무엇이 일생에 가장 중요한 덕목인가?’라고 묻는다면, 나는 반드시

'겸손이 첫 번째입니다' 라고 대답할 것이다. 다음에 다시 묻는다면 역시 겸손이라고 말할 것입니다. 그 다음에 또 다시 물으면 여전히 겸손이라고 대답할 것입니다."[52]라면서 비록 성인일지라도 신앙생활에 약간의 오만함이 있어서는 안 된다는 사실과 겸손이 신앙생활의 가장 중요한 덕목임을 강조하고 있다. 겸양의 마음을 갖지 않고 자신을 제대로 인식하지 못해서 다른 사람을 교화시키지 못하는 자는 반드시 주의 은혜를 적게 받아서 기도와 《성경》 읽기에 게으른 자일 것이라고 당트르콜은 말하고 있다. 여기서 역자는 "謙遜"이란 예수를 따르는 제자가 반드시 갖추어야 할 가장 중요한 덕목이며 겸손하기 위해서는 반드시 기도와 《성경》 읽기에 힘써야 한다고 주장하고 있다.

이상의 九德은 사람들에게 권면하는 중요한 要務라서 하나라도 부족하면 안 되겠다. 또한 이런 九德의 중요성을 아는 기독교인이라면 누구나 반드시 갖추어야 하는 필수요건인 것이다. 三位一體의 聖子께서 인간들에게 天堂의 길을 열어주기 위해 세상에 인간의 육신을 입고 강생하시어 세인을 구원하셨으니, 한 사람의 영혼은 우리 주 예수 그리스도의 보혈로 대속한, 실로 값으로 계산할 수 없는 귀한 보배인 것이다. 때문에 이단을 버리고 주님을 구주로 영접하며, 하느님의 계명을 지키고 神工을 수행하여, 죄를 회개하고 영생을 얻는다면 이보다 더 중대하고 기쁜 일이 없다. 세상에서 한 명의 영혼을 구원하면 하늘의 천군천사들이 서로 경축하고 기뻐해 마지않는다. 사람이 예수 그리스도께 한 영혼을 인도하는 것은 구두쇠가 큰 보물을 잃었다가 후일에 다시 찾고서 기뻐 뛰며 좋아하는 것보다 만 배는 더 기쁜 법이고, 세상에서 아주 웅장하고 화려하게 聖殿을 건축한 공로의 만 배보다도 더 크다고 할 것이다. 성인 토빗은 보통 사람과 다름이 없으

52 "善乎奧斯定聖師云：人若問我：'何者為一生緊要之德？' 必應之曰：'謙為第一。' 再問其次，亦以謙應之。更問其次，仍以謙答之。"〈訓慰神編跋語〉15葉. 《東傳福音》第3册, 121쪽.

니 그가 아는 것은 사람들이 누구나 아는 것인데, 그가 행하는 것을 사람들이 어찌 실행할 수 없겠는가? 그가 실행한 것을 보고서, 그것을 그대로 행하면 되는 것이다.

성인 토빗은 오직 하느님은 만민의 아버지이시고 사람을 양육하기 위하여 사물을 지으셨으며, 하느님을 경외하기 위하여 사람을 지으셨다는 사실을 확실히 알고 있었다. 성인 토빗은 하느님은 全仁하시고 全義하시며, 큰 죄를 지은 자는 반드시 永罰을 받게 되니 고금에 한 명도 벗어난 사람이 없다는 사실을 알고 있었다. 그는 세상의 모든 사람들이 다 자신의 골육이요, 형제라는 사실을 알기 때문에 위급하고 곤궁에 처한 자들을 때에 맞게 구제해주어 永安을 잃지 않게 해 주었고, 永苦를 당하지 않게 해야 한다는 사실을 잘 알고 있었다. 성인 토빗은 사람들은 누구나 반드시 죽게 되는데, 죽을 날은 정해지지 않았으니 조금이라도 태만해서는 안 되며, 일시에 잘못을 하면 전혀 보충할 방법이 없게 됨을 알고 있다.

천하에 무수히 많은 사람 중에서 내가 홀로 복음을 듣고 구속의 믿음을 갖게 된 것은 얼마나 큰 행운인가? 타인들은 어찌하여 불행하게도 이단의 길로 잘못 들어가 천국으로 승천하는 길을 찾지 못하게 되었단 말인가? 이 은덕과 은총은 얼마나 깊고 넓은지 시시로 감격에 겨워 잊을 수가 없으니, 믿지 않는 사람을 보면 측은한 마음이 물밀 듯 일어나 전도해서 구원받게 하는 일을 멈출 수가 없게 된다. 이와 같이 주님의 은혜에 감사하여 사람에게 은혜를 베풀게 되니, 장래에 받을 은총은 결코 헛된 바램이 아닌 것이다. 하느님께서는 至公全善하셔서 만일 많은 사람을 전도하여 그들로 하여금 천국의 복락을 누리게 한다면 자신이 다시 영원한 재앙을 받는 일은 아마도 없을 것이다. 주께서 말씀하시기를 "너희가 나를 사랑하면 나도 너희를 사랑할 것이다."[53] 사

53 《신약 · 요한복음서》 제14장 21절: "내 계명을 받아 지키는 이야 말로 나를 사랑하

람의 영혼을 구원하는 자는 바로 주 하느님을 사랑하는 자이니, 이것이 바로 천당으로 가는 첩경이며, 사람의 마음을 安慰하는데 이보다 더 좋은 것은 없다. 한 사람을 교회로 인도하여 자신의 죄를 통회자복하게 하는 자는 하느님의 大赦免을 얻게 된다. 역대에 교황들은 이 규례를 제정하였는데, 어찌 하느님이 가장 좋아하는 神工이 아니며, 교회에서 해야할 가장 시급한 일이 아니겠는가?

곤고하고 위급한 때에 살고 있지만 같은 마을의 아동들이 모두 영세를 받고 젊은이들이 모두 교회의 규례를 지키며, 믿는 가정에서는 《성경》을 공부하고 齋期를 엄수하며 위에서 아래까지 서로 화목하고 공경하니, 비록 그곳의 지도자가 시골농부라 할지라도 나는 반드시 그를 칭찬하여 "여기에는 반드시 덕망이 뛰어난 분이 계셔서 토빗의 뒤를 이어 성인이 될 것입니다."라고 말하였다. 옛날에 사도들이 각지로 전도를 떠나면 남아있는 제자를 그곳 사람들이 "主保"로 받들었다. 광활하고 당당한 중국에 어찌 그러한 사람이 없겠는가?

인생을 살아가면서 혼자 행하며 동반자가 없음을 걱정할 필요가 없다. 자신의 수호천사가 있고, 친구의 수호천사가 옆에 있기 때문이다. 성인 토빗은 여행길에 오르는 아들에게 길을 인도할 동반자를 보내주실 것을 하느님께 간구하였다. 아들을 먼 곳으로 보내면서 걱정이 태산 같았지만 의지할 자가 있으면 두려움이 없는 법이니, 열심히 전도하면 그 전도자를 돕는 것이 천사의 본분인지라 천사장 라파엘이 나타나 도와주는 것은 당연한 일이다. 성 앙보루시아가 말하길 "하느님께서는 사람의 영혼을 사랑하사 主教를 세워 통솔하게 하셨고, 또한 그런 책무를 천사에게 부여하셨다."[54] 그의 말에서 아래와 같은

는 사람이다. 나를 사랑하는 사람은 내 아버지께 사랑을 받을 것이다. 그리고 나도 그를 사랑하고 그에게 나 자신을 드러내 보일 것이다." 상기 구절은 여기서 나왔다.

54 聖盎博羅削有言: "上主愛人靈魂, 旣設主教以董率之, 更以其責, 付之天神。" 〈訓慰神編跋語〉 20葉. 《東傳福音》 第3册, 124쪽. 성암브로세(St. Ambrose, 聖盎博

사실을 알 수 있으니, 천사는 萬民에게 無形의 모친이며 主教는 인간 세상에서 有形의 모친이다. 유형의 주교는 무형의 천사에게서 멀어지지 않는 것을 보증하기 어려우니, 좇아갈 수는 없고 멀리해서도 안 된다. 믿는 신자들은 천사가 여러 방면에서 지키고 보살펴주기를 간절히 간구해야 한다. 우리는 결코 가까이 있는 것을 버리고 먼 곳에서 구해서는 안 될 것이며 하느님의 축복을 받아 실명했던 눈을 떠서 다시 광명을 찾았고 세상에서 壽福을 누린 성인 토빗을 우리의 師表로 삼아야 한다고 역자 당트르콜은 跋文에서 누차 주장하고 있다.

《訓慰神編》은 1730年에 中譯되었는데, 2년 전인 1728년부터 콘스탄틴 교황은 로마교황청 傳信部를 통해 줄곧 프랑스의 예수회를 탄압하였다. 그는 프랑스는 물론이고 중국에서 선교하고 있는 예수회 신부들까지도 탄압하였다. 교황청 傳信部에서는《성경》을 외국어로 번역하는 것을 금지시켰고 외국선교에 여러 가지 통제를 가하여 예수회 중국선교부는 상당히 위축되어 있었다. 그런데 雍正황제가 즉위한 지 8년이 되는 1730년에 독실한 불교신자인 雍正帝는 北京을 중심으로 천주교에 대한 禁教令을 엄격하게 시행하여 천주교를 혹심하게 탄압하였다. 로마교황청과 청나라 정부의 내외에서 동시에 탄압이 진행되던 시기에 자비에르 당트르콜은 천주교 예수회의 중국 首長으로서 중국에서의 선교활동과 수도회를 지켜야하는 중책을 맡고 있었으니 마치 그 처지가 앗수르 황제에게 버림받고 두 눈이 실명된 선지자 토빗과 같은 처지여서 반드시 이러한 역경을 뚫고서 하느님의 복음을 전파하고 사랑으로 예수회 선교사들과 중국인 신자들을 돌보아야만 하였다. 비록 로마교황청에서는 이미《성경》의 외국어

羅削, p.340-397)는 밀라노 주교 성인 암브로세를 지칭하는데, 374년부터 임종할 때까지 밀라노 주교를 맡았다. 그의 생평사적은 高一志,《天主聖教聖人行實·司教卷二·盎博羅削聖人行實第二》,《徐家匯藏書樓明清天主教文獻續編》第24册 383-392쪽 참조.

번역사업을 엄격히 금지시켰지만, 그는 이에 개의치 않고 결연히 中譯事業을 진행하여 번역해낸 작품이 바로 《訓慰神編》이니, 古聖 토빗이 정치적 환경과 육체의 고통을 감내하며 선행을 베풀어 신앙의 본을 보여준 천주교 신앙소설이라 하겠다. 사랑과 인내로 역경을 이겨낸 토빗의 이러한 신앙행적은 또한 자비에르 당트르콜이 《訓慰神編》에 箋을 붙이고 注를 달아 강력하게 강조했던 이 작품의 핵심 주제라고 하겠다. 당시 雍正帝와 로마교황청의 가혹한 탄압이 진행되는 가운데 중국에서의 선교사업을 유지하기 위해서 하느님께서는 역경 속에 처한 중국예수회와 중국교회에 구원의 천사장 라파엘을 보내주어 구원해 주실 것이라는 역자 당트르콜의 신념과 스스로를 위로하고 격려하고자 했던 번역동기를 이 작품 중에서 읽어낼 수가 있다. 題名 "訓慰"는 "하느님께서 선지자 토빗의 信仰敍事를 통해서 가르치고(訓) 위로해준다(慰)"는 작품의 주제를 표현한 것이다.

또한 중국 전통소설의 각도에서 본다면, 《訓慰神編》은 전형적인 批注本 中篇小說이다. 명청대에 당트르콜이 모델로 삼을 수 있었던 批注本 소설은 대단히 많은데, 明末清初 金聖嘆(1608-1661)의 評注本 六才子書는 작품의 시작과 결미, 그리고 작중에 "評語"가 두루 보인다. 이 양자 가운데 가장 눈에 띄는 차이는 《訓慰神編》은 翻譯小說이라는 점인데, 당트르콜은 분명 김성탄의 批注本小說을 알고 있었을 것이다. 소설유형의 관점에서 본다면 《訓慰神編》에서는 천사의 현실 개입과 마귀를 쫓아내는 驅魔의 초자연적 스토리가 나오는데, 이는 바로 서구에서 일컫는 "傳奇小說"이라 하겠다. 하지만 작중에 나오는 인물은 모두 앗수르 제국에 끌려간 유태인 포로들이니, 이 작품이 바로 유태인들의 "디아스포라 傳奇小說(a Diaspora Romance)"인 것이다. 《訓慰神編》의 작품 구조는 누구나 좋아하는 대단원의 희극적 결말을 채택하여 주인공들이 하느님을 찬양하는 讚美詩歌로 작품을 종결짓고 있다.

《訓慰神編》에는 유태인의 세 가지 民間故事가 나오는데, 첫째는 死者의 혼령(亡魂)이 생전에 입은 은혜에 보답한다는 報恩이야기이다. 토빗은 戰亂과 황제의 보복으로 살해되어 길거리에 방치된 유태인들의 시신을 거두어 매장해주는 일을 첫 번째 구제사업으로 생각하고 실행하다가 새똥이 눈에 떨어져 실명하고 말았다. 장례를 치러준 死者의 혼령들을 대신해 하느님은 천사장 라파엘을 보내 실명한 토빗의 눈을 치료해 주었다. 둘째는 施恩者가 이 때문에 가난에서 벗어나 부자가 된다는 이야기이다. 이 스토리 역시 토비야가 외동딸 사라와 결혼하여 처가의 재산을 상속받고, 토빗이 라구엘에게 맡겨둔 재산을 돌려받아 일시에 부자가 되는 대단원의 해피엔딩 스토리 속에 구현되어 있다. 셋째는 신혼 첫 날 밤, 魔鬼가 新房을 소란스럽게 한다는 "마귀의 新房 騷動" 이야기이다. 《訓慰神編》은 이런 세 가지 민간고사가 組合되어 이루어진 古代 유태인의 이야기이기 때문에 로마 천주교와 동방정교에서만 이를 《성경》의 正典으로 채택하였던 것이다.

"神編"이란 《聖經·토빗기》를 중국어로 번역하면서(神), 箋註를 달아 難解한 원문을 해석 고증하고 역자의 평론이 가미된 再編작업(編)의 의미를 가지고 있다. 또한 正文의 시작부분에 詩經體 詩歌를 배치하고, 이어서 古文體[55]로 서술된 14章 편폭의 토빗傳記가 나온다. 그런데 토빗 스토리가 正文 14장에서 종결된 뒤에 역자 당트르콜은 20葉에 달하는 古文體의 평론 〈訓慰神編跋語〉를 작품의 말미에 배치시켜 아홉 가지 儒家用語로 역자가 전달하고자 하는 천주교의 선교주제를 비평 해석 표현하고 있다. 詩經體 詩歌 〈小引四章〉, 正文 14章, 結尾의 譯者評論 〈訓慰神編跋語〉의 작품구조는 唐傳奇小說의 서사

55 언어문체를 規定 指稱하는 것은 쉬운 일이 아닌데, 여기서는 先秦諸子文과 史傳體, 唐宋八家文을 통칭하여 古文體라고 부른다. 또는 聖經翻譯文體로는 口語體가 포함된 淺文理와 大別되는 深文理라고도 부른다.

구조를 연상시킨다. 특히 주인공을 傳主로 하는 唐傳奇小說의 서사 구조 중에서 結尾의 평론을 아주 長文化시킨 변형이라고 볼 수도 있다. 이러한 서술구조의 운용은 비록 하느님의 계시를 받아 기록한 聖經故事라서 私見을 전혀 집어넣지 않았다고 천명하고는 있지만(〈訓慰神編弁言〉 참조), 원문에 箋注를 더하고 序文과 跋文의 기술을 통해 성경고사를 중국식으로 색다르게 편집하였다는(編) 사실을 알 수 있다. 《訓慰神編》의 "編"은 역자의 성경번역작업에 구조적 편집과 주관적 평론이 더해졌음을 의미하는 것이다.

당트르콜은 跋文에서 주인공 토빗이 "誠 · 智 · 廉 · 勇 · 實 · 和 · 恒 · 義 · 謙"의 아홉 가지 주요 덕목을 모두 구비한 聖人이라고 해석 설명하고 있다. 그는 토빗의 행적과 《성경》 및 聖人傳記의 사례를 인용하여 中國儒家의 修養用語인 이들 덕목을 분석 설명하면서 기독교 신자는 마땅히 이 덕목들을 갖추어야 한다고 주장하고 있다. 당트르콜은 예수 그리스도의 제자라면 누구나 갖추어야할 修養德目의 각도에서, 다시 말하면 기독교적인 관점에서 천주교 聖人傳記의 작품주제를 해석하고 있는데, 이런 역자의 설명과 해석이 가미된 箋注編輯樣式은 儒家經典式으로 포장된 天主教宣教小說임을 말해주고 있다.

正文의 서두에 나오는 〈小引四章〉과 제8장 結尾에 나오는 토비야의 祝詩는 모두 四字의 정형시이자 詩經體로 기술된 韻文이다. 〈小引四章〉은 총132자 가운데 17자를 제외한 115자가 모두 《詩經》 23편의 문구를 차용하여 서술되었는데, 每章 4자 2句 한 組의 구성이며 1장은 4字 2句의 4組로 짜여져 있다. 그리고 제8장 토비야의 祝詩는 題詞 8字와 祝詩 4字 2句 10行의 80字로 쓰여졌다. 두 詩歌에서는 작품의 핵심 스토리를 함축적인 詩經體로 정연하게 표현하고 있다. 역자는 작품의 서두와 작품 전개상 고조를 이루는 중반부에서 대단히 의도적으로 詩經體의 詩歌를 배치하고 있다. 왜 그렇게 했을까?

《성경》 번역을 할 때에는 반드시 가장 권위 있는 사대부의 문장으로 번역할 것을 1615년 교황 바오로 5세는 중국예수회에 직접 요구한 적이 있었다. 때문에 역자 당트르콜은 〈小引四章〉과 제8장 토비야의 祝詩를 《詩經》의 문구를 차용하여 표현함으로써 중국문인 독자들에게 《성경》의 聖人傳記 작품을 중국의 傳記小說로 인식하게 만들었고, 게다가 五經 중의 하나인 《詩經》의 문구를 차용하여 기술함으로써 이 작품을 중국에서 가장 권위 있는 儒家經典의 반열에 올려놓고자 하였다. 이러한 譯述動機를 실현하기 위해 그는 〈小引〉의 題名 옆에 "《詩經》의 風雅體를 모방하였고 첫 구절은 朱熹의 註疏에서, 그 외의 구절은 《毛詩》에서 가져왔다"고 확실하게 밝히고 있다.

또한 통용라틴어본 《구약·토빗기》는 제3장 토빗의 기도와 사라의 기도, 제8장 토비야의 讚歌, 제13장 토빗의 찬미가가 모두 韻文으로 기술되었다. 당트르콜은 원문에 나오는 韻文體에 주목하여 儒家 五經 중의 하나인 《詩經》의 詩歌體를 차용하였는데, 원문에 충실한 韻文體이면서 가장 권위 있는 儒家經典體를 사용함으로써, 외래종교문서나 번역서를 경시하던 중국문인들에게 《訓慰神編》을 "경전"으로 인정받고자 하였다. 때문에 序文, 正文, 跋文 역시 深奧하고 難解한 經書體 古文을 사용하였고, 62條의 箋注와 序跋文의 評論으로 고증, 해석, 설명을 가한 批注와 評述을 함께 병용하여, 동서양의 서사양식을 두루 겸비한 聖經譯本 聖人傳記小說의 특별한 면모를 갖게 되었다.

제8장 在華 예수회선교사 천주교문헌의 조선 전파와 번역

제1절 영성수필집《輕世金書》의 注釋과 후세의 영향
제2절 〈中國小說繪模本小序〉의 天主教文獻 著錄
제3절 예수회선교사의 漢譯西學書와 朝鮮 傳來
제4절 예수회선교사 天主教 教理書의 韓國 傳播와 翻譯
제5절 《聖經直解》와 《袖珍日課》, 《聖經直解廣益》의 傳播와 한글 翻譯

《연행도》 제7폭 〈조양문 朝陽門〉, 한국기독교박물관 소장

在華 예수회선교사 천주교문헌의 조선 전파와 번역

제1절 영성수필집《輕世金書》의 注釋과 후세의 영향

캠피스의《성경》이나 "善書"를 읽는 독서법은 디아스가 그대로 받아들여《輕世金書》의 번역책략 중에 표현되었다. 디아스는 번역할 때, 明代의 八股文을 채택하지 않고 唐宋八大家와 明代前後七子의 노선을 따랐으며 先秦古文을 모방하여 文章敍述上의 實學으로 文字의 虛學을 대신하였다. 그렇지만《輕世金書》에는 난삽하고 입에 맞지 않는 "周誥殷盤"의 문장이 자주 나온다.[1] 朱宗元은〈輕世金書 · 小引〉에서 "周誥體"를 사용하여 다음과 같이 세인들의 비판을 인용하였다. "세상은 淺薄 低劣한 것을 싫어하고, 사람들은 어둡고 흐릿한 것을 멀리하는데, 선생이 이 책을 번역한 것은 헛된 일은 아닌 것인가?"[2] 디아스가《輕世金書》를 이런 난해한《尙書》周誥體로 번역한

1 "噫! 尙莫克脫, 預出迓之, 大智歟?" 陽瑪諾 譯,《輕世金書》重刊本(編號: Raccolta Generale Oriente, Ⅲ, 1165) 卷2, 로마 바티칸도서관(Biblioteca Apostolica Vaticana) 소장본, 1848, 12甲.

2 "世憖譾劣, 人匪晻曖, 僉知先生譯玆, 毋乃虛營?" 陽瑪諾,〈輕世金書 · 小引〉,《輕

것에 대해서 후세의 수많은 평론가들이 비판을 하였다. 하지만 《輕世金書》의 中譯作業은 유럽에서 중국에 來華한 예수회 신부들에게만 의미가 있는 것은 아니고, 중국인 신자들에게도 상당한 영향력을 발휘하였다. 명말부터 청말에 이르는 기간, 심지어는 民國 초기까지 디아스의 《輕世金書》는 계속해서 重刻되었는데 그 총수는 25종 이상이나 되었으며 1595년 판각된 마테오 리치의 人口에 膾炙되는 《交友論》을 뛰어넘는 엄청난 출판량이었다.

백화문이 清末 유행하기 이전에 《輕世金書》는 天主教翻譯史에서 가장 뛰어난 譯書일 뿐만 아니라 완전히 군계일학의 걸작이라 하겠다. 王保祿은 《輕世金書直解》의 서문에서 "지금 비록 (新譯) 《遵主聖範》이 나왔지만 사람들은 대부분 《輕世金書》 읽는 것을 즐겁게 생각하였으며 이에 講解를 가하려 한 사람도 대단히 많았다."[3] 王保祿은 아주 정확하게 본 것이니, 그가 생존했던 清末民初에 시작된 것이 아니라 이미 明末에 이 책에 注釋을 가한 문인이 있었다. 문자가 어렵고 떫을 뿐만 아니라 어휘도 古奧하여 朱宗元은 崇禎 末年이나 順治 年間에 이미 《輕世金書直解》를 저술하여 白話로 직접 서적의 大義와 含意를 闡述하였는데, 書名 또한 王保祿의 저작과 同名이었다. 하지만 애석하게도 이 책은 지금 유실되어 그 상세한 사정을 알 길이 없게 되었다.

《輕世金書直解》 중의 "直解"란 단어는 宋代부터 사용하기 시작하였지만 張居正(1525-1582)의 《四書直解》나 혹은 《書經直解》에서 사용된 사례가 가장 잘 알려져 있다. 張居正의 이 두 경전은 萬曆經宴의 日講讀本인데 디아스가 《聖經直解》라고 제목을 단 것은 아마도 대부분의 예수회신부들이 《四書》와 《尚書》를 중국어 학습의 입문서로 배울 때 張居正의 두 直解本을 사용했기 때문이라고 추측하기도 하였

世金書》 重刊本, 1甲.

3 王保祿, 《輕世金書直解》, 北京: 西什庫, 1909, 1甲-1乙.

다.[4] 디아스와 朱宗元의 관계는 대단히 가까웠는데,《輕世金書直解》는 아마도《聖經直解》 때문에 이런 서명을 갖게 되었을 가능성이 크다고 하겠다. 朱宗元은 明清 교체기에《輕世金書》를 위해 注를 달았는데,《四書直解》나《聖經直解》를 살펴보면 그 책은 분명 상세하게 주석되었을 것이며 아마도 디아스 자신의 翻譯詮注에 가장 가까웠을 것이다.

朱宗元이《輕世金書》의 주석전통의 기초를 닦았다면 乾隆 年間에는 예수회 신부 루이 드 로베르(Louis de Roberts, 趙聖修, 1703-1760)가 그 뜻을 이어서《輕世金書口鐸句解》를 편찬하였는데, 역시 口語를 대단히 중시하였다. 다만 이 책은 제3권까지 訓解를 달았지만 완성을 보지 못했고 로베르는 病死하고 말았다. 注解를 달지 못했던 제4권은 그의 친구 미셸 브느와(Michel Benoist, 蔣友仁, 1715-1774)가 대신 완성시켰다. 하지만 애석하게도 이 책은 版刻되지 못했는데, 方豪의 기술에 의하면 上海 徐家匯藏書樓에 抄本이 소장되어 있다고 한다. 그런데 徐宗澤의《明清間耶穌會著譯提要》에는 저록되지 않았다. 앞에서 피스테르는 足本《輕世金書》의 刻本이 1757년에 처음 나왔다고 하였고 方豪는 이를 틀렸다고 반박하였다. 그는 徐家匯의 抄本에 있는 로베르와 브느와 신부, 그리고 李若翰이란 사람의 서문에 근거하여 1757년 刻本은 실제로 판각되지 않았다는 사실을 고증해 냈는데, 이는 실제로《輕世金書口鐸句解》를 잘못 본 것이다. 피스테르는 徐家匯藏書樓에서 눈으로 제대로 확인을 하지 못했거나 아니면 筆記가 낡고 분명치가 않아서 제대로 해독을 못했을 것이다.[5]

《輕世金書》의 注疏本 중에서 오늘날 비교적 쉽게 볼 수 있는 刻本은 呂若翰이 지은《輕世金書便覽》이다. 呂氏는 천주교 신부이고, 廣

4 L. M. Brockey, 전게서, p.266. 1616년 南京教案이 일어나 알폰세 바그나노(高一志)의 숙소에서 압수한 藏書 중에《四書直解》가 포함되어 있었으니, 이 서적과 예수회의 관계가 대단히 밀접함을 알 수 있다.

5 方豪,《方豪六十自定稿》册2, 1872-1873쪽.

東 順德人으로 이름은 翰, 字는 若屛이다. "若翰"은 그의 教名이다. 그는 "매번 어린아이들이 책을 펴서 보고는 망연자실 알아보지 못했고" 《輕世金書》를 읽어도 이해하지 못하는 것을 보고서 많은 전적을 두루 섭렵하고 대대적으로 참조하여 "주를 달고 해석을 덧붙여" 道光戊申年(1848)에 《輕世金書便覽》을 완성하였다고 하였다.[6]이 책은 상세하고도 정확하게 기술되었는데, 陳垣은 이 책이 康熙御定《日講書經解義》의 체례를 따른 것이라고 하였다. 때문에 "注"가 있고, "疏"가 있으며, "講"도 달려있다고 하였다.[7] 천주교 신부였던 呂若翰은 中譯本의 字義에서 天主教 教理에 대한 논술에 이르기까지 모든 분야에 걸쳐 거의 "講解"를 하지 않은 것이 없었으니, 《輕世金書》를 이해하는데 가장 공로가 크다고 하겠다. 呂氏와 함께 《輕世金書便覽》을 주석한 同譯者가 누구인지 알 수는 없지만 천주교 교리를 깊이 있게 설명한 精深한 解說이나 디아스 역본 중 字義를 캠피스와 그라나다에 가깝게 해석한 정도로 볼 때, 이들 同譯者 중에는 유럽어 原本과 譯本에 정통한 유럽어 전문가가 있는 것 같다.

中華民國 건국 이후 《輕世金書》에 마지막으로 주석을 가한 학자는 王保祿이다. 그의 다른 이름은 君山인데, 그의 저술 《輕世金書直解》의 책머리에는 署名이 없고 단지 "聖味增爵會士" 著 라고만 적혀있다. "王保祿"은 陳垣이 고증해 낸 것이고, "王君山"은 方豪가 조사해 낸 것이다.[8] 聖味增爵會는 나자로회(Lazarites/Lazarists)라고도 부르는데 "遣使會"(Congregation of the Mission)의 다른 이름으로 성빈센트(聖文生, Vincent de Paul, 1580-1660)가 17세기에 창설한 수도회이다. 王保祿은 일찌기 프랑스에 유학을 갔었기 때문에 그는 분명 라틴어를 할 줄 알

6 呂若翰, 《輕世金書便覽》, 5甲-5乙.

7 陳垣, 〈再論遵主聖範譯本〉, 《周作人先生文集 · 自己的園地》, 臺北: 里仁書局, 1982, 206쪽.

8 方豪, 전게서, 1874-1875쪽. 陳垣, 전게논문, 211쪽.

았고, 당시 유럽에서 통용되던 《輕世金書》의 판본에 대해서도 어느 정도 이해를 하고 있었다. 王氏가 《輕世金書直解》를 撰述하기 전에 그라나다본 이외의 《輕世金書》란 서명에 근거하여 同治 年間에 《遵主聖範》이란 책을 '淺文'으로 번역한 적이 있다. 方豪는 "힘써 통속적으로 번역하였다(力求通俗)"[9]고 하였다. 周作人은 民國 이후에 이를 구매하여 읽어본 후 대단히 기뻐하여 독후감을 쓴 적이 있었다. 하지만 方豪의 해석에 따르면 王保祿은 復古傾向이 있어서 자신의 白話文 新譯을 그다지 좋아하지 않았고 도리어 디아스의 舊譯을 더 선호하였다고 한다.[10] 그는 여러 번 사람들에게 《輕世金書》를 해석해 주었지만 老少를 함께 고려할 수 없고 시간과 지역 또한 다르기 때문에 반복해서 講說하여도 모두를 만족시킬 수는 없었기 때문에 "대중들이 편리하게 볼 수 있도록 대략 註解를 달아 책을 출간했다"고 하였다. 王氏는 南方에서 北京으로 전래되어 온 呂若翰의 《輕世金書便覽》을 읽은 적이 있는데, 이 책이 상당히 번잡하다고 생각하였다. 때문에 莊子의 注釋本 《南華發覆》을 모방하여 北京 西什庫 北堂에서 《輕世金書直解》를 저술하였다. 이 책은 原文은 큰 글자로, 夾注는 작은 글자로 편집하고 그 뒤에 注釋과 疏를 단 문장과 본문을 연결시켜 한 문장으로 배열시켜 놓았기 때문에 일목요연하고도 간편한 효과를 거둘 수 있게 하였다. 게다가 백화문의 풍격을 갖추고 있어 통속적인 문체로 기술하려고 노력했다는 평가를 받았다.

아이러니컬하게도 王保祿은 《輕世金書直解》의 注는 초학자를 위해서 단 것이 아니라 文義를 어느 정도 이해할 수 있는 사람을 위해 지었기 때문에 일반적인 字句는 音義와 注釋을 달지 않았다고 밝

9 方豪, 전게서, 1874쪽. 王保祿 譯, 《遵主聖範》, 北平: 天主教堂遺使會印書館, 1936. 여기서 말하는 "淺文"은 白話文, 口語體를 지칭한다.

10 方豪, 전게서, 1875쪽 참조.

혔다.[11] 이 책의 〈誌語〉에서 王氏는 또 디아스의 원문이 때때로 이해하기 어려운 곳이 있는데, 그는 매번 이런 곳에 "西洋語文은 어떤 뜻인가를 대략적으로 설명하였다"고 하였다.[12] 때문에 《輕世金書直解》는 로베르와 브느와 신부의 《輕世金書口鐸句解》 이외에 중국인으로는 처음으로 當代의 라틴어본과 대조를 거친 注解本인 것이다. 王保祿은 디아스 역본의 新版과 舊版을 모두 보았고 그 사이의 잘못을 확실히 잡아낸 곳마다 분명하게 수정 보완해 놓았다. 때문에 《輕世金書直解》 중에 나오는 디아스 역본의 原文은 마땅히 中華民國 이전의 가장 정확한 "校勘本"이라 하겠다. 디아스의 번역은 "비록 아주 난해한 곳일지라도 전체적으로는 문장이 모두 簡古 大雅하고 의미가 悠長하기" 때문에 王保祿은 사람들이 "點金成鐵" 한다고 비판하는 것을 무릅쓰고 결연히 《輕世金書》에 주석을 달았으며, 注解도 대단히 조심스럽고도 황송한 심정으로 진행하였으니 그의 세심한 마음 씀씀이가 舊注에 드러나 있는 것이다. 王注本 《輕世金書直解》는 光緒 33년(1907)에 初刊되었는데 朱宗元의 同名注本과는 이미 300년 이상의 시차가 나는 것이니, 明末부터 淸末까지 디아스 역 《輕世金書》는 여전히 권위가 있고 독자가 적지 않았음을 알 수 있다.[13]

임마누엘 디아스는 《성경》의 禮儀年讀本을 中譯할 때, 세바스틴 바라다스(Sebastian Barradas, S.J., 1542-1615)의 《福音史義箋注》 *Commentaria in Concordiam et Historiam Evangelicam*를 저본으로 삼은 것 이외에 여러 자료를 참조하여 注와 疏를 달아서 "直解로 저술하였기" 때문에 자신의 번역본 제명을 《聖經直解》라고 하였다.[14] 디아스

---

11 王保祿, 《輕世金書直解》, 3甲.

12 각주11)과 같음.

13 李奭學, 《譯述: 明末耶穌會翻譯文學論》, 홍콩: 中文大學出版社, 2012, 393-394쪽.

14 《聖經直解》의 저본과 번역과정에서 참고한 문헌에 관한 연구는 Standaert, N.(Ed.), Handbook of Christianity in China, p.623과 Standaert, N.(1999) "The Bible

는 4년 뒤에 《輕世金書》의 中譯作業을 할 때에 여전히 《聖經直解》의 번역방식을 채택하여 고생스럽게 注疏를 달았던 것이다. 明末 천주교의 번역전통은 대단히 강력해서 장 아담 샬 폰 벨(Johann Adam Schall von Bell, 湯若望, 1591-1666)과 王徵이 共譯한 《崇一堂日記隨筆》의 文末 "評贊"을 단 것 이외에는 문학 텍스트로 철저한 注疏傳統을 가지고 있는 전적은 —《聖經》을 제외한다면— 명말 80년 동안 오직 《輕世金書》 한 권뿐이며 明末의 여러 著譯書 중에서 후세의 주석자들이 가장 많이 주목했던 번역서라 할 수 있겠다.[15]

제2절 〈中國小說繪模本小序〉의 天主教文獻 著錄

한국 천주교회는 세계선교사상 유일하게 선교사의 전도에 의해서가 아니라 한국인 스스로의 노력에 힘입어 세워졌다. 17세기 초엽부터 일부 식자층에 의해 조선에 전래된 漢譯西學書를 통해서 기독교가 소개된 것이다. 특히 17세기부터 18세기 후기에 많은 西學書들이 중국에서 들어왔는데 대부분이 천주교 교리서, 기도서, 영성수양서 등이었다. 이중에는 성경발췌본인 《聖經直解》와 《聖經直解廣益》이 포함되어 있었을 것으로 추정된다. 이 한역본을 통해 한국인은 처음으로 복음서를 직접 만나게 된 것이다. 달레(Dallet)는 한국인이 《성경》과 해우하게 된 첫 장면을 다음과 같이 기술하고 있다.

---

in Early Seventeenth-Century China," in I. Eber, et al.(Eds.), *Bible in Modern China: The Literary and Intellectual Impact*, p.44-45n42), Sankt Augustin: Institut Monumenta Serica, 그리고 陳占山, 〈葡籍耶穌會士陽瑪諾在華事蹟考述〉, 《文化雜誌》 38, 92쪽. 吳相湘 編, 《天主教東傳文獻三編》 册6, 2954쪽 참고.

15 문학이나 번역으로 한정하지 않는다면 후대에 白話本이나 官話 注釋本이 나온 명말 예수회의 저작이 있으니, 마테오 리치의 《天主實義》는 劉順德 譯註, 《天主實義》(臺中:光啓出版社, 1966)가 있고, 판토하의 《七克》은 佚名, 《七克眞訓》(1857序; 上海:土山灣慈母堂, 1904; 홍콩: 納匝肋靜院, 1925重印)이 있다.

> 甲辰(1784)年 봄에 李承薰 베드로는 北京에서 얻은 많은 책과 十字苦像과 像本과 몇 가지 이상한 물건을 가지고 서울로 돌아왔다. ……李檗(이벽)은 친구가 보내 준 많은 서적을 받자마자 외딴 집을 세내어 독서와 묵상에 전념하기 위하여 들어앉았다. 이제 그는 종교의 진리의 더 많은 증거와, 중국과 조선의 여러 가지 迷信에 대한 더 철저한 반박과, 七聖事의 해설과, 敎理問答과 福音聖書의 註解와, 그 날 그 날의 聖人 行蹟과 기도서 등을 가지게 되었다. ……책을 읽어 나가는데 따라서 새로운 생명이 자기 마음 속에 뚫고 들어오는 것을 느꼈다. 예수 그리스도께 대한 그의 신앙은 커갔고, 신앙과 더불어 자기 동포들에게 하느님의 은혜를 알려주고자 하는 욕망도 커갔다.[16]

위의 인용문에 따르면 이벽은 복음성서의 주해서를 분명히 읽고 있었는데, 그가 읽었던《성경》의 주해서는 아마도《聖經直解》였을 것이다. 초기 조선교회의 지도자들은 "자기 동포에게 하나님의 은혜를 알려주고자 하는 강렬한 욕망"을 가지고 漢文本 서적을 한글로 번역하였고, 이러한 노력의 첫 번째 결실로 한글본《셩경직히》의 번역이 이루어졌다. 漢文本《聖經直解》와《聖經廣益》을 한글로 번역하여 편찬한 한글본《셩경직히》가 바로 한국인이 대하게 된 최초의 한글《성경》이었다.

漢文本《聖經直解》를 한글로 번역한 첫 번째 역자는 초기 천주교회의 활동가이자 가성직단의 일원이었던 최창현이다. 달레의《한국천주교회사》에서는 최창현이《主日과 祝日 聖經의 해석》이란 한문 책을 한국어로 번역한 사람이라고 기록하고 있다.[17] 여기서 말하는

16 샤를르 달레 저/안응렬· 최석우 역주,《韓國天主教會史》上, 왜관: 분도출판사, 1979, 307쪽.

17《韓國天主教會史》上, 315쪽.

《주일과 축일 성경의 해석》이란 책은 바로 《聖經直解》를 가리킨다. 최창현은 1790년대 中人 譯官 집안 출신으로 중국어 통역관이었다. 그는 한문을 해독할 수 있었고 게다가 毛筆로 필사할 수 있는 능력이 뛰어나 "모든 교회서적들을 자기 손으로 베껴 써서 그것으로 크게 봉사하였다"[18]고 한다. 그는 전 가족과 함께 천주교에 입교하여 독실하게 신앙생활을 하다가 1801년 순교하였다.[19]

그런데 달레가 추정한 1784년 전후의 전래설보다 약 20년이 앞선 1760년대에 조선왕궁에서 간행된 책자에 천주교 漢譯西學書가 著錄되어 있다. 朝鮮中期에 간행된 〈中國小說繪摸本 ·小敍〉에는 다음과 같이 中國書籍의 書目이 언급되어 있다.

> 무릇《四書》·《六經》과《綱目》·《通鑑》·《宋鑑》·《明史》·《綱鑑》의 전적, 한유·유종원·이백·두보·소동파의 여러 문집, 朱子의 諸書와《二程全書》등의 諸子百家의 책 이외에 또한 패관야사 등의 여러 책이 있어 그 서명을 이루다 기록할 수가 없다. 그러나 그 중에는 어느 정도 정교함과 치졸함, 허와 실이 있어 세상을 깨우치고 있는 것은 무엇인가? 그 부류가 큰 것으로는《開闢演義》·《涿鹿演義》·《西周演義》·《列國志》·《西漢演義》·《東漢演義》·《三國志》·《東晋演義》·《西晉演義》·《禪眞逸史》·《隋唐演義》·《殘唐演義》·《南宋演義》·《北宋演義》·《皇明英烈傳》·《續英烈傳》·《焦史演義》가 있다. 그 부류가 작은 것으로는《留人眼》·《西湖佳話》·《人中畵》·《禪眞後史》·《剪燈叢話》·《文苑楂橘》·《艶異編》·《五色石》·《型世言》·《醒世恒言》·《拍案驚奇》·《今古奇觀》·《列仙傳》·《女範》·《士範》·《養

18 각주17)과 같음.

19 조화선, 〈《성경직히》의 연구〉, 《한글성서와 겨레문화》, 기독교문사, 1985, 667-681쪽.

正圖解》·《孫龐演義》·《四才子書》·《玉巧利》·《玉支磯》·《春風眼》·《春柳鶯》·《破閑談》·《巧聯珠》·《好逑傳》·《王翠翹傳》·《弁以釵》·《引鳳簫》·《鳳簫梅》·《山中一夕話》·《仙媛傳》·《富公傳》·《盛唐演義》·《太原志》·《聖經直解》·《七克》·《聘聘傳》·《西廂記》가 있다. 그 중에는 大中小帙이 있는《西遊記》·《後西遊記》·《東遊記》·《水滸志》·《後水滸志》·《水滸後傳》·《西洋記》·《包公演義》·《無冤錄》·《迪吉錄》·《感應篇》·《剪燈新話》가 있다. 또 그 중에는 淫談怪說이 있는《艶情快史》·《昭陽趣史》·《錦屛梅》·《陶情百趣》·《玉樓春》·《貪歡報》·《杏花天》·《肉蒲團》·《戀情人》·《巫夢緣》·《燈月緣》·《鬧花叢》·《艶史》·《桃輿圖畵》·《百抄》·《何澗傳》이 있다. 形形色色에 울울총총하여 이루 다 표현할 수가 없다. 그 중에서 귀감이 되고 경계가 될만한 것과 우습고 사랑스러운 것을 모아 책을 만들어 화원 주부 김덕성 등 몇 사람으로 하여금 그림을 그려 책에 더하니, 책을 펼치면 역대 사적이 일목요연하다. 서문을 써서 책머리에 싣고 발문을 지어 말미에 덧붙여 자손에게 전하고자 하니 아무렇게나 보지 말찌니라.

임오년 윤오월 구일에 完山 李氏가 麗輝閣에서 쓰다[20]

---

20 夫《四書》,《六經》,《綱目》,《通鑑》,《宋鑑》,《明史》,《綱鑑》諸書, 韓, 柳, 白, 李, 杜, 蘇諸集, 朱子諸書,《二程全書》等諸子百家之外, 右有稗官少史等諸書, 其名不可勝記。然其中有大少精粗, 虛實, 警世之, 何則? 槩其條目之大則, 曰《開闢演義》, 曰《涿鹿演義》, 曰《西周演義》, 曰《列國志》, 曰《西漢演義》, 曰《東漢演義》, 曰《三國志》, 曰《東晋演義》, 曰《西晉演義》, 曰《禪眞逸史》, 曰《隋唐演義》, 曰《殘唐演義》, 曰《南宋演義》, 曰《北宋演義》, 曰《皇明英烈傳》, 曰《續英烈傳》, 曰《焦史演義》也。 其條目之小則曰《留人眼》, 曰《西湖佳話》, 曰《人中畵》, 曰《禪眞後史》, 曰《剪燈叢話》, 曰《文苑楂橘》, 曰《艶異編》, 曰《五色石》, 曰《型世言》, 曰《醒世恒言》, 曰《拍案驚奇》, 曰《今古奇觀》, 曰《列仙傳》, 曰《女範》, 曰《士範》, 曰《養正圖解》, 曰《孫龐演義》, 曰《四才子書》, 曰《玉巧利》, 曰《玉支磯》, 曰《春風眼》, 曰《春柳鶯》, 曰《破閑談》, 曰《巧聯珠》, 曰《好逑傳》, 曰《王翠翹傳》, 曰《弁以釵》, 曰《引鳳簫》, 曰《鳳簫梅》, 曰《山中一夕話》, 曰《仙媛傳》, 曰《富公傳》, 曰《盛唐演義》, 曰《太原志》, 曰《聖經直解》, 曰《七克》, 曰《聘聘傳》, 曰《西廂記》也。其中又有大中小帙曰《西遊記》, 曰《後西遊記》, 曰《東遊記》, 曰《水滸志》, 曰《後水滸志》, 曰《水滸後傳》, 曰《西洋記》, 曰《包公演義》, 曰《無冤錄》, 曰《迪吉錄》, 曰《感應篇》, 曰《剪燈新話》也。又其中有淫談怪說曰《艶情快史》, 曰《昭陽趣史》, 曰《錦屛梅》, 曰《陶情百趣》, 曰《玉樓春》, 曰《貪歡報》, 曰《杏花天》, 曰《肉蒲團》, 曰《戀情人》, 曰《巫夢緣》, 曰

이 서문은 英祖의 後妃이자 正祖의 친조모인 映嬪 李氏가 1762年(英祖 38年)에 창경궁의 麗暉閣에서 쓴 것으로 이 글 속에서 언급된 서명은 모두 83종인데 그중에 75종이 小說이다.[21] 그 밖의 8종 서적은 권계서 3종(《女範》, 《士範》, 《養正圖解》), 천주교서적 2종(《聖經直解》, 《七克》), 법의학서 1종(《無寃錄》), 도교서적 1종(《感應篇》), 戲曲 1종(《西廂記》)이다. 조선시대에는 중국에서 간행된 서적이 거의 동시에 한반도에 유입되었으니, 조선 제15대 광해군 연간에 활동한 허균은 갑인년(1614년, 광해군 6년, 만력 42년)과 을묘년(1615년, 광해군 7년, 만력 45년) 燕行使의 수행원으로 북경에 갈 때에 가산을 팔아서 4천여 권의 漢籍을 구입해 왔다. 중국에서 책을 구입해온 사람은 결코 허균 한 사람이 아니었는데, 어떤 사람은 심지어 다른 사람에게 부탁하여 좋아하는 서적을 입수하기도 하였다.

李裕元은 《林下筆記》에서 말하기를 "동어 이공은 평일에도 손에서 놓지 않는 것이 있으니, 바로 패관소설이라. 원래 소설은 말할 것

《燈月緣》, 曰《鬧花叢》, 曰《艶史》, 曰《桃興圖畵》, 曰《百抄》, 曰《何淍傳》也。形形色色, 鬱鬱葱葱, 不可盡喩。其中可鑑, 可戒者, 可笑, 可愛者, 抄集成册, 令繪士主簿金德成等若干人, 摸本粧册, 開卷歷代事跡, 其可瞭然, 引書序于首, 又作小跋于末, 以傳後之子孫。其勿泛看也夫。壬午閏五月初九日完山李氏書于麗暉閣之上。完山李氏 著, 〈中國小說繪模本 · 小敍〉, 江原大學校 出版部, 1993, 152쪽.

21 〈中國小說繪模本 · 小敍〉에 보이는 서목은 특별한 가치를 가지고 있다. 첫째로, 역사소설 《涿鹿演義》· 음란소설 《巫夢緣》·《陶情百趣》·《桃興圖畵》·《百抄》· 재자가인소설 《破閑談》· 문언소설 《富公傳》·《仙媛傳》은 모두 이미 실전되었고 다른 소설서목에 보이지 않는다. 두 번째, 《鳳簫梅》와 《春風眼》은 일본 寶歷 甲戌年(1754年)의 《舶載書目》에 저록되어 있으며, 《河淍傳》은 康熙 年間 劉廷璣의 《在園雜志》卷二에 그 서명이 언급된 적이 있지만 지금은 모두 이미 失傳되었는데, 〈小敍〉에 그 서목이 보이니, 上述한 세 작품은 1762年 以前에 분명히 출판되어 朝鮮에 유입되었음을 알 수 있다. 세 번째, 〈小敍〉에 기재된 《型世言》과 《後水滸傳》과 같은 珍貴한 작품은 세계에서 유일한 孤本이고, 《文苑楂橘》은 中國에는 단지 書目만 저록되어 있으며 벌써 유실된 작품으로 韓國에는 朝鮮時代에 산절 보충하여 판각한 판본이 현존하고 있다. 네 번째, 어떤 작품은 중국에는 오래 전에 失傳되었는데, 한국에는 한국어 번역본이 현존하고 있으니 바로 《太原志》과 《聘聘傳》의 한역본이 《樂善齋文庫》에 소장되어 있는 것이다. 졸저, 《중국 근대의 소설번역과 중한소설의 쌍방향 번역 연구》, 숭실대학교 출판부, 2008, 235-236쪽 참조.

《연행도》 제13폭 〈유리창 琉璃廠〉, 한국기독교박물관 소장

도 없고 신간소설도 읽기를 좋아해서, 때때로 사역원에 가지고 와서, 모두 역관에게 번역하도록 부탁하였다. 북경에 가는 사람이 있으면 다투어 구입하여 소장하고 있는 책이 수 천 권에 이르렀다.[22] 桐漁 李公은 朝鮮 第23代 順祖 연간에 우의정을 지낸 宰相 李相璜인데, 그때에 비록 나라에서는 금령을 내려 소설의 구독을 금지시켰지만, 李公은 몰래 소설을 애독하였고, 심지어 사역원에 가지고 가서 우리말로 번역해 달라고 부탁하기도 하였다. 게다가 중국에 갈 기회가 있으면 다투어 서적을 구입해 왔는데, 그 수량이 대단했으니 허균은 4천 여 권을 구입하였고, 李相璜은 소설책만 수 천 권을 소장하였다고 한다.[23]이로 미루어 보아 당시 조선에서는 거의 시차를 두지 않고 중국에서 간행된 서적이 유입된 것으로 추정된다.

---

22 李裕元 著,《林下筆記》: "桐漁李公平日手不釋者, 卽稗官說也。毋說其種, 好閱新本, 時帶譯院, 都相象譯之。赴燕者, 爭相購納, 積至屢千卷。"

23 졸저, 전게서, 232-233쪽 참조.

1762년 映嬪 李氏가 기술한 〈中國小說繪模本小序〉에서 언급된 이 서목들을 통해 이 작품들이 1762년 이전에 이미 朝鮮에 전래되었다는 것을 입증하고 있다. 映嬪 李氏는 이미 이 작품들을 읽고 나서 이들 전적의 내용과 분류에 대해서 기술하고 있다. 그중에는 천주교서적 《聖經直解》와 《七克》이 著錄되어 있는데, 이는 18세기 중엽에 이미 《성경》과 천주교 교리서가 조선 왕궁에 유입되었다는 사실을 말해주고 있다. 《聖經直解》는 포르트갈 신부 임마누엘 디아스 2세(陽瑪諾, Emmanuel Diaz Junior, 1574-1659)가 1636년 처음으로 중역한 성경축약본으로 北京에서 간행되었다. 디아스는 명말 선교사 중에서 문필력이 가장 뛰어난 번역가로 알려져 있으며 그는 토마스 캠피스(Thomas à Kempis, 1380-1471)의 *Imitatione christis*를 《輕世金書》란 제명으로 1640년 북경에서 번역 출간하기도 하였다.

제3절 예수회선교사의 漢譯西學書와 朝鮮 傳來

漢譯西學書란 명 말엽부터 중국에서 선교활동을 시작한 예수회선교사들이 천주교의 교리를 전파하고 서양과 서양문명을 알리기 위해 漢文으로기술하여 출간한 서적들을 가리킨다. 천주교선교사들은 중국에서 활동하면서 중국이 유럽 못지않게 오랜 역사와 수준 높은 문화를 지니고 있음을 알게 되었다. 이에 그들은 일방적인 선교활동만으로는 목적을 달성할 수 없다고 판단하여 현지적응주의 선교원칙에 따라 文化主義的인 방법과 補儒論的 연구활동을 전개하였다. 이를 위하여 중국의 전통적인 가치체계와는 다른, 기독교의 가치체계를 담은 유럽문화를 중국에 알려 그들의 의식을 변화시키고자 하였다. 이러한 현지적응주의 선교방식은 명말 예수회의 동방선교 개척기에 동아시아 지역의 총괄순찰사인 알렉산드로 발리냐노 신부의 선교방침에 따른 것이었다. 미켈레 루제리(Michèle Ruggieri, 羅明堅, 1543-1607) 신부와 마테오 리치 신부를 비롯한 많은 예수회선교사들은 이 방침에 따라 직접 선교활동을 전개하는 한 편, 많은 한역서학서를 저술하여 각지에 보급하였다. 최초의 한역서학서는 1584년 루제리 신부가 저술한 天主教 教理書《天主聖教實錄》으로 알려져 있다. 이후 한역서학서의 저술은 마테오 리치 신부에 의해 본격적으로 진행되었다. 1583년부터 廣東 肇慶에서 루제리 신부에게 지도를 받으면서 중국선교를 시작한 리치는 1590년대에 한문교리서《天主實義》와 윤리서《交友論》을 저술하였다. 1601년 북경에 도착한 이후, 천주교신자인 중국 지식인들의 도움을 받으면서 본격적으로 서학서를 간행하였다. 1603년《天主實義》가 간행되었고, 1608년 교리해설서《畸人十篇》, 1609년 護教書《辨學遺牘》등이 출간되었다. 이러한 천주교서적 이외에 1605년《幾何原本》과《乾坤體義》, 1607년《渾蓋通憲圖說》등의 과학서도 간행되었다. 여러 예수회선교사들도 다수의 한역서학서를 간행하였는데, 사바티노 우르시스(Sabbatino de Ursis, 熊三拔, 1575-1620)의《泰西水法》(1612), 판도하의《七克》(1614), 디아스의《天問略》(1615)과《聖經直解》, 알레니의《直方外紀》(1623)와《西學凡》(1623), 프란세스코 삼비아시(Francesco Sambiasi, 畢方濟, 1582-1649)의《靈言蠡勺》(1624), 조한 아담 샬 폰 벨(Johann Adam Schall von Bell, 湯若望, 1582-1649)의《主制群證》(1629) 등이다. 예수회 이외에 도미니크회, 프란시스코회, 아우구스티노회, 파리외방선교회 등 여러 선교회 소속 선교사들도 한역서학서를 간행하였는데, 당시 중국에서 발간 유포된 한역서학서는 400권 이상이 되는 것으로 파악되고 있다.[24]

---

24 한국교회사연구소 편,《한국천주교회사》제1권, 분도출판사, 2009, 99-101쪽.

중국에서 저술 유포된 한역서학서가 조선에 처음 소개된 것은 17세기 초반이었다. 선조 36년(1603) 인목대비(仁穆大妃, 1584-1632)의 책봉을 허락받는 고명(誥命)奏請使로 명에 갔던 이광정과 인조 9년(1631) 진주사로 명에 파견되었던 정두원, 그리고 인조 22년(1644) 북경에서의 볼모생활을 끝내고 귀국한 소현세자 등이 각종 서양문물과 한역 세계지도, 한역서학서를 가지고 와서 소개한 이후 널리 알려지기 시작하였다. 이후 중국을 왕래하는 燕行使 使行員들은 북경에 체류하는 동안 문화적 호기심과 관광을 목적으로 天主堂과 欽天監을 방문하여 서양선교사들과 교류하기 시작하였다. 그 과정에서 그들로부터 서양문물과 한역서학서를 입수하거나 친분이 있는 중국인 학자들로부터 한역서학서를 구하기도 하였다. 이렇게 하여 한역서학서는 정조(正祖, 1776-1800)가 중국으로부터의 '邪書' 도입을 금지시키기 전까지 약 2세기에 걸쳐 꾸준히 조선으로 유입되었다.[25]

한역서학서는 모두 세 종류로 나눌 수 있는데,《한국천주교회사》제1권에서는 1. 천문 역산서와 과학기술서 12종[26] 2. 지도와 지리서 8종[27]

25 《한국천주교회사》 제1권, 139-140쪽.

26 1. 임마누엘 디아스, 천문략(1615), 이영후가 1631년경 소개. 2. 마테오 리치 역, 혼개통헌도설(1607), 17세기 중반. 3. 샬 폰 벨, 적도남북총선도(미상). 4. 롱고바르디/서광계, 치력연기(1631), 정두원. 5. 마테오 리치/서광계, 기하원본. 6. 동문산지. 7. 우르시스 편, 태서수법. 8.기기도설. 9. 원경설. 10. 샬 폰 벨, 천리경설. 11. 손원화, 홍이포제본. 12. 서학범.《한국천주교회사》제1권의 도표에는 약간의 오류가 보이는데《서학범》은 천문 역산서나 과학기술서가 아니고 서양의 교육문화제도를 소개하였으니, 두 번째 부류로 분류하는 것이 좋겠다.《기하원본》이나《동문산지》,《태서수법》 등의 서적도 저역자나 간행연도, 소개자, 소개시기 등의 미진한 부분을 조사 보완하여야 한다. 전게서, 142쪽 도표 참조.

27 조선 후기에 유입된 지도와 지리서는 다음과 같다. 1. 판도하, 양의현람도. 황윤중(소개자), 1601, 어우야담(출전). 2. 구라파국여지도. 이광정, 1603, 지봉유설. 3. 샬 폰 벨, 지구12장원형지도. 소개자 미상. 4. 세계지도, 허균, 1610, 국조보감. 5. 서양국풍속기. 6. 서양국풍속설. 7. 만국전도. 5-7의 3종은 모두 정두원, 1631, 국조보감에 소개. 8. 개계도, 한홍일, 1645, 인조실록. 8종 중에 2종만 작자 명시, 간행연도는 모두 미상. 소개자는 3번 외에는 모두 기록됨.《한국천주교회사》 제1권, 165쪽.

3. 천주교 교리서 56종[28] 등 총 76종을 소개하고 있으며, 천문 역산서와 과학기술서 5권(《天問略》, 《渾蓋通憲圖說》, 《治曆緣起》, 《幾何原本》, 《泰西水法》)과 화포, 자명종, 물시계 등의 군사 천문과학기기를

---

28 조선 후기에 소개된 천주교 교리서는 다음과 같다.
1. 마테오 리치, 천주실의(1603), 이수광(소개자), 1603-1613(소개시기), 지봉유설(출전). 2. 마테오 리치, 교우론(1595), 이수광, 1613, 지봉유설. 3. 판도하, 칠극(1614), 허균, 어우야담. 4. 삼비아시, 영언여작(1624), 1724 이전, 서학변. 5. 샬 폰 벨, 주제군징(1629), 이의현, 1732, 도곡집. 6. 알레니, 삼산논학기(1627), 이의현, 1732, 도곡집. 7. 마테오 리치, 기인십편(1608). 1757 이전, 순암집. 8. 마테오 리치, 변학유독(1609), 1757 이전, 순암집. 9. 디아스, 성경직해(1636), 1762 이전, 지나약사회모본. 10. 바뇨니, 달도기언(1636) 1782 이전, 외규장각형지안. 11. 투데슈니, 도해고적기. 1782 이전, 외규장각형지안. 12. 페레이라, 민괴15단. 1782 이전, 외규장각형지안. 13. 바뇨니, 비록답휘(1636). 1782 이전, 외규장각형지안. 14. 성수기언. 1782 이전, 외규장각형지안. 15. 바뇨니, 수신서학(1630). 1782 이전, 외규장각형지안. 16. 롱고바르디, 영혼도체설. 1782 이전, 외규장각형지안. 17. 외천애인극론. 1782 이전, 외규장각형지안. 18. 디아스, 수진일과. 1789 이전, 벽위편. 19. 마이야, 성경광익(1740). 사학징의. 20. 성교천설. 1791 이전, 정조실록. 21. 자코모 로, 성기백언(1632). 1791 이전, 외규장각형지안. 22. 판도하, 수난시말1권, 1800 이전, 사학징의. 23. 판도하, 야소수난도문. 1800 이전, 사학징의. 24. 롱고바르디, 염주묵상규정 1권. 1800 전, 사학징의. 25. 페레이라, 과년주보성인단(1701). 1800이전, 사학징의. 26. 루벨리, 진복직지 2권(1638). 1800 이전, 사학징의. 27. 디아스, 천신도문. 1800 이전, 사학징의. 28. 중국예수회, 천주교요. 1800 이전, 사학징의. 29. 인회약(1633경). 1782 이전, 외규장각형지안. 30. 자코모 로, 재극. 1782 이전, 외규장각형지안. 31. 바뇨니, 재가서학(1624). 1782 이전, 외규장각형지안. 32. 샬 폰 벨, 주교연기총론(1643). 1782 이전, 외규장각형지안. 33. 샬 폰 벨, 진복훈전총론. 1782이전, 외규장각형지안. 34. 진정서상. 1782 이전, 외규장각형지안. 35. 알레니, 척죄정규. 1782 이전, 외규장각형지안. 36. 알레니, 천주강생(1635). 1782 이전, 외규장각형지안. 37. 언행기략. 1782 이전, 외규장각형지안. 38. 바뇨니, 천주성교시말론(1640경). 1782 이전, 외규장각형지안. 39. 청량산지. 1782 이전, 외규장각형지안. 40. 테렌츠, 태서인신설개. 1782 이전, 외규장각형지안. 41. 바뇨니, 환우시말(1637). 1782 이전, 외규장각형지안. 42. 알레니, 회죄요지. 1782 이전, 외규장각형지안. 43. 비학. 1782 이전, 외규장각형지안. 44. 동유교육. 1782 이전, 외규장각형지안. 45. 서양통령공. 1782 이전, 외규장각형지안. 46. 초효충기. 미상. 47. 여학고언. 1782 이전, 외규장각형지안. 48. 마이야, 성년광익(1738). 1784 이전, 황사영백서. 49. 소에리오, 십계(1631). 1784 이전, 순암집. 50. 마이야, 성세추요(1733). 이승훈, 1784, 정조실록. 51. 롱고바르디, 천주성교일과(1602). 이승훈, 1784, 한국천주교회사. 52. 마테오 리치, 이십오언(1604). 이승훈, 1784, 황사영백서. 53. 샤바냐, 진도자증(1718). 이승훈, 천학문답, 1787. 54. 알레니, 만물진원(1628). 1789 이전, 추안급국안. 55. 페르비스트, 교요서론(1670). 1789 이전, 추안급국안. 56. 성교절요(1705). 1789 이전, 벽위편. 이상의 著錄은《한국천주교회사》제1권, 192-193쪽 참조.

상세하게 소개하고 있다. 지도와 지리서 부분에서는 마테오 리치 作 〈坤與萬國全圖〉와 〈兩儀玄覽圖〉를 설명하고 있으며, 《職方外紀》와 《西學凡》을 통해 세계지리와 유럽의 교육 문화제도를 소개하고 있다. 3. 천주교 교리서에서는 모두 19종의 천주교 護教論과 教理書의 내용을 소개하고 이들 전적이 조선에 전래되어 번역된 사례를 상세히 설명하고 있다.

조선에 유입 소개된 한역서학서 총 76종 가운데, 마테오 리치는 7종으로 가장 많이 유입된 한역서학서의 저역자인데, 천문 역산 과학기술서 2종(《渾蓋通憲圖說》, 《幾何原本》)과 지도 1종(〈坤與萬國全圖〉), 천주교 교리윤리서 호교론 5종(《천주실의》, 《교우론》, 《기인십편》, 《변학유독》, 《이십오언》) 등 세 가지 부류를 모두 망라하고 있다. 이렇게 세 부류에 걸쳐 서학서를 간행한 선교사는 아담 샬 폰 벨이 있는데, 천문과학서 《千里鏡說》[29]과 세계전도 〈地球十二長圓形地圖〉 및 교리서 3종(《主制群徵》, 《主教緣起總論》, 《진복훈전총론》) 등 모두 5종을 간행하여 조선에까지 영향력을 발휘하였다. 지우리오 알레니의 《職方外紀》[30]와 《西學凡》[31], 《滌罪正規》, 《天主降生

29 샬 폰 벨이 당시 중국에서 사용되던 서양의 망원경 제조법과 사용법 및 효용가치를 설명한 해설서로 1626년 북경에서 간행되었다. 1609년 갈릴레오는 이 망원경을 천문 관측에 처음으로 사용하여 근대 천문학의 발전을 촉발시켰다.

30 예수회선교사 지우리오 알레니가 저술하여 1623년 출간한 세계인문지리서. 총 220쪽의 《職方外紀》는 남극과 북극, 적도와 황도를 설명하고, 계절의 변화, 천체의 전환에 따른 천문의 변화, 지도의 경도와 위도에 대해 설명하였다. 이어 세계를 아시아, 유럽, 아프리카, 아메리카, 四海 등 다섯 지역으로 구분하여 상세히 설명하였는데, 아시아를 제외한 유럽, 아프리카, 아메리카의 시작면에 해당 지역의 상세지도를 한 장씩 붙여 이해를 도왔다. 이 책은 간행된 직후 조선에 소개되어 지식인들의 관심을 불러 일으켰는데, 인조 8년(1630) 북경에 갔던 정두원이 귀국할 때 가져왔다는 기록이 있다. 이익은 〈職方外紀跋〉을 저술하여 논평하였고 그의 제자 신후담(愼後聃, 1702-1761)은 《西學辨》에서 이 책의 내용을 체계적으로 비판하였다. 《한국천주교회사》제1권, 162-163쪽.

31 알레니 신부가 유럽의 학문과 교육제도를 소개하기 위해 저술한 책으로 1623년 북경에서 간행되었다. 내용은 중세 유럽의 대학교육과정과 교수 내용, 졸업후의 考試 임용과정을 차례대로 설명하고 있다. 먼저 文科, 理科, 醫科, 法科, 教科, 道

言行紀畧》, 《悔罪要旨》는 상당한 영향력을 미쳤는데, 《직방외기》와 《서학범》은 조선학자들이 유럽의 문명과 교육문화제도에 대해 새로운 인식을 갖게 해 주었다. 조선에 유입된 4종의 한역서학서를 간행한 저역자는 모두 3인이 있는데 롱고바르디(《치력연기》, 《영혼도래설》, 《염주묵상규정》 1권, 《천주성교일과》), 판도하(〈양의현람도〉, 《칠극》, 《수난시말》 1권, 《耶穌受難禱文》), 디아스(《천문략》, 《성경직해》, 《袖珍日課》, 《天神禱文》) 신부가 그들이다.

포르투갈선교사 디아스가 저술한 《天問略》은 1615년 북경에서 간행되었다. 이 책은 이해를 돕기 위해 해당 설명이 실린 면의 상단에 모두 23장의 天文圖說이 그려져 있다. 중국을 15곳으로 나누어 해돋이와 해넘이, 낮과 밤의 길이, 빛과 그림자의 상관관계를 절기에 따라 시각과 분으로 상세하게 나누어 표로 작성하였다. 《天問略》은 르네상스 시기 덴마크의 천문학자 브라헤(Tycho Brahe, 1546-1601)가 주장한 天動說과 地動說의 중간적인 우주체계에 입각한 천문 해설서이다. 오랫동안 기독교의 천체관으로 지지받았던 프톨레마이오스의 12重天說[32]을 중심으로 하면서 브라헤의 관측성과를 받아들여 재편된 서양의 천문학 소개서이다. 이 책에는 갈릴레오가 1609년 망원경으로 토성을 관측한 측정 결과도 수록되어 있는 등 당시에는 최신의 천문지식을 소개하고 있다. 《天問略》은 조선에 일찍 전해졌다. 북경에

科 등 6개의 교과와 각각의 학문적 특징을 소개하고 이어서 初學과정, 철학과정, 전문과정으로 이루어진 교육과정을 설명하였다. 《西學凡》은 1629년 간행된 이지조의 《天學初函》에 다시 수록되었으며, 1784년 봄 北京에서 귀국한 이승훈이 이 책을 조선에 가져와서 전해졌다. 황사영의 백서에도 이 책이 이가환의 집에 보관되어 있었다고 기록하였다. 《한국천주교회사》제1권, 163-164쪽.

32 12重天說이란 하늘이 12개의 얇은 껍질로 구성되어 있으며, 달은 최하위인 제1중천에, 태양은 제4중천에 위치하여 本天의 움직임에 따라 운행한다는 주장이다. 브라헤의 우주체계는 지구를 중심으로 태양은 1년에 한 번 지구 주위를 돌고, 혹성은 각기 일정한 주기로 태양 주위를 회전한다는 이론이다. 《한국천주교회사》 제1권, 143쪽 참조.

사신으로 갔던 정두원은 예수회선교사 로드리게스 신부를 만나 서양의 과학지식을 전해 듣고는 서양의 천문 역법을 배우도록 譯官 이영후를 중국에 머물게 하였다. 이영후는 이 때《天問略》,《治曆緣起》등을 이영후로부터 받아서 보고 난 뒤, 로드리게스 신부에게 서신으로 천체구성과 역법에 관하여 질의하였다. 이 사례는 조선 지식인이 주도적으로 서양과학에 관심을 보인 첫 번째 사례라 하겠다. 이후《天問略》은 조선에 소개되어 학자들에게 커다란 반향을 불러 일으켰는데, 특히 12중천설은 조선의 지식인들이 최초로 접한 서양의 우주론으로서 그들에게 지대한 영향을 미쳤으니 이익(李瀷, 1681-1763)은《天問略》을 읽은 후,〈跋天問略〉을 집필하였는데, 서양 천문학에 입각한 그의 우주론은 주로 이 책을 통해 형성된 것이다.[33]

예수회선교사들이 중국사회에 전한 西學은 명말 황실과 관료 및 학자들의 학문적 관심과 실용적인 의욕을 고취시켰다. 특히 서양의 뛰어난 天文曆法은 곧바로 황실의 주목을 받았고, 1629년 예부좌시랑 徐光啓(1562-1633)의 건의에 따라 曆局이 설립되었고 롱고바르디와 테렌츠(Jean Terrenz, 鄧玉函, 1576-1630) 신부가 修曆作業에 참여하여 천문역법서인《崇禎曆書》를 간행하였다. 서광계와 롱고바르디가 명 말기에 편찬한 서양역법에 의거해 중국에서 曆法을 고친 연혁을 기록한 롱고바르디의《治曆緣起》는 1645년 북경에서 간행된 직후 조선에 전해져 지식인들에게 서양과학의 우수성을 인식시켰다. 중국의 曆法은 明末에 이르러 일식과 월식을 예측하는데 자주 오류를 범하였다. 1629년 5월 1일의 일식 때 흠천감에서는 기존의 大統曆과 回回曆에 의거하여 시간을 추산하였지만 오류를 범하였고 반면 서광계는 서양역법에 의거하여 일식시간을 정확히 예측하였다. 이에 황제는 서광계에게 역법 개정의 책임을 맡겼고, 서광계는 曆局을 만

33《한국천주교회사》제1권, 143-144쪽.

들어 롱고바르디, 테렌츠 등과 함께 역법 개정사업에 착수하였다. 이 사업은 서양 천문역법서의 번역과 새로운 천문 관측기구의 제작 등으로 구체화되었다. 서광계는 1631년부터 1632년까지 번역한 서양 천문역법서를 세 차례에 걸쳐 황제에게 올렸고, 서광계가 사망한 후 李天經은 1634년 두 차례에 걸쳐 천문역법서를 황제에게 올렸다. 《치력연기》는 숭정 2년(1629) 역법 개정사업이 착수된 시점부터 명이 멸망하기 직전인 숭정 17년(1644) 1월까지 역법을 고쳐 바로잡은 일과 관련된 사항들을 정리하였으며, 서술방식은 당시 황제에게 바친 문서를 날짜순으로 편집한 형식으로 되어 있다. 이 책이 조선에 처음 전래된 때는 인조 9년(1631)으로, 당시 중국에 사신으로 다녀온 정두원이 가져온 물품 가운데 로드리게스 신부가 선물한 《치력연기》 1권이 포함되어 있었다. 이익은 《星湖僿說》에서 로드리게스와 정두원의 교류를 소개하면서 당시 조선에 전래된 물품을 언급하였는데, 여기에서도 《치력연기》를 확인할 수 있다.[34] 《치력연기》는 명말에 진행된 역법 개정사업이 時憲曆으로 대표되는 서양의 천문 역법을 근거로 이루어졌음을 서술하고 있기 때문에 이를 접한 조선의 지식인들에게 서양과학의 우수성을 인식시키는 계기가 되었다. 현재 규장각에는 편자미상의 《치력연기》 9책과 중국본 《치력연기》 8책이 소장되어 있다.[35]

한역서학서 중 지도와 지리에 관한 것도 조선 지식인들의 관심을 끌었는데 그중에 가장 먼저 알려진 것은 마테오 리치가 제작하고 이지조가 6폭으로 1602년 북경에서 판각된 〈坤輿萬國全圖〉였다. 이 지도를 조선에 소개한 사람은 선조 36년(1603) 북경에 사신으로 다녀온 이광정과 권희였다. 〈坤輿萬國全圖〉는 여러 차례 판각을 거듭하여 수 천 부를 인쇄 배포하였으나 수요를 충족시킬 수 없었다. 그래서 판

34 《星湖僿說》 4, 萬物門, 陸若漢. 《한국천주교회사》 제1권, 148쪽에서 인용.

35 《한국천주교회사》 제1권, 148쪽.

도하는 리치의 〈곤여만국전도〉를 확대 보완하여 〈兩儀玄覽圖〉를 제작하였다. 현재 숭실대 한국기독교박물관에 소장되어 있는 〈양의현람도〉는 李應試가 1603년 이지조본을 증보해서 8폭으로 판각한 것이고, 서울대학교 박물관에 소장되어 있는 崔錫鼎 跋文의 〈곤여만국전도〉는 리치의 것을 8폭으로 확대한 사본이다.[36] 〈곤여만국전도〉는 조선 지식인들에게 지대한 영향을 주었는데, 이수광은 1603년 《지봉유설》에서 〈곤여만국전도〉를 접하고 난 뒤, 유럽과 세계에 대한 인식의 지평이 넓어졌고 종래의 中華中心主義 世界觀을 극복하게 되었음을 상세하게 기술하였다.[37] 이영후도 〈곤여만국전도〉를 보고난 뒤 지금까지 믿어온 華夷論的 世界觀에 큰 충격을 받았다고 로드리게스에게 보낸 서한에서 고백하였다. 또한 〈곤여만국전도〉나 〈양의현람도〉처럼 여러 폭의 병풍지도와는 다르게 斷裂圖法으로 제작된 세계지도인 〈지구십이장원형지도〉가 조선에 소개되기도 하였다. 이 지도는 샬 폰 벨 신부가 제작한 것으로 地球儀를 제작할 때 사용되는 세계지도인데, 소현세자가 샬 폰 벨에게서 이를 받아와 조선에 소개한 것이다.

제4절 예수회선교사 天主敎 敎理書의 韓國 傳播와 翻譯

《한국천주교회사》에서는 명청대 천주교 교리서의 대표적인 전적을 모두 19권[38] 소개하고 있는데, 필자는 편폭상 그중에서 중국과 조

36 《한국천주교회사》 제1권, 154쪽.

37 이수광, 《芝峯類說》 2, 諸國部 外國.

38 일곱 권을 제외한 12권은 마테오 리치의 《交友論》(1595), 《辯學遺牘》(1609), 삼비아시의 《靈言蠡勺》(1624), 샬 폰 벨의 《主制群徵》(1629), 알레니의 《三山論學記》(1625), 《萬物眞原》(1628), 마이야의 《聖年廣益》(1738), 《盛世芻蕘》(1733), 《聖經廣益》(1740), 샤바냑의 《眞道自證》(1718), 오르티즈의 《聖教切要》, 저자미상의 《聖教淺說》이다.

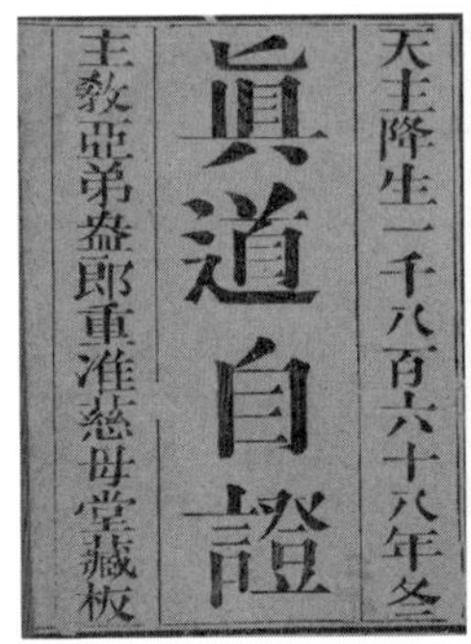

선에 영향력이 가장 컸던 여덟 권을 선정하여 기술하겠다. 먼저 마테오 리치의 《천주실의》와 《기인십편》, 그리고 판도하의 윤리교리서 《칠극》은 조선에 전래되어 널리 유통되었다. 알레니 신부의 《滌罪正規》는 1628년 저술된 교리서로써 죄은 죄를 씻기 위한 고해성사를 잘 받을 수 있는 방법을 설명하고 있는데, 성찰, 통회, 개과, 고해, 보속에 관한 내용으로 구성되어 있다. 이 책은 한글 필사본도 전해져 오는데 기록에 따르면 1917년까지도 신자들이 꾸준히 애독했던 교리서이다. 샬 폰 벨의 《主教緣起》는 천주교 교리서이자 補儒論的 입장을 강조하고 反性理學的 理論을 체계적으로 구축한, 326쪽의 방대한 분량으로 서술된 중국 천주교회의 대표적인 護教論 教理書이다. 디아스의 《天問略》은 제일 먼저 조선에 소개되어 조선 지식인들의 필독서가 되었지만 그의 譯書 중에서 《聖經直解》와 《袖珍日課》는 이승훈이 북경에서 가져온 이후 조선후기 천주교 선교 초기에 한글로 번역되어 천주교 신자들의 신앙지침서로 널리 애독되고 가장 많이 전파되었다. 특히 그의 《聖經直解》와 마이야 신부의 《聖經直解廣益》은 한글번역본 《셩경직히광익》의 저본이 되어 18세기 말 朝鮮 天主教 선교 초기부터 신자들이 항상 애독하는 신앙지침서가 되었다. 디아스는 명말에 간행된 롱고바르디의 《聖教日課》를 개편하여 《수진일과》를 간행해 냄으로써 신자들에게 기도서의 모범을 제시하였다. 디아스는 성경읽기와 기도하는 법을 문서로 간행하여 동아시아의 천주교 신자들의 신앙생활에 가장 중요한 지침을 제공해 주었다.

1) 마테오 리치의 《天主實義》와 《畸人十篇》

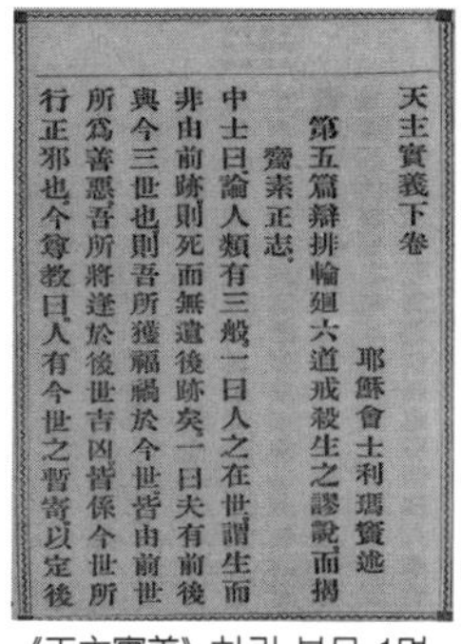

天主實義下卷

耶穌會士利瑪竇述

第五篇辯排輪廻六道戒殺生之謬說而揭齋素正志。

中士曰論人類有三般一曰人之在世謂生而非由前跡則死而無遺後跡矣一曰夫有前後與今三世也則吾所獲福禍於今世皆由前世所爲善惡吾所將逢於後世吉凶皆係今世所行正邪也今尊教曰人有今世之暫寄以定後

《天主實義》 하권 본문 1면

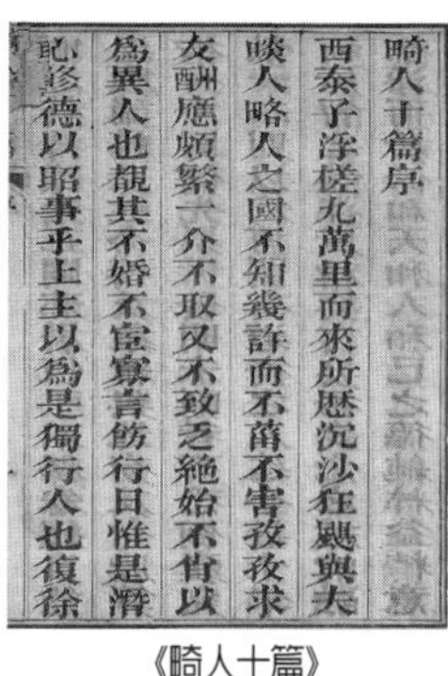

畸人十篇序

西泰子浮槎九萬里而來所歷沉沙狂颶與夫啖人略人之國不知幾許而不菑不害孜孜求友酬應頗繁一介不取又不致乏絶始不肯以爲異人也覩其不婚不宦寡言飭行日惟是潛心修德以昭事乎上主以爲是獨行人也復徐

《畸人十篇》

《천주실의》는 마테오 리치가 하느님과 천주교에 대해 설명한 호교론적 교리서이다. 이 책은 1595년 南昌에서 처음 간행했다고 하며, 1603년 일부 내용을 수정 보완하여 북경에서 간행되었다. 리치는 유교 불교 도교를 터득하고 있는 중국선비(東士)와 기독교 문화와 스콜라 철학의 전문적 교양을 갖춘 서양학자(西士)의 대화 토론형식으로 이 책을 구성하였다. 상하 2권 8편에 걸쳐 174개 항목에 이르는 문제를 깊이 있게 다룬 이 책은 천주교 서적이지만 기독교, 서양사상과 유교 및 동양사상이 만나는 종교사상서인 동시에 스콜라 철학과 유교 철학이 만나는 철학서이기도 하다. 때문에 출간 이후 동아시아 문화권의 여러 나라에서 주목을 받았다.

이 책에서 리치는 천지창조, 하느님, 영혼불멸, 천당지옥, 賞善罰惡, 하느님의 아들이 사람으로 태어난 일(道成肉身) 등 천주교 교리의 기본문제를 풀이하였다. 그런 다음에 도교 불교는 실속 없는 헛된 가르침이며, 유학의 "理"도 만물의 참된 근원이 아니고 오직 하느님의 가르침만이 구원을 가져다 줄 수 있다고 밝혔다. 마지막으로 유가의 옛 경전에도 이런 내용이 밝혀져 있음을 들어 하느님에 대한 신앙을 가지고 따라야 한다고 가르치면서 천주교 신자가 되기 위한 절차를 알려주는 것으로 끝을 맺고 있다. 명말 서광계와 이지조 등 중국 천주교회 초기의 文人 신도들 다수가 《천주실의》를 읽고 세례를 받았을 정도로 이 책은 설득력이 있는 호교서였다.

이처럼 《천주실의》는 중국 지식인들 사이에서 큰 주목을 받았고 많은 유명 인사들이 천주교를 믿는데 결정적인 영향을 끼쳤다. 이어 동양문화권의 여러 나라에 급속하게 전파되어 지식인들의 서학에 대한 관심과 천주교 신앙운동을 촉진하는 계기를 조성하였으며, 다른 한편으로는 유럽사회에서 아시아에 대한 관심과 흥미를 환기시키기도 하였다. 조선에서는 이수광이 《天主實義》를 읽고 〈天主實義跋文〉을 지은 후 필사본이 나돌자, 《天主實義》를 읽은 다음 자신의 저서에 이에 관한 글을 수록하는 홍유한, 안정복, 신후담, 이헌경과 같은 학자들이 점차 늘어났다. 《天主實義》에 대한 이해가 축적되면서 천주교의 이질성과 위험성을 문제 삼는 움직임과 천주신앙을 받아들이고 실천하려는 움직임이 나타나기 시작하였다. 이익의 〈天主實義跋〉, 신후담의 《서학변》, 안정복의 《天學問答》, 홍정하의 《實義證疑》 등에서 《天主實義》를 비판하고 배격하였다. 이와는 달리 이 책은 18세기 중엽 이후 이벽, 이승훈, 권철신 등을 중심으로 천주교 신앙공동체가 형성되는데 결정적인 영향을 미쳤다. 《天主實義》에 대한 이해를 바탕으로 전개된 보유론적 서학운동의 결과로 18세기 후반에 천주교 신앙공동체가 등장할 수 있었던 것이다. 조선 천주교회가 설립된 뒤에는 한문을 해독할 수 없는 서민층을 위해 《천주실의》를 한글로 번역하여 필사본을 유포시키기도 하였다.[39]

《畸人十篇》은 마테오 리치가 저술한 排佛補儒論的 천주교 護教書이다. 초간본은 1608년 북경에서 상하 두 권으로 간행되었으며 후에 《天學初函》과 《四庫全書》 雜家類에 수록되어 있다. 내용은 상권 6편, 하권 4편으로 구분되어 있는데, 각 편은 서광계를 비롯한 중국학자들이 천주교의 중요한 교리, 즉 사후 심판, 今世와 本鄉, 사욕 억제 등에 대해 질문하면 리치가 여기에 답하면서 중국의 전통신앙과 미신 및

39 《한국천주교회사》 제1권, 166-169쪽 참조.

유교 불교의 교리를 비판하는 형식을 취하고 있다. 각 편마다 등장하는 대담자들은 당시 실존했던 유명인사들로 마테오 리치를 비롯해, 李戴(李太宰), 馮琦(馮大宗伯), 徐光啓(徐太史), 曺干汴(曺給諫), 李之藻(李水部), 吳左海(吳大參), 龔道立, 郭某 등이다.

조선학자들 중에서는 성호 이익이 이 책을 처음으로 독파하였다. 1757년 安鼎福이 이익에게 보낸 서한에 이 책에 관한 언급이 처음 나타난다. 이 책은 1784년 이승훈이 북경에서 가져온 《天學初函》을 통해서도 알려졌고 金建淳(1776-1801)도 1801년 신유박해 이전에 이 책을 보았다고 하였다. 이 책은 《天主實義》와 함께 일찍부터 조선에 도입되어 학자들과 초기 천주교 신자들에게 많은 영향을 주었는데, 현재 숭실대 한국기독교박물관에 1847년 간행본이 소장되어 있다.[40]

2) 판도하의 《칠극》

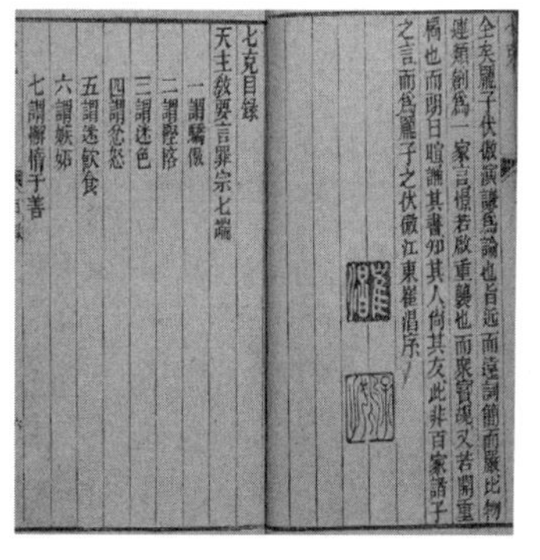
全矣龐子伏傲演譯爲論也旨近而遠詞簡而賅比物
連類剖爲一家言懍若啟重關也而衆寶現又若開重
扃也而明日暄譾其書知其人尙其友此非百家諸子
之言而爲龐子之伏傲江東崔淐序

七克目錄
天主敎要言罪宗七端
一謂驕傲
二謂慳悋
三謂迷色
四謂忿怒
五謂迷飮食
六謂嫉妬
七謂懈惰于善

《七克》은 예수회선교사 디에고데 판토하(龐迪我, Didace De Pantoja, 1571- 1618)가 저술한 천주교 교리서이다. 판도하는 스페인 출신으로 1599년 남경에 도착하여 마테오 리치(Ricci Matteo, 利瑪竇)를 도와 선교하다가 1600년 그를 따라 북경에 갔으며 1610년 마테오 리치가 사망하자 황제의 허락을 받아 북경 근교에 선교사들의 묘지를 조성하였고, 1611년 황제의 명을 받아 역법을 수정하였다. 1616년 敎難이 일어나자 다른 선교

40 숭실대 한국기독교박물관 학예과 편,《한국기독교박물관 소장 기독교자료해제》, 2007, 420-421쪽.

사들과 함께 마카오로 쫓겨났다가 그곳에서 사망하였다. 이 책은 원래 《七克大全》이란 이름으로 1614년(萬曆 甲辰) 북경에서 7卷으로 初刊되었다. 이 초판에는 楊廷筠, 曹于汴, 鄭以偉, 熊明遇, 陳亮采, 판도하 등 6인의 서문이 수록되어 있다. 또한 李之藻가 예수회선교사들의 천주교 관련 저술 32종을 모아 1628년에 간행한 《天學初函》에도 포함되어 있다. 《天學初函》 本에는 楊廷筠의 서문이 있고 권7의 말미에는 1614년에 쓴 汪汝淳의 跋文이 있다. 이후에 간행된 판본에는 모두 崔淐의 서문이 각 권마다 실려 있다. 《四庫全書》에는 子部 雜家類 存目二에 수록되어 있다.[41] 이후 北京, 上海, 臺灣 등지에서 완본, 4권, 2권의 요약본 등으로 계속 重刊되었다.

《七克》은 서술 형식과 글자체를 통일하여 본문은 한 面(葉)에 10行, 1行 22字로 표기되어 있다. 권1 伏傲 76면, 권2 平妬 42면, 권3 解貪 46면, 권4 熄忿 62면, 권5 塞饕 56면, 권6 坊淫 52면, 권7 策怠 72면으로 서문, 본문, 발문을 합쳐 총 437면에 이르는 방대한 저술이다. 《七克》의 書頭에는 서문에 속하는 鄭以偉의 序(七克序), 熊明遇의 引, 陳亮采의 篇序, 저자 판도하의 自序 등 4편의 글이 실려 있고, 이어서 책 전체 내용을 요약 제시한 목록 2면을 합해 총 28면으로 구성되어 있다. 책 말미에는 맺음말에 해당하는 汪汝淳의 跋文(七克後跋) 2면이 실려 있다. 교정과 출간은 楊廷筠(1577-1627)이 담당하였다.

'七克'이란 제목은 죄악의 근원이 되는 일곱 가지 罪目(오만, 질투, 탐욕, 분노, 식탐, 음욕, 나태)을 德行으로 극복함으로써 자신을 이겨내야 한다는 의미를 표현한 것이다. 《七克》은 한 권이 하나의 죄목을 다루었다. 권마다 제목을 두고, 題名의 다음 줄에 제목풀이를 달아 저술목적을 導論으로 하여 정의를 내렸다. 본문에서는 먼저 해당 죄목에 관하여 성찰한 후, 그 죄의 극복방법을 제시하였다. 권일 '伏傲篇

41 徐宗澤, 《明淸間耶穌會士譯著提要》, 臺北: 中華書局, 1958, 52쪽.

(오만을 없애다)'에서는 "오만은 마치 사자처럼 사나우니, 겸손으로 이를 없애야한다" 라고 제목을 풀어 설명하였다. 그리고 오만이란 무엇이며 그것이 왜 나쁜지, 그 폐해는 무엇인지에 대해 설명하였다. 그리고 10개 항목으로 나누어 오만을 극복하는 방법을 구체적으로 제시하였다. 즉 '오만을 이겨내는 어려움(克傲難)', '겉으로 드러난 복(육신의 행복) 때문에 오만해지는 것을 경계함(戒以形福傲)', '마음의 덕으로 오만을 극복하였다고 여기는 것을 경계함(戒以心德伐)', '(자신은 남과) 다르다고 여기기를 좋아하는 것을 경계함(戒好異)', '명예를 좋아하는 것을 경계함(戒好名)', '선함을 가장하여 명예를 낚으려는 것을 경계함(戒詐善釣名)', '예찬 듣는 것을 경계함(戒聽譽)', '부귀를 좋아하는 것을 경계함(戒好貴)', '겸손의 덕을 논함(論謙德)', '자신을 알아 겸손함을 지킴(識己保謙)'의 10개 항목이다. 복오편에서는 오만의 개념을 설명하고 그 종류를 네 가지로 분류하였고 오만을 이기는 방법과 겸손의 덕에 관한 두 부분으로 나누어 설명하고 있다.

권이 平妬篇(질투를 평정하다)에서는 "질투는 마치 파도처럼 일어나니 용서로써 이를 평정해야 한다. 그래서 평투편을 짓는다"고 하면서, '남의 나쁜 점을 생각하고 헤아리는 것을 경계함(戒計念人惡)', '남을 헐뜯는 말을 하는 것을 경계함(戒讒言)', '헐뜯는 말 듣는 것을 경계함(戒聽讒)', '사람을 어질게 대하고 사랑함(仁愛人)'의 4개 작은 항목(四支)으로 경계할 것과 실행할 것을 나누어서 설명하고 있다. 권삼 解貪篇(탐욕에서 벗어나다)에서는 "탐욕은 (손아귀에) 단단히 쥐고 있는 것과 같으니, 타인에게 베풂을 통해 탐욕에서 벗어나야 한다. 그래서 해탐편을 짓는다"고 하였다. 이어서 탐욕과 인색함에 대해 설명하고 결론으로 '베풂의 덕을 논함(論施舍)'을 작은 항목으로 설정하여 남에게 은혜를 베푸는 최선의 방법을 제시하였다.

권사 熄忿篇(분노를 식힘)에서는 "분노는 불이 타오르는 것과 같으니, 참음으로써 이를 꺼뜨려야 한다. 그래서 식분편을 짓는다" 라고 하였다. 그리고 분노를 극복하는 방법으로 '원수를 사랑하라(愛讐)', '참음의 덕목으로 어려움에 맞선다(以忍德敵難)', '곤궁함과 어려움으로 덕을 더한다(窘難益德)'의 3개 작은 항목(三支)을 두었다. 권오 塞饕篇(음식을 탐하는 것을 막다)에서는 "음식을 탐하는 것은 마치 구덩이 속에 (무엇이든지) 들어가는 것과 같아서 절제로써 이를 막을 수 있다. 그래서 색도편을 짓는다"고 하면서 음식과 술을 탐하는 것에 대해 설명하고 말미에서는 '절제의 덕을 논함(論節德) '이란 작은 항목을 설정하여 결론을 맺고 있다. 색도편에서는 다른 편과는 달리 불교에서 동물의 살생과 식용을 금하는 근거로 삼는 輪回說과 因果應報論을 비판하고 있다.

권육 坊淫篇(음욕을 막다)에서는 "음욕은 마치 물이 넘치는 것과 같으니, 정결로써 이를 막아야 한다. 그래서 방음편을 짓는다"고 하여 음란함을 막아야 할 필요성과 정결한 덕에 대해 설명하고 특별히 男色의 사악함을 역설하고 혼인의 바른 도리를 논하고 있다.

권칠 策怠篇(나태를 채찍질하다)에서는 "나태는 둔하고 기력 없는 말과 같다. 근면으로써 이를 채찍질해야 한다. 그래서 책태편을 짓는다"고 하였고 말미에는 '부지런함의 덕을 논함(論勤德)'이란 작은 항목을 두어 결론으로 삼았다. 책태편은 《七克》의 마지막 권으로서 게으름이란 무엇이며 하나님이 주신 보물 같은 한정된 시간을 부여받은 인간은 왜 근면해야 하는가를 특별히 강조하고 있다. 또한 하나님을 섬김에 부지런했던 사람들이 사후에 받을 수 있는 보답과 게을렀던 사람들이 받게 되는 고통에 대해서도 다각도로 설명해주고 있다.

《七克》의 각 권은 전반부에서 죄의 근원인 邪惡의 본질을 밝히고 후반부에서는 해당 악을 극복할 수 있는 방법으로서의 德性을 제시하였다. 특히 저자 판도하는 《성경》과 성인들, 동서양 인물들의 사상과 교훈을 풍부하고 흥미롭게 인용하면서 유교 용어로 자신의 주장을 증명하는 서술방식으로 기술하였다.[42] 이를 통해 당시 중국의 문인들에게 기독교적 修養論을 이해시키고 나아가 천주교의 補儒論的 역할을 강조하였다.

《七克》은 광해군 때 許筠(1569-1618)이 중국에서 가지고 왔다는 기록이 柳夢寅(1559-1623)의 《於于野談》에 수록되어 있는 것으로 보아 출간 직후 바로 조선에 전래되어 많은 학자들에게 읽힌 것 같다. 특히 李瀷은 《星湖僿說》에서 "《七克》은 곧 우리 儒家(吾儒)의 克己說로써 克己復禮 하는데 크게 도움이 된다"고 긍정적으로 평가하였다. 丁若鏞(1762-1836)도 마테오 리치와 판도하의 저술을 함께 논하였다. 이 책은 리치의 《天主實義》와 함께 일찍부터 한반도에 전래되어 초기 한국 천주교회사에서 가장 자주 언급된 漢譯西學書이며, 일찍부터 한글로 번역되어 많은 사람들, 특히 천주교 신자들의 신앙생활에 큰 영향을 미친 수양서가 되었다.[43]

3) 알레니의 《滌罪正規》와 샬 폰 벨의 《主敎緣起》

《滌罪正規》는 1628년 알레니 신부가 저술한 한역 천주교 교리서이다. 《척죄정규》라는 서명에서 알 수 있듯이 지은 죄를 씻기 위해 고해성사를 잘 받을 수 있는 방법을 설명하고 있는데, 省察, 痛悔, 改過, 告解, 補贖에 관한 내용으로 구성되어 있다. 《척죄정규》는 1791년 다

---

42 徐宗澤은 《七克》의 서술방식을 간결하게 다음과 같이 기술하였다. "七克이란 일곱 가지 죄목을 일컫는 말이다. '克'이란 이 일곱 가지 죄를 극복하는 것이다. 매 죄목을 해설한 뒤에 聖人의 言論과 聖賢들이 수양했던 고사를 열거하였는데 글이 상당히 유창하고 딱딱하지 않았다.(七克者, 七罪宗之謂, 克者, 克制此七罪也。每宗解說之後, 列擧聖師之言論, 及先聖先賢修德之故事, 頗不枯窒。)" 각주 41)과 같음.

43 판도하 저, 박유리 역, 《七克》, 일조각, 1978. 費賴之 著/馮承鈞 譯, 《在華耶穌會士列傳及書目》, 73-76쪽. 方豪, 《中國天主教史人物傳》 卷一, 139-146쪽. 김승혜, 〈칠극에 대한 연구〉, 《교회사연구》 제9집, 한국교회사연구소, 1994. 한국가톨릭대사전편찬위원회, 《한국가톨릭대사전》 제11권, 한국교회사연구소, 2005, 8347-8348쪽. 한국기독교박물관 편 《한국기독교박물관 소장 기독교자료 해제》, 431-432쪽.

른 천주교서적들과 함께 소각된 적도 있었고, 1801년 신유박해 때 한신애의 집에서 두 권이 압수되기도 하였다. 현재 한국교회사연구소에는 《척죄정규》의 1849년 한문본과 1900년 간본이 소장되어 있고, 한글 필사본은 2책 4권이 소장되어 있다. 한글본 맨 뒷장에 "신사년 1917년경 10월 책주 정가다리나"라고 기록되어 있는 것으로 보아 신자들이 1917년까지 《척죄정규》를 꾸준히 읽었음을 알 수 있다.

샬 폰 벨의 《主教緣起》는 천주교 교리서이자 補儒論的 입장을 강조하고 反性理學的 理論을 체계적으로 구축한, 중국 천주교회의 대표적인 護教論 著作이다. 총 163장, 326쪽에 이르는 방대한 분량의 천주교 교리서이다. 이 책은 약 1643년에 간행되었다고 한다. 《主教緣起》는 천주교의 기본교리인 창조주 하느님의 존재와 속성, 천지창조, 하느님의 우주에 대한 다스림, 인간 영혼의 존재와 불멸성, 천당과 지옥의 존재와 의의, 인간의 죄를 대속하기 위한 구세주 하느님의 聖肉化, 수난, 부활, 승천 등을 주요내용으로 하고 있다. 샬 폰 벨은 유교의 五倫을 기독교의 십계명과 똑같은 것으로 보았다. 그리고 기독교의 본질과 선교사로서의 자신의 임무를 설명하면서 忠烈節孝 등 유가에서 지향하는 덕목이 결국은 하느님이 인간에게 기대하는 덕목임을 강조하였다. 그렇게 함으로써 이 둘이 근본적으로 동일한 善을 추구하고 있으며, 천주교가 儒家를 보완하는 종교임을 간접적으로 표현하였다. 하지만 性理學의 기본이론인 太極, 理氣, 陰陽, 五行에 대해서는 비판을 가하였다. 《主教緣起》는 이해하기 어렵고 뜻이 분명치 않은 성리학 이론을 알기 쉽게 소개 설명한 후 그것을 객관적이고 과학적으로 분석 비판하는 형식을 갖추고 있다. 하지만 이 책은 현재 국내에 소장되지 않았고 한글번역본도 존재하지 않는다.

第5절《聖經直解》와《袖珍日課》,《聖經直解廣益》의 傳播와 한글 翻譯

《聖經直解》는 주일과 주요 첨례(瞻禮: 축일)에 봉독되는,《新約·四福音書》중에서 주요 구절을 발췌하여 편집 수록한 일종의 발췌본《성경》으로 文言으로 기술된 漢譯西學書이다. 예수회선교사 임마누엘 디아스가 저술하여 1636년 북경에서 初刊되었고, 그 후 1642년과 1790년 北京에서, 1866년과 1915년에는 土山灣에서 重刊되었다. 우리나라에는 1784년 교회 창설시기를 전후하여 전래되었다고 하였으나 그보다 20여 년 전에 이미 조선 왕궁에 유입되어 읽혀졌다는 기록이 있어 늦어도 18세기 초기에 한반도에 전래되었을 것으로 추정된다. 천주교회가 신자들을 중심으로 활동했던 교회 창설 직후 최창현(崔昌顯, 요한)에 의해 일부가 한글로 번역되었다.

1790년대 최창현이《셩경직히》를 번역했을 때 그가 한문본《聖經直解》와《聖經廣益》의 상당 부분을 번역했거나 완역했을 가능성이 매우 크다고 한다. 왜냐하면 1801년 신유박해 때, 조선정부의 관리들이 압수한 책자 가운데 한글본《셩경광익직히》6책과《셩경직히》4책이 나왔기 때문이다.[44] 비록 두 서책에 어느 정도의 분량이 번역되었는지는 확인할 수 없지만《邪學懲義》에 표기된 두 서책의 기록은 이미 상당량이 번역되었음을 보여주는 자료라고 하겠다. 그 뒤 계속 필사되어 전해오다가 조선에서 신앙의 자유가 허락된 후,《셩경직히광익》을 저본으로 1892년에 2~5권, 1893년에 6~7권, 1895년에 8~9권, 1897년에 1권이 활판본으로 출간되어 전9권이 비로소 완간되었다.

《셩경직히》는 비록 완역된《성경》은 아니지만《신약성경》의 발췌 번역본으로서 한국인들에게 복음성경을 직접 대면할 수 있게 해 주

44 신유박해(1801)의 정부기록인《邪學懲義》부록에는 당시 천주교인들로부터 압수한 천주교 서적의 목록 중에 6책의《셩경광익직히》가 있다.

었다. 초기 천주교회의 주역 중 한 사람인 최창현에 의해 첫 번째 번역이 시도된《셩경직히》는 근 일세기 동안 많은 신자들의 손을 거쳐 필사되고 전승되면서 수정, 보완이 가해진 한글본《성경》이다. 이 책자는 전문 성직자로부터《성경》의 가르침을 받기가 어려웠던 18세기 말 박해시대에 신자들에게《성경》을 올바로 이해할 수 있도록 자세한 주석을 첨부함으로써 신앙생활에 큰 도움을 주었다. 또한 '줌'과 '의힝지덕'을 통하여 복음을 묵상하고 복음의 말씀과 자신의 실생활을 긴밀히 연결시키도록 이끌어 주었다. '당무지구'는 해당 축일의《성경》구절과 관련된 기도문을 제시해 줌으로써 신자들이 항상 자신과 이웃을 위해 기도하도록 권유하고 있다. 이로써《셩경직히》는 신자들로 하여금 하나님의 말씀을 함께 듣고 함께 모여서 하나님을 찬미하는 전례적인 공동체를 형성하게 만들었다. 그리하여 복음의 씨앗이 떨어진 새로운 토양 위에서 신앙공동체의 범위는 넓혀지고, 결속이 다져질 수 있었다. 한글본《셩경직히》는 19세기 천주교의 박해시대에 신자들의 생활신앙지침서였던 것이다.

한글본《셩경직히》의 구성은 교회력에 따른 52주일과 34첨례에 필요한 성경구절, '주해' 및 묵상을 준비할 수 있도록 '箴'이 기술되었다. 그리고 한문본《聖經直解廣益》에서는 성서의 생활화와 실천을 위주로 한 "의행지덕(宜行之德: 마땅히 행하여야 할 德)"과 "당무지구(當務之求: 마땅히 해야 할 기도) 부분을 취하였다. 그래서 한글본《셩경직히》는 한 때《셩경직히광익》이라고 표기되기도 하였다.

이 책에 수록된《성경》본문은《신약성경》의《四福音書》중에서 가려 뽑은 것으로 전체 3,709절 가운데 1,138절이 번역되었다. 이 밖에도 주해부분에는《사도행전》, 바울서신,《요한계시록》과《구약성경》의 단편적인 구절들이 인용되어 있다. 한글본《셩경직히》는 최초의 한글 성경번역본으로 우리말로 기술된 하나님의 존재를 한국인에게 보여주었을 뿐만 아니라 儒家의 성리학적 예교질서가 중심이었던 당시 사상계에 새로운 가치관과 기독교 신앙의 정수를 전해준 책으로서 성경번역사, 어학, 문화사 연구에 귀중한 자료가 되고 있다.[45]

한글본 《셩경직히》는 漢文本 《聖經直解》와 《聖經直解廣益》을 한글로 번역하여 이를 하나로 편찬한 것이다. 《聖經直解》와 《聖經直解廣益》의 두 책을 비교해 보면 다음과 같다. 前書는 《성경》의 이해를 제일차적인 목적으로 하여 저술되었고 따라서 이 책은 《성경》 본문에 대한 주석과 《성경》구절에 따른 묵상자료를 제공해주기 위한 것이다. 이에 비해 後書는 복음서를 실생활에 적용시키는데 더 큰 목적을 두고 저술되었다. 때문에 이 책에서는 "의행지덕(宜行之德)"과 "당무지구(當務之求)"를 통해 《성경》의 말씀과 가르침의 실천을 강조하고 있다.

漢文本 《聖經直解》는 1636년 北京에서 14권으로 간행되었다. 역자 임마누엘 디아스는 1574년 포르투갈에서 출생하여 예수회 선교사로 1610년 중국에 파견되었다. 그는 1621년 예수회 중국교구 부교구장의 직책을 맡고 있었는데, 이 직책을 마치고 나서 본격적으로 저술활동을 시작하였다. 그는 《聖經直解》, 《輕世金書》, 《天主聖教十戒直詮》, 《景教流行中國碑頌正詮》, 《天問略》 등을 번역 또는 저술하였다. 1659년 杭州에서 타계할 때까지 50여 년 동안 중국에 복음을 전하기 위한 문서선교에 전력투구한 선교사였다.[46]

《聖經直解》가 간행되던 1636년은 디아스 신부가 來華한지 26년이 되는 시기로 이 책은 역자가 중국문화에 대한 충분한 이해와 司

45 《한국기독교박물관 소장 기독교자료 해제》, 386-387쪽. 한국기독교박물관에는 光武7년(1903), 민아오스딩(佛) 감준, 연활자본 《셩경직히》 권2~6, 권8~9이 소장되어있다.

46 方豪, 《中國天主教人物傳》 册一, 홍콩: 公教眞理學會·臺中: 光啓出版社·北京: 中華書局, 1970, 174쪽.

牧 經驗을 바탕으로 저술한 것이라 할 수 있겠다. 그 후 이 책은 1642년 이후 수 차에 걸쳐 重刊되었다. 《聖經直解》는 주일과 축일에 봉독되는 《복음서》를 漢文으로 번역하고 그 번역된 매 구절 마다 자세한 주석을 첨부하였다. 이어서 "箴"이란 항목을 설정하여 그날 《성경》에 대한 묵상을 유도하고 있다. 이러한 체례를 통해 미루어 볼 때 《聖經直解》는 복음성서의 번역과 주해, 그리고 묵상자료로 구성되어 있음을 알 수 있다. 이 책의 내용을 살펴보기 위해 예수 성탄절 제4주일(대림 제1주일)의 경우를 보면 먼저 해당 주일의 복음인 《누가복음》 21장 29절~33절이 번역되어 있다. 《聖經直解》에 수록된 구절은 章만 표시되어 있고 節은 기록되지 않았다. 《성경》의 본문은 큰 글자로 수록되었고 거의 매절 마다 작은 글자 2행으로 주석을 달아놓아 절의 구분도 어느 정도까지는 가능하다. 《누가복음》 21장 25절의 경우, 절의 표시 없이 큰 글자의 본문만이 제시되어 있고 이어서 작은 글자 2행으로 "징조"에 관한 주석이 달려있다. 이어서 "바다물결"과 26절의 "천체의 흔들림"에 관한 자세한 주석이 기록되어 있다.(《聖經直解》 제1권, 9葉) 주석의 내용은 《성경》에 대한 교회의 정통적인 가르침이 주종을 이루고 있지만 가끔 중국신자를 위한 배려에서 첨부된 것도 있다. 예를 들면 "天主"에 대한 설명의 경우에 "原文曰: 陡斯乃天地萬物之主。"[47]라고 하여 희랍어의 하나님(데오스)에 관한 설명을 하고 있다. 《성경》의 번역문과 주석에 이어서 제시된 "箴"의 항목에서는 26절의 "사람들은 세상에 닥쳐올 무서운 일을 내다보며 공포에 떨다가 기절하고 말 것이다"라는 내용의 묵상이 나온다.[48]

漢文本 《聖經直解廣益》은 《聖經直解》와 함께 한글본 《셩경직히》

47 원문에는 "데오스(Theos)는 천지만물의 主이다."라고 하였다. '陡斯'는 희랍어 'Theos'의 중국어 音譯名이다. 하느님, 천주를 지칭한다.

48 陽瑪諾 譯, 《聖經直解》, 《天主教東傳文獻三編》(吳相湘 編, 臺北 : 臺湾學生書局, 1972), 第4-6册 第1卷, 10葉。

의 형성에 원천적인 底本으로 사용되었다. 《聖經直解廣益》은 예수회 선교사인 죠세프 프랑스와 마리 안 메르락 드 마이야(Joseph François Marie Anne de Moyrlac de Mailla, 馮秉正, 1669-1748) 신부가 저술하였다. 마이야 신부는 1669년 프랑스 벨레(Belley) 교구 마이약(Maillac) 성의 귀족가문에서 출생하였고 1686년 귀족의 부귀영화를 모두 버리고 리앙교구의 수도원에 入會하였으며 1703년 예수회 선교사로 來華하여 활약하다가 1740년 중국 북경에서 사망하였다.[49]

《聖經直解廣益》 2卷은 1740년 경 북경에서 초판이 간행되었고, 1859, 1866, 1917, 1922년에 上海 土山灣에서 重刊되었다. 이 책에도 각 주일과 축일의 복음이 실려 있는데 《聖經直解》와 다른 점은 《성경》 본문의 註解와 箴이 없고 대신 해당 《성경》 본문의 끝부분에 "의행지덕(宜行之德)"과 "당무지구(當務之求)"가 첨부되어 있다. 예수 성탄전 제4주일(대림 제1주일)의 부분을 예로 들어 《聖經廣益》의 내용을 살펴보면, 《누가복음》 21장 29-33절이 《聖經直解》와 같은 번역문으로 수록되어 있다. 하지만 《성경》 본문에 대한 註解가 전혀 보이지 않는다. 본문에 이어서 "의행지덕"이 나오는데 여기에서는 公審判에 관한 내용을 "聖思"로서 제시하고 있다. 이 주일의 복음서에 대한 "聖思"는 세 가지로 되어있으니, 첫째는 公審判의 존재와 심판 때 전개될 일을 설명하고 있다. 둘째는 예수께서 인류를 대속하셨으므로 공심판 때 인류를 심판하실 것이며, 셋째는 예수님의 권능으로 賞善罰惡의 최후 심판이 행해질 것을 설명하고 있다. 이어서 제시된 "當務之求"에서는 "죄인의 改過"를 위한 비교적 간단한 기도문이 기재되어 있다.[50] 바로 《聖經直解》는 《성경》의 이해를 제일차적인 목적으로 삼

49 費賴之 著/馮承鈞 譯, 《在華耶穌會士列傳及書目》, 607-609쪽. Pfister, *Notices biographiques et bibliographiques, Rome* II, p.597.

50 馮秉正 譯, 《聖經廣益》 上卷, 1甲-2乙.

았기 때문에 《성경》에 대한 자세한 주해와 성경구절에 관한 묵상자료를 제공해 주고 있다. 반면에 《聖經廣益》은 《복음서》를 실생활에 적용시키려는 더 큰 목적을 두고 저술되었다. 때문에 《聖經廣益》에서는 "의행지덕"과 "당무지구"를 통해서 《성경》의 묵상과 가르침의 실천을 강조하고 있다.

디아스가 편찬한 漢文 祈禱書 《袖珍日課》는 1638-1659년 사이에 처음 간행되었는데 지금은 상중하 3권으로 구성된 1823년 간행본이 전해지고 있다. "袖珍"이란 휴대하기 편리한 소형 책자란 뜻이며 "日課"는 일상적으로 매일 바치는 기도라는 뜻이다. 이 책은 몸에 휴대하기 편리한 袖珍本 연중 기도서인 것이다. 원래 중국에서 널리 읽히던 기도서는 1602년 廣東 韶州에서 간행된 롱고바르디 신부의 《聖教日課》였다. 이 책은 그 후 내용이 증감되는 가운데 여러 차례 거듭 간행되었고 1755년에는 개정본으로 《總牘匯要》가 간행되었다. 《총독회요》의 상권은 《성교일과》에 있는 내용이지만, 하권은 대부분 《성교일과》에 없는 내용이었다. 디아스 신부가 편찬한 《수진일과》는 《성교일과》와 편제가 다를 뿐만 아니라 《총독회요》 하권의 내용이 수록되어 있다. 때문에 《수진일과》는 《성교일과》의 1638년 개정본이거나 아니면 디아스 신부가 《성교일과》의 개정작업에 참여한 뒤 이를 토대로 편찬한 기도서일 것이다.

《수진일과》 상권에는 기도를 권하는 말, 매일 아침 점심 저녁에 종을 세 번 칠 때마다 드리는 기도, 아침과 저녁 기도, 믿음 소망 사랑의 세 가지 덕목을 바라는 기도, 미사규정, 아침기도에 대한 小引 등이 수록되어 있다. 중권에는 예수 성호 기도문, 聖心規定 등이 소개되어 있다. 하권에서는 천주예수 수난시말, 선종을 도와주는 引文, 임종 기도, 6가지 주요 기도문, 신자로써 지켜야할 네 가지 恩赦요지, 축일표 등이 수록되어 있다. 18세기 후반에 조선에 전해져 한문본과 함께 내

용 중 일부를 한글로 번역하여 사용하였는데, 이에 대한 기록은 《사학징의》와 《벽위편》에 남아있다.[51]

앞 절에서 천주교 교리서 다섯 권의 조선 전래와 번역에 대해서 소개하였는데, 본절에서는 임마누엘 디아스의 신약성경발췌본 《聖經直解》와 연중기도서 《袖珍日課》, 그리고 죠세프 마이야의 《聖經直解廣益》의 내용과 조선 전파에 대해 소개하였고, 18세기 말부터 번역되어 조선 초기 교회의 신앙지침서가 되었던 한글본 《셩경직히광익》의 번역 · 출간에 대해 기술하였다. 특히 디아스의 문서선교사업은 중국은 물론이고 한국을 비롯한 동아시아 전역에 지대한 영향을 미쳤다. 1740년경 간행된 마이야의 《聖經直解廣益》은 디아스의 《聖經直解》의 다른 면을 보충 발전시켰듯이, 디아스가 편찬한 漢文祈禱書 《袖珍日課》는 1602년 간행된 롱고바르디의 《聖教日課》를 개정 재편하여 간행한 것이다. 천주교 예수회선교사들은 天文 · 曆法 · 地理 · 科學 분야는 물론이고 그들의 원래 本業인 문서선교사업 중 성경번역과 신앙수련서의 간행에 있어서도 탁월한 업적을 남겼다. 특히 천주교 교리서의 간행에 있어 마레오 리치, 롱고바르디의 著譯作은 임마누엘 디아스와 죠세프 마이야로 이어지며 계승 발전하였고, 이들의 漢譯教理書는 조선으로 전파되며 그 영향력을 확장시켜 나갔다.

51 《한국천주교회사》 제1권, 181-184쪽 참조.

제9장

"耶儒會通"論과 "孔子加耶穌"論: 明清代 基督教宣教士의 儒家觀 探究

제1절 清末 改新教宣教士의 선교전략 "孔子加耶穌" 論
제2절 明清 兩代 基督教宣教士의 토착화작업과 儒家에 대한 태도
제3절 明末清初 天主教宣教士의 "耶儒會通"論
제4절 기독교의 선교목적과 耶儒會通論에 대한 부정적 견해

《연행도》 제9폭 〈조공 朝貢〉, 한국기독교박물관 소장

“耶儒會通”論 과 “孔子加耶穌”論: 明清代 基督教 宣教士의 儒家觀 探究

제1절 清末 改新教宣教士의 선교전략 “孔子加耶穌” 論

19세기 초 중국에 도래한 改新教 宣教師들은 清政府의 基督教 禁教政策으로 인해 공개적인 활동을 할 수 없었고, 南京條約이 체결된 후에야 비로소 개방된 5개의 통상항구와 홍콩에서 선교를 할 수 있었지만 儒家思想의 강력한 저항에 직면하게 되었다. 그들은 중국사회에 대해 연구하면서 儒家思想이 서방국가에도 이용할 부분이 있음을 발견하였는데, 미국선교사 사무엘 웰스 윌리엄스(Samuel Wells Williams)는 다음과 같이 언급하였다.

> 孔子의 저작을 희랍 로마 철학자의 교훈과 서로 비교한다면 전체적인 취지는 양호하며, 중국사회에서의 응용과 그것의 우수한 실용성은 서방의 철학자를 능가하는 것이다. …… 四書五經의 내용과 다른 저작을 비교해보면, 문학적인 측면에서 흥미가 오래 유지될 뿐만 아니라 文字的인 측면에서도 사람을 사로잡고 있으며, 게다가 무수

한 사람의 思考에 비교할 수 없이 큰 영향을 주고 있다. 이런 측면에서 본다면 이런 서적들이 형성하는 파워는 《聖經》을 제외하고는 어떤 다른 전적도 이에 필적할 만한 것이 없을 것이다.[1]

그는 儒家經典에 최고의 가치를 부여하였고, 중국사회에서 유가사상의 영향력이 절대적임을 강조하고 있다. 영국선교사 제임스 레기(James Legge, 理雅各, 1815-1897)도 다음과 같이 인식하였다. "孔子는 고대 저작과 사적의 보존자이고, 중국의 황금시대 잠언의 주석자이고 解釋家이다. 과거에 그는 중국인 중에서도 중국인이고 지금은 모든 사람들이 그를 믿는 것과 같으며, 또한 가장 좋고도 가장 숭고한 신분으로 인류의 가장 아름다운 이상을 대표하고 있다."[2] 레기는 공자가 중국사회에서 차지하는 위상이 어떠한 지를 설명하면서, 그를 인류의 성현으로 평가하였다. 하지만 청말에 중국에 와서 선교하던 대부분의 개신교 선교사들은 서구 열강의 무력과 외교수단에 의지하여 지구상에서 기독교에 대해 가장 완고하고 폐쇄적인 중국을 서방의 하나님을 믿도록 改宗시켜야 한다고 생각하였다.

"공자나 예수(孔子或耶穌)"라는 말은 孔子든지 예수든지 양자 중에 반드시 하나를 선택해야 한다는 의미로, 19세기 초 중국에 왔던 改新教 宣教士들이 견지하던 생각이었다. 바꿔 말하면 유교와 기독교를 같이 신봉할 수는 없고 그중에서 반드시 하나만을 믿어야 한다는 말로써, 유가사상을 기독교와 같은 종교로 인식하여 기독교인이 유교도가 되는 것을 인정치 않았다. 그 결과 개신교에 입교한 신자의 숫자는 오랫동안 대단히 미미하였다. 南京條約 이후 그들이 중국 연해

1 사무엘 웰스 윌리엄스 著, 《中國總論》 제1권, 뉴욕 1897, 663-664쪽.

2 제임스 레기 著, 《中國經典》 〈緖論〉, 〈孔子生平及其學說〉, 95쪽. 顧長聲 著, 《傳教士與近代中國》, 上海人民出版社, 1995, 187쪽에서 재인용.

지역에서 20여 년 동안 선교하였지만 신자는 겨우 일 천 여명에 불과했고, 天津條約 이후로 그들이 비록 이미 중국 內地에서 활동을 시작했지만 1870년대 초까지도 신도 수는 일만 명을 넘지 못했다.

개신교 선교사들은 이 30여 년 동안의 경험을 통해서 비로소 明末淸初에 천주교 선교사들이 한 언급이 실제 상황에 맞고, 기독교 선교의 저해요인은 주로 사대부계층에서 비롯되며 문인 사대부의 정신적인 지주는 儒家思想임을 깨닫게 되었다. 만일 중국에서 기독교를 확장하고자 한다면, 하층백성을 흡수하거나 신자를 매수하는 데에만 의존해서는 목적을 이룰 수 없으며, 유가사상에 대해서는 필요하다면 어느 정도 타협을 하거나 유가사상을 이용해야 만이 비로소 중국의 상층 통치집단과 사대부 계층에 대해 선교할 수 있다는 사실을 깨닫게 되었다. "공자나 예수"論으로부터 "공자와 예수를 함께 믿는(孔子加耶穌)"전략으로 전환해야 만이 중국에서 선교가 가능하다고 판단하였는데, 이것은 개신교 선교사들이 1870년대 초기에 이르러서야 비로소 얻어낸 결론이었다.

"공자와 예수를 함께 믿는(孔子加耶穌)"다는 전략을 이론상 체계적으로 중국에서 제기한 첫 번째 인물은 미국선교사 존 알렌(Young John Allen, 林樂知, 1836-1907)이다. 그는 그가 발간한 《敎會新報》에 1869년 12월 4일부터 1870년 1월 8일까지 5회에 걸쳐 〈消變明敎論〉이란 논문을 발표하여 기독교의 교리를 유가의 禮敎와 思想에 연관시켰다.

> 예수의 마음이 孔孟과 일치한다는 것을 간략하게 말하려고 하는 것은 먼저 (중국인으로 하여금) 정신적인 거부감을 없애고 난 후에 (그 마음을) 變化시킨다는 것이다. 儒敎에서는 五倫을 중시하고, 우리 기독교 역시 五倫을 중시하니, 《성경》으로 입증할 수 있다.

君臣을 말한 것으로 《베드로전서》에 황제를 존중하라는 구절(2장 17절)이 있고, 《전도서》에 황제를 저주해서는 안 된다(10장 20절)는 구절이 있다. ……《로마서》에 이르기를 사람은 마땅히 위로부터의 권세에 복종해야 하니 바칠 것이 있으면 바치고, 두려워 할 것이 있으면 두려워하고, 존경할 것이 있으면 존경해야 한다.(10장 1~6절) 이것은 君臣의 道를 중시한 것이다.

父子를 말한 것으로 《마태복음》에 "하나님의 계명에 네 부모를 공경하라"라고 하였다. 또한 이르기를 부모를 욕하는 자는 반드시 죽으리라(15장 3절). 《에베소서》에 이르기를 부모를 청종하고 너의 부모를 공경하라. 이는 십계명 중의 으뜸이며 네가 좋은 것을 얻으리라.(6장 1~3절)……이것은 父子를 중시하는 증거이다.

夫婦를 말한 것으로 《고린도전서》에 남편은 마땅히 한 명의 아내를 취하고 여자는 마땅히 한 명의 남편을 두어 淫行을 하지 않아야 한다.(7장 2절) 《골로새서》에 이르기를 아내는 남편에게 봉사하고 남편은 아내를 사랑해야 하고 나쁘게 대하지 말아야 한다.(3장 18,19절) ……이것은 夫婦를 중시하는 증거이다.

……儒教는 五常을 중시하는데 우리 기독교 역시 五常을 중시하니, 다시 《성경》을 인용하여 이를 입증하겠다. 무릇 五常이란 仁義禮智信을 지칭하는데, 혹자는 기독교의 《성경》 중에는 "仁"字가 없다고 의심하는데, 仁이 바로 사랑임을 모르는 까닭이다. 《성경》은 사랑이 바로 인이라고 말한다.…… 다시 또 義에 대해 말한다면 《시편》에는 義를 말한 부분이 가장 많다. 《시편》에 이르기를 여호와는 義를 즐거워하시며 반드시 정직한 자를 살피신다.(11편) ……다시 또 禮에 대해 말하면 《성경》에서 분명히 예에 대해 말한 부분으로는 《로마서》에 예로써 서로 양보하라(12장)고 이르고 있다.

……나는 앞의 두 부분에서 五倫과 五常을 말하였는데, 우리 기독

교와 유교가 같이 중시한다. 儒教의 君子 三戒에 대해 말하고자 하니 우리 기독교의 하나님의 십계명과 뜻이 같은 것이 있어 《성경》을 인용하여 증명하고자 한다.

第1戒는 孔子가 이르기를 젊어서는 혈기가 안정되지 않았으니 色을 경계해야 한다고 하였다. 하나님의 십계명 중에서 제7계명에 간음하지 말라고 한 것과 같다.

君子의 三戒 중 第2戒는 공자가 이르기를 장년에는 혈기가 왕성하니 다툼을 경계해야 한다고 하였다. 하나님의 십계명 중 제6계명에 살인하지 말라고 한 것과 뜻이 같다. ……군자의 삼계 중 第3戒는 孔子가 이르기를 노년에는 욕심을 경계해야 한다고 하였다. 하나님의 십계명 중 제8계명에 이르기를 도적질하지 말라고 하였다. 제십계명에 이웃집의 아내와 그 노비나 우마와 이웃의 소유를 탐내지 말라고 하였다. 이 두 가지 계명은 모두 탐하는 것을 경계해야한다고 말한다. ……비단 五倫 五常이 儒教와 합치할 뿐만 아니라 하나님의 십계명과 군자의 삼계 또한 합치하는 것이다.[3]

"孔子加耶穌"論은 유가사상과 기독교는 교리와 신앙생활에 있어 서로 相衝되지 않으며, 유가사상의 바탕 위에서 기독교를 믿을 수 있다는 논리로 공자와 예수를 함께 신봉할 수 있다고 생각하는 견해이다. 존 알렌은 유가에서 가장 중시하는 五倫과 五常을 기독교의 《성경》, 십계명과 결부시켜 兩者의 同質性을 일일이 입증함으로써 유가사상과 기독교가 동일한 진리를 추구한다는 사실을 강조하였다.

존 알렌이 "孔子加耶穌" 論을 주장한 이후부터 개신교의 대부분 선교사들은 선교와 교육활동 중에 유교와 기독교를 서로 연관시키기 시작하였다. 1887년 在中 기독교 선교사들이 전국대회를 개최하였는

3 《教會新報》 1869년 12월 4일, 11일, 25일, 1870년 1월1일, 8일자.

데, 일부 선교사가 이에 반대한다는 견해를 피력한 것 이외에 선교사들은 대부분 이런 선교전략의 전환에 대해서 모두 찬성한다는 일치된 입장을 보여주었다.

이와 동시에 서방에서도 정식으로 중국 유가사상에 대한 소개와 연구를 중시하기 시작했다. 중국에서 다년간 儒家經典에 대한 연구를 하였고 서양에 이를 소개한 영국선교사 제임스 레기는 1873년 영국에 돌아간 뒤에 무역과 선교를 위해서 반드시 중국에 대한 연구를 강화해야 한다고 적극적으로 주장하였으며, 영국의 신문 잡지도 그의 견해를 적극적으로 지지하였다. 이 때문에 전임 중국공사 루돌프 앨콕(Rutherford Alcock)과 전임 홍콩총독 더피쓰, 그리고 런던에서 중국과 무역을 하는 영향력 있는 무역상인들의 적극적인 지지 하에 1876년 옥스퍼드대학에 정식으로 중국학강좌가 개설되었고 제임스 레기가 첫 번째 교수로 초빙되었다. 레기는 취임연설에서 이 강좌를 개설한 이유는 "우리와 중국의 정치, 종교와 상업의 관계에서 나온 것"이라고 하였다.[4] 동시에 레기는 중국에서 활동하는 선교사들에게도 권고하기를 "오로지 철저하게 중국인의 經書를 파악하고 직접 중국의 성현이 건립한 도덕과 사회, 정치생활에 기초한 전체의 사상영역을 직접 고찰해야만이 비로소 자신이 처한 지위와 맡은 직무에 걸맞게 됨을 인정받을 수 있다"고 역설하였다.[5] 뒤이어 미국도 1877년에 예일대학에 첫 번째 중국학강좌를 개설하고 알렉산더 윌리엄스(Alexander Williams)를 첫 번째 교수로 초빙하였는데, 그는 중국에서 기독교 선교사업을 진행하기 위해서는 유가경전을 적극적으로 활용해야 한다고 주장하였다.

---

4 Helen Edith Legge, *James Legge: Missionary and Scholar*(理雅各傳), London, 1905, p206.

5 제임스 레기 저,《中國經典》,〈緒論〉. 顧長聲 著, 전게서, 190쪽에서 재인용.

존 알렌의 뒤를 이어 중국에서 두 번째로 "孔子加耶穌" 論을 체계적으로 고취시킨 인물은 독일선교사 에른스트 화버(Ernst Faber, 花之安, 1839-1899)였다. 그는 《自西徂東》란 책을 편찬하여 처음에는 홍콩에서 간행하였지만, 알렉산더 윌리엄스 등은 이 책이 "孔子加耶穌" 論을 이론적으로 발전시켜 중국문인들이 심리적으로 손쉽게 받아들일 수 있다고 판단하여 1888년 上海 廣學會에서 再版을 간행하였다. 화버는 이 책의 〈自序〉에서 편찬목적을 다음과 같이 밝히고 있다.

> 《自西徂東》이란 책은 왜 지었는가? 중국인을 각성시키기 위한 것이다. 아! 중국의 대세는 이미 계란을 쌓아놓은 것과 같은 위기에 처해 있다. ……중국인도 잘 알고 있고 각성하여 조심스럽게 노력하면서 부지런히 서양의 학문을 배우고는 있지만, 그러나 학문의 핵심을 모르고 헛되이 西學의 껍질만을 배우고 있으며, 西學의 정심한 이치를 얻지 못하여 비록 배워도 이익이 되지 못한다. ……그런즉 중국이 서양의 좋은 것을 구하고자 하면, 근본에서 나와야 하며 그 이치는 어디에서 얻는가를 알아야 한다. 예수의 도리가 아니면 어떻게 얻을 수 있겠는가? ……헛되이 물질로써 중국을 이롭게 하고자 하고, 예수의 진리로 백성을 변화시키지 않는다면 백성은 마음이 떠나고 덕에서 멀어질 것이다. ……만일 예수의 진리로 행하면 진리가 완전해지고 異端의 폐해가 없을 것이다. 무릇 儒家에서 理를 논하는 것은 天命의 性이라 하는데, 예수의 진리는 하나님의 명령에 속한다. 仁義가 모두 완전하면 비록 만물을 사용해도 사물을 좇는 것이 아니고 사물로 나의 심성을 기르는 것이며, 사물의 정교함은 어길 수가 없으니, 이것이 예수의 도리이며 실제로 유가의 이치와는 같은 논리요 주장이다. ……지금 중국이 부강하고 발전하고자 하지만 아직 예수의 진리를 좇지는 않고 있으며, 비록 진리를 따르는 사람이 중국을 돕고

자 하지만 도울 수 없는 상황인데, 마치 서로의 견해가 달라 용납하지 못하고 있는 것 같다. 진실로 중국의 君子들이 일심으로 합력하여 서양을 배우고자 한다면 진심으로 예수의 도리를 구해야 할 것이다.[6]

화버가 소개하고자 하는 西學이란 바로 중국이 서양으로부터 배우고자하는 학문을 지칭하는 것이며, 중국이 현재 처한 위기에서 벗어나 국가를 부흥 발전시키려면 서학의 핵심을 배워야하는데 바로 서양 정신문명의 근간을 이루는 기독교를 알아야 하며, 반드시 예수의 진리를 배워야 한다는 것이다. 그리고 기독교의 진리는 중국의 유가와 일맥상통한다고 주장하였다. 그는 기독교의 교리를 儒家의 五常인 仁 · 義 · 禮 · 智 · 信과 서로 연관시켜 그의 논지를 전개하고 있다. 제1권 "仁集"에서는 13개의 문제를 논술하면서 "전쟁 종식", "먼 나라 사람의 회유", "원수 사랑" 등 적을 친구로 삼는다는 博愛論과 階級調和論 등의 측면에 중점을 두고 있다. 그는 "四海 안은 모두 형제이다"란 《論語》의 구절을 인용하고 난 후에 아래와 같이 기술하고 있다.

중국인은 벌써 지난날의 미움을 버리고 마음에서 우러나는 誠心으로 타인을 대하여 聖人의 온유한 전범을 다시 보여주기를 간절히 바란다. ……예수는 사람에게 오로지 仁德으로 사람을 감화시켜 복수하려는 생각을 갖지 않게 하고, 원수가 나에게 저지른 죄를 새기지 않게 하려고 하였는데, 이는 백성들을 위해 말한 것이다. ……《傳》에 이르기를 博愛를 일러 仁이라 한다. 仁하면 사랑하지 않는 것이 없고, 선한 사람은 물론 사랑하게 되고, 악한 자는 내가 또한 불쌍히 여겨 그를 사랑하게 된다. ……때문에 원수가 나에게 죄를 지어도 마음

6 어네스트 화버(花之安) 著,《自西徂東》, 上海 廣學會, 1890,〈自序〉.

이 담담하여 자연히 그와 다투지 않게 된다.[7]

제2권 "義集"은 16개의 문제를 논의하여 중국정부는 지방을 按撫하고, (다른 나라를) 두루 용서하며, 국제법을 준수해야 한다고 주장하였다. "나는 국가를 다스리는 자는 이 뜻을 체득해서 행하며 절대로 고집을 부리지 말아야 하며, 變通을 알고 용서를 베풀면 대내외적으로 충돌하는 일이 없게 될 것이다."라고 화버는 기술하고 있다.[8]

제3권 "禮集"에서는 "賓禮主敬(손님은 예로 응대하고 주인은 공경하는 마음으로 접대한다)", "齊家는 修身을 바탕으로 한다", "孝本愛敬(효도는 愛敬에서 비롯된다)" 등의 문제를 집중적으로 제기하였다. "나는 중국 인사들이 손님을 접대하면서 아첨하지 않고 교만하지 않으며 禮를 행하는데 中正을 지키고, 연회를 열고 贈送을 하는데 모두 愛敬의 진심을 가지고 대화를 나누어서 진실로 규모가 있는 군자가 되기를 바란다."고 하였다.

제4권 "智集"에서는 農政善法, 機器 利用, 광산 개발, 무기 발명, 醫術 연구, 과학 효용 등 17개의 문제를 포함한 서방의 과학지식을 소개하고 있다. 제5권 "信集"에서는 주로 서방의 기독교에 대해 논술하면서 기독교가 어떻게 노동자 계층을 위해 활동하는 지를 소개하였다. "노동자가 모이는 곳이면 촌락이건 會館이건 간에 항상 목회자가 좋은 말로 설교하거나 혹은 종교서적을 배포하여 완악한 습속을 변화시켜 세상에는 귀천이 다르고 각각 맡은 직책이 다르니, 군자는 머리로 일을 하고 소인은 힘으로 일을 해서 하는 일이 같지 않아 각자 자기 분수에 맞아야 하기 때문에 나쁘고 저급한 일이 없는 것이다."[9] 그는 사

---

7 어네스트 화버 저,《自西徂東》, 上海 廣學會, 1888, 제1권 44-49쪽.

8《自西徂東》제2권, 67-71쪽.

9《自西徂東》제5권, 42쪽.

회계층의 빈부 격차와 계급사회의 위화감으로 야기되는 사회불안과 불만에 대한 기독교의 역할과 종교활동에 대해서 구체적인 사례와 해결방안을 소개하였다. 화버는 儒家의 五常인 仁 · 義 · 禮 · 智 · 信을 卷名으로 하여 서학과 유가사상의 동질성과 사례를 소개하고 해석하였고, 西學의 핵심은 기독교 진리임을 강조하여 중국에서 서학의 정수를 배우기 위해서는 반드시 예수의 진리를 믿어야 한다고 강조하면서 유가와 기독교의 진리는 같으며 함께 믿을 수 있다고 주장하였다.

이로부터 在中 宣敎士들은 각종 선전 방식을 이용하여 일시에 "孔子加耶穌"의 구호를 대대적으로 홍보하여 공자와 예수는 같은 성인이며 동일한 진리를 추구한다고 주장하였다. 그들은 서방에서 수입한 기독교 교리를 중국 전통문화 중의 예교나 유가사상과 결합시켜 예수의 교훈으로 중국 종교에 없는 부분을 보충하고, 기독교의 "天倫"을 가지고 儒家의 "人倫"을 보충한다고 주장하였다. 기독교와 유교가 하나님을 求하는데 있어서 다를 바가 없으며, 유교도가 기독교인이 되는 데는 별다른 장애가 없음을 강조하여 중국의 유가지식인으로 하여금 거부감을 갖지 않게 하고 있다. 서양선교사가 기독교와 유교의 동질성을 강조하는 목적은 분명히 기독교의 선교에 있으며, 이 兩者는 추구하는 방식이 다를 뿐이라는 점을 중점적으로 강조하고 있다. 그런 점에서 19세기 개신교 선교사의 "孔子加耶穌"論은 明末淸初 天主敎 宣敎士의 "耶儒會通"論을 계승하여 유교와 중국의 전통문화에 대한 관점에서 서로 동일한 입장을 취한 것이라고 할 수 있겠다.

제2절 明淸 兩代 基督敎宣敎士의 토착화작업과 儒家에 대한 태도

마테오 리치 등 明末淸初에 중국에서 활동한 예수회 선교사들은 정치상의 오해와 박해를 피하기 위해, 반드시 중국황제의 윤허를 받은 후에 선교사업을 진행해야 한다고 주장하였고, 가능한 한 지식인을 비롯한 사회에서 영향력이 있는 인사들의 지지를 받아서 서양지식을 전파하여 중국인들이 선교사를 존중하게 만들고, 다른 한 편으로는 기독교신앙과 유가사상의 대화를 적극적으로 추진하기 위하여 "易佛補儒"작업을 진행하였으며, 先秦儒家를 인정하고 宋明理學[10]을 폄하 배척하는 선교정책을 추진하였다.[11] 이러한 마테오 리치 등 明末淸初의 예수회 선교사들은 도대체 유가사상과는 어떻게 교류하고 어느 정도의 타협을 하였는지, 그들의 토착화작업의 動機와 目標는 무엇이었는지에 대해서 살펴보도록 하자.

조셉 레빈슨(Jeseph Levenson)은 일찍이 마테오 리치가 수립한 토착화 신학방법을 유가전통과 유럽의 기독교전통을 결합시킨 宗教調和主義(syncretism)로 보았는데,[12] 이 주장에 적지 않은 학자들이 반대하였다. 예수회 선교사는 습속과 언어, 예절에 있어서는 중국문화에 양보를 하였지만, 이것은 단지 '器用'의 측면에 국한된 것이고, 일단 기본관념 문제와 연관되면 그들은 중국의 형이상학적 사상과의 타협은 거절하였으니, 이런 문제에 대해 양보를 한다면 기독교는 더 이상 기독교가 아니라고 생각하였다. 이것이 바로 그들이 新儒家思想을

10 "易佛補儒"는 마테오 리치 등 천주교선교사의 중국토착화 노선일 뿐만 아니라, 徐光啓 등 중국신자의 신념이기도 한데, 당시 中國 內外의 天主教徒의 공통된 인식이라고 할 수 있다. "易佛補儒"는 불교를 배척하여 기독교로 대체하고, 儒家의 부족한 부분을 기독교가 보완한다는 천주교 선교사들의 선교책략이다. 徐光啓의 견해는 마테오 리치 · 金尼閣 著/何高濟等 譯,《利瑪竇中國札記》下册, 北京: 中華書局, 1983, 485-486쪽 참고.

11 羅光 著,《利瑪竇傳》, 臺北: 臺灣學生書局, 1979, 45-96쪽과 파스칼 데리아(Paschal M. D'Elia) 著,《中國天主教傳教史》, 臺北: 臺灣商務印書館, 1972, 70쪽 참조.

12 Joseph Levenson, *Liang Chi-Chao and the Mind of Modern China*, Berkeley: U. of California P., 1967, p.84와 *Confucianism and Christianity: The First Encounter*, Hong Kong U. P., 1983, p.127-128 참조.

공격하게 된 원인이라고 楊意龍은 지적한 적이 있다.[13] 마테오 리치 등 선교사들의 토착화작업 동기는 매우 분명한데, 한 편으로는 중국인으로 하여금 예수를 믿게 하고, 다른 한 편으로는 유가사상을 제거하고자 한 것이라고 주장하였다. 비록 마테오 리치가 기독교를 토착화시키려고 노력은 하였지만 타협할 수 없는 종교 교리상의 문제가 대두되면 그는 반드시 기독교를 옹호하였다는 것이다.[14]

楊意龍은 "本位化(Inculturation)"[15]라는 단어로 마테오 리치의 선교사업을 표현하면서, 단지 중국문화라는 외투를 입어서 중국인들의 외래종교에 대한 저항과 거부감을 줄일 수 있게 하려 하였다는 것이다. 비교적 많은 학자들은 "本位化"와 같은 의미로 "文化調整(accommodation)"이란 어휘를 사용하는데, 陸鴻基는 이 개념을 사용하여 明末淸初 선교사의 토착화 선교사업을 분석하면서 천주교 선교사들의 문화조정작업은 기독교와 유가 쌍방이 서로 이해하고 소통은 할 수 있었지만 결코 문화와 관념상의 차이가 만들어 놓은 장애를 실제로 뛰어넘을 수는 없었다고 평가하였다.[16] 파울 룰(Paul A. Rule) 역시 마테오 리치는 正統과 異端의 구분에 대한 명확한 개념을 가지고 있었으며 이것은 레빈슨이 설명한 "文化相對主義"의 태도와는 현저하게 다른 것으로, 그도 또한 楊意龍 등이 말한 마테오 리치가 단지

13 John D. Young, *Confucianism and Christianity: The First Encounter*, p.65-76, p.127-128 참조.

14 John D. Young, "Some Reflections on the Historical Significance of Matteo Ricci in China", *Tripod* 14(1983), p.37.

15 일반적으로 천주교 학자들은 대부분 이 "本位化"라는 단어를 즐겨 사용하는데, 鍾鳴旦은 일찍이 이 단어에 대해 비교적 상세한 해석을 가하여 明末淸初의 선교사와 중국신자가 노력한 선교방향에 대해 설명하였다. 鍾鳴旦著, 〈中西文化交流的硏究與本位化槪念〉, 《神學論集》 88期(1991), 291-307쪽.

16 Bernard Hung-kay Luk, "A Serious Matter of Life and Death: Learned Conversations at Foochow in 1627", *East Meets West: The Jesuits in China(1582-1773)*, edited by Charles E. Ronan, and Bonnie B. C. Oh, Chicago: Loyola University Press, 1988, p.173-206, p.1582-1773.

문화조정작업만을 했다는 견해에 동의하지 않았고, 마테오 리치가 한 작업은 바로 기독교와 중국문화라는 두 가지 다른 문화를 접목시켜 이를 통해 兩者가 모두 변화하게 되었다고 주장하였다.[17] 이런 문화적인 접촉은 문화범주가 허용하는 경험을 누리고 새로운 언어를 만들어 이 공동의 경험을 서술하는 것을 포함하는 것이다.

孔尙揚은 마테오 리치의 儒學에 대한 견해에는 公과 私, 중국과 서양이란 두 가지 대립된 요소가 있어서, 예수회 선교사가 중국에서 하는 선교사업과 儒家와 교통하는 중국 토착화작업이 가능하다는 것을 西方人들에게 설명하기 위해서 마테오 리치를 비롯한 예수회 선교사들은 儒學은 결코 종교가 아니며, 유가사상과 기독교는 서로 상충되는 부분이 없음을 서방인들에게 강조하였다는 것이다. 그러나 私的으로 중국 사대부와 대화를 나눌 때에는 특별히 儒學에 대해 비교적 엄정하고 가혹한 평가를 내렸는데, 특히 기독교와 상충되는 개념들을 겨냥해서 儒學을 상당히 폄하 배척하였다고 한다.[18] 때문에 마테오 리치는 유가사상과 중국문화에 대해서 결코 완전히 긍정적인 태도를 가졌다고 말할 수는 없다는 것이다.

반면에 19세기 이후 중국에 온 개신교 선교사들이 중국문화에 대해 대체적으로 부정적인 견해를 가졌다는 것은 의심할 여지가 없다. 그들은 宣敎動機에 있어서도 중국인이 기독교에 귀의하여 중국의 전통적인 宗敎文化가 중국인에게 주는 영향을 철저하게 배제될 수 있기를 원했다. 그러나 이런 목적을 이루는 일은 결코 쉽지 않았고, 선교사업을 제대로 실행하기도 어려웠다. 결국 그들은 기독교 신앙을

---

17 Paul A. Rule, *Kung-tzu or Confucius?--The Jesuit Interpretation of Confucianism*, Sydney: Allen & Unwin, 1986, p.57.

18 孫尙揚 著,《明末天主教與儒學的交流和衝突》, 臺北: 文津出版社, 1992, 48-54쪽 참조.

중국인이 이해하고 받아들일 수 있는 개념으로 바꾸어 중국어로 번역해야만 했는데, 개신교선교사가 진행했던 《聖經》과 神學의 翻譯은 바로 중국의 언어문자와 전통사상으로 새롭게 기독교를 해석한 것이기 때문에 어느 정도의 中國化(Sinification, 혹은 중국토착화)는 불가피한 것이었다.

존 페어뱅크(J. K. Fairbank)는 청말의 개신교선교사가 기독교를 번역할 때의 중국화과정은 세 단계가 있었다고 지적하였다. 첫 번째는 中國人 助手를 고용하여 번역작업을 진행한 단계이다. 두 번째는 중국의 전통적 언어(儒·道·佛)로 기독교신앙을 해석한 단계이다. 세 번째는 정부로부터 기독교가 합법적인 學說이라는 것을 인정받으려는 단계이다.[19] 선교사가 중국에 온 목적은 중국인에게 기독교를 믿게 하려는 것이므로 반드시 기독교에 대한 중국인의 반응을 고려해야 하고 자기 생각대로만 행하고 혼자서만 떠벌이는 식으로 듣는 사람들의 기분을 상하게 하거나 더 나아가 들려주는 행위 자체를 거부하게 만드는 그런 방식으로 중국인에게 傳道할 수는 없었다. 기독교 신앙과 중국사회 및 문화의 접촉점을 찾기 위해서 그들은 반드시 선교방법에서부터 전달하는 메시지에 이르는 선교책략을 조정해야만 하는데, 이것은 그들이 지식인들에게 전도하려고 노력할 때에 더욱 절실하게 필요하였다.[20]

---

19 J. K. Fairbank, "Introduction: The Place of Protestant Writings in China's Cultural History", in S. W. Barnett, et. al. eds., *Christianity in China: Early Protestant Missionary Writing*, Cambridge: Harvard U. P., 1985, p.7-10.

20 파울 코헨(Paul Cohen)이 허드슨 테일러와 티모티 리차드의 두 가지 다른 선교노선을 지적한 이후로 적지 않은 학자들이 재중선교사의 다른 선교노선과 책략에 대해 토론하였다. 대체로 그들은 모두 재중선교사를 "直接派/基要派"와 "間接派/自由派"의 두 가지 진영으로 분류하는데, 前者는 신학적으로 보수적인 견해를 견지하며 사상면에서 전통문화와의 타협을 거부하고 선교책략에 있어서 순회전도나 전단지 배포 등의 전통적인 방법을 사용하였다. 그런데 後者는 신학적으로 비교적 개방적이고 지식인과는 적극적으로 사상 측면에서 대화를 나누었다. 아울러 선교책략에 있어서 교육과 의료, 사회봉사분야에서 서방문화를 소개하는 데

이외에 개신교 선교사들은 중국에 비교적 오래 거주하여 중국사회와 문화에 대한 이해가 증가됨에 따라 상당수가 전통문화에 대한 완전히 부정적인 태도를 긍정적으로 바꾸었고 심지어는 "孔子加耶穌"와 같은 기독교와 유교의 대화를 적극적으로 추진하였으며, 조상에 대한 祭祀問題에 있어서도 明末淸初 예수회 신부들의 방식을 따라서 대대적으로 타협해야 한다고 주장하였다.[21] 이와 같이 1870년대 이후로 기독교 선교사의 전통 중국문화에 대한 평가는 이미 다양하게 바뀌어서 더 이상 단순하게 부정적인 견해만을 갖고 있지는 않았다. 게다가 그 후 중국에서의 상황은 왕왕 선교사가 원래 갖고 있던 신학사상보다 중국에서 그들의 선교전략에 더 큰 영향을 미쳤다.[22] 이를 통해 보면, 明淸交替期의 예수회 선교사와 淸末 이후 개신교 선교사들의 중국문화에 대한 견해는 前者는 중국문화를 긍정하고, 후자는 짓밟아 부정한다는 식으로 결코 완전히 편향된 그런 상황은 아니었다. 실제 상황은 더욱 복잡해서 두 시기의 선교태도 또한 각각 극단적인 것만은 아니라고 생각한다.

까지 상류계층과 접촉하여 기독교에 대한 중국사회의 견해를 바꾸고자 노력하였다. 파울 코헨(Paul Cohen) 著/蘇文峰 譯, 〈戴德生與李提摩太宣教方式之比較〉, 《基督教入華百七十年紀念集》, 林治平 編, 臺北: 宇宙光出版社, 1977, 83-107쪽과 孫江 著, 《十字架與龍》, 杭州: 浙江人民出版社, 1990, 77-80쪽 참조. 그런데 梁家麟은 이런 견해에 異見을 제시하였는데, 티모티 리차드와 허드슨 테일러는 서양화와 기독교화의 관계에 있어 결코 다른 견해를 가진 것이 아니고, 그들의 차이점은 단지 중국을 변화시킨다는 사명을 위해 서양화와 기독교화가 누가 먼저이고 누가 나중인가 하는 순서에 있을 뿐이라는 것이다. 梁家麟 著, 〈西化對傳統文化: 傳教士與"文化侵略"問題〉, 705쪽.

21 董叢林 著, 《龍與上帝: 基督教與中國傳統文化》, 北京: 三聯書店, 1992, 209-216쪽 참조.

22 선교사의 심리상태와 책략의 변화는 Paul A. Varg, *Missionary, Chinese and Diplomats; The American Protestant Missionary Movement in China, 1890~1952*, Princeton, N.J.: Princeton U.P., 1958.과 Paul A. Varg, "Survey of Changing Mission Goals and Methods", in J. G. Lutz, ed., *Christian Mission in China: Evangelists of What?*, Boston: D. C. Heath & Co., 1965, p.1-10 참조.

제3절 明末清初 天主教宣教士의 "耶儒會通" 論

기독교와 중국전통문화는 완전히 다른 문화체계로써 각각 독자적으로 수 천 년 동안 발전해왔기 때문에 이 兩者 사이에는 다소의 차이점과 심지어 서로 상극이 되는 관점이 존재하는 것이 사실이다. 楊意龍은 明末清初 때 예수회 선교사의 傳道 成果에 대해 논평할 때에 유교와 기독교가 서로 交通할[23] 수 있는지 여부에 대해 줄곧 세 가지 견해가 있다고 지적하였다.[24]

첫째는 마테오리치 등 예수회 선교사의 선교노선에 찬성하여 이런 방향으로 노력만 하면 중국인들이 기독교를 받아들이고 중국문화나 사회토양에 뿌리를 내릴 수 있다고 생각하는 견해이다. 이 견해에 전제된 가설은 기독교와 중국문화는 서로 융화될 수 있으며, 기독교가 清初에 실패한 것은 완전히 우연적인 인위적 요소 때문에 비롯되었다는 것이다.[25] 두 번째, 중국인은 줄곧 文化自我中心的 사고를 가지고서 외래종교와 문화를 배척하였기 때문에 기독교가 서양종교라는 이유만으로도 이미 중국인이 받아들일 수 없으므로 清初의 실패는 당연하다고 생각하는 견해이다.[26] 세 번째, 기독교와 중국문화는

23 "耶儒會通"의 "會通" 한다는 말은 서로 상통되며, 상대방을 배척하지 않고 인정하는 것을 의미한다. 여기서는 주로 기독교 선교사들의 儒家 思想에 대한 교리적 인정과 수용을 의미한다.

24 J. D. Young, *Confucianism and Christianity: The First Encounter*, 128쪽.

25 이 견해는 林治平이 여러 차례 인용한 呂實强의 언급을 대표적인 견해로 삼을 수 있겠다. "기독교와 중국문화는 일 백 여 년을 다투어 왔지만, 그러나 여태까지 對面한 적이 없었다." 林治平 著, 〈理念與符號——個思考基督教與中國文化社會的模式初探〉,《基督教與中國論集》, 林治平 著, 臺北: 宇宙光出版社, 1993, 6쪽.

26 이것이 바로 유명한 "中國傳統反教論"으로, 먼저 파울 코헨이 1960년대에 제기하였다. 그는 중국에는 오래전부터 "異教를 반대하는 傳統"(anti-heterodox tradition)이 있으며, 儒家思想을 정통으로 하여 모든 異端邪說을 배척한다는 것이다. 파울 코헨 著, *China and Christianity: The Missionary Movement and the Growth of Chinese Anti-Foreignism*, Cambridge; Harvard U. P., 1963, 1~60쪽. 이 견해는 李柏雄, 趙天恩, 葉仁昌 등 적지 않은 초기의 중국인 학자들이 동조하

결코 전혀 상통하는 부분이 없는 것은 아니지만 儒家傳統 특히 견고한 형이상학적 기초를 가지고 있는 宋明理學의 道德絶對觀念과 기독교는 전혀 어울리지 않기 때문에 상대방을 받아들이기 위해서 기독교나 중국문화 중 어느 한 쪽이 信仰體系面에서 대폭적인 調整을 하지 않는다면 충돌을 피하기는 어려울 것이라고 생각하였다.[27]

위의 세 가지 견해는 기본적으로 淸末부터 지금까지 중국의 기독교인이 "耶儒會通" 論에 대해 갖고 있는 주요 입장이다. 明末淸初의 상황을 살펴보면, 徐光啓 · 李之藻 · 楊廷筠 등 "耶儒會通" 派 人士들은 대체적으로 마테오 리치가 수립한 "合儒"와 "補儒"의 노선에 따라 노력하였는데, 전통사상에 더 많은 附會와 解釋을 가한 것 이외에 진정한 의미의 새로운 이론이 제시되거나 이를 뛰어넘는 견해는 없었다는 것이다. 그들은 "中西文化一源論"을 기본 전제로 하여, 유가사상과 기독교신앙이 근원적(하나님 · 天道)으로는 동일하다고 생각하였기 때문에 본질적으로 모순이 있을 수 없으며, 병존할 수 있고 상부상조할 수 있다는 것이다. 현실적으로 존재하는 사상과 예절상의 차

였는데, 그들은 모두 이 이론으로 중국 근대에 발생한 政教衝突을 해석하였다. 葉仁昌 著, 《近代中國的宗教批判—非基運動的再思》, 臺北: 雅歌出版社, 1987, 38쪽 및 그 이하 참조. 그러나 이런 견해에 반대하는 王爾敏과 梁家麟 같은 학자도 있다. 王爾敏 著, 〈秘密宗教與秘密會社之生長環境及社會功能〉, 《中央研究院近代史研究所集刊》第10期, 中央研究院 近代史研究所, 1981. 梁家麟 著, 《政教關係在中國(正視集)(七): 政教縱橫》, 홍콩: 證道出版社, 1987, 16-19쪽.

27 한스 큉(Hans Küng)은 "윤리적으로 이중신분"이란 방식으로 기독교와 유교가 결합하는 출로를 열어놓았다. 그는 "어떤 한 민족의 문화는 매우 큰 정도에 있어서 倫理觀念에 따라 결정되는데, ……중국인은 기본적인 윤리태도와 행동방식 및 생활기준(어떻게 타인과 自然, 神을 대하는가)의 측면에서 만일 허다한 유가(도교, 불교)전통의 영향을 받아들이지 않는 것은 완전히 불가능하다. 왜냐하면 儒家는 불교와 마찬가지로 教條的인 信仰이라기 보다는 윤리도덕이라고 할 수 있는데, 이것은 유가전통을 받아들이는 것이 더욱 간단하고 손쉽도록 만든다." 라고 주장하면서 "중국인이 어째서 신앙면에서나 교조적 교리면에서 철두철미한 기독교인이 될 수 없고, 윤리도덕적인 면에서 유가나 불교도이기도 하면서 《성경》에서 말하는 기독교의 기본 윤리관념과 서로 모순 대립하지 않는 지를 중국인에게 물어볼 수 있을 것이다."秦家懿 · 龔漢斯 저/吳華主 譯, 《中國宗教與西方神學》, 臺北: 聯經出版社, 1989, 275쪽.

이점은 모두 후세의 儒教信徒나 혹은 기독교인이 첨가한 것으로 상황에 따라 없애버려도 사상의 본질에는 손상이 가지 않는다고 생각하였다. 바꿔 말하면, 유가와 기독교는 본질적으로 조화되고 일치하며, 모든 모순은 다 역사적 변천에 따라 파생된 것이고 우연성에 따른 것이라는 논리이다.

이런 전제 하에 "耶儒會通"의 구체적인 책략은 바로 두 가지의 환원주의(Double Reductionism)에 기초한다. 기독교 신앙을 인생에 절박하게 관련이 있는 基本 要題[28]로 환원하여 기독교의 윤리와 非教理 측면을 강조하였으며, 또한 儒家思想을 先秦의 敬天觀念과 倫理教訓으로 환원하고 난 뒤에 兩者를 접합시키고자 하였다. 이런 二重의 還原主義 방식은 두 가지 신앙체계가 각자 수립해 놓은 방대하고도 복잡한 교리와 규칙을 피해서 접합할 수 있도록 바꿔야 가능한 것이다.

孫尚揚이 지적한 것과 같이 明末의 지식인들이 받아들인 기독교 신앙은 왕왕 자신이 반드시 믿어야하는(혹은 천주교 선교사가 믿기를 바라는) 그런 신앙이 아니라 그들이 믿을 수 있는 그런 신앙이었다.[29] 그리고 그들이 믿을 수 있는 것은 또한 두 가지 요소로부터 제약을 받는데, 첫 번째는 원래부터 있던 전통사상이고, 두 번째는 그들의 현실적인 관심이었다. 때문에 李之藻가 "天學"이란 "砭世至論"이라서 "마음을 구해주는 약(救心之藥)"으로 삼을 수 있다고 생각한 것은 전혀 이상하게 여길 필요가 없다. 明末의 지식인들은 먼저 전통 중국의 관념으로 기독교 신앙을 이해하고 환원한 연후에 다시 이 환원된 신앙을 가지고 儒家와 會通하고자 했으니, 절네트 등이 明末 耶儒會

28 徐光啓는 천주교의 교리를 다음과 같은 몇 가지로 요약하였다. "其說以昭事上帝爲本, 以保救身靈爲切要, 以忠孝慈愛爲工夫, 以遷善改過爲入門, 以懺悔滌除爲進修, 以升天眞福爲作善之賞, 以地獄永殃爲作惡之苦報。" 徐光啓 著,《辨學疏稿》, 吳相湘 編,《天主教東傳文獻續編》, 臺北: 臺灣學生書局, 1966-67년(一), 22쪽.

29 孫尚揚 著,《明末天主教與儒學的交流和衝突》, 188쪽.

通派 천주교인들이 이해한 신앙이 도대체 진정한 기독교인가의 여부를 의심했던 것을 탓할 수는 없을 것이다.

중국인이 어떻게 자신의 신분과 역할에 기독교 신앙을 결합시켰는지에 대해 살펴보고 싶다면, 그들이 받아들인 것이 어떻게 해석된 뒤의 기독교인지를 반드시 먼저 알아보아야 할 것이다. 왜냐하면 기독교 신앙은 중국문화의 한 부분이 아니었으며, 중국인들이 세습해 오던 종교나 사회의 주류사상이 아니고, 그들이 나중에 학습을 통해 얻었고 그들에게 신앙을 전해준 선교사가 도대체 어떠한 신앙을 그들에게 전해주었고, 그들에게 어떻게 이 새로운 종교를 이해시켰으며, 그리고 이 새로운 신앙을 통해 어떻게 자신의 전통적인 종교를 다시 검토하여 중국사회와 자신의 생활에 어떤 변화를 일으켰는지를 알아보아야 할 것이다.

만일 明末清初에 중국에 온 예수회선교사와 清末에 온 개신교선교사를 서로 비교해보면, 명확하게 前者는 중국문화에 대해 더욱 긍정적인 견해를 가지고 있었으며, 기독교가 전통 중국의 신앙과 행위에 대해 타협과 양보를 해서 兩者 간에 일어날 충돌이 줄어들 수 있기를 원했음을 알 수 있다. 清末의 선교사들이 중국문화에 대해 비교적 부정적이고 비판적인 견해를 갖게 된 것은 주로 그들이 19세기 英美의 福音主義 神學思想을 계승했기 때문이 아니고, 異教文化(heathenism)에 대해 더욱 배척하는 입장을 취하였으며, 그들이 중국에서 접촉한 측면이 예수회 선교사가 접촉한 것과는 다른 일면이 있었기 때문이다.[30]

---

30 예를 들면 존 위텍(John W. Witek)이 지적한 바와 같이 마테오 리치 등의 선교사가 중국에 오기 전에는 중국과 관련된 어떤 지식도 얻을 수가 없었기 때문에 그들은 직접 중국에 온 후에야 비로소 중국을 접촉하고 이해하게 되었다. 이와 같이 선교사가 중국에서 접촉한 층면은 그들이 중국문화와 사회에 대한 견해를 결정하는데, 결정적인 영향을 미쳤다. John W. Witek, "Understanding the Chinese: A Comparison of Matteo Ricci and the French Jesuit Mathematicans Sent by Louis 14", *East Meets West: The Jesuits in China(1582-1773)*, edited by Charles E. Ronan, and Bonnie B. C. Oh, Chicago: Loyola University Press, 1988, p.1582-1773, p.62-102.

淸末 개신교선교사들의 주요 활동범위는 地方이었고, 접촉한 계층도 일반 대중이었으며 지식인이 아니었다. 때문에 그들은 중국사회의 축첩제도, 여자의 전족 습관, 남아 선호로 인한 女兒 殺害 등의 惡習에서부터 官吏의 不正腐敗 등에 이르는 중국사회의 어두운 부분에 대해 모두 심각한 정도의 부정적인 경험을 하였다. 이러한 底層 文化나 사회풍속에 대한 접촉은 그들로 하여금 중국사회 풍습에 대해 강렬한 증오감과 비판의식을 갖게 하였고, 심지어 그들이 중국문화의 비교적 이성적이고 밝은 층면(사상층면)에 대해 인식하는 것 자체를 방해하였고, 한 쪽으로 치우친 편향된 시각을 가지고 중국의 문화가치를 전반적으로 부정하는 결론을 갖게 만들었다.[31]

이러한 相異한 시각을 갖고 있는 서양선교사들이 전파하여 중국인이 받아들인 종교는 중국문화와는 명확하게 차이가 났고 적대적인 기독교 신앙이었다. 다만 학자들의 연구에 따르면 명청교체기와 청말의 두 시기 선교사들이 중국문화에 대해 가졌던 견해는 결코 현저한 차이가 있는 것은 아니라고 한다. 어떤 학자들은 明末에 來華한 예수회선교사가 중국문화에 대해 가지고 있는 태도는 생각한 것처럼 그렇게 긍정적인 것이 아니며, 다른 한편으로 淸末의 비교적 後期에 來華한 많은 개신교선교사들은 중국문화에 대해 이미 철저하게 부정하는 견해를 갖고 있지는 않았다는 것이다.

제4절 기독교의 선교목적과 耶儒會通論에 대한 부정적 견해

淸末의 개신교선교사가 중국문화에 대해 더 긍정적인 견해를 가지고 있다 하더라도 그들이 중국에 온 첫 번째 목적은 선교를 하기 위

31 梁家麟 著, 〈西化對傳統文化: 傳敎士與"文化侵略"問題〉, 701쪽.

한 것이지 순수하게 東西文化의 교류를 추진하기 위한 것은 아니었다. 소위 선교라는 것은 중국인이 자신의 신앙이 부족해서 서양으로부터 전래된 새 종교로 改宗하는 것을 목적으로 한다. 그래서 선교사가 중국문화에 대해서 단지 긍정만을 하고 비판하지 않는 태도를 취하는 것은 불가능하고, 문제는 단지 긍정과 비판 중에 무엇이 많고 무엇이 적은 지와 비판의 범위가 어디까지인지를 살펴보는 것 뿐이다.

이런 측면에서 살펴보면 서양선교사가 가지고 온 새로운 종교와 문화는 전통중국의 사상 신앙과 풍속습관 및 사회제도에 대해서는 피할 수 없는 위협이 되었으며, 서양선교사는 필연적으로 전통 儒家秩序의 혁명가가 되어버렸다.[32] 이 때문에 유가전통을 옹호하는 지식인들이 선교사가 중국에서 주창하는 西學과 西洋宗教를 반대하고 또한 선교사의 "合儒"와 "補儒"의 공헌을 받아들이는 것을 거부하는 것은 쉽게 예견할 수 있는 일이다.[33]

그렇다면 중국의 지식인들은 어떻게 기독교라는 외래종교를 받아들이고 그들이 이미 가지고 있는 신앙체계 속에 融解시켰는가? 니콜라 스탕다레르(鍾鳴旦)는 明末의 儒家지식인 楊廷筠의 思想을 분석하면서 楊廷筠이 한 편으로는 자신이 천주교인임을 솔직히 인정하면서 열심히 신앙생활을 하였고, 또한 예수회 신부를 옹호하면서 저술을 통해 천주교를 전파하였다고 평가하였다. 하지만 다른 한 편으로

32 J. K. Fairbank, *Chinese-American Interaction: A Historical Summary,* New Brunswick, N. J.: Rutgers U. P., 1975, p22.

33 중국지식인의 반기독교 비평과 행동에 관한 논술은 대단히 많은데, 明清部分은 孫維揚 著,《明末天主教與儒學的交流和衝突》, 臺北: 文津出版社, 1992. John D. Young, *Confucianism and Christianity: The First Encounter*, Hong Kong U. P., 1983. Jacques Gernet, *China and the Christian Impact*, trans. J. Llyod, Cambridge U. P., 1985.를 참조하고, 清末部分은 呂實强 著,《中國官紳反教的原因》(1860~1874)(臺北 中央硏究院近代史硏究所, 1985年), 中華文化復興運動推行委員會 主編,《中國近代現代史論集 第4編: 教案與反西教》(臺北 臺灣商務印書館, 1985年),〈基督教在近代中國的傳播與教案論著目錄索引〉(《義和團硏究會通迅》第9期, 1993.11), 14-37쪽 참조.

그는 철저한 儒家 선비이며 예수회 신부들이 전면적으로 공격하는 新儒家를 인정하였다. 楊廷筠은 분명히 독실한 천주교 신자였지만, 그러나 천주교는 단지 그의 사상과 생활 속에서 보조적 성격을 띤 아웃사이더 역할을 하였으니, 바로 전통적인 유가 선비가 동시에 불교, 도교을 함께 믿는 것과 같다고 스탕다레르는 지적하였다. 이런 천주교신앙은 결코 儒家의 道統에 대해 위협이 되지 않고, 단지 개인의 영역에서 유가사상이 미치지 못하는 부분에 대해 보충적인 지도를 하게 된다고 한다.[34] 明末의 天主教徒 王徵을 연구한 黃一農 역시 유사한 결론을 내린 적이 있는데, 王徵은 비록 천주교도이지만 後嗣가 없어서 가족의 압력을 받아들여 몰래 첩을 들였고, 또한 明朝가 멸망한 뒤에는 자살을 금지한 십계명을 어기고 스스로 목숨을 끊어 순국하였다. 黃氏는 다음과 같이 王徵에 대해 분석하고 있다.

> 王徵의 마음 속에 천주교의 教理는 아마도 주로 사상이나 혹은 도덕적 수준에 머물고 있었으며, 일상생활 중에 완전하게 생활화되지는 않았던 것 같다. 이런 까닭으로 그는 우연히 점을 보는 행동을 正道를 크게 어그러뜨리는 일로 간주하지 않았고, 게다가 오십이 넘었는데도 후사가 없게 되자 주변의 압력에 굴복하여 몰래 첩을 들였던 것이다.[35]

위와 같이 천주교 신앙은 楊廷筠과 王徵의 마음속에 결코 예수회 선교사들이 기대했던 것과 같이 주도적인 위치를 차지하지는 않았으니, 그들은 단지 천주교 신앙을 가치 있는 인생철학이나 세상 인심을

---

34 鍾鳴旦 著/聖神研究中心 譯, 《楊廷筠一明末天主教儒者》, 홍콩 聖神研究中心, 1987, 252쪽 이하 참조.

35 黃一農 著, 〈明末中西文化衝突初探一以天主教徒王徵娶妾和殉國爲例〉, 臺灣大學歷史系主辦: 《臺灣大學第一屆全國歷史學學術研討會論文輯》, 1995, 24쪽.

바로 잡아 주는데 도움을 주는 윤리관이나 혹은 개인의 정신위로용으로 보았던 것이다. 종교는 개인과 내면세계에 관계된 것이고, 공공생활과 상관없는 일로 보는 이런 견해가 바로 종교에 대한 周邊化 경향인데, 이것이 바로 先秦時代부터 중국인들이 종교에 대해 갖는 일관된 태도라는 것이다.

중국인들이 종교를 주변화 시킨 원인은 크게 두 가지를 들 수 있다. 첫째는 春秋時代부터 人文主義와 自然主義의 儒家思想이 이미 문화와 사회에서 주도적인 위치를 차지하고 있었기 때문에 공공생활의 측면에서 儒家는 국가의 유일한 先導이데올로기가 되었고, 종교는 결코 특별한 위상을 갖지 못한 채, 단지 개인생활이나 혹은 내면의 정신세계에서 한정적인 공간만을 가지고 있었다. 두 번째, 막스 베버(Max Weber)가 儒家와 道家思想을 연구할 때에 지적한 것과 같이 유가사상은 세상의 萬事萬物과 조화를 이루어야 한다는 견해를 강조하는데, 이 때문에 중국인은 '통합적인 인격'을 형성하기 어렵게 되었고, 중국인에게 있어서 생명이란 단지 연속된 사건의 총합일 뿐이며 그것을 관통하는 개념이 결여되어 있다는 것이다. "그들은 반드시 서방의 기독교도와 같을 필요는 없으며, 반드시 하나님이 요구하는 '초월적 목표'에 대하여 대인관계와 세상사에서 일치된 반응을 보여야 하며"[36], 중국인은 "儒教人이면서 道教人"일 수 있고, 또한 "儒教人이면서 基督教人"일 수 있으니, 자신이 가지고 있는 여러 가지 다른 사상을 유기적으로 통합할 필요는 없다는 것이다. 그들은 오로지 儒家의 道統的 지위만을 강조한 연후에 바로 기타의 다른 종교를 겸용할 수 있으며, 이러한 다른 사상이 진정으로 조화를 이루었는지 여부는 부

---

36 Max Weber 著/H. H. Gerth 譯, *The Religion of China: Confucianism and Taoism*, N. Y.: The Free Press, 1964, p235.

차적인 문제라는 것이다.[37] 유일하게 중요한 것은 정통사상과 주변사상이 서로 충돌할 때에 그들은 반드시 의연하게 정통사상을 고수하는 선택을 하였다는 것이다.

중국인의 종교가 주변화 되는 경향을 이해하는 것은 우리들로 하여금 明淸交替期나 淸末 이후의 중국기독교도의 신앙에 대한 태도를 비교적 쉽게 파악할 수 있게 만든다. 전통사상 교육을 비교적 적게 받은 일반 대중들이 기독교를 받아들이는 것은 비록 쉬운 일은 아니지만 단지 사회습속과 집단으로부터의 압력에 대해서 어려움을 겪는데 국한되며, 관념상에서 마찰이 일어나는 일은 매우 드물었다. 그러나 지식인들은 우선적으로 儒家의 정통성을 받아들이기 때문에 기독교의 교리를 이해하고 접수할 때에 반드시 정신적으로 상당한 곤란을 겪게 된다. 반응 방식은 대체로 아래의 두 가지를 벗어나지 않는다.

첫째로 그들은 고의로 기독교와 중국문화의 相異한 부분(통상적으로 이 부분이 기독교의 가장 중요한 부분이다.)[38]을 생략해 버리고 오로지 兩者의 서로 類似한 부분만을 강조하였다. [39]두 번째는 實用主義의 각도에서 기독교를 이해하는 것이니, 바로 중국사회와 문화에 현존하는 문제로부터 시작해서 기독교 신앙이 여기서 제공할 수 있는 답안이나 혹은 출로를 부각시키는 것이다.[40] 이 두 가지 기독교 신

---

37 서양선교사들은 쉽게 타협하고 종합적으로 개괄하는 중국 기독교인들의 경향 때문에 항상 곤혹스러워 하곤 하였는데, 그들은 중국인이 "우리가 논술한 내용 중에 어떤 약간의 잘못이 얼마나 중요한지를 이해하지 못하는"것을 이상하게 여겼다. 謝和耐(J. Gernet) 著/耿昇 譯,《中國和基督教—中國和歐洲文化之比較》, 上海古籍出版社, 1991, 98쪽 참조.

38 실제로 선교사들도 이런 경향이 있는데, 예를 들면 미국학자 뭉겔로는 마테오 리치가《천주실의》와 그의 다른 저술 가운데에서 "原罪" 문제를 거의 제기하지 않았음을 지적하였는데, 이는 중국의 전통사상과는 서로 부합되지 않았기 때문이다. David E. Mungello, *The Forgotten Christians of Hangzhou*, Honolulu: University of Hawaii Press, 1994, p.88 참조.

39 앞의 주, 전게서, p81.

40 예를 들면 淸末 沈毓桂가 제기한 "救心"이란 개념은 바로 기독교신앙을 빌어 중

앙과 중국 전통문화의 상호 모순을 완화시키는 방법은 모두 기독교 신앙의 절대적인 지위를 어쩔 수 없이 손상시키는 것이고, 약간의 교리를 슬쩍 고치거나 혹은 파기해 버렸으며 심지어는 전체 기독교 복음의 핵심메시지를 바꾸기도 하였다.

제르네는 명말 예수회 신부들의 文化調和論에 따른 선교방법의 성과를 인정하고자 하지 않았는데, 그는 徐光啓와 같은 중국신자들이 받아들인 신앙은 결코 순수한 기독교 교리가 아니고, 일종의 유교와 천주교가 뒤섞인 잡탕이라고 간주하였다. 게다가 이런 잡탕 종교는 결코 천주교 선교사가 상상했던 것과 같이 단지 천주교와 유가가 각각 초월과 종교, 내재적인 것과 세속 사무 등 다른 영역의 간단한 역할에 따라 나누어진 것이 아니라, 유가와 천주교가 각각 세속과 종교라는 二重의 특성을 가지고 있긴 하지만 그러나 경계가 불분명한 상황 속에서의 일종의 組合이라는 것이다. 이런 천주교는 설사 儒家보다 下位에 종속되지 않고 유가와 동등한 위치로 간주되어지긴 하지만 동시에 '天道'(우주의 공통된 眞理의 道)라는 모호하고 엉성한 개념 밑에 동시에 예속되게 된다. 중국인은 소위 '三教合一'이라는 전통적인 종교혼합주의사상[41]으로 유교와 기독교 간의 관계를 이해하였으니, 기독교와 유교는 모두 天道에 이르는 서로 다른 방법이자 天道 자체를 드러내는 다른 형식이라고 간주하여 기독교는 더 이상 獨尊的인 지위를 누릴 수는 없게 되었다는 것이다.[42] 때문에 徐光啓 등

국인의 탐욕적이고 교활 간사한 성격을 개조하려는 것이다. 中華民國 建國 이후에 中國教會가 제기한 "人格救國"도 비슷한 動機와 趣向을 가지고 있다. 梁家麟 著, 〈五四前後新文化運動思潮與基督教〉, 《第三屆世界華人福音會議彙報》, 홍콩: 世界華人福音事工聯絡中心, 1988, 500-505쪽 참조.

41 林國平 著, 《林兆恩與三一教》, 福州: 福建人民出版社, 1991 참조. 종교혼합주의에 관련된 토론은 Julia Ching, *Chinese Religions*, N. Y. Orbis Books, 1993, 제12장 참조.

42 謝和耐 著/耿昇 譯, 《中國和基督教—中國和歐洲文化之比較》, 98-100쪽 참조.

이 신봉한 것이 진짜 원래의 천주교 신앙인지 혹은 적어도 천주교선교사가 전도하여 중국인이 믿기를 기대했던 신앙인지 여부에 대해서는 실제로 커다란 의문을 갖게 된다는 것이다.

楊意龍의 주장은 더욱 비관적인데, 기독교인과 중국인이란 두 가지 신분을 갖는 것은 근본적으로 불가능하다고 생각하였으니, 특별히 우리가 중국인의 신분과 전통 유가사상을 갖고 있다고 한다면 이 두 가지 신분의 공존이란 더욱 상상할 수 없는 일이라는 것이다. 예수회선교사와 같이 그렇게 동서양이 상호 타협하는 노력을 하여 최종적으로는 단지 이것도 저것도 아닌 변형된 기독교와 유가 사상만을 만들어내게 된다는 것이다.[43]

우리는 앞에서 천주교와 개신교를 포괄하는 기독교선교사들의 전반적인 선교정책을 儒家에 대한 견해를 통해 살펴보았다. 明末에 중국에 와서 천주교를 전파했던 예수회선교사들은 당시 儒·佛·道 등의 종교가 혼합된 중국문화 속에서 천주교를 전파하기 위해, 佛家를 배척하고 儒家의 天道를 보완하는 '易佛補儒'의 토착화사업을 전개하였다. 마테오 리치 등 천주교선교사들은 무신론과 자연주의에 기초한 佛·道의 "空"·"無"思想을 비판하고 기독교의 唯一神思想과 영혼불멸사상 및 천당지옥관념 등의 신학관념을 가지고 내세와 영혼을 논하지 않는 현세주의적 유가사상[44]을 보완하여 '儒家一神論'을 믿게 하였다.

儒家學者가 동시에 불교를 믿는 것과 유가학자가 동시에 기독교

43 John D. Young, "Some Reflections on the Historical Significance of Matteo Ricci in China", p.39.

44 명대의 新儒家는 神과 천당 지옥을 논하지 않았고, 제르네의 주장에 따르면 新儒家學說 중에서 영혼의 작용은 중심적이 아닌 주변적이며, 人性과 唯心論 개념과는 완전히 다른데, 기독교에서 영혼과 인성은 특별한 구별이 없다는 것이다. J. Gernet, "Confucian and Christian Religiosity in Late Ming China", *Catholic Historical Review*, Oct. 1997, Vol.83 Issue4, p.7-8.

를 믿는 것은 완전히 다른 일인 것 같다. 왜냐하면 불교는 상대적으로 개방적이고 포용적인 신앙체계를 가지고 있고, 게다가 천 여 년 동안 儒家와 교류하면서 다방면에 걸쳐 유가를 수용하였고, 新儒家思想도 본래 이런 佛家와의 수용과 융합의 산물이기 때문이다. 이와는 반대로 기독교는 상대적으로 폐쇄적이고 보수적인 종교인데, 기독교의 독단적인 유일신 교리와 신학적인 배타성은 기독교 신자들이 기독교와는 다른 어떤 관념이나 사상체계를 받아들일 가능성을 근본적으로 제한하고 있다. 때문에 불교는 유가 신도의 생각 속에 주변적인 역할을 할 수 있지만, 기독교는 결코 그럴 수가 없는 것이다. 마테오 리치의 "補儒" 論은 이미 근본적으로 新儒家 道統을 부정해 버렸고, 楊廷筠 등의 중국인 신자들은 마테오 리치 등 예수회선교사의 가르침을 따라 新儒家 道統을 완전히 떠나버렸다. 선교사와 중국신자의 관계에서 본다면, 마테오 리치와 그의 《天主實義》는 楊廷筠 등 유가지식인들의 儒家一神論을 만들게 하였으며, 기독교와 儒學이 종합된 모습으로 나타난 마테오 리치의 基督教 神學인 "耶儒會通" 論과 유가 기독교 신자가 취사선택한 이후에 나타난 儒家一神論은 공동으로 新儒家 道統과는 완전히 다른 신앙형태를 형성하였다[45]는 것이다.

그런데 청말의 개신교 선교사들은 중국에서 선교사업이 진척되지 않자 종래에 고수하던 "孔子或耶穌" 論에서 명말 예수회선교사들이 주장했던 "耶儒會通" 論을 변형시킨 "孔子加耶穌" 論으로 선교정책을 바꾸었다. 그들은 유가경전의 가치를 인정하고 유가사상에 기초한 중국문화의 특수성을 고려해야 만이 지식인을 포함한 상류계층에 선교를 할 수 있다고 인식하기 시작하였고, 예수회선교사들과 같이 신학적인 측면에서 종교다원주의 중국문화에 대한 고찰을 하지는 않

45 張曉林 著, 《天主實義與中國學統--文化互動與詮釋》, 學林出版社, 2005, 338-339쪽 참조.

았으며 천주교와 서양인의 입장에서 현실적인 판단을 통해 선교노선을 바꾸었던 것이다.

두 시기 선교사들의 "耶儒會通" 論과 "孔子加耶穌" 論은 비록 그 강도는 다르지만 모두가 기독교의 본질적인 신앙교리는 결연히 고수하면서 人性論과 윤리 도덕적 측면에서 유가사상을 인정하여 중국신자들, 특히 유가교육을 받은 지식인들이 외래종교를 받아들여 생활화하는데 따른 문화적 충돌을 최소화 시키면서 기독교 신앙을 받아들이도록 하였다. 이런 文化調整過程을 거친 중국의 기독교인 지식인들은 儒家學者이면서 기독교도로써 두 가지 신분을 유지할 수 있는데, 이런 상태를 儒家一神論이라 부르기도 한다. 바로 唯一神 思想에 기초한 기독교가 無神論과 人性論에 기초한 儒家와 결합한 상태를 포괄적으로 지칭한 것으로 기독교와 유가사상이 모두 변형 결합한 것을 의미한다. 하지만 이런 중국의 유가 기독교인이 과연 진짜 기독교인인가에 대해 회의하는 학자들이 있으며, 이런 "耶儒會通" 論的 宣教策略에 대해 이미 기독교의 정도를 벗어났다고 비판하는 견해도 있다. 儒家一神論的 觀點은 佛·道와 교류하여 상당히 종교적 색채를 띤 宋明의 新儒家를 先秦時代의 原始 儒家學說로 환원시켜 단지 철학적 측면에서 儒家를 기독교와 비교하여 동질성을 고찰하는 것으로 종교가 아닌 철학사상으로 유가를 인정하는 것이다. 때문에 明淸의 서양선교사들은 宋明理學을 위시한 新儒家哲學을 강력히 비판하면서 先秦儒家와는 구별하여 會通을 거부하였다. 이는 佛道를 배척하듯이 이미 상당한 종교성을 갖고 있는 新儒家를 비판하여 기독교와 명확하게 구분하고자 했던 것이다. 그러므로 儒家를 사회의 주도이데올로기로 삼은 중국사회에서 유가 기독교인은 종교와 사회생활을 분리시켜 자신의 사회적 지위와 기독교 신앙을 유지할 수 있었는데, 이는 三教合一思想이 유행했던 明淸時代에 종교가 중추적 역할

이 아닌 주변적 역할을 하여 유가이면서 불교도이고, 유가이면서 도교도인 것과 마찬가지로 유가이면서 기독교인인 것은 사회적으로 전혀 낯설지 않은 현상이 되었으며, 이런 종교의 주변화 경향이 "耶儒會通" 상태의 중국 기독교인을 특별한 존재로 인식하지 않게 만들었던 것이다.

제10장 명청 천주교 예수회선교사와 청말 개신교선교사의 문서선교

제1절 明淸 예수회선교사와 淸末 개신교선교사의 문서선교

제2절 예수회선교사의 번역사업과 영성수련서

제3절 천주교중문소설의 서술특성과 淸末 기독교 중문소설의 계승과 발전

명청 천주교 예수회선교사와 청말 개신교선교사의 문서선교

제1절 明淸 예수회선교사와 淸末 개신교선교사의 문서선교

개신교의 첫 번째 선교사인 로버트 모리슨은 처음 中國 廣州에 왔을 때 천주교선교사가 편찬한 《十誡詮解》와 教理問答書를 읽은 적이 있었고 그가 유럽에서 가져왔거나 중국에서 얻은 라틴어中文字典은 대부분 프랑스 천주교신부들이 편찬한 것이다.[1] 미켈레 루제리와 마테오 리치가 명말 중국에서 진행한 선교사업에 대해서 모리슨이나 윌리엄 밀네는 잘 알고 있었는데, 《神天聖書》를 中譯할 때에 모리슨은 1800년 전후 푸아로가 북경에서 中譯한 《四福音書》를 참고하기

1 여기서 말하는 字典은 샤레틴 루이스 죠세프 드 구이겐(Chrétien Louis Joseph de Guignes, 德金, 1759-1845)의 《漢法拉丁語字典 中佛라틴어字典》(*Dictionnaire chinois, français et latin, la Vacabulaire Chinois LatinDictionnaire chinois, français et latin, la Vacabulaire Chinois Latin*)을 가리킨다. 구이겐의 자전은 成書過程이 복잡한데 이 자전의 저본은 17세기 방지거회 신부 배실리오 브롤로(Basilio Brollo, 葉尊孝, 1648-1704)가 南京에서 편찬한 라틴어자전이다. 브롤로의 手稿는 바티칸 교황청도서관에 소장되어 있다. 이상의 견해는 마시니(Federico Masini, 馬西尼) 著/錢志衣 譯, 〈十七、十八世紀西方傳教士編撰的漢語字典〉, 卓新平 編, 《相遇與對話: 明末淸初中西文化交流國際學術硏討會論文集》(北京: 宗教文化出版社, 2003), 334-347쪽 참고.

도 하였다.[2] 비록 여러 가지 측면에서 新舊兩教는 서로 경쟁을 하였지만, 서로 협력관계를 구축한 일이 더 많은 편이다. 그중에 唐代 景教가 남겨놓은 것을 계승하는 면에서는 전혀 이의가 없었다.

개신교에서 천주교와 정식으로 연관된 작업은 《성경》의 中譯事業인데, 모리슨의 《神天聖書》와 말쉬맨(Joshua Marshman, 馬殊曼, 1768-1837)과 라사(Joannes Lassar, 拉撒, 1741-?)가 共譯한 《聖經》이 모두 《바세역본 巴設譯本》을 저본으로 하였다는 사실을 연구자들은 누구나 알고 있었다. 이 역본은 천주교 외방선교회의 장 바세(Jean Basset, 白日升, 1662-1707)가 17·18세기의 전환기에 완성한 《성경》의 부분 中譯本이다.[3] 개신교가 비록 독립적인 면이 있긴 하지만 대체적으로 본다면 천주교의 성경번역사업을 계승하였다고 말할 수 있다.

臺灣師大의 潘鳳娟교수는 최근에 발표한 논문에서 영국 런던선교회의 제임스 레기(James Legge, 理雅各, 1815-1897)가 《孝經》을 英譯하는 과정을 고찰하면서 유럽계통의 개신교가 어째서 至高神의 라틴어 호칭 'Deus'를 '上帝'로 번역하였는지를 연구하였다. '上帝'란 단어는 《易經》, 《詩經》, 《書經》에 나오는데, 마테오 리치 이후 천주교 선교사들은 이 단어를 빈번하게 사용해 오다가 1628년의 嘉定會議 이후로 사용하지 않게 되었다. 嘉定會議 이전에 예수회의 원동지역 순찰사 제로메 로드리게스(Jérôme Rodriguez, 駱入祿, 1614-1661)는 'Deus'의 中譯 紛爭을 해결하기 위해서 알폰세 바그노니, 마르티노 마르티니, 니콜라 트리고, 니콜라스 롱고바르디 등 11명의 初代 예

2 Robert Morrision's letter to the British and Foreign Bible Society(8 June, 1816), in The Thirteenth Report of the British and Foreign Bible Society, p.15.

3 장 바세의 《바세역본》과 《神天聖書》와 《말쉬맨·라사역본》의 관계에 대해서는 조스트 올리버 제츠체(Jost Oliver Zetzsche), *The Bible in China: The History of the Union Version or the Culmination of Protestant Missionary Bible Translation in China,* Sankt Augustin: Monumenta Serica Institute, 1999, p.25-58와 馬敏, 〈馬希曼、拉沙與早期的《聖經》中譯〉, 《歷史研究》,1998年第4期(1998.8.), 45-55쪽 참조.

수회 신부들을 嘉定에 소집하여 'Deus'의 中譯名을 어떻게 번역할지에 대해 함께 논의하였다. 하지만 신부들의 견해는 서로 달라서 의견이 분분하였고 마지막에는 中日地域의 순찰사 안드레 팔메로(André Palmeiro, 帕爾梅羅, 1569- 1635)가 친히 조정하여 '上帝'의 사용을 금지시켜 버렸다. 바그노니는 원래 '上帝'의 사용을 옹호하긴 하였지만, '天主'라는 용어를 이미 오랫동안 사용해 왔기 때문에 그가 '天主'를 中譯名으로 하는 방안을 지지하게 됨에 따라 결국 이 같은 결정을 보게 되었고, 1707년 로마교황청에서 교령을 반포하여 'Deus'의 中譯名으로 '天主'만을 사용하도록 하였다.

하지만 천주교계에서 '上帝'는 이로 인해 결코 폐기되지 않았다. 嘉定會議 이후에 도리어 禮儀論爭으로 말미암아 이의 사용을 요구하는 목소리가 갈수록 커져갔다. 嘉定會議에서 니콜라 트리고는 중국의 先秦典籍에 이미 '上帝'라는 어휘가 사용되었으므로 이를 근거로 '上帝'를 'Deus'의 中譯名으로 삼고자 적극적으로 주장하였다. 그러나 자신의 주장이 받아들여지지 않자 1628년 울분을 참지 못하고 자살하고 말았다.[4] 清代에 이르러 예수회선교사들은 대체로 '天主'를 사용하였으나, 프랑스에서 온 索隱派(Figurism)선교사들은 古代의 儒家經典을 연구하였기 때문에 여전히 '上帝'를 사용하였다. 조아생 부베와 그의 제자 앙리 프레메어는 索隱派의 대표주자인데, 특히 프레메어를 주목할 필요가 있다. 索隱派 예수회선교사들은 儒家經典을 섭렵하고 《불경》을 연구하여 《聖經》의 사실성을 입증하고자 하였는데, 조아생 부베는 강희황제에게 서양의 대수학을 가르치면서 황제의 총애를 받아 궁정에서 봉직하며 易經硏究를 수행하여 천지창조부터 최후의 심판까지 인류의 모든 역사를 수학으로 분석한 바 있다. 그가 강

4 Liam Mathew Brockey, *Journey to the East: The Jesuit Mission to China, 1579-1724*, Cambridge: Harvard University Press, 2007, p.87.

희제의 명령을 받들어 진행한《易經》研究는 西學中源說의 근거로 사용되기도 하였는데, 제4장에서는 조아생 부베의《天學本義》와《易經釋義》를 집중적으로 조명하여 천주교와 儒家의 대화, 천주교와 불교의 분쟁에 대한 고찰을 통해 명말 청대에 있었던 종교 간의 대화와 차용관계에 대해 탐구해 보았고, 중국을 기독교계의 세계사 범주 안에 두고자 했던 부베의 색은파 사상과 문헌을 고찰해 보았다.

또 다른 일파는 스페인 포르투갈 등 남부유럽에서 온 예수회선교사인데, 朱宗元은 포르투갈선교사 임마누엘 디아스에게 세례를 받았고, 박학하고 문장을 잘 지어 디아스의 번역조수가 되었다. 그들은 모두 팔메로의 결정을 따라 '천주'로 'Deus'를 호칭하였다. 비록 그렇기는 하였지만 예의논쟁 과정 중에 이 流派의 선교사들도 先秦古籍을 검색하지 않을 수가 없었기 때문에 '天', '上帝', '帝'와 같은 단어를 알게 되었고, 이를 통해 천주교 교리가 중국 先秦時期에 이미 존재한다는 사실을 확인하게 되었다. 朱宗元의 科擧應試文 〈郊社之禮所以事上帝也〉가 세간에 전해졌고, 方豪는 이를 일컬어 "儒家를 인용하여 天學에 들어갔다 引儒入天"라고 논평하였으며, 제임스 레기는 이 문장으로 인해 그보다 300년이 앞선 朱宗元과 교류하게 되었다.[5]

5 潘鳳娟, 〈郊社之禮所以事上帝也—理雅各與比較宗教脈絡中的《孝經》翻譯〉,《漢語基督教學術論評》總第12期, 2011.12, 129-158쪽 참조. 朱宗元이 1648年에 작성한 〈郊社之禮所以事上帝也〉의 刊本은 Adrian Dudink, "The Chinese Christian Texts in Zikawei 徐家匯 Collection in Shanghai: A Preliminary List," *Sino-Western Cultural Relations Journal* 33, 2011,p.8에 근거하였다. 方豪의 인용문은《中國天主教史人物傳》第2册, 97쪽 참조.

제2절 예수회선교사의 번역사업과 영성수련서

靈性文學에 가장 완정된 정의를 내린 학자는 미샬 디트모어(Michael Ditmore)를 들 수 있다. 收錄體를 근거로 논의한다면, 靈性文學을 廣義로 구분할 때 천주나 혹은 하느님에 가까이 갈 수 있는 예술매체를 가리키는데, 영화, 전자책, 음악시디, 인터넷과 세간에 두루 통용되는 靈性소책자 등이 여기에 포함되며 그 내용은 서방의 전통에서는 '文學'에 속하는 것들이 대부분이다. 때문에 개인은 내면과 대외적인 표현으로 시작하여 그리스도의 생애, 죽음, 부활 등 그리스도의 일생을 배우는데서 출발하여 이런 영성생활을 통해 자신을 "생명을 얻은 새사람"으로 거듭나게 하려는 것이다. 이런 靈性文學은 모두 "영성 수련의 실천(devotional practice)"이라 부를 수 있다. 만일 영성문학을 협의의 관점에서 본다면 모든 문학적 요소를 갖추어야만 한다. 《성경》 자체가 바로 靈性文學이니, 《福音書》는 모두 처음과 끝이 구비된 敍事作品이고 그중에는 인간이나 혹은 절대자의 대리인인 天使가 있으며, 장소와 플롯을 모두 갖춘 靈性文學의 표본이라 하겠다.

영성문학의 광의와 협의를 종합해 보면, 영성문학이 문자의 미학을 추구하는 일반문학과 다른 가장 큰 특색은 바로 유일신을 경배하고 하나님을 찬양하는 데 있으며, 그리스도나 혹은 그와 관련된 정신을 가장 중요한 내용으로 한다는 것이다. 그 다음으로는 신앙에서 파생되어 나오는 '성지 순례 朝聖之旅(pilgrimage)'를 가는 것인데, 목적지는 인간세계의 어떤 聖地나 樂園이 될 수 있다. 만일 隱喻的으로 표현한다면 목적지는 '하늘'이나 혹은 '천당'일 수 있으니 결국은 성어거스틴이 《天主의 城》에서 명확하게 지적한 "하늘을 향해 가는 여행 朝天之行 "을 말하는 것이다. 그 다음으로는 정신의 추구에서 변화되어 나온 '영혼의 聖戰'이 있는데, 기독교인이 어떻게 자신을 이겨내고 '재물' 등 萬惡의 근원을 멀리 할 수 있는지를 서술하는 것이며, 나아가 정의, 경건, 신앙, 사랑, 인내와 良善을 추구하여 신앙과 관련이 있는 영적 전쟁에서 승리하여 永生을 얻는 것이다. 이런 까닭으로 장르에 있어 영성문학은 예배 기도문, 聖人傳記, 殉教錄 그리고 心靈日記, 傳記, 自傳과 같은 각종 크리스챤의 生命敍述이 포함될 수 있다. 이런 文類는 詩의 형식이나 散文의 형식으로 쓰여 질 수 있고 또한 韻文과 散文의 문체를 같이 사용할 수도 있다. 이런 측면에서 본다면 단테의 《신곡》, 밀튼의 《실낙원》, 성어거스틴의 《참회록》, 성익나티우스의 《심령일기》 등 서구의 걸작들은 《창세기》, 《출애굽기》, 《욥기》, 《시편》, 《아가》, 《복음서》 등 《성경》 중의 명편들과 어깨를 나란히 하며 최고의 영성수련서로 평가받고 있다.[6] 영성문학의 선택적인 독해는 상당히 재량적인데, 明末 이래로 이 분야에서 당연히 임마누엘 디아스가 번역한 《聖經直解》가 出版時間이 가장 이르고 성취도가 가장 높다고 하겠다. 全帙 3권은 대부분 《四福音書》에서 취재하여 禮儀年의 예배시간에 사용하기 위한 책으로 방법상에서는 디트모어가 기대했던 영성수련의 실천용으로 만들어진 聖經節譯本이다.

1762년 映嬪 李氏가 기술한 〈中國小說繪模本小序〉에는 2권의 천주교서적 《聖經直解》와 《七克》이 언급되었는데, 이는 18세기 중엽에 이미 《성경》과 천주교 교리서가 조선 왕궁에 유입되었다는 사실을 말해주고 있다. 《聖經直解》는 임마누엘 디아스가 동양에서 처음으로 中譯한 성경축약본이고, 그는 토마스 캠피스의 *Imitatione christis*를 《輕世金書》란 제명으로 번역하기도 하였다. 본서에서는 제5장에서 임마누엘 디아스의 《輕世金書》와 《聖經直解》를 집중적으로 연구

6 위에서 논의한 영성수련서의 정의와 범주는 Michael Ditmore, "Devotional Literature," George Thomas Kurian, et al., eds., in *The Encyclopedia of Christian Literature*, vol1: Genres and Types/Biographies A-G, Lanham, Toronto and Plymouth: The Scaredcrow Press, 2010, p.57-60 참조,

하여 천주교의 영성수련서가 明末부터 중국에 번역 유입 전파된 상황을 고찰해 보았다. 《성경직해》는 1784년에 이승훈이 북경에서 직접 가져와 조선의 초기 천주교회에서 사제 없이 신자들이 신앙생활을 하는데 지침서로 사용되었고 제일 처음 한글로 번역된 성경축약본으로써 성경전파사나 성경번역사에 있어 비상한 의의를 가지고 있는 영성수련서라 하겠다.

천주는 바로 예수 그리스도이고, 그리스도를 본받는 것은 영성수련서에서 가장 두루 보이는 내용이다.[7] 본서의 제5장에서 기술한 《輕世金書》는 유럽문학사에서 그리스도를 어떻게 본받을 것인지에 대한 답안을 기술한 전적 중에 가장 高明한 靈性文學作品이라 하겠다. 《輕世金書》는 서양의 중세기부터 기독교계에서 가장 널리 전파되고 번역 간행된 역서인데, 바로 천주교의 '古聖明訓'이 두루 수록된 靈性修練書이다. 전 세계에 약 6천종의 판본과 900여 종의 手抄本이 전해지고 있으며 중국에서는 근 360 여 년 동안 수많은 학자들이 연구 번역 간행한 신앙수련서이기도 하다. 저자 캠피스는 첫째 세속을 버리고 성지로 나아가며, 둘째 성인을 본받고, 셋째 《성경》을 읽으며, 넷째 성만찬에 참여하여 聖體를 받는 등 한 걸음 한 걸음 자신을 초탈해 나아가다 마지막에는 영혼이 천주와 하나로 연결되어야 한다고 이 책에서 주장하고 있다. 《輕世金書》는 '신경건신앙운동'의 대표작인데 '경건신앙'이란 '봉헌'이나 '영성수련'으로 번역할 수도 있기 때문에 디아스가 중역한 《輕世金書》는 아마도 중국예수회의 가장 대표적인 영성수련서라고 하겠다. 이 책에서는 상기의 주요 수련과정을 연속해서 강조하면서 이를 통해 정신과 신앙이 승화되어야 한다고 하였다. 이 책에서는 영성수련을 정신 여행의 隱喩로 바꾸었으니, 個人

7 Michael Ditmore, "Devotional Literature," *The Encyclopedia of Christian Literature*, p.59 참조.

이 천주를 향해 나아가는 '朝聖行 ascent to God' 旅程의 隱喩的 敍述이라 할 수 있는데, 온화하지만 분명한 어조로 "주님을 본받을 것 遵主聖範"을 가르치고 있다. 위에서 논의한 영성수련서의 광의나 협의의 관점을 막론하고 《輕世金書》는 현대학자들이 논하는 영성수련문학의 정의에 가장 잘 부합되는 전형적인 영성수련서이다. 디아스의 중역본 《聖經直解》와 《輕世金書》는 《尙書》의 文體를 모방하였는데 특히 謨誥諸篇의 문체로 기술하였으며, 이 점은 매우 중요한 의미를 갖고 있다. 명청 교체기 중국예수회선교사들의 입장에서 본다면 文體(style)는 경전으로 인정받는 가장 중요한 요인이라 할 수 있는데, 문체가 의탁한 '寓言' 또한 '경전'을 이해하는 관건적인 요소라고 하겠다. 임마누엘 디아스가 謨誥體로 번역한 것은 두 중역본을 儒家經典體의 번역을 통해 "經典化" 시키고자 한 것으로, 寓言의 관점에서 독자들로 하여금 《輕世金書》를 精讀 省察하게 하고, 앞에서 얘기한 영성수련서의 심오한 취지를 잘 체득하게 함으로써 《輕世金書》를 經典의 반열에 올려놓고자 하였다. 디아스가 번역한 《輕世金書》는 문언문 시대에 천주교번역문학의 경전 반열에 서게 되었으며, 중국 영성수련서의 典範 중에서도 가장 걸출한 경전이 되었던 것이다.

제8장에서는 《聖經直解》와 《七克》을 포함해서, 마테오 리치의 《天主實義》, 롱고바르디의 《靈魂道體說》, 디아스의 《輕世金書》 등의 漢籍들이 조선에 전래되어 수용된 사례를 조사 연구하였다. 특히 디아스의 《聖經直解》와 리치의 《天主實義》, 판도하의 《七克》은 조선에 전래되어 가장 널리 애독되고 영향력이 가장 큰 한역교리서였다. 그런데 조선에서 가장 먼저 입수되어 주목을 받은 서학서는 아마도 디아스의 《天問略》과 롱고바르디의 《治曆緣起》일 것이다. 북경에 사신으로 갔던 정두원은 예수회선교사 로드리게스를 만나 서양의 과학지식을 전해 듣고는 서양의 천문역법을 배우도록 譯官 이영후를 중

국에 머물게 하였다. 이영후는 정두원에게서 《天問略》과 《治曆緣起》를 받아서 보고난 뒤, 로드리게스에게 서신으로 천체구성과 역법에 관하여 질의하였다. 서광계와 롱고바르디가 명말에 편찬한 서양역법에 의거하여 중국에서 역법을 고친 연혁을 기록한 롱고바르디의 《治曆緣起》는 1631년 제1책이 북경에서 간행된 직후부터 1645년 제9책이 완간될 때까지 바로 조선에 전해져 지식인들에게 서양과학의 우수성을 인식시켰다. 현재 규장각에는 편자미상의 《치력연기》 9책과 漢文本 《治曆緣起》 8책이 소장되어 있다.

1624년 프란세스코 삼비아시는 아리스토텔레스의 《靈言蠡勺 *De anima*》의 高因伯集注本을 中譯하였다. 그는 희랍어와 라틴어의 '*anima*'에 對等되는 중국어 어휘를 찾지 못해서 '靈性'과 '靈魂'이란 두 개의 어휘로 번역하였는데, 이전에 道敎 이외의 중국문화에서는 거의 볼 수 없는 단어였다. '*anima*'란 말은 1637년 지우리오 알레니가 번역한 《聖夢歌》에서는 아직 그 어휘가 막연하고 모호하였는데, '魂'이라고 번역하든지 아니면 '靈'이라 부르는 등 어휘가 통일되지 않았다. 천주교에서 '영혼'이란 어휘를 사용하는 번역작업은 대체로 롱고바르디가 中譯한 《聖若撒法始末》에서 통일되었고, 마테오 리치의 《天主實義》에서 다시 볼 수 있지만, 우리가 지금 알고 있는 이 단어는 전부가 롱고바르디의 《靈魂道體說》에 근거한 것이다. 《靈魂道體說》이 언제 출간되었는지는 명확하지 않은데 1636년이거나 明淸이 교체되던 1644년 전후일 것이다. 롱고바르디는 삼비아시의 견해와 마찬가지로 중국인은 '*anima*'에 대한 완정된 어휘가 없었다고 생각하여 道經 중에서 '靈'과 '魂'의 두 글자를 찾았고 두 자가 합쳐진 '靈魂'이란 단어를 찾은 뒤에 《聖若撒法始末》에서 이 단어로 中譯作業을 하였던 것이다. 게다가 康熙皇帝는 그의 문서에서 이 어휘를 사용하였고, 乾隆에서 嘉慶朝에 번역된 루이 푸아로의 《古新聖經》에서는 靈魂이란 단어가 두루 사용되었다.[8] 이로부터 중국인들은 생명의 본질과 사후의 생명 이탈을 언급할 때, '靈魂'이란 단어를 상용하게 되었다.[9]

롱고바르디는 《영혼도체설》과 《염주묵상규정》, 《천주성교일과》와 같은 천주교 교리서를 출간하였는데, 그는 嘉定會議에서 'Deus'의 中譯名으로 '天主'를 사용할 것을 강력히 주장하여 이를 관철시켰고, 그후 舊教는 天主教라는 이름으로 통칭되었다. 嘉定會議가 소집되었을 때, 롱고바르디는 이미 46년의 선교경험을 가지고 있어 중국문화에 대한 인식은 결코 마테오 리치에 뒤지지 않았고 자신만의 확실한 견해를 가지고 있었다. 롱고바르디는 자신의 신앙관에 비추어 볼 때, 옛부터 당시까지 중국인들이 유태인 기독교의 一神觀과 유사한 신앙을 갖고 있다는 생각을 철저히 부인해 버렸고, 이런 관점은 마침내 1700년 전후에 프랑스 역자의 손을 빌려 〈중국종교의 몇 가지 문제를 논함 Traité sur quelques points de la religion des Chinois〉(1701)이라는 문장을 저술하여 중국의 禮儀는 천주교의 교리에 부합한다는 예수회의 전통적인 견해를 철저히 부정해 버렸다. 롱고바르디의 견해는 후에 파리대학 소르본신학자들이 예수회를 공격하는 근거로 삼았는데, 1704년 로마교황청은 이에 따라 마테오 리치의 선교방식을 완전히 뒤집어 버렸으며 중국의 전례가 천주교 교리와 병행될 수 있다는 주장을 부정해 버렸다. 롱고바르디는 중국의 전적들을 두루 섭렵하였지만 그중에서 천주교 신학이 특별히 중시하는 영적인 측면을 발견

---

8 陳垣 編, 《康熙與羅馬使節關係文書》, 《康熙與羅馬使節關係文書/乾隆英使覲見記》, 36쪽. 賀淸泰, 《古新聖經》, 第1册 〈化成之經〉, 11甲葉.

9 劉禾의 각도에서 본다면 '영혼'이란 어휘는 예수회가 중국고전을 부흥시켜면서—특히 《楚辭》—얻은 것인데, 이어져서 지금까지 유행하게 된 것이라 한다. Lydia H. Liu, *Translingual Practice: Literature, National Culture, and Translated Modernity, China, 1900-1937*, Stanford: Stanford University Press, 1995, p.1-42. 李奭學, 《譯述: 明末耶穌會翻譯文學論》, 326쪽 주37 참조. 이 문제는 柴田篤, 〈「亞尼瑪」と「靈魂」–イエズス會士の漢譯語について〉, 吉田忠, 《イエズス會士關係著譯基礎研究》, 仙台: 東北大學出版社, 1988, 8쪽 참조.

하지 못하였고, 이러한 견해는 당연히 예수회 색은파 대표들의 금기 사항을 건드렸으므로 필리페 코우플(Philippe Couplet, 柏應理, 1623-1693)과 앙리 프레메어가 측면에서 싸움을 걸어 중국의 上古時代에 중국인들은 이미 一神論을 신봉하였다고 글을 써서 롱고바르디의 주장을 적극적으로 논박하였기 때문에 유럽에서 어느 정도의 반향을 이끌어내기도 하였다.[10] 롱고바르디의 문장이 발표된 지 얼마 되지 않아 빌헬름 라이프니치(Gottfried Wilhelm Leibniz, 1646-1716) 역시 지면으로 롱고바르디의 논지를 반박하였지만 천주교계의 예수회 반대파들은 여전히 롱고바르디의 글을 대단히 중요시 하였다.[11]

롱고바르디는 앞에서 논의한 대로 자신의 명확한 번역관을 가지고 있었다. '천주'라는 至高神의 명칭 사용과 '영혼'이란 어휘의 번역뿐만 아니라, 천주교의 삼위일체 神名의 번역문제에 있어서도 'Deus'를 音譯하여 '陡斯'라 하고, '聖神'은 '斯彼利多三多'(Spiritus)로, '聖父'는 '罷德肋'(Pater)로, '聖子'는 '費略'(Filius)로 改稱할 것을 주장하였다.[12] 그는 舊典에 의거하여 連類의 방식으로 번역하는 것은 옳지 않다고 생각하였고, 번역할 때에는 대등한 어휘가 없으면 번역명은 새롭게 新名詞를 사용해야 한다고 주장하였다. 天主나 靈魂과 같은 譯名도 이같은 그의 번역관에 따라 일관되게 주장한 것이다. 《聖若撒法

---

10 Cf. Nicholas Dew, *Orientalism in Louis 14's France*, Oxford: Oxford University Press, 2009, p.205-223와 Joseph-Henri-Marie de Prémare, *Lettre inédited du P.Prémare sur le monothéisme des chinois*, Paris: Benjamin Dupart, 1861 참조.

11 롱고바르디의 〈論中國宗教的幾個問題 중국종교의 몇 가지 문제를 논함〉과 롱고바르디의 反面影響에 대해서는 潘鳳娟, 〈無神論乎? 自然神學乎?—中國禮儀之爭期間龍華民與萊布尼茨對中國哲學的詮釋與再詮釋〉, 《道風: 基督教文化評論》 第27期(2007年秋季號), 51-77쪽과 李文潮, 〈龍華民及其〈論中國宗教的幾個問題〉, 《漢語基督教學術評論》 總第1期(2006年6月), 159-186쪽 참고.

12 高龍鞶 著/周士良 譯, 《江南傳教史》, 第1册, 238쪽과 Seán Golden, "God's Real Name is God: The Matteo Ricci-Niccolo Longobardi Debate on Theological Terminology as a Case Study in Intersemiotic Sophistications," *The Translator* 15, no.2(2009), p.375-400 및 李奭學, 《譯述: 明末耶穌會翻譯文學論》, 400쪽 참조.

始末》 중의 '若撒法' 역시 '요세파'의 漢字 音譯이다. 그가 출판한 《영혼도체설》, 《염주묵상규정》, 《천주성교일과》도 漢譯된 천주교 교리서이니 그는 번역에 있어 상당한 업적을 남겼을 뿐만 아니라 이들 교리서가 조선에 전래되어 초기 조선교회의 발전에 초석을 다져놓았다고 할 수 있다.

제3절 천주교중문소설의 서술특성과 淸末 기독교중문소설의 계승과 발전

앙리 프레메어는 康熙盛世에 中國意象을 기초로 하고 서방의 문학전통으로 구도를 만들어 康熙 9년 문언소설 《夢美土記》를 완성하였다. 이 작품의 서술자가 꿈에서 본 '美土'란 바로 秦나라의 戰禍를 피해서 간 곳으로 심지어는 천주교의 지상낙원으로 승화된 곳이다. 아편전쟁 후에 역사국면이 변화하였고, 이런 동류의 夢境을 기독교인들이 줄줄이 번역하여 적지 않은 작품들이 출간되었다. 창작소설로 말하자면 道光 연간에 쓰여진 귀츠라프의 《悔罪之大略》은 자칭 '弟'라고 하는 사람이 重陽節에 등나무 넝쿨과 칡나무 덩쿨을 부여잡고 험준한 산으로 올라갔다가, "갑자기 피곤을 느껴서 잠이 들었고 꿈을 꾸었다."[13]라는 서술로 작품이 시작된다. 번역작품으로 말하자면, 咸豊 3년(1853) 미국선교사 윌리엄 챔벌 번스(William Chamber Burn, 1815-1868)가 존 번연의 영어소설을 文言版 《天路歷程》으로 완벽하게 번역해 놓았다. 文言譯本의 시작부분에서 주인공은 이렇게 말하였다. "내가 이 세상의 광야를 가다가 한 군데를 만나게 되었는데 동굴이 있었고 나는 이곳에 기대어 잠이 들었다."[14] 이 작품의 주인

13 "忽覺疲倦, 臨睡且夢。" 郭實獵,《悔罪之大略》, 第1卷 11甲。

14 "我行此世之曠野, 遇一所, 有穴, 我在是處偃臥而睡。"賓惠廉 譯,《天路歷程》, 오

공 "나 我"도 마찬가지로 꿈을 꾸는 夢境에서 작품을 시작하는데, 이는 서양에서 동양으로 온 새로운 서술전통이 되어 버렸으니, 《夢美土記》부터 《天路歷程》에 이르기 까지 이들 새로운 夢境文學作品들은 서로 공통점을 가진 전승관계를 유지하고 있는데, 이는 티모티 리차드가 1894년에 번역한 《百年一覺》[15]에 이르기까지 모두 서양의 新型夢境文學이라는 서술특징을 가지고 있다.

그러면 이들 작품이 왜 서양의 새로운 서술특징을 가지고 있다고 말하는가? 《悔罪之大略》의 주인공은 비록 '弟'라고 自稱하지만 작중에서는 '나 我'를 지칭하고 있다. 때문에 하버드의 패트릭 하난은 《悔罪之大略》을 중국문학사에서 첫 번째 제일인칭 창작소설이라고 평가하였는데,[16] 번역소설 《天路歷程》 등이 제일인칭으로 서술되었을 뿐이라고 하였다. 중국의 소설전통은 唐傳奇나 宋元話本小說 그리고 明清章回小說은 거의 대부분이 全知的 敍述觀點에서 기술되었으며, 歐美의 소설가들도 18세기 이후에야 비로소 서술기교에 주목하기 시작하였다고 한다.[17] 때문에 清代 初期 《夢美土記》의 주인공은 서술관점이 완전히 변화되어 버렸으니, 주인공이 작품의 처음부터 끝까지 제일인칭 서술자가 되었던 것이다. 앙리 프레메어는 제일인칭 '我'를 사용하지 않았고 "旅人 여행자"이란 용어를 사용하였다. 그러나 소설 전체를 살펴보면, "東西南北之人 동서남북의 사람"이라 自稱하는 주인공 "旅人"의 시각에서 서술하고 있다. 패트릭 하난은 吳趼人의

스트레일리아 국가도서관 소장본, 咸豊3年(1853), 1甲葉。

15 이 작품의 역자는 원래 '析津'이라는 필명으로 《萬國公報》 第35-39冊(1891년12월-1892년4월)에 《回頭看紀略》이란 題名으로 연재하였고, 1894년 上海廣學會에서 간행하였다. 그후 商務印書館에서 간행할 때 《百年一覺》이란 서명으로 바꾸어 출간하였다.

16 Patrick Hanan, *Chinese Fiction of the Nineteenth and Early Twentieth Centuries,* p.70.

17 Wayne C. Booth, *Rhetoric of Fiction*, 2nd ed., Chicago: University of Chicago Press, 1983, p.149-150. 袁進, 《中國小說的近代變革》, 106-128쪽 참조.

《二十年目睹之怪現狀》을 중국인이 저술한 첫 번째 제일인칭 소설작품이라 하였는데, 이 작품의 서술자 '我'는 항상 자신을 "九死一生"이라고 자칭하였다. 이는 프레메어가 작중에서 "旅人"이라 자칭하는 것과 같은 서술방식인데, 《夢美土記》의 서술관점은 바로 자칭 "旅人"이란 "나"의 눈으로 바라본 것이다. 또한 이 "旅人"은 저자 프레메어 자신을 지칭하는 호칭이기도 한데, 《夢美土記》는 바로 《悔罪之大略》과 《天路歷程》 등 淸末 基督敎 著譯小說의 제일인칭 서술관점을 개척한 선구적인 소설작품이라 하겠다. 이 점이 바로 앙리 프레메어의 《夢美土記》가 敍事方式의 현대성을 구비하였기 때문에 중국현대문학의 새로운 지평을 열었다는 평가를 받는 이유인 것이다.

다시 돌아와 귀츠라프가 저술한 《悔罪之大略》를 살펴보도록 하자. 작중의 '某人'은 꿈속에서 人間의 "樂島"를 보았는데 완전한 仙境이었다. 작자는 그 광경을 細筆로 상세히 서술하기를 "바람은 부드럽고, 산세는 웅장하며, 숲은 울창하고, 계곡물은 깊고도 깨끗하구나!"[18] 이 구절은 귀츠라프가 앙리 프레메어의 작품에서 가져온 것이다. 프레메어가 1709년에 지은 《夢美土記》는 우언체의 필법으로 그가 믿는 中國古代經典의 索隱學을 의탁 비유한 寓言夢境小說이다. 작중에서 주인공은 美土聖境에 들어가 靈山勝景을 두루 보았는데, 그곳은 "꽃봉오리 아름답고 바람은 부드럽다 猗猗其華, 芬芬其風" "산은 웅장하고 숲은 울창하며 계곡은 깊고도 깨끗하구나 其山莵莵, 其林蓁蓁, 其壑窈然而鮮蔭"[19]라고 하였다. 귀츠라프가 묘사한 '樂島'에 대한 서술은 앙리 프레메어의 문장과는 '鮮蔭'의 '蔭'이란 한 글자가 다를 뿐이다. 청말 기독교소설 중에서 《悔罪之大略》은 각별한 주제의식을

18 "芬芬其風, 其山莵莵, 其林蓁蓁, 其壑窈然而鮮。"《悔罪之大略》第1卷, 2甲-2乙.

19 馬若瑟, 《夢美土記》, 프랑스 국가도서관 소장 王若翰抄本, 編號: Chinois 4989, 2甲-2乙.

가진 획기적인 작품이지만 문장서술면에서는 앙리 프레메어 작품의 영향을 받은 것이 분명하다. 그런데《夢美土記》는 정식으로 출판되지도 않았는데, 130 여년 뒤의 귀츠라프가 어떻게 그 작품을 읽을 수가 있었을까? 그는 제임스 레기처럼 특별한 루트를 가지고 있어서 예수회선교사의 저작을 볼 수 있었을까? 위에서 인용한 美土勝景에 대한 서술은 프레메어 스스로가 대단히 자부하는 名文으로 자신이 라틴어로 저술한《漢語箚記》(1731년) 중에 나오는 글인데, 프레메어의 생전에는 출간되지 못했고 그를 대신해서 출판한 사람은 천주교예수회에 대해 비판적인 태도를 가지고 있던 런던선교회의 로버트 모리슨인데, 1831년 자신이 설립한 영국령 말래카에 있는 英華書院에서 간행되었다. 2년 후에 귀츠라프는 광주에서《東西洋考每月統記傳》을 창간하고 主編을 맡았다. 아마도 귀츠라프는 이 기간 중에《漢語箚記》를 읽었을 것이고, 그중에서 美土勝景에 대한 서술을 알게 되었을 것이다.

19세기에 가장 많은 기독교소설을 저술한 선교사 중에 귀츠라프는 거의 손으로 꼽힐 정도인데, 그의 장회체소설《贖罪之道傳》은 작품의 시간배경을 明末로 설정하였고 등장인물은 대부분 太守나 御使와 같은 高官이다. 이는 모두 명말 예수회선교사들이 교류했던 인물들인데 작중에서는 예수 그리스도가 인류를 대신해서 대속하는 贖罪의 道에 대해 서술하고 있다. 때문에 이 작품은 전개되는 구성이 간단하고 논증이 주류를 이루는 교리소설이고, 스토리의 구성도《성경》의 내용을 이끌어 내기 위한 것으로 서구의 '福音合輯(harmonia evangelica)'에 해당되는데 중국의 장회체 소설양식으로 서술되었다는 점이다. 이런 기독교소설전통은 앙리 프레메어의《儒交信》에서 시작되었다. 1720년대에 저술된《儒交信》은 章回體 기독교소설의 첫 번째 작품이며, 1819년 런던선교회의 윌리엄 밀네가 지은《張遠兩友

相論》은 《儒交信》의 서술방식을 그대로 이어 받은 章回體小說이다. 그 뒤에 귀츠라프와 제임스 레기, 그리휘트 존과 같은 개신교선교사들은 상당히 많은 章回體小說을 창작하여 기독교 문서선교사업을 확장시켜 나갔다. 본서의 제6장에서는 앙리 프레메어의 《夢美土記》와 《儒交信》, 聖人傳記小說 《聖母淨配 聖요셉傳》을 종합적으로 연구하였다. 프레메어는 장회체소설과 夢境寓言小說을 창작하였고, 성모마리아의 배우자인 성요셉의 傳記小說을 번역하여 후세에 기독교소설의 창작과 번역에 선구적인 세 가지 서술양식을 제시해 주었다.

그리고 자비에르 당트르콜은 雍正帝가 엄격하게 천주교를 탄압하던 禁敎期間이자 로마교황청에서 《성경》을 외국어로 번역을 하지 못하도록 금지시켰던 1740년 북경에서 최초의 舊約聖經 中譯本 《訓慰神編》을 譯注하여 중국인 신자들의 신앙생활을 고양시키고자 하였는데, 바로 구약성경 《토빗기》를 儒家經書體로 翻譯하고 箋註를 달아 출간한 것이다. 이들 작품들은 모두가 서구기독교경전의 번역본이거나 改作한 譯述本으로, 원본과 이들 작품을 대조 분석하고 내용과 형식의 변용과 독창성에 대해 고찰해 봄으로써 이 작품이 가지고 있는 의의를 탐구해 보았다.

제9장에서는 "耶儒會通"論과 "孔子加耶穌"論의 분석을 통해 明末淸初의 천주교선교사와 淸末의 개신교선교사가 가지고 있던 선교전략과 儒家觀을 고찰해 보았다. 기독교선교사들은 구교나 신교를 막론하고 補儒論을 가지고 중국에서 선교사업을 진행하였다. 補儒論이 가장 잘 반영된 소설작품은 《儒交信》을 비롯한 基督敎章回小說인데, 《張遠兩友相論》, 《悔罪之大略》, 《引家歸道》 등 淸末의 기독교장회소설은 이런 작자의 유가관을 잘 반영하여 口語體 문장으로 기독교 교리를 소설화 하였다. 19세기 후반부터 시작된 중국의 정치 사회개혁운동은 梁啓超 등의 유신파인사들이 1902년 소설계혁명을 통해

민중들의 民智, 民氣, 民德을 제고시켜야 한다고 주장하였다. 梁啓超 소설계혁명의 핵심은 대중의 계몽을 위해 말하고 쓰는 언어가 일치되는 언문일치운동을 소설을 통해 추진해야 한다는 것으로 이로부터 종전에 경시받던 소설이 國家啓蒙事業의 주요 수단으로 부각하게 되었다. 소설계혁명의 주장으로 언어도 개혁되기 시작하였으니, 이전 예수회선교사들이 《성경》을 비롯한 천주교문헌을 중국어로 번역할 때 사용했던 儒家經典體는 문장의 난해함 때문에 외면을 당하게 되었다. 문인사대부를 선교대상으로 삼았던 천주교 예수회선교사들의 선교정책은 19세기 초부터 개신교선교사들이 來華하면서 방향을 바꾸었고 로버트 모리슨 이후 성경번역자들은 통속소설체로 《성경》을 번역하기 시작하면서 번역언어의 흐름을 바꾸어 놓았다. 비록 프레메어의 《儒交信》 이후 청말의 개신교선교사들은 예수회선교사들의 문서선교정책을 계승 발전시켰지만 경전의 지위를 얻기 위해 사용되었던 디아스의 謨誥體 翻譯文體는 더 이상 계승되지 않았으며, 구어체, 대화체, 장회체를 운용한 장회소설이 기독교소설의 주류를 이루게 되었다.

또 다른 청말 기독교소설의 흐름은 明末부터 유행했던 '證道故事'라는 短篇文言小說에서 살펴볼 수 있다. 명말에는 니콜라 트리고가 이솝우언 選譯本 《況義》를 번역하였고 알폰세 바그노니가 번역한 서방상고시대 名王名將의 잠언으로 구성된 《達道紀言》을 번역 소개하여 천주교계에 적지 않은 證道故事를 제공해 주었다. 이들은 곧바로 중국문인들에게 상당한 영향을 주었으니 李世熊이 《이솝우언》의 모방작 《物感》을 저술 발표하였고, 청말에는 윌리엄 마틴이 1858년 寧波에서 《喩道傳》을 저술 간행하였다. 또한 1894년 티모티 리차드는 단편문언소설집 《喩道要旨》를 廣學會에서 번역 출판하였다. 이들 '喩道故事集'은 단편으로 구성된 寓言筆記故事集으로 그중의 일부는 예수회신부들의 고사와 중첩되는 이야기도 있다. 이들 고사들은 《喩道要旨》의 경우 《中西教會報》에 매주 연재되었던 것으로 후에 모아서 책으로 간행되었다. 이들 문언단편고사들은 清末 이래 中文期刊雜誌에 정기적으로 게재되는 유형으로 대부분 신문잡지의 해당 난목에 연재되곤 하였다. 오락성과 교훈성을 겸비한 단편우언고사들은 이렇게 清末 이래 중국 신문잡지의 지면을 장식하는 주요 장르가 되었다. 하지만 정기간행물을 발간하는 편집자의 입장에서는 일정한 원고를 확보해야 할 필요성이 있기 때문에 《遐邇貫珍》 이래 《萬國公報》와 《中西聞見錄》에 이르는 주요 신문잡지에는 적지 않은 우언단편고사가 정기적으로 지면에 게재되었다. 20세기 이후 中文新聞雜誌에는 장회체소설이 연재되거나 우언체 문언필기고사가 게재되어 독자의 흥미를 자극하였다.

본서에서는 번역문학과 영성수련서라는 두 가지 관점에서 모두 11권의 천주교중문소설을 비롯한 천주교문헌을 심도 있게 고찰해 보았다. 그중에서도 앙리 프레메어는 동서양의 문학, 종교와 교육을 연결시키는 가교 역할을 하였으니 그의 《漢語箚記》는 서양에 소개된 최초의 중국어 문법서이자 교과서로써 1815년 레뮈사 교수는 프랑스 西學院에 〈漢滿言語와 문학강좌〉를 개설하고 프레메어가 저술한 《漢語箚記》 원고를 토대로 《漢文啓蒙》을 편집 기술하여 출판하였다. 《漢語箚記》는 1831년 개신교선교사 로버트 모리슨에 의해 말래카 英華書院에서 라틴어판이 간행되었다. 이 책을 보고 귀츠라프는 영감을 얻어 장회체기독교소설을 창작하였다고 한다. 본서에서는 앙리 프레메어의 세 권의 천주교중문소설을 소개하여 프레메어가 중국과 동아시아의 기독교선교사와 중국소설사에 새로운 이정표를 세웠던 업적을 조명해 보았다. 그는 1709년부터 현대성을 구비한 문언우언소설 《夢美土記》를 창작하였고, 1720년대에는 補儒論과 言文一致

를 구현한 章回體小說《儒交信》을 창작하여 청말 基督教章回小說 창작의 선구자가 되었다. 또한 영성수련을 위해《聖母淨配 聖요셉傳》이란 聖人傳記小說을 역주 간행하였다. 문서번역작업을 통해 聖人의 전범을 본받게 하려는 영성수련서의 대표작《輕世金書》의 古訓名文을 箋注譯本《聖母淨配 聖요셉傳》을 통해 직접 보여준 것이다.

천주교예수회의 西學譯述事業은 明末부터 괄목할만한 성과를 거두었는데, 미켈레 루제리부터 시작하여 마테오 리치, 니콜라스 롱고바르디, 니콜라 트리고는 비록 선교노선이 일치하지는 않았지만 모두 여러 권의 천주교문헌을 간행하였는데, 그들은 모두 小說文體로 천주교중문소설을 번역하여 후세에 기독교 문서선교의 모델을 제시하였다는 공통점을 가지고 있다.

明末부터 천주교 예수회에서 번역한 聖人傳記는 각기 대표성을 가지고 있는데, 롱고바르디의《聖若撒法始末》은 천주교와 불교 사이에 있었던 종교분쟁의 산물이지만 이 역본이 간행됨으로 인해 중국과 동서양은 물론이고 중앙, 서부 아시아의 요세파故事까지도 모두 하나로 엮여진 것은 물론이고 세계문화사에서 가장 위대한 번역작업이 되었으니, 그런 비상한 出刊 意義는 간단하게 보아 넘길 일은 아니다. 롱고바르디는 라틴어《聖傳金庫》本을 저본으로 번역하여 최초로 서구의 傳記小說을 중국인에게 소개하였다. 이 작품은 淸代에 들어와 앙리 프레메어와 자비에프 당트르콜이 계승 발전시켰으니, 각각《聖母淨配 聖요셉傳》과《訓慰神編》을 譯述, 箋注하여 간행하였다. 두 작품은 성모 마리아의 淨配者 성요셉과 이스라엘의 니느웨 포로 성토빗의 전기를 소설양식으로 편찬한 聖人傳記小說이다.

또 다른 작품은 니콜라 트리고가 번역한 최초의 이솝우언 選譯本《況義》를 들 수 있으니,《況義》는 서양에서 널리 애독되던《이솝우언》을 중국어로 번역한 최초의 漢譯選譯本으로 그전에 간행된 마테오 리치의《畸人十篇》등에 나오는《이솝우언》들을 수집 개역한 작품집이기도 하다. 이렇게 간행된《況義》는 明末부터 널리 애독되었고 明末 淸初의 福建省 文人 李世雄은《況義》의 우언체를 모방하여 淸初에《物感》을 저술 출간하였다.《物感》은 이솝우언체가 중국에서 널리 유행하였다는 반증이기도 하다. 한편 寓言體는 다시 앙리 프레메어의 손에 의해 夢境寓言小說《夢美土記》가 저술되었으니《시경》,《서경》,《역경》등의 典故와 儒家經典體로 기술된 이 작품은 예수회 색은파의 사상경향을 그대로 보여주는 索隱派의 걸작 夢境寓言小說이라 하겠다.

한편, 앙리 프레메어는 앞에서 언급한《儒交信》을 저술하여 19세기부터 시작된 章回體 基督敎小說의 創作을 선도하였다. 이 작품은 천주교의 適應主義 宣敎戰略을 그대로 반영한 補儒論의 論旨를 구현한 口語體 中文小說이다. 기독교의 교리사상을 章回體로 표현하고 있는데 중국인 주인공들이 등장하여 줄거리를 전개시킨다는 점에서 완전히 中國本土化를 구현한 章回小說이라 하겠다. 이렇게 앙리 프레메어는 세 가지 다른 유형의 중문소설을 창작 번역하여 19세기 基督敎中文小說이 홍성 발전할 수 있는 기틀을 다져놓았다.

東洋語文獻

李之藻 編,《天學初函》全6冊, 1629; 臺北: 臺灣學生書局, 1965

吳相湘 編,《天主教東傳文獻續編》3冊, 臺北: 臺灣學生書局, 1966-1967

………編,《天主教東傳文獻三編》, 臺北：臺湾學生書局, 1972

鐘鳴旦(Nicholas Standaert)、杜鼎克(Ad Dudink) 編,《耶穌會羅馬檔案館明清天主教文獻》全12冊, 臺北利氏學社, 2002

鐘鳴旦(Nicholas Standaert)、杜鼎克(Ad Dudink)、蒙曦(Nathalie Monnet) 編,《法國國家圖書館 明清天主教文獻》全26冊, 臺北利氏學社, 2009

鄭安德 編,《明末淸初耶穌會思想文獻彙編》全5冊, 北京大學宗教研究所, 2003

中國宗教歷史文獻集成編纂委員會,《中國宗教歷史文獻集成, 東傳福音》25冊, 合肥: 黃山書社, 2005

李奭學、林熙强 主編,《晚明天主教翻譯文學箋注》四卷, 臺北: 中央研究院中國文哲研究所, 2014

劉俊余、王玉川 譯,《利瑪竇全集》4冊, 輔仁大學與光啓出版社, 1986

利瑪竇、金尼閣 著/何高濟、王遵仲、李申 譯,《利瑪竇中國札記》, 北京: 中華書局, 1983

羅光 著,《利瑪竇傳》, 臺灣學生書局, 1979

張岱,《石匱書・利瑪竇列傳》第24卷, 續修四庫全書編集委員會編:《續修四庫全書》320史部, 别史類, 上海古籍出版社, 2002

劉順德 譯註,《天主實義》, 臺中:光啓出版社, 1966

利瑪竇,《畸人十篇》,《中國宗教歷史文獻集成·東傳福音》第二册, 合肥：黃山書社, 2005

龐迪我,《七克》, 北京：京都始胎大堂藏板, 1643(1798重印)

佚名,《七克眞訓》上海：土山灣慈母堂, 1904; 홍콩: 納匝肋靜院, 1925重印

陽瑪諾 譯,《聖經直解》,《天主教東傳文獻三編》(吳相湘 編, 臺北：臺湾學生書局, 1972), 第4-6册

………,《聖若瑟行實》, 雲間敬一堂刊本, 中央研究院傅斯年圖書館藏本, 編號: A FT081R

………/朱宗元 訂,《輕世金書》, 프랑스 國家圖書館藏 手抄本, 編號: Chinois 7199

………,《輕世金書》重刊本, 바티칸 교황청도서관(Biblioteca Apostolica Vaticana) 소장본, 編號: Raccolta Generale Oriente, Ⅲ, 1165, 1848

陽瑪諾,《天主聖教十誡直詮》上卷, 1642; 1814年 主教若亞敬公准本, 바디칸 교황청도서관 소장본, 編號: Borgia Cinese 348[1]

高一志,《王宜溫和》, 鐘鳴旦等 編,《法國國家圖書館明淸天主教文獻》第一册, 臺北: 利氏學社, 2009

………,《天主聖教聖人行實》, 武林: 天主超性堂, 1629

艾儒略,《滌罪正規》, 鐘鳴旦、杜鼎克 編,《耶穌會羅馬檔案館明淸天主教文獻》第4册, 臺北: 利氏學社, 2002

楊光先,《不得已》,《天主教東傳文獻續編》第3册, 臺北: 臺灣學生書局, 1967

徐世昌 編,《破邪集》, 周駬方(編校),《明末淸初天主教史文獻叢編》, 北京：北京圖書館出版社, 2001

馬若瑟 著,《夢美土記》, 프랑스 國家圖書館 所藏 王若翰 手抄本, 編號

Chinois 4989; 바티칸 교황청도서관 소장본, 編號 Borg. Chinese 3579
呂若翰,《輕世金書便覽》, 順德: 呂修靈堂, 1848
王保祿,《輕世金書直解》, 北京: 西什庫, 1909
王保祿 譯,《遵主聖範》, 北平: 天主教堂遣使會印書館, 1936
陳垣,〈再論遵主聖範譯本〉,《周作人先生文集, 自己的園地》, 臺北: 里仁書局, 1982
韓國教會史研究所 編, 韓國教會史研究資料 第12輯《셩경직히광익》I - IV, 태영사, 1984
丁韙良 著,《喩道傳》, 寧波: 美華書館藏版, 영국 옥스퍼드대학 보드레이언도서관 소장본, 1858
約翰 · 本仁(John Bunyan) 著/賓爲霖 譯,《天路歷程官話》, 京都: 福音堂, 同治4年(1865), 영국 옥스퍼드대학 보드레이언도서관 소장본
楊格非 譯,《紅侏儒傳》, 오스트레일리아 국립도서관 소장본, 英漢書館鉛板本, 1899
罗伯聃,《意拾喻言 *Esop's Fables*》, Canton: the Canton Press Office, 1840
李世熊,《史感物感》重刻本, 寧化修志局, 民國七年重刻本(1918)
陳衍,〈福建高士傳-李世熊〉,《福建通志列傳選》, 臺北; 臺灣銀行, 1964
藍鼎元,《國朝耆獻類徵初篇·右傳》, 臺北：明文出版社, 1985
羅伯聃(Robert Thom),《伊娑菩喻言》, 上海施醫院刻板, 上海：墨海書館, 1853
渡部温 譯述,《通俗伊蘇普物語》, 東京：渡部温, 明治8年(1875)
香港英華書院 原刻/阿部弘國 訓點,《漢譯伊蘇普谭》, 東京：青山淸吉, 明治9年(1876)

大清某大儒 反譯/田林外 编纂/小野筑山 訓點,《漢譯批評伊蘇普物語》, 1898
新村出校,《文祿舊譯伊曾保物語》, 東京：開成館, 明治44年(1911)
林紓等 譯,《伊索寓言》, 上海：商務印書館, 1913年第八版
顏瑞芳 編著,《清代伊索寓言漢譯三種》, 臺北：五南圖書出版公司, 2011
李長山等 譯,《全本伊索寓言(英漢對照揷圖本)》, 北京：中國對外翻譯出版公司, 2003
羅念生等 譯,《伊索寓言》, 北京：人民文學出版社, 1981
李汝儀 譯,《伊索寓言全集》, 上海：譯林出版社, 2001
阿 英 編,《晚淸文學叢鈔 · 域外文學譯文卷》第四册《海國妙喩》, 北京：中華書局, 1960
博愛者 纂,《察世俗每月統記傳》, 嘉慶乙亥年全卷, 1815
丁韙良等 編,《中西聞見錄》, 北京：京都施醫院, 1872-1875
丁韙良,《中西聞見錄選編》, 沈雲龍 主編,《近代中國史料叢刊三編》第32輯, 臺北：文海出版社, 1985
………,《震旦論叢》, 英國 倫敦, 1901
林樂知 主編,《萬國公報》影印合訂本, 臺北：華文書局, 1968
花之安 著,《自西徂東》, 上海 廣學會, 1890
黃時鑒 整理,《東西洋考每月統記傳》影印合訂本, 北京：中華書局, 1997
松蒲章、內田慶市、沈國威 編著,《遐邇貫珍—附解題·索引》影印合訂本, 上海辭書出版社, 2005
全國報刊索引數據庫, 上海圖書館《全國報刊索引》編輯部, 上海圖情信息有限公司製作, 2000年。其下附屬：晚淸期刊全文數據庫(1833-1911)
樽本照雄 編,《新編淸末民初小說目錄》, 日本 淸末小說硏究會, 1997

한국기독교박물관 편,《韓國基督教博物館 所藏 古文獻目錄》, 숭실대 한국기독교박물관, 2005
한국기독교박물관 학예과 편,《한국기독교박물관 소장 기독교자료 해제》, 2010
한국 천주교 주교회의 성서위원회 편,《성경》, 2005
개역한글판《성경전서》, 대한성서공회, 2001
高楠順次郎 · 渡邊海旭 主編,《大正新脩大藏經》, 東京: 大正一切經刊行會, 1934
季羡林 譯,《五卷書》, 北京: 人民文學出版社, 1981
阮元 校刻,《十三經注疏》二册, 北京: 中華書局, 1988
鄭玄 注/孔穎達 疏,《禮記正義》, 北京大學出版社, 1999
洪亮吉 撰/李解民 點校,《春秋左傳詁》, 北京：中華書局, 1987
何晏 注/邢昺 疏,《論語注疏》, 北京大學出版社, 1999
趙岐 注/孫奭 疏,《孟子注疏》, 北京大學出版社, 1999
朱熹,《四書章句集注》, 北京：中華書局, 1983
鄔國義、胡果文等 撰,《國語譯注》, 上海古籍出版社, 1994
王守謙等 譯注,《戰國策全譯》, 貴州人民出版社, 1992
司馬光 撰/胡三省 音注,《資治通鑑》, 北京：中華書局, 1956
《大淸聖祖仁皇帝實錄》卷三四, 臺北：華文書局, 1970
劉兆祐 主編,《萬歷重修泉州府志》, 臺北：臺灣學生書局, 1987
周學曾等 纂修,《晋江縣志》, 福建人民出版社, 1990
朱謙之 撰,《老子校注》, 北京：中華書局, 2000
王先謙 撰,《莊子集解·莊子集解內篇補正》, 北京：中華書局, 1987
郭慶藩 撰,《莊子集釋》, 北京：中華書局, 1961
王先愼 撰/鍾哲 點校,《韓非子集注》, 北京：中華書局, 1998
黎靖德 編/王星賢 點校,《朱子語類》, 北京：中華書局, 1988

張燾,《津門雜記》卷三, 游藝山藏板, 光緒十年
康熙、雍正,《聖論廣訓》, 文淵閣《四庫全書》子部, 臺北：臺灣商務印書館, 1983
馮夢龍,《馮夢龍全集·廣笑府》, 南京：鳳凰出版社, 2007
江盈科,《雪濤小說》, 上海古籍出版社, 2000
瞿中溶 校,《校正今文孝經二十四孝考》, 臺北：廣文書局, 1981
方 豪,《中國天主教史人物傳》三册, 홍콩: 公教眞理學會 · 臺中: 光啓出版社·北京: 中華書局, 1970
………,《方豪六十自定稿》2册, 臺北: 作者自印, 1969
費賴之 著/馮承鈞 譯,《在華耶蘇會士列傳及書目》上下, 北京: 中華書局, 1995
徐宗澤,《明清間耶蘇會士譯著提要》, 臺北: 臺灣中華書局, 1958
柯蘭霓 著/李岩 譯,《耶蘇會士白晉的生平與著作》, 大象出版社, 2009
龍伯格 著/李眞 · 駱潔 譯,《清代來華傳敎士馬若瑟研究》, 大象出版社, 2009
Paschal M. D'Elia 著,《中國天主敎傳敎史》, 臺灣商務印書館, 1972
샤를르 달레 저/안응렬 · 최석우 역주,《韓國天主敎會史》상 · 중 · 하, 한국교회사연구소, 1979 · 1980
한국교회사연구소 편,《한국천주교회사》전4권, 분도출판사, 2009
그리스도교와겨레문화연구회 편,《한글성서와 겨레문화》, 기독교문사, 1985
羅光,《敎廷與中國使節史》, 臺北: 光啓出版社, 1961
樊洪業,《耶蘇會士與中國科學》, 北京: 中國人民大學出版社, 1992
閻宗臨 著/ 閻守誠 編,《傳敎士與法國早期漢學》, 北京: 中華書局, 1998
李天剛 著,《中國禮儀之爭: 歷史、文獻和意義》, 上海: 上海古籍出版社, 1998

馬國賢 著/李天剛 譯,《淸廷十三年》附錄《康熙與羅馬使節關係書》, 上海: 上海古籍出版社, 2004
李迪,《中國數學史簡編》, 沈陽: 遼寧人民出版社, 1984
董光璧,《易圖的數學結構》, 上海: 上海人民出版社, 1987
梅榮照,〈明淸數學槪論〉,《明淸數學史論文集》, 南京: 江蘇教育出版社, 1990
《康熙朝滿文朱批奏摺全譯》, 北京: 中國社會科學出版社, 1996
顧長聲 著,《從馬禮遜到司徒雷登》, 上海書店出版社, 2005
麥金華 著,《大英聖書公會與官話和合本聖經翻譯》, 홍콩: 基督教中國宗教文化研究社, 2010
Nelson Bitton 著/梅益盛、周雲路 譯, 國外布道英雄集第5册《楊格非傳》, 上海廣學會, 1924
陳垣 著/陳智超 主編,《陳垣全集》20册, 合肥: 安徽大學出版社, 2009
梁啓超,《中國近三百年學術史》, 上海: 中華書局, 1936
皮錫瑞,《經文歷史》, 北京: 中華書局, 1989
計文德,《從四庫全書探究明淸間輸入之西學》, 대북 · 뉴욕 · 로스앤젤리스: 漢美圖書公司, 1991
張永堂,《明末淸初理學與科學關係再論》, 臺北: 臺灣學生書局, 1994
夏瑰奇,《黃梨洲三百年祭》, 北京: 當代中國出版社, 1997
張曉琳,《天主實義與中國學統》, 南京: 學林出版社, 2005
黃一農,《兩頭蛇—明末淸初第一代天主教徒》, 上海: 上海古籍出版社, 2006
林慶彰,《明代經學硏究論集》, 臺北: 文史哲出版社, 1994
江藩/方東樹 著,《漢學師承記》外二種, 홍콩: 三聯書店, 1998
朱維錚,〈漢學與反漢學–江藩的《漢學師承記》,《宋學淵源記》和方東樹的《漢學商兌》〉,《求索眞文明》上海: 上海古籍出版社,

1997
張壽安,《以禮代理: 凌廷堪與淸中葉儒學思想之轉變》, 臺北: 中央研究院近代史研究所, 1994
福島邦道,《サントスの御作業翻字・研究篇》, 東京: 勉誠社, 1979
羅光,《教廷與中國使節史》, 臺北: 光啓出版社, 1961
樊洪業,《耶穌會士與中國科學》, 北京: 中國人民大學出版社, 1992
完山李氏,《中國小說繪模本》, 江原大學校 出版部, 1993
韓南 著/徐俠 譯,《中國近代小說的興起》, 上海教育出版社, 2004
寧宗一 主編,《中國小說學通論》, 安徽教育出版社, 1995
苗壯 著,《筆記小說史》, 浙江古籍出版社, 1998
李奭學,《中國晚明與歐洲文學》, 臺北: 中央研究院, 聯經出版公司, 2005
………,《譯述: 明末耶穌會翻譯文學論》, 홍콩: 中文大學出版社, 2012
………,《明淸西學六論》, 浙江大學出版社, 2016
宋莉華,《傳教士漢文小說研究》, 上海古籍出版社, 2010
李東華,《一位自學史家的成長: 方豪的生平與治學》, 國立臺灣大學出版中心, 2017
陳蒲淸,《中國現代寓言史綱》, 長沙：湖南教育出版社, 2000
………,《寓言文學理論・歷史與應用》, 臺北：駱駝出版社, 1992
………,《中國古代寓言史》, 長沙：湖南教育出版社, 1982
李富軒、李燕,《中國古代寓言史》, 新店：漢威出版社, 1998
吳秋林,《世界寓言史》, 沈陽：遼寧少年兒童出版社, 1994
王鐵鈞,《中國佛典翻譯史稿》, 北京：中央編譯出版社, 2006
馬祖毅等,《中國翻譯通史》(古代部分), 長沙：湖南教育出版社, 2006
孟昭顏、李載道 主編,《中國翻譯文學史》, 北京大學出版社, 2005

何紹斌,《越界與想象：晚淸新教傳教士譯介史論》, 上海三聯書店, 2008
王克非,《翻譯文化史論》, 上海外語教育出版社, 1997
譚載喜,《西方翻譯簡史》, 北京：商務印書館, 2004
熊文華,《英國漢學史》, 北京：學苑出版社, 2007
許光學,《法國漢學史》, 北京：學苑出版社, 2009
張西平,《歐洲早期漢學史–中西文化交流與西方漢學的興起》, 北京：中華書局, 2009
沈定平,《明淸之際中西文化交流史》, 北京：商務印書館, 2001
張維華,《明淸之際中西關系簡史》, 濟南：濟魯書社, 1987
趙曉蘭、吳潮 著,《傳教士中文報刊史》, 上海：復旦大學出版社, 2011
卓南生,《中國近代報業發展史》, 北京：中國社會科學院出版社, 2002
方漢奇,《中國近代報學史》, 西安：陝西教育出版社, 1991
………,《中國新聞事業史》, 北京：中國人民大學出版社, 2004
………等,《新聞研究資料》(總9輯), 北京：中國社會科學出版社, 1984
……… 主編,《中國新聞傳播史》, 中國人民大學出版社, 2002
丁淦林,《中國新聞事業史》, 北京：高等教育出版社, 2002
葉再生,《中國近代現代出版通史》, 北京：華文出版社, 2002
嵇文甫,《晩明思想史論》, 上海：東方出版社, 1996
王治心 撰/徐以驊導讀,《中國基督敎史綱》, 上海古籍出版社, 2004
楊森富,《中國基督敎史》, 臺灣商務印書館, 1968
徐宗澤,《中國天主敎傳敎史概論》, 上海：土山湾印書館, 1938
彼得、克勞斯、哈特曼 著/谷裕 譯,《耶穌會簡史》, 北京：宗敎文化出版社, 2003
李志綱,《基督敎早期在華傳敎史》, 臺灣商務印書館, 1985
奥爾森 著/吳瑞誠、徐成德 譯,《基督敎神學思想史》, 北京大學出版

社, 2003
布魯斯、雪萊 編/劉平 譯,《基督教會史》, 北京大學出版社, 2004
魯剛等 編譯,《希臘羅馬神話詞典》, 中國社會科學出版社, 1984
中國社會科學院近代史研究翻譯室,《近來來華外國人名辭典》, 北京：中國社會科學出版社, 1981
胡懷琛,《中國寓言研究》, 上海：商務印書館, 1930
顔昆陽,《莊子的寓言世界》, 臺北：漢藝色研文化有限公司, 2005
丁敏,《佛教譬喩文學研究》, 臺北：東初出版社, 1996
顔瑞芳,《唐宋動物寓言研究》, 亞馬遜出版社, 2000
江介石、林蘭 編述/婁子匡 編校,《動物寓言與植物傳說》, 臺北：東方文化供應社, 1962
袁珂、周明 編,《中國神話資料萃編》, 成都：四川省社會科學院出版社, 1985
袁珂 校注,《山海經校注》, 上海古籍出版社, 1980
范文瀾,《文心雕龍注》, 北京：人民文學, 2001
屈守元、常思春 主編,《韓愈全集校注》, 成都：四川大學出版社, 1996
馮夢龍,《馮夢龍全集·廣笑府》, 南京：鳳凰出版社, 2007
胡從經,《晚淸兒童文學鉤沉》, 上海：少年兒童出版社, 1982
鄭振鐸,《鄭振鐸全集》, 石家莊：花山文學出版社, 1998
郭沫若,《十批判書 · 荀子的批判》, 北京：人民出版社, 1982
周明初,《晚明士人心態及文學個案》, 北京：東方出版社, 1997
孫昌武,《佛敎與中國文學》, 上海人民出版社, 2007
李明權,《佛學典故匯釋》, 杭州：浙江古籍出版社, 1995
孫景堯,《比較文學經典要著研讀》, 上海文藝出版社, 2006
鄒振環,《晚明漢文西學經典：編譯、詮釋、流傳與影響》, 上海：復旦大學出版社, 2011

劉耕華,《詮釋的圓環–明末清初傳教士對儒家經典的解釋及其本土回應》, 北京大學出版社, 2005
郭延禮,《中國近代翻譯文學概論》, 湖北教育出版社, 1998
劉樹森,《基督教在中國：比較研究視角下的近現代中西文化交流, 上海人民出版社, 2010
戈寶權,《中外文學因緣—戈寶權比較文學論文集》, 北京出版社, 1992
朱維之,《基督教與文學》, 吉林出版集團, 2010
鐘叔河 編,《周作人散文全集(1925-1926)》, 廣西師範大學出版社, 1999
錢鐘書,《七綴集》, 北京：三聯書店, 2002
朱傳譽 編,《歷代禁毁小說資料》, 臺北：天一出版社, 1982
林明煌 主編,《長河一脈：不盡奔流華夏情》(2007年海峽兩岸華語文學術研討會論文集), 臺北：秀威資訊科技股份有限公司, 2007
嚴復、林紓,《嚴幾道、林琴南合鈔》, 臺北：文海出版社, 1970
黃遵憲 著/錢仲聯 箋注,《人境詩草箋注》, 上海古籍出版社, 1981
徐光啓,《徐光啓集》, 上海古籍出版社, 2010
王政白,《文言實詞知識》, 合肥：安徽教育出版社, 1978
康瑞琮 編著,《古代漢語語法》, 沈陽：遼寧人民出版社, 1982
陳衛平,《第一頁胚胎—明清之際的中西文化比較》, 上海人民出版社, 1992
李亞寧,《明清之際的科學、文化與社會–17, 18世紀中西文化關系論》, 成都： 四川大學出版社, 1992
龐乃明,《明代中國人的歐洲觀》, 天津人民出版社, 2006
熊月之,《西學東漸與晚淸社會》, 上海人民出版社, 1994
張曉林,《天主實義與中國學統—文化互動與詮釋》, 上海: 學林出版社, 2000

何 俊,《西學與晚明思想的裂變》, 上海人民出版社, 1998
柯毅霖 著/王志成等 譯,《晚明基督論》, 成都: 四川人民出版社, 1999
孟德衛 著/陳怡 譯,《奇異的國度：耶穌會適應政策及漢學的起源》, 鄭州: 大象出版社, 2010
江文漢,《明淸間在華的天主教耶穌會士》, 北京: 知識出版社, 1987
裴化行(H. Bernard) 著/蕭濬華 譯,《天主教十六世紀在華傳敎志》, 北京：商務印書館, 1936
朱維錚 主編,《利瑪竇中文著譯集》, 上海: 復旦大學出版社, 2001
裴化行 著/管震湖 譯,《利瑪竇評傳》, 北京: 商務印書館, 1993
平川祐弘 著/劉偉岸、徐一平 譯,《利瑪竇》, 北京：光明日報出版社, 1999
히라카와 스케히로(平川祐弘) 著/노영희 譯,《마테오 리치: 동서문명교류의 인문학 서사시》, 서울: 동아시아, 2002
羅漁 譯,《利瑪竇書信集》, 臺北: 光啓出版社、輔仁大學出版社, 1986
張鎧,《龐迪我與中國: 耶穌會“適應”策略研究》, 北京圖書館出版社, 1997
鐘鳴旦,《楊廷筠：明末天主教儒者》, 北京: 社會科學文獻出版社, 2002
潘鳳娟,《西來孔子艾儒略: 更新變化的宗教會遇》, 新店: 基督教橄欖文化基金會, 2002
呂實强 著,《中國官紳反敎的原因》(1860~1874), 臺北: 中央研究院近代史研究所, 1985
中華文化復興運動推行委員會 主編,《中國近代現代史論集 第4編: 敎案與反西敎》, 臺灣商務書館, 1985
中外關係史學會/復旦大學歷史系 編,《中外關係史譯叢》, 上海譯文出版社, 1986

葉仁昌 著,《近代中國的宗教批判—非基運動的再思》, 臺北: 雅歌出版社, 1987
鍾鳴旦 著/聖神研究中心 譯,《楊廷筠—明末天主教儒者》, 홍콩: 聖神研究中心, 1987
秦家懿、龔漢斯 共著/吳華主 譯,《中國宗教與西方神學》, 臺北: 聯經出版社, 1989
孫江著,《十字架與龍》, 杭州: 浙江人民出版社, 1990
顧長聲 著,《傳教士與近代中國》, 上海人民出版社, 1991
謝和耐(J. Gernet) 著/耿昇 譯,《中國和基督教—中國和歐洲文化之比較》, 上海古籍出版社, 1991
孫尙揚 著,《明末天主教與儒學的交流和衝突》, 臺北: 文津出版社, 1992
董叢林 著,《龍與上帝: 基督教與中國傳統文化》, 北京: 三聯書店, 1992
林治平 著,《基督教與中國論集》臺北: 宇宙光出版社, 1993
········· 主編,《基督教入華百七十年紀念集》, 臺北: 宇宙光出版社, 1994
梁家麟 著,《徘徊於耶儒之間》, 臺北: 宇宙光出版社, 1997
黃詩鑒 主編,《東西交流編譯》, 上海文藝出版社, 2001
王爾敏,《近代文化生態及其變遷》, 南昌: 百花洲文藝出版社, 2001
海恩波 著/簡又文 譯,《傳教偉人馬禮遜》, 홍콩: 基督教補僑出版社, 1956
段懷淸,《傳教士與晚淸口岸文人》, 廣州: 廣東人民出版社, 2007
王文兵,《丁韙良與中國》, 北京: 外語教學與硏究出版社, 2008
朱傳譽,《報人、報史、報學》, 臺北: 臺灣商務印書館, 1980
史和、姚福申、葉翠娣,《中國近代報刊名錄》, 福州: 福建人民出版社, 1991
楊代春,《《萬國公報》與晚淸中西文化交流》, 長沙: 湖南人民出版社, 2002

張天星,《報刊與晚清文學現代化的發生》, 南京: 鳳凰出版社, 2011
吳淳邦,《20세기 중국소설의 변혁과 기독교》, 숭실대학교 출판부, 2005
………,《中國 近代의 小說翻譯과 中韓小說의 雙方向 翻譯 硏究》, 숭실대학교 출판부, 2008
………,《19世紀 美國宣敎士 윌리엄 마틴의 基督敎 寓言小說《喩道傳》硏究와 中韓 譯註》, 숭실대학교 출판부, 2013
………,《19世紀 동아시아의 翻譯과 基督敎 文書宣敎–西洋 改新敎 宣敎士의 翻譯活動과 基督敎中文小說의 創作과 翻譯을 中心으로》, 숭실대학교 출판부, 2015
思高本《舊約·多俾亞傳》, 天主教方濟會 思高讀經推廣中心 電子版
賀淸泰 譯注/李奭學、鄭海娟 主編,《古新聖經殘稿》第6册, 北京: 中華書局, 2014
理雅各,《亞伯拉罕紀畧》, 홍콩 英華書院, 大英圖書館 소장본, 1862
………,《約瑟紀畧》, 홍콩 英華書院, 영국 옥스퍼드대학 보드레이언 도서관 소장본, 1870
伊愛蓮 等 著/蔡錦圖 編譯,《聖經與近代中國》, 漢語聖經協會, 2003
黃建華 主編,《聖經人物辭典》, 廣州: 花城出版社, 1991
白雲曉 編譯,《聖經地名詞典》, 北京: 中央編譯出版社, 2001
鄭永禮 主編,《白話十三經》, 濟南: 濟南出版社, 1994
김기철,《시경, 최초의 노래》, 천지인, 2010
韓愈 著/顧易生、徐粹育 注譯,《韓愈散文選》, 三聯書店(香港)/上海古籍出版社, 1992
周作人,《周作人先生文集 · 自己的園地》, 臺北: 里仁書局, 1982

學位論文

조한건,《《성경직히광익》 연구》, 西江大學校 大學院 史學科 博士學位論文, 2013

高飛,《1888年前伊索寓言漢譯研究–以《况義》、《物感》、《意拾喩言》、《海國妙喩》爲主》, 崇實大學敎 大學院 中文科 博士學位論文, 2017

杜慧敏,《論明清伊索寓言漢譯本的“訛”現象》, 上海師範大學碩士論文, 2003

孫琪,《明末遺民李世熊及西學之關聯硏究》, 首都師範大學碩士論文, 2007

陳廣媛,《試論《况義》的特點》, 上海師範大學碩士論文, 2009

蘇郁蒨,《伊索寓言首部漢譯本《况義》研究》, 國立成功大學碩士論文, 2011

劉英男,《“自我”與“他者”之鑒—儒家基督徒張賡思想論析》, 上海師範大學碩士論文 , 2011

葉良怡,《李世熊及其物感史感研究》, 國立臺灣師範大學碩士論文, 2013

期刊論文

祝平一, 〈經傳衆說–馬若瑟的中國經學史〉,《中央研究院歷史語言研究所集刊》, 第78本第3分, 2007.9

王爾敏, 〈秘密宗教與秘密會社之生長環境及社會功能〉,《中央研究院近代史研究所集刊》第10期, 中央研究院 近代史研究所, 1981

梁家麟, 〈五四前後新文化運動思潮與基督教〉,《第三屆世界華人福音會議彙報》, 香港世界華人福音事工聯絡中心, 1988

鍾鳴旦,〈中西文化交流的研究與本位化概念〉,《神學論集》第88期, 1991
………,〈〈格物窮理〉: 17世紀西方耶穌會士與中國學者間的討論〉,《哲學與文化》18.7, 1991
義和團研究會 編,〈基督教在近代中國的傳播與教案論著目錄索引〉,《義和團研究會通迅》第9期, 1993
黃一農,〈明末中西文化衝突初探–以天主教徒王徵娶妾和殉國爲例〉, 臺灣大學歷史系主辦:《臺灣大學第一屆全國歷史學學術研討會論文集》, 1995
張壽安,〈禮、理爭議〉, 中研院文哲所 主編,《淸代經學國際硏討會論文集》, 中央硏究院 中國文哲硏究所, 2012
鐘鳴旦、杜鼎克 著/孫尙揚 譯,〈簡論明末淸初耶穌會著作在中國的流傳〉,《史林》1999年第2期
古偉瀛,〈明末淸初耶穌會士對中國經典的詮釋及其演變〉,《臺大歷史學報》25, 2000
吳伯婭,〈《四庫全書總目》對西學的評價〉,《首都博物館叢刊》, 2002
徐光台,〈明末西方教育的傳入及歷史反思〉,《臺灣東亞文明硏究學刊》1.2, 2004
李奭學,〈翻譯的政治–龍華民譯《聖若撒法始末》析論〉, 東華大學 中文系 主編,《文學硏究的新進路–傳播與接受》, 洪葉文化事業有限公司, 2004
………,〈瘳心之藥, 靈病之神劑–陽瑪諾譯《輕世金書》初探〉,《編譯論叢》第4卷 第1期, 2011
陳慶浩,〈新發現的天主教基督教古本漢文小說〉,《第二屆中國小說戲曲國際學術硏討會論文集》, 臺北: 里仁書局, 2006
潘鳳娟,〈無神論乎? 自然神學乎? 中國禮儀之爭期間龍華民與萊布尼茲有關中國哲學的詮釋與再詮釋〉,《道風: 基督教文化評論》

27, 2007
………, 〈述而不譯? 艾儒略《天主降生言行紀略》的跨語言敍事初探〉, 中研院文哲所〈記傳、記遊與記事–明清敍事理論與敍事文學國際學術研討會〉, 南港: 中央研究院, 2007年8月30-31日
………, 〈從西學到漢學: 中國耶穌會與歐洲漢學〉,《漢學研究通訊》第27卷 第2期, 2008.5
………, 〈衛方濟的經典翻譯與中國書寫:文獻介紹〉,《編譯論叢》第3卷 第1期, 2010.3
韓琦, 〈白晉的《易經》研究和康熙時代的"西學中源"說〉,《漢學研究》卷16 第1期, 1998.6
江雅茹 著, 〈《詩經 · 旱麓》"黃流"研究〉,《第七屆臺灣師大國文研究所研究生學術論文集》, 臺北: 國立臺灣師範大學國文研究所, 2000
楊宏聲, 〈明清之際在華耶穌會士之《易》說〉,《周易研究》, 2003年 第6期
張西平, 〈清代來華傳教士馬若瑟研究〉,《清史研究》第2期, 2009.5
陸芸, 〈艾儒略與張賡–明末清初天主教在福建的傳教策略〉,《福建論壇》(人文社會科學版), 2008年3期
計翔翔, 〈金尼閣與中西文化交流〉,《杭州大學學報》第24卷 第3期, 1994.9
………, 〈明末在華天主教士金尼閣事迹考〉,《世界歷史》, 1995年 第1期
………, 〈明末在華傳教士金尼閣墓誌考〉,《世界宗教研究》, 1997年 第1期
祝文普, 〈從《物感》一書看《伊索寓言》對中國寓言的影響〉,《文獻》, 1988年 第2期
陳秋良, 〈中國寓言的新枝–談晚明漢譯寓言在華的發展與影響〉,《東吳中文學報》第29期, 2015.5

李瑄,〈清初五十年間明遺民群體之嬗變〉,《漢學研究》第23卷 第一期, 2005.6
韓思藝,〈"罪" 與 "過" 論述的匯通–以《七克》與《人譜》爲例〉,《哲學與文化》第37卷 11期, 2010.11
梅曉娟,〈翻譯目的與翻譯策略的選擇–論《况義》中天主教化和中國化改寫〉,《外語學刊》第2期 (總第141期), 2008.2
………,〈《况義》的翻譯與中西寓言的早期接觸〉,《南京理工大學學報》(社科版) 第21卷 第五期, 2008.10
楊楊,〈《伊索寓言》的明代譯抄本–《况義》〉,《文獻》, 1985年 第2期
………,〈《况義》的明代抄本簡說〉,《西北大學學報》(哲學社會科學版), 1986年 第3期
郭慕天,〈《輕世金書》原本考〉,《上智編譯館刊》第2卷 第1期, 1947
徐宗澤,〈明末清初輸入西學之偉人〉,《聖教雜誌》(叢刊本), 臺北: 文海出版社, 1970
劉羨氷,〈澳門教育的發展、變化與現代化〉, 吳志良等 編,《澳門史新編》第3册, 澳門基金會, 2008
梁啓超,〈中國學術思想變遷之大勢〉,《飮氷室文集》卷3, 臺北: 臺灣中華書局, 1960
劉莉美,〈當西方遇見東方–從《明心寶鑑》兩本西班牙黃金時期譯本看宗教理解下的偏見與對話〉,《中外文學》33(10), 2005
이용결,〈한국천주교회의 성서운동〉,《한국천주교회사의 성찰: 최석우 신부 수품 50주년 기념 논총 제2집》, 한국교회사연구소, 2000
조한건,〈《셩경직히광익》의 서지적 연구–필사본의 편집방식을 중심으로〉,《교회와 역사》, 2008
吳淳邦,〈科技啓蒙到小說啓蒙: 晚淸時期傳蘭雅的啓蒙活動〉, 韓國中國小說學會,《中國小說論叢》제18집, 2003.9

………, 〈최초의 中國基督敎小說과 韓國基督敎博物館 소장 초기 기독교소설의 韓譯本 연구〉, 《中國語文論譯叢刊》 제16집, 中國語文論譯學會, 2005.8

………, 〈19世紀傳教士中文小說在韓國的傳播與翻譯〉, 《東華人文學報》, 2006年 第9期

………, 〈19세기 在中 · 在韓 서양선교사에 의한 중문기독교소설의 창작과 번역 연구〉, 《中國語文論譯叢刊》 第22輯, 2008.1

………, 〈19세기 동아시아의 최대 베스트셀러 《張遠兩友相論》연구〉, 《中國語文論譯叢刊》 第24輯, 2009.1

………, 〈19세기 미국선교사 윌리엄 마틴의 基督敎寓言小說 《喩道傳》 연구〉, 《中國學硏究》 제50집, 중국학연구회, 2009.12

………, 〈청말의 기독교소설 《五更鐘》 연구〉, 《中國語文論譯叢刊》 제26집, 2010.1

………, 〈傳教、翻譯、啓蒙、小說–19世紀基督教中文小說的創作與傳播〉, 《中國語文論譯叢刊》 제28집, 2011.1

………, 〈明淸時期 基督敎宣敎士의 宗敎寓言故事 敍述特性 硏究–마테오 리치에서 윌리엄 마틴까지〉, 《中國文學》 第67輯, 韓國中國語文學會, 2011.5

………, 〈晩淸 基督敎中文小說의 定義와 範疇〉, 《中國學硏究》 第57輯, 中國學硏究會, 2011.9

………, 〈죠세프 앙리 프레메어의 淸代 初期 基督敎中文小說 硏究〉, 《中國小說論叢》 第35輯, 韓國中國小說學會, 2011.12

………, 〈淸代初期 예수회신부 조아생 부베의 索隱派思想과 《易經》 硏究〉, 《中國小說論叢》 第31輯, 2012.7

………, 〈基督敎寓言小說 《喩道傳》 序跋文 註譯〉, 《中國語文學誌》 第41輯, 中國語文學會, 2012.12

………, 〈19世紀 基督教宣教士의 中文期刊雜誌와 基督教中文小說의 出版과 傳播〉, 《中國學研究》 第65輯, 中國學研究會, 2013.9
………, 〈明末 天主教와 佛教의 宗教 紛爭과 最初의 西歐小說 中譯本 《聖요세파傳記》 研究〉, 《韓中言語文化研究》 第37輯, 韓國現代中國研究會, 2015.2
吳淳邦、高飛, 〈19世紀 Aesop's Fables 中譯本的研究–《伊索寓言》羅伯聃中譯本的譯介與傳播〉, 《中國語文論譯叢刊》 第30輯, 2012.1
………, 〈羅伯聃中譯本《意拾喩言》的翻譯策略–通俗化和中國化〉, 《國際文化教育》 第1期, 2014.1
高飛、吳淳邦, 〈19世紀傳教士報刊刊載中譯伊索寓言的流傳與影響〉, 《中國小說論叢》 第41輯, 2013.12
………, 〈《小孩月報》所刊載的伊索寓言敘述特點研究〉, 《中國小說論叢》 第47輯, 2015.12
………, 〈清末口岸文人張赤山與《海國妙喩》研究〉, 《中國小說論叢》 第50輯, 2016.12
鮑延毅, 〈《意拾喩言》(伊索寓言) 問世的意義及影響〉, 《北方工業大學報》 第九卷第2期, 1992
………, 〈《意拾喩言》二題〉, 《棗莊師專學報》, 1995年第3期
鮑延毅、鮑欣, 〈伊索寓言的第三個漢譯本《海國妙喩》〉, 《湖南教育學院學報》 第17卷第4期, 1999.8
鮑欣, 〈《海國妙喩》作品考源〉, 《棗莊師專學報》 第17卷第1期, 2000.2
王小輝, 〈伊索寓言的中國化–論其漢譯本《意拾喩言》〉, 《外語研究》 2008年 第3期
………, 〈翻譯卽改寫–伊索寓言的三個晚清譯本考察〉, 《中西文化研

究》總第15期, 2009.3
顏瑞芳,〈淸代伊索寓言的漢譯與流傳〉,《國文天地》第21卷4期, 2005.9
錢靈杰,〈論羅伯聃譯本《意拾喩言》的叙事建構〉,《西華大學學報》(哲學社會科學版), 2016年 第5期
袁進,〈重新審視歐化白話文的起源〉,《文學平論》, 2007年 第1期
周振鶴,〈新聞史上未被發現與利用的一份重要資料—評價範約翰的《中文報刊目錄》〉,《復旦學報》(社科版), 1992.1
劉樹森,〈西方傳教士與中國近代的外國語言翻譯〉,《譯林書評》1998年 第11期
內田慶市,〈"西學東漸" 與近代日中歐語言文化交流–以伊索寓言的譯介爲例〉,《詞庫建設》總第20期, 1999.7
………,〈《小孩月報》に 見られる イソップ〉,《或問》第5号, 2003.1
………,〈近代西洋人學的漢語–他們的漢語語體觀〉,《東アジア文化交涉研究》第3号, 2010.3
尹文涓,〈《中國叢報》與19世紀西方漢學研究〉,《國濟漢學》總86期, 2003.9
陳占山,〈葡籍耶穌會士陽瑪諾在華事蹟考述〉,《文化雜誌》第38期, 1999年 春季

西洋語文獻

Bruce M. Metzger and Michael D. Coogan, eds., *The Oxford Companion the Bible*, Oxford: Oxford University Press, 1993
Robert T. J. Miller, ed., *The Complete Gospels: Annotated Scholars Version, revised and expanded* ed. Sonoma: Polebridge Press, 1994
Vulgata Clementina Tobiæ

Charles G. Herbermann, comp., *Catholic Encyclopedia*, New York: Robert Appleton Company, 1914

Standaert, Nicolas(Ed.), *Handbook of Christianity in China*, volume Ⅰ: 635-1800, Leiden: E.J. Brill, 2001

Albert Chan, *Chinese Books and Documents*(Japonica-Sinica Ⅰ-Ⅳ) in the Jesuit Archives in Rome: A Descriptive Catalogue, M. E. Sharpe, 2001

Thomas à Kempis, *El contemptus mundi*(L. de Granada, Trans.), In Obras dell V.P.M.F. Luis de Granada, 17 Vols. Madrid: La Imprenta de Manuel Martin, Original work published 1427

Thomas à Kempis, "Solioquium animae", in his *Opera omnia*, ed. M. J. Pohl, 7Vols. Friburgi Brisigavorum: Herder, 1902-1922

E.G.D.M. James, *Thomas A Kempis*: His Age and Books, New York: G. P. Putnam's Sons; London: Methuen, 1906

K. M. Becker, *From the Treasure House of Scripture: An Analysis of Scriptural Sources in De Imitatione Christi*, Turnhout: Brepols, 2002

St. John Damascene, *Barlaam and Ioasaph*, trans. Gr. Woodward, H. Mattingly and D.M.Lang, Cambridge: Harvard University Press, 1983

Jacobi à Voragine. *Legenda Aurea*, Edited by Johann Georg Theodor Graesse. Vratislaviae; Apud Guilemum Koebnner, 1890

E. A. Wallis Budge, trans. *Baralâm and Yĕwâsef, Being the Ethiopic Version of a Christianized Recension of the Buddhist Legend of the Buddha and the Bodhisattva*, Cambridge: Cambridge University Press, 1923

David Marshall Lang Trans., *The Balavariani: A Tale from the Christian*

East Translated from the Old Georgian, Berkeley and Los Angeles: Univ. of California Press, 1966

Keiko Ikegami(池上惠子), *Barlaam and Josaphat: A Transcription of MS Egerton 876 with Notes, Glossary, and Comparative Study of the Middle English and Japanese Versions*, New York: AMS Press, 1999

Samuel Kettlewell, *The Authorship of the De Imitatione Christi: With Many Interesting Particulars about the Book*, London: Rivingtons, 1877

Ed. Foutunatus Margiotti, *Sinica Franciscana*, Band 8, Rom, 1975

Nocolò Longobardo, *Tratados historicos, politicos, ethicosy religiosos de la monarchia de China*. Lugar yfecha, Madrid, 1676

Dutens, *Ludovici: G. G. Leibnitti Opera Omniat.* Genevae, 1768

Joseph de Prémare, *Elémens de la grammaire chinoise, ou Principes généraux du KOU-WEN...et du KOUAN-HOA*, 臺灣中央研究院 傅斯年圖書館 西文善本室 所藏本

Quartor Evangelica Sinica, Sloane Manuscript #3599[1737/1738, 1805], 홍콩대학 소장본

William Hone, et al., eds., *The Lost Books of the Bible*, New York: Bell, 1979

Jacobus de Voragine, *The Golden Legend: Readings on the Saints*, trans. William Granger Ryan, 2 vols, Princeton: Princeton University Press, 1993

Sir Roger L'Estrange, *Fables of Aesop and other Eminent Mythologists : with Morals and Reflections*, London: A. Bettesworth, C. Hitch, etc., 1738

Rev. Thomas James, M. A., *Aesop's Fables: a New Version, chiefly from original sources*, London: John Murray, 1852

Rev. Geo. Fyler Townsend, M.A, *Three Hundred Aesop's Fables Literally*

Translated from the Greek, London: George Routledge and Sons, 1867

Samuel R. Wells, *Publications(appendix), Aesop's Fables. Illustration*, NewYork: Samuel R. Wells, Publishers, 1868

George Kitchin, Sir Roger *L'Eestrange—a Contribution to the History of the Press in the Seventeenth Century*, London: Kegan Paul, Trench, Trübner, 1913

D. E. Mungello, *Curious Land: Jesuit Accommodation and the Origins of Sinology*, University of Hawaii Press, 1985

O. Grundler, Devotio Moderna. In Raitt, J(Ed.), *Christian Spirituality: High Middle Ages and Reformation,* New York: Crossroad, 1987

Patrick Hanan, *Chinese Fiction of the Nine teenth and Early Twentieth Centuries*, Columbia University Press, December 2004

Liam Mattew Brockey, *Journey to the East: The Jesuit Mission to China, 1579-1724*, Princeton: Princeton University Press, 2007

Jost Zetzsche, "Bible in China(1): Transkriptionen in den chinesischen Bibelübersetzungen", in *China Heute*(St. Augustin) XIII, 1994

Standaert, Nicolas. "The Bible in Early Seventeenth-Century China," in Irene Eber, et al., Eds., *Bible in Modern China: The Literary and Intellectual Impact*, p. 31-54. Sankt Augustin: Institut Monumenta Serica, 1999

Peter Guilday, "The Sacred Congregationde Propaganda Fide(1622-1922)," *The Catholic Historical Review* Vol 6, No 4, Jan 1921

N. Kowalsky, "Die Sacra Congregatio 'de Propaganda Fida' und die Ubersetzung der Hl. Schrift," in J. Becknann(ed.), *Die Heilige Schrift in den katholischen Missionen*, Schöneck-Beckenried: Neue Zeitschrift für Missionswissenschaft, 1966

Bernard McGinn, "Mystical Aspects of the Modern Devotion," *History of Western Christian Mysticism*, Vol. V, New York: Crossroad, 1994

Uwe Neddermeyer, "Radix Studii et Speculum Vitae. Verbreitung und Rezeption der 'Imitatio Christi' in Handschriften und Drucken bis zur Reformation," in *Studien zum* 15, Jahrhundert. Festschrift für Erich Meuthen, ed.Johannes Helmrath and Heribert Müller, 2 vols, Munich: R. Oldenbourg, 1994

Chinese Narrative Translation & Novels, Figurism Texts of Catholic Jesuit Missionaries in Late Ming Dynasty & Early Qing Dynasty

This work focuses on the study of 10 Chinese narrative translation & novels: the first Chinese narrative translation *The Story of St. Joasaph*《聖若撒法始末》, the first Chinese translation of Aesop's Fables *KuangYi*《況義》, Chinese imitation of Aesop's Fables *WuGan*《物感》, Dream Allegory Story *Meng Mei Tu Ji*《夢美土記》, first Zhanghui Style Christian Novel *Ru Jiao Xin*《儒交信》, Figurism Texts *Tian Xue Ben Yi*《天學本義》, Chinese translation work *Sheng Jing Zhi Jie*《聖經直解》, *Qing Shi Jin Shu*《輕世金書》, Catholic Doctrine *Qi Ke*《七克》, saint biographical translations *Sheng Mu Jing Pei Sheng Ruo Se*《聖母淨配聖若瑟傳》, *Xun Wei Shen Bian*《訓慰神編》, by catholic Jesuit missionaries Nicholasus Longobardi, Nicolas Trigault, Diego de Pantoja, Joachim Bouvet, Joseph Henri Prémare, Emmanuel Diaz, Francois Xavier d'Entrecolles.

In this work, Chinese narrative translation *The Story of St. Joasaph, KuangYi, Sheng Jing Zhi Jie, Qing Shi Jin Shu, Sheng Mu Jing Pei Sheng Ruo Se Zhuan, Xun Wei Shen Bian*, the six books are analyzed in the following aspects: the background of translation of every books, text variation among different versions, comparative analysis of the original and the translated works, and how trnaslater used his translation strategy and specific translation style Lalita Vistara, Buddhist Piyuti, Mogaoti (謨誥體), Shi Jing style (詩經體), Jian Zhu (箋注體) to achieve missionary work. Their Chinese Narrative Translation & Creative Novels are significant in that they had a big influence not only to Catholic society but also to the culture, religion, language, and history of Far East Asia countries in the late Ming Dynasty & Early Qing Dynisty.

KEY WORD: Catholic Jesuit Missionary Nicholasus Longobardi, Nicolas Trigault, Diego de Pantoja, Joachim Bouvet, Joseph Henri Prémare, Emmanuel Diaz, Francois Xavier d'Entrecolles, Joachim Bouvet's Figurism, *YIJING* Study, The First Chinese Narrative Translation *The Story of St. Joasaph, Barlaam and Ioasaph, Buddhist Scriptures Lalita Vistara*, The First Chinese Translation of Aesop's Fables *Kuang Yi*, Chinese Imitation of Aesop's Fables *WuGan*, Dream Allegory Story *Meng Mei Tu Ji*, First Zhanghui Style Christian Novel *Ru Jiao Xin*, Figurism Texts *Tian Xue Ben Yi*, Chinese Translation Work *Shengjingzhijie, Qingshijinshu*, Catholic Doctrine *Qi Ke*, Thomas à Kempis's *Imitatione christi*, Catholic Misson Archives & Translation Strategy, Translation Style Mogaoti, Saint Biographical Translation *Sheng Mu Jing Pei Sheng Ruo Se Zhuan, Xun Wei Shen Bian,* Translation Style Shi Jing, Jian Zhu Ben (箋注本), Late Ming Dynasty & Early Qing Dynasty, Translation, Diffusion and Influence in 17th~20th Century East Asia.

1. 《燕行圖》 제6폭 〈망해정 望海亭〉, 1760년대,한국기독교박물관 소장, 20쪽.
2. 《聖요세파傳記》 표지, 1645년 閩中天主堂刊本, 58쪽.
3. 《聖요세파傳記》 본문 1면, 上同, 59쪽.
4. 《況義》 본문 1면, 파리 프랑스국가도서관 소장 필사본, 94쪽.
5. 《況義》 본문 2면, 상동, 95쪽.
6. 〈康熙皇帝 御眞〉, 〈康熙朝 上奏文滿漢文 서적〉 사진, 〈康熙朝 上奏文滿漢文 서적상자〉 사진, 150쪽.
7. 〈康熙朝 上奏文 滿漢並記文〉, 168쪽.
8. 《연행도》 제5폭 〈산해관 동라성 山海關 東羅城〉, 한국기독교박물관 소장, 184쪽.
9. 《輕世金書〉, 1923年 上海土山灣印書館, 190쪽.
10. 한글본 《성경직히》 권륙(1818), 1903년 연활자본, 한국기독교 박물관 소장, 214쪽.
11. 《夢美土記》 본문 1면; 《儒交信》 본문 1면, 파리 프랑스국가도서관 소장 필사본, 220쪽.
12. 《輕世金書》 상동. 《眞道自證》 1868년 北京慈母堂, 242쪽.
13. 《天神會課 한글필사본》, 1861년 上海慈母堂本의 번역본, 한국기독교박물관 소장, 243쪽.

14.《聖母淨配 聖요셉傳》 본문 1면, 1868년 北京慈母堂, 251쪽.
15.《訓慰神編〉 표지, 1872년 北京慈母堂, 258쪽.
16.〈訓慰神編·弁言〉, 上同, 269쪽.
17.〈訓慰神編·續古撫今小引〉, 上同, 270쪽.
18.《연행도》 제7폭 〈조양문 朝陽門〉, 한국기독교박물관 소장, 306쪽.
19.《연행도》 제13폭 〈유리창 琉璃廠〉, 한국기독교박물관 소장, 318쪽.
20.《眞道自證》 표지, 12와 같음.《聖年廣益》 표지, 1875년 上海慈母堂重刊本, 한국기독교박물관 소장, 328쪽.
21.《天主實義》 下卷 본문 1면;《畸人十篇》, 1847年刊本, 한국기독교박물관 소장, 329쪽.
22.《七克》, 1917년 上海土山灣印書館, 한국기독교박물관 소장, 331쪽.
23.《연행도》 제9폭 〈조공 朝貢〉, 한국기독교박물관 소장, 346쪽.

오순방 (吳淳邦)

韓國外國語大學校 中國語科 文學士
天主教輔仁大學 中文研究所 文學碩士
國立臺灣大學 中文研究所 文學博士
韓國中國小說學會 회장, 中國語文論譯學會 회장 역임
현재 崇實大學校 中文科 教授

中國 山東大學 객좌교수, 天津師範大學 古籍整理研究所 초빙연구원
일본 東京大學 東洋文化研究所 연구교수
미국 하버드대학 옌칭연구소, UC 버클리대학 방문교수
臺灣 國家圖書館 漢學研究中心, 中央研究院 中國文哲研究所 초빙교수
天津師範大學天津市 "千人計劃" 招聘專家(2015-2018)

著譯書로는 《清代長篇諷刺小說研究》(北京大學 出版社), 《晚清諷刺小說的諷刺藝術》(復旦大學 出版社), 《20世紀 中國小說의 變革과 基督教》/《中國 近代의 小說 翻譯과 中韓小說의 雙方向 翻譯 연구》/《19世紀 미국선교사 윌리엄 마틴의 基督教寓言小說《喩道傳》研究와 中韓 譯註》/《19세기 동아시아의 번역과 기독교 문서선교》(崇實大學校 出版局)/《清代基督宗教小說選注》上下(中央研究院 中國文哲研究所)등 32권의 저역서와 130 여 편의 연구논문이 있다.

수상 및 연구경력

1. 中華民國 臺灣省 文藝作家協會 文藝理論賞 수상
   수상작:《晚清諷刺小說的諷刺藝術》(復旦大學出版社), 1989년 5월
2. 韓國中語中文學會 제1회 學術翻譯賞 수상
   수상작:《中國古典小說總目提要》全5卷(蔚山大學校 出版部), 2000년 11월
3. 臺灣 蔣經國國際漢學研究計劃 "清代基督宗教小說選編" 2012-2015年
4. 《19世紀 東아시아의 翻譯과 基督教 文書宣教》(崇實大學校 出版局),
   2016年度 韓國出版文化產業振興院 世宗圖書 學術部門 優秀圖書
5. 2006년, 2012년, 2013년, 2014년, 2015년, 2016년, 2017년도
   숭실대 S.F.P. 연구업적 우수교수